モラルの起源

道徳、良心、利他行動はどのように進化したのか

CHRISTOPHER BOEHM

MORAL ORIGINS

THE EVOLUTION OF VIRTUE, ALTRUISM, AND SHAME

クリストファー・ボーム

斉藤隆央✣訳

解説✣長谷川眞理子

白揚社

本書をドナルド・T・キャンベルの思い出に捧げる

目次

第1章　ダーウィンの内なる声

生まれながらの異端

ヴィクトリア女王の治世のイギリスは、聖書を文字どおりに解釈したがるキリスト教徒に、最高に心地よい環境を提供していた。自然が完璧なのは、たった七日で神が自然を完璧に仕立て上げたからなのだった。海と魚、捕食者と被食者、そういったどれもが、手袋に収まる手のようにぴったり組み合わさっている。そしてこの完璧に調整された自然界は永久に固定された静的な世界で、それは神のもつ無限の力がそう仕立て上げたためだというのである(1)。

それだけでなく、旧約聖書のアダムとイヴは実在していた——神たる創造主がかなり最近になって創り出したこのうえなく特別な人間ではあるが。几帳面な聖職者は、聖書の年代計算を実際におこない、神がアダムのあばら骨からイヴを創り、この最初の人間のペアを楽園エデンへ住まわせ、その後の運命に従わせてからまだ六〇〇〇年も経っていないと結論づけた。すると進化の時間という観点では、誤りを犯しやすい人間の選択と、罪を感じる羞恥心——これらが組み合わさって良心が生じる——は、昨日かおとといに生まれたばかりだということになる。しかし、信心深い女王の在位二二年目にして、こうしたすべてが変わろうとしていた――そして多くの人にとって、もう後戻りはなかった。

一八五九年、チャールズ・ダーウィンの『種の起源』〔邦訳は同題の渡辺政隆訳、光文社など〕が、イギリスをはじめ全世界の読書人を不遜な雷鳴のごとく震撼させた。(2) ダーウィンが放った最初の稲妻は、アダムとイヴに加え、全能の神のすばらしい御業《みわざ》を台無しにするような口のうまいヘビが登場する、道徳《モラル》の起源にまつわる聖書の話を直撃しなかった。むしろこの新しい仮説は、現実の動植物の世界に、完全に自然主義的な変化がゆるやかに起きつづけているという理論をもち込んだのである。その結果、種《しゅ》がその環境に見事に適応しているのはもはや神の御業ではなくなった。それどころか、自然選択という凡俗なプロセスは、畜産家が短期間に実用目的で家畜の遺伝的な運命を変えるときと同じように、非常にうまく働いていていた。

そうした畜産家は、意図的にそれをやっていた。よりよく恵まれた個体を繁殖させる一方、あまり役に立たなかったり美しくなかったりする個体には繁殖の機会を与えなかったのである。医師で地方の大地主だったロバート・ダーウィンも、そんな畜産家のひとりだった。彼の思慮深い息子――若いころは牧師を目指していたらしい――は、家畜化された種の個体にさまざまな点で違いがあることを知っていた。牛は、乳を出す能力に、犬は、獲物をとってくる生まれつきの傾向や、従順さや、毛の色に、それぞれ違いがあった。(3) そして本職の博物学者として何年も世界を航海してようやく、若きチャールズ・ダーウィンは、家畜化されていない種も家畜化された仲間と同じぐらい変化に富んでいることを知ったのだった。(4)

ダーウィンの表の仕事は、博物館に収める標本を集め、さまざまな大陸の動植物種を細かく記述することだった。そしてその大変な仕事が、だれもが知るとおり、大いなる理論へ導いたのである。ダーウィンの考えでは、そうした遺伝的な変異は、自然な選択が自然発生的にもたらしたものだった。環境への対応に比較的適した個体が生殖し、数を増やして栄えた一方、そうでない個体は繁殖できなかったのだ。この並外れた慧眼が、やがて西洋世界の自然観や、さらには宇宙に対するもっと広い見方をも変えることになる。

　ここから、自然選択と、畜産家のおこなう選択との大きな違いが明らかになる。ダーウィンにとって、気まぐれな自然環境は機械的に選別の仕事をしており、[5] また経験豊かな畜産家や意図をもつ全能なる神とは違い、そうした環境は何の意図ももっていなかった。自然環境は、自分がしようとしていることを知っている意図的な行為者ではなく、「盲目の」裁定者として振る舞っている。[6] これはつまり、自然の完璧さはひとつの大いなる偶然にすぎないということだ。われわれを守る全知全能の神が突然いなくなった恐ろしい世界に、なんら最終的な意図もない幽霊が現れたのである。それまで、神は救いを求めて熱心に祈る人を助けてくれるというのが、われわれの慰めとなっていたのだが。

　どんな重要な理論であれ、一世紀半が過ぎても、ほかの理論に取って代わられるか、せめて大幅に修正されることとすらないというのは驚嘆に値する。しかし基本的に、この自然選択という盲目的な機械論は、今なお科学の世界で健在だ。[7] ダーウィンがかなり直感的に「遺伝的な変異」だと考えたものに「遺伝子」という存在を加味すると、自然環境が一部の変種を選り好んでほかの変種を淘汰するという考えは、二一世紀初頭にも一九世紀半ばとまったく変わらずうまく成り立つ。生命のプロセスの複雑さを考えれば、この理論の単純さと説得力は驚異的とさえ言える。

個体同士の競争がなし遂げた

『種の起源』は、そのタイトルが示すとおり、生物の種《しゅ》がどのようにして自然に——つまり、いかなる超自然的な助けも借りずに——生まれたかについて書かれた本だ。ダーウィンの考えを説明するために、ひとつの想定にもとづく状況を考えよう。ある原始的なクマの種が、当初北米の限られた一様な条件の地域に分布しており、その後この集団の一部が近隣の地域へ移住しだしたとすると、遺伝子プール〔種の全個体群がもつ遺伝子の総体〕が分かれるとともに、クマの副次集団〔集団が分かれてできた小集団〕は、それぞれ違う気候や新しい食料源に対応しようとするので、次第に異なるものとなっていくだろう——そしてついには、一部の異なる副次集団間でもはや交雑ができなくなる。その結果、クロクマ（アメリカグマやツキノワグマなど）、ヒグマ（ハイイログマやエゾヒグマなど）、ホッキョクグマなど、現在見られるような種類が生じるのかもしれない。

ダーウィンが挙げた実在する種分化の例は、大小さまざまのあらゆるタイプの動植物にわたっており、DNA解析がなかった時代に、そうした生物を生み出した選択圧にかんする彼の科学的な説明には、非の打ちどころのない論理としっかりした学問の響きがあった。現代から見ると、ダーウィンの理論が世界に告げていたのは、気まぐれな要素のある自然環境が、そこに居住する集団の遺伝子プールのバリエーションに絶えず影響を及ぼしているという事実だった。そしてこのプロセスが進行するためには、ふたつの条件が自動的に必要になった。その条件とは、個体間に見られる遺伝的な変異と限りある寿命だ。後者は、遺伝子プールが何世代もかけて変化する場合に必要な条件であり、それというのも、局所的《ローカル》な集団がそのなかでとくに適応した者（適者）に似るべく進化を遂げるのであれば、不適者は次第に消えて、適者に取って代わられなければならなかったからだ。

動物の繁殖能力に対する卓見こそが、ダーウィンを理論の形成へと導いた。彼が自然選択説の全体像をつくり上げるもとにしたのは、一八世紀後半のイギリスの政治経済学者にして人口統計学者でもあったトマス・ロバート・マルサス師による、単純だが恐ろしい数学的認識である。(8)もしもすべての生物が能力いっぱいまで繁殖できたら(犬や猫が毎年子を産むと考えてみよう)、理論上それほど多くの世代を経ぬうちに、この惑星は指数関数的に個体数が増えて過密になり、食べ物がほとんどなくなって、ついには文字どおり立錐の余地もなくなってしまうだろうという認識だ。惑星が生き物で満杯になるというおそれに対してダーウィンが出した見事なまでに単純化された答えは、進化社会学者のハーバート・スペンサーによって「適者生存」とひとことで表現されたが、(9)ダーウィンの理論はもっと微妙なものだった。

ダーウィンがきわめて機械論的に説明した生物進化のシステムに、天からの導きが欠けているとしたら、このシステムはみずからを「制御」しなければならない。たとえば、ある集団の密度が増したら、食料が乏しくなり、いかに効率よく狩猟や採集ができるかにもとづく間接的な競争が激化する。そしてある段階で、この集団の増大は制限され、サイズが安定し平衡状態に落ち着く。こうしてダーウィンの理論は、個体数がどこまでも指数関数的に増加するというマルサスの提示した問題を解消したのである。

ダーウィンの新たな考えは、創世記に描かれたような、神が直接手を下したというその役割だけでなく、天地創造の歴史にも異を唱えていた。ダーウィンは生物進化のプロセスをとても緩やかなものと考えており、そう考えるなかで、別の研究分野——具体的には地質学——から手がかりもつかんでいた。スコットランドの法律家で地質学者でもあったチャールズ・ライエルなどの自然主義者は、次第に、地形が水や風の作用で時間をかけてきわめて緩やかに変化してきた(10)という仮説を立てるようになっていたのだ。宗教に懐疑的な人は、そうしたプロセスが起こるには数千年ではなく数百万年以上が必要だと思うようになった。地質学の手がかりによってダーウィンが、旅のなかで調査したさまざまな自然の景観が決して静的なものではないと気づくと、「環境によって自然選択が引き起こされ、新種が形成される」という、動的だが漸進的な彼の理論に、もうひとつ欠かせない要素が与えられることとなった。

こうして、天地創造が即座に永久不変の形でなされたという聖書の物語は、多方面で切り崩されていき、ダーウィンによってきわめて論理的な――そしてこのうえなく見事に記述された――自然選択説にまとめ上げられたのである。ダーウィンの新理論は、宗教的原理主義者の不変の信念に激しく挑みかかっていたので、彼らの多くは、今日の宗教の反科学的な信者が進化論者によって作られ公表されるシナリオをこきおろそうとするのと同じように、「進化論」をダーウィンへの個人攻撃で非難しようという気持ちをかき立てられた。反科学的な信者には、まだ明らかにされていない少数の例外が、広く受け入れられている理論全体の「反証」になると考える人も多い。たとえ私のような科学者にはこの理屈に苦しまぎれのところがあると思えても、こうした人は自分たちのほうを信じており、またそういう話を聞きたがっている人も多いのだ。

人間の道徳性についてはどうか？

当初、聡明なダーウィンは、自説を人間に応用するという、最大の問題となる議論については書かずにいた。しかし一八七一年についに刊行された『人間の進化と性淘汰』(長谷川眞理子訳、文一総合出版)で、彼はまさしく驚くべきシナリオをまとめあげていた。類人猿から始まる進化の道筋に沿って、人間の起源の物語を自分にできる範囲で少なくともおおまかに語っただけでなく、一部の領域では、重要な環境の要素を提示し、選択のメカニズムとして有望なものをいくつか特定することさえしたのである。人間の身体の進化、とくに並外れて大きな脳と直立歩行の進化にかんして、ダーウィンの仮説は大胆で、当時知られていた事実が少なかったことを考えれば、実に慧眼であった。彼が書き留めた基本的な骨子は、今も間違っていない。

これと同じぐらい大胆なもうひとつのダーウィンの仮説は、本書のテーマである、道徳的行動や人間の「良心」の起源とかかわっていた。自覚的な良心にかんしては、とくに挑発するような論じ方をしていた。いまや彼は、みずからの自然主義的なアプローチを、それまでもっぱら教会の、いやもっと正確に言えば神の扱う領域だった「精神」に持ち込もうとしていたからだ。ダーウィンは、人間がいかにして精神をもつようになったかという問題には取り組まなかった。それどころか、精神（soul）という言葉は『人間の進化と性淘汰』のこまごまして長い索引にも現れない。それでも彼は、われわれの良心や道徳観念が、われわれの大きな脳や、直立した姿勢や、文化を生み出す一般的な能力と同じく「自然選択された」ものであると明らかに考えていた。

聡明で几帳面な科学者だったダーウィンは、良心の起源について妥当な科学的主張と言えそうなものができるだけのデータをもち合わせていなかったが、自分なりにベストを尽くし、その状況下で彼のベストはとてもすばらしかった。一八七一年に「同情《シンパシー》」の本能について述べたくだりは、進化生物学者のジェシカ・フラックや霊長類学者のフランス・ドゥ・ヴァールといった現代の科学者のほか、道徳の起源に興味のある人々によく引き合いに出されるが[11]、そこにダーウィンはこう書いている。「きわだった社会的本能――ここには親子の愛情も含まれる――を授かった動物ならば何であれ、その知能が人間と同じぐらいか、ほとんど同じぐらいに発達すれば、すぐさま道徳観念や良心を必然的に獲得するはずだ[12]」

内観的なチャールズ・ダーウィンは、良心の働きについては雄弁になった。そして言うまでもなく、彼自身の超自我〔自我の働きを監視し抑圧する良心の役目を果たすもの〕は強く活発に働いていた。社会的には、この慈悲深い「内なる声」のおかげで、われわれは仲間と面倒を起こさずに済んでいるのだとダーウィンは言い、彼はその内なる声の進化上の源をぜひとも説明したいと思っていた。しかし彼に語れたのは、良心の獲得、ひいては道徳観念の獲得というものが、生物の種が十分に賢くなり、社会的な同情もするような人間のレベルに達すると必ず至る結果なのだということだけだった。

残念ながら、こうして人間にしかない良心は、進化においてただの副産物――知性と同情の副作用――だと見られることとなった。この見方は、現在の知見を利用すれば大いに改善できると私は思っている。今後の章でかなり具体的な仮説をいくつか提示し、良心がなぜ、どのようにして進化を遂げたのかを説明することにしよう。

人間の寛大さの謎

ダーウィンは、さらに別の深遠な疑問にも答えようとした。人間の寛大さ〔本書では、寛大という言葉を、一般に他者のために、ときには自分を犠牲にしてでも何かを与えたり助けたりする様子を指すものとして用いる〕が、自然選択説の明らかに「利己的な」原理に反しているように見えるのはなぜかという疑問だ。このもともとの謎が、一九七〇年代に社会心理学者のドナルド・T・キャンベル、生物学者のリチャード・D・アレグザンダーとエドワード・O・ウィルソンなどの学者によって現代の言葉で再定義され、多大な影響を及ぼした。[13] そして三〇年以上にわたり、成長を続ける大きな学際的分野がこの「利他行動のパラドックス」を解決しようと力を尽くしてきたが、まだ一部しか成功を収めていない。本書によって、科学的に満足のいく答えにさらに近づけるものと願いたい。

このように利他行動に関心が向けられた歴史的背景は、とても興味深い。ダーウィンの「利己的な」自然選択説によれば、個体は適応度〔自然選択に対する個体の有利さの度合い〕をめぐって間接的に競い合っており、すでに見たように、より強健か、さもなくば食料や配偶者の確保により適した個体が、その種の未来の遺伝形質を形作るうえで優位に立つとされている。これは簡単に説明することができた。好ましい個体は、同じグループや地域やもっと規模の大きな集団のなかで、他者より生存率や繁殖率の高い子をもうけるというわけだ。しかしダーウィンは、この種の優位がさらに家族の絆によってうながされることにも気づいていた。自然に助け合う近親者は、同じ遺伝形質をもつ傾向が強いからだ。ダーウィンはこの第二の考えをあまり先へ進めなかったが、これはのちにきわめて重要な考えであることがわかった。

それが明らかになったのは、一世紀後、著名な集団遺伝学者ウィリアム・ハミルトンが数理モデルによって、利己的に競い合う個体はわが子のためなら合理的に自己犠牲ができるということを示したときである。[14] 平均して、個体の遺伝子の五〇パーセントは子と共通なので、子に投資すると、その個体がもつ遺伝子を広めるのに役立つのだ。同じ五〇パーセントのルールは、きょうだいや親を助ける場合にも当てはまる。孫やいとこ（遺伝子の二五パーセントだけ共通の関係）に対して寛大になるのも、助けるためのコストがあまり高くなく、十分な利益があれば、理にかなう。血縁選択というこの説得力のある理論は、援助者のコストが十分に低く、利益が十分に大きいのであれば、さらに血縁度の低い関係にも適用できる。
ダーウィンは、今日の学者を悩ませつづける問題をもうひとつ突き止めていた。[15] 実生活では、人間は近縁や遠縁の者だけでなく、血縁関係のない人をも助ける――生物学の見地からは、遺伝的共通性がないので、そんな利他的な援助は自分の適応度にとってコストが高いとしても。すると、こうした血縁関係のない受益者からなんらかの形でほぼ同程度の見返りがないかぎり、あるいは何かほかの種類の「補償」でもないかぎり、そうした行動をとる個人は、みずからの適応度を下げて相手の適応度を上げていることになってしまう。端的に言って、進化が教えてくれることはあまりにも明白だ。理論上、利他行動を避ける身内びいきの者は利他行動をする者より優位に立てるので、寛大さは血縁関係のなかに限られるはずなのである。

別の現代の生物学者ジョージ・ウィリアムズは、血縁以外に対して寛大になる変異遺伝子がそれほど長くは残らないはずであることについて、もうひとつ大きな理由を提示している。[16] ただ乗り遺伝子――持ち主に「利他行動をする者から受け取りはしても彼らに与えるのは避けろ」というご都合主義的行動のメッセージを送る遺伝子――が、利他的な「敗者」の遺伝子に取って代わり、存在頻度を増すはずなのだ。おびただしい数の進化心理学者や相当な数の進化経済学者はもちろん、たくさんの、もっと正確に言えば何千もの、進化生物学者、動物行動学者、人類学者、社会学者、哲学者が、今もこの人間の驚くべき寛大さの問題について、あれこれ頭を悩ませている。だれもが、ほぼ四〇年にわたり先述の学際的分野で大きな関心が寄せられてきた、利他行動にまつわる基本的な進化の謎にかかわる問題と、それと密接に関係する「フリーライダー（ただ乗りする者）」の問題に取り組みつづけているのである。今これを書いている時点で、人間の寛大さの進化は、せいぜい部分的に説明できているにすぎない。[17]

血縁以外への寛大さの謎

あいにく、進化生物学の分野では「利他行動」がひとつの専門用語となっており、ほぼ半世紀にわたる激しい議論を経てもなお、使われ方はまったく変わっていない。[18] たとえば、あるときは血縁を含めただれにでも遺伝的に寛大であることを意味し、あるときは血のつながりが一切ない相手に寛大であることを意味する。本書の主眼に従い、この先は後者の意味で「利他行動」と「血縁以外への寛大さ」を完全な同義語として用いる一方、犠牲を払って血縁を助ける場合に、これを「身内びいき」と呼ぶことにしよう。そうなると利他行動タイプの善行は、血縁関係のない特定の個人に対して犠牲を払う寛大さを示す行為や、コミュニティ全体の利益となる活動に個人が寄与して自分の利益を犠牲にすることを指すと言えよう。したがって、利他行動と人間同士が協力する見込みは、互いに関係し合っている。利他的な寛大さを示す人は、血縁でない人も属するグループのなかで協力関係を高めようとするからだ。

すると生物学的に言えば、われわれの言う利他行動とは、相対的な適応度を下げるという意味で「受け取る以上に与えようとする行動傾向のこと」なのである。[19] 根底にある遺伝的な選択のすべてをまだ十分に説明できるわけではなくても、実際の行動は明々白々だ。人は、静脈に針を刺して匿名で血を提供したり、自分の財布を開けて発展途上国の飢えた子どもを助けたりするし、この惑星のどこで自然災害が起こっても寛大な援助があるのは、とてもすばらしいことだと言える。そしてここに利他行動の謎がある。利己的で身内びいきと思われるわれわれの種の非常に多くのメンバーが、状況によっては、血縁でなかったり、ときには知りもしなかったりする人に対して、とても寛大になるのはなぜなのか？

いかにして「黄金律」が人間の生来の寛大さを増幅するのか

常識だけで考えても、われわれが血縁以外に対して寛大さになる傾向は重要だとわかるが、その傾向は、エゴイズムや身内びいきをうながす真に強い傾向に比べれば、圧倒的に弱いこともやはり明白だ。こうした遺伝的傾向が、われわれの行為を確定するわけではないこともまた明らかである。むしろ遺伝的傾向は、そんな行動をとくに身につけやすくなるようにお膳立てしている。[20] だからわれわれは、遺伝子と文化の相互作用を考慮しなければならず、社会環境がわれわれの行動に及ぼす影響を見くびってはならない。[21] 事実、聖書にある「自分がしてもらいたいと思うことを他人にせよ」という黄金律を盛んに説くと、血縁以外への寛大さをうながす比較的弱い生来の傾向が大いに強められ、それによってグループがよりうまく協力できるようになる。[22] この領域での私の研究結果については、第7章や、本書の終わりに近い第12章で論じよう。

移動生活を営み社会的に平等な狩猟集団に属する人が寛大さを奨励しようとする場合、つねに自分と家族が最優先となるので、何か特別な「説得」をして、グループ全体のためにしっかり貢献するように説き伏せる必要があると気づく羽目になる。つまり集団のメンバーは、仲間内の協力による恩恵にもっとあずかろうとしたら、集団内の「黄金律」を、人間の本性における最良の部分を引き出すための高度な社会的圧力として巧みに利用する必要があると悟るのである。[23]

伝統的な狩猟採集民の集団にかんして、三つのことを心にとどめておこう。第一に、そうした集団には必ず、血縁関係にある家族とそうでない家族が混在する。[24] 第二に、彼らは、すぐさまきちんと見返りが得られるとは期待せずに、ある種の活動に必ず協力する。[25] そして第三に、彼らは仲間内でもっと対象を広げて寛大になることが好ましいと盛んに説く。それは、利己的になったり身内びいきになったりする性向が、ヒトという種のなかで非常に強いためにほかならない。

私はみずからの研究において、(26) 血縁以外への寛大さをよしとする社会的圧力が、こうした移動性集団のレベルの文化で顕著に見られるばかりか、おそらく普遍的でもあることも明らかにした。そのライフスタイルは、四万五〇〇〇年前までに現在のわれわれがもつ遺伝子のセットを基本的に獲得していた、先史時代の狩猟採集民のそれに近い。したがって、どうやらこの社会的圧力はかなり古くからあるものらしい。集団のメンバーは、きちんと自覚をもってそんな圧力をかけており、人類学者として私は、そうした社会的操作をする狩猟採集民が日々直感的に悟ってそれをやっているということに完全に賛同する。私も、血縁以外を助ける行動をうながすかなり控えめな傾向が、人間の協力のために重要な基礎となりうると思う――そしてそんな傾向が、子どもを向社会的にさせたり〔向社会的とは、社会のためになるような考え方をすること〕、ポジティブな社会的圧力をかけて大人に寛大な振る舞いをさせたり、協力を妨げて争いまで起こす利己的な乱暴者やいかさま師をくじけさせたり（あるいは排除したり）することによって強化されるのだとしたら、なおさらそう思うのである。

もちろん私は、人類学者としての強みから、首長制社会や初期の国家など、もっとあとに生まれたもう少し大規模な社会では、同じ向社会的傾向がさらに大きなコミュニティでの協力に寄与するのを知っているし、また現代では、冷酷なナチスドイツや、ヒトラーの戦時中の敵だったイギリスと同じように一致団結して協力すると、アリ塚で見られるような真に無私と言える「真社会性」の協働に少なくとも近づけることも知っている。しかしアリのような昆虫の場合、協力する個体は互いに遺伝的に近縁となりやすいので、グループの利益に対して一見したところ「無私の」貢献をすることは、血縁選択による身内びいきと、グループ選択との組み合わせで説明できる。[27] だが身内びいきを超えて血縁以外にも寛大な行為を広げる、人間のこの遺伝的に「無謀な」寛大さは、大いなる進化の謎を呼ぶ。どうしてそのような自然の傾向が長くとどまるのだろうか。とくに、ご都合主義的にただ乗りする者が、血縁以外に寛大な者を駆逐しそうなのだとしたら？

グループ選択で謎を解決できるのか？

この問題にダーウィンははっきり気づいていた——一九三〇年代に現れだした高度な集団遺伝学のモデルを見越すことはできなかったとしても。そのモデルはやがてハミルトンやウィリアムズなどの体系的な理論となり、ついには、ここまで論じているような利他行動のパラドックスの観点から人間の社会生物学を論じた、エドワード・O・ウィルソンによるグローバルな再定義へと至った。その一世紀前にダーウィンは、どうしたら自分のきわめて「個人主義的な」新理論と、愛国心の強い若者が志願して戦争へ行き、しかもその自国民のために命を犠牲にするという事実との折り合いをつけられるだろうかと考えていた。そうした若者は、自分の命だけでなく、そんな寛大な性向を受け継ぐことになるはずの、将来の子孫の命をも犠牲にしているのだ。偉大な博物学者ダーウィンは困惑した。

ダーウィンは、ただ乗りする卑怯者はそうしたリスクを避けるだろうから、その結果、より多く生き延びる子孫は同じ利己的な傾向を受け継いでいるはずだと考えた。つまり、彼の理論に従えば、寛大に自己犠牲をする愛国心は必ずや衰微する一方、尻込みして安全な立場にとどまる性向は必ずや広まるにちがいないのである。すると結局のところ、グループのために個人の利益を犠牲にする傾向はどれも、自然選択によっておのずと抑え込まれるはずだということになる。それなのに実際には、若者は戦争へ行き、多くが自分から望んで行っているのだ。
ダーウィンはこの謎に答えの候補となるものを提示していた。次に記すのは、『人間の進化と性淘汰』からとった、彼の有名な、よく引用される、やや回りくどい言説だ。

道徳性が高くても、各個人やその子どもたちは、同じ部族の他のメンバーよりもほとんどあるいは何も有利にはならないが、道徳水準が向上し、そうした性質に恵まれた者の数が増えると、その部族が別の部族より大いに有利になることは忘れてはならない。愛国心、忠誠、従順、勇気、同情といった精神を高いレベルでもっているために、いつでも共通の利益のために助け合ったり自分を犠牲にしたりする覚悟のできたメンバーの多い部族が、ほかの部族に勝利することは疑いようがない。そして、これは自然選択である。(28)

この見事な推論は、今なお、人間の社会進化を研究する大勢の学者の頭にこびりついている。グループ選択〔群選択、集団選択ともいう〕の理論は、長いあいだ、大多数の生物学者に足蹴にされてきたが、今ではマルチレベル選択というアプローチのなかに居場所を見つけている。(29) E・O・ウィルソンは早くから先頭に立って、単純なグループ選択の理論を批判していたが、現在、身内びいきや利他行動にかんする一説によると、より多くの、またはより善良な協力者のいるグループは、そうでないグループに比べる繁殖率が高くなるという。このレベルの説明は、このあとのページではあまり出てこない。これから集団における処罰やただ乗りの抑圧に重点を置いて検討していくが、それらが影響を及ぼすのは、グループ内の個体間に働く選択だからだ。

世界で最初の比較文化の研究

ダーウィンが、良心や道徳性といったすばらしい人間の能力について、時とともにそれがどう発達したかを明らかにする完全な自然史的説明を強く求めていたということは、確信をもって言える。この説明のためには、そうした能力の発達に好適な環境条件と、道徳の起源にまつわるこの歴史的進化のプロセスに寄与したと考えられる選択のメカニズムとを、特定する必要があっただろう。だがダーウィンは、これをなし遂げられなかった。それは洞察や野心が欠けていたためではなく、当時の彼には、認知神経科学による脳の働きの説明に加え、霊長類学、古人類学、文化人類学、心理学からの必要なデータが欠けていたからなのだ。こうした分野がどれも、ダーウィンの時代以後に登場したか飛躍的に成長したおかげで、今日われわれは、妥当な進化のシナリオをまとめるのに必要な科学情報をようやく手に入れているのかもしれない。

ダーウィンは無鉄砲に科学的な結論に達するような人間ではなかったが、なぜ彼が良心の起源として考えられるあれこれをせめて推測だけでもしなかったのかという疑問も生じよう。これにはいくつかの答えがあるようだ。第一に、彼の時代の考古学の記録はひどく不十分で、わずかな骨の化石や、われわれの先祖が残した石器がいくつかあるだけだった。第二に、人間の善悪を判断する脳の働きや、アフリカの大型類人猿が――われわれの遠い祖先の「代役」として――動物園の外でどう行動するかについては、ほとんど知られていなかった。そして第三に、民族誌学もまだ生まれたてで、われわれの生物学的本性と関連するかもしれない共通の社会行動を見つけられなかった。

最後の問題にかんしてダーウィンは、実に驚くべきことをおこなった。世界じゅうの植民地の行政官や宣教師に手紙を出して、アジアやアフリカなどの原住民が恥ずかしさで顔を赤らめるかどうかを尋ね、史上初の組織的な比較文化の研究を手がけたのだ。[30] 社会的な理由で顔を「赤らめる」のは人間だけであり、ダーウィンは、道徳的な理由による羞恥の赤面が、一部のグループでそのローカルな文化によって導かれた反応にすぎないのか、それとも彼が感じたとおり、強い遺伝的要素をもつのか、知ろうとしたのだ。彼の広範囲にわたる人類学研究プロジェクトからわかったのは、どこの原住民も恥ずかしさで顔を赤らめるようだということだった。そしてこれをもとにダーウィンは、われわれの良心にもとづく道徳観念の重要な側面として、人間の羞恥の反応にはきっと生得的な基礎があるにちがいないと推断することができた。

この研究プロジェクトは、今日、人間の本性の人類学的研究におけるまさに画期的な出来事とされている。もっと一般的に言うなら、それは良心や道徳性が、まさに生物学的な意味で「進化」する必要があったことを示唆していた。私はこの方向へ研究を推し進めて、人間の良心とは、ダーウィンがほのめかさざるをえなかったような、単なる進化の副産物ではないということを示すつもりだ。むしろ良心は、特定の理由によって進化を遂げた。人間がかつて対処しなければならなかった更新世の環境とかかわりのある理由によって、いやもっと具体的に言えば、自分たちの社会生活と生存のレベルを向上させ、より平等な社会を作り出すために、集団による処罰を利用する能力が高まるのと関係した理由によって、進化を遂げたのである。

社会進化は「目的のある」自然選択

人間の社会的な好みが遺伝的な結果に影響するプロセスは、いくつか考えられる。[31] ひとつは、個人が評判の良い他者を結婚相手や協力相手に選び、その結果、自分の適応度が高められるというもの。もうひとつは、グループ全体が社会から逸脱した嫌われ者を厳しく罰することで、そうした者の適応度が下がるというものだ。[32] 私の考える一般的な進化の仮説は、道徳性の生まれるきっかけが良心の獲得であり、良心の誕生するきっかけが、組織的だが当初は道徳的ではなかった、グループによる社会統制だったというものである。この社会統制として挙げられるのが、十分な装備で大型の獲物を狩る集団が怒って「逸脱者」を処罰することだった。そして、寛大さが好ましいと説くのと同様、そうした処罰は「社会選択」と呼べるものだった。グループのメンバーやグループ全体の社会的な好みが、遺伝子プールに組織的な影響を及ぼすからである。[33]

逸脱者が処罰されるのは、彼らによって個人個人がおびやかされたり物を奪われたりしたと思うからだが、もっと大きな意味では、社会を乱す者が、協力によって繁栄する集団の力を明らかに低下させるためでもある。それゆえ、この処罰するタイプの社会選択には、大型の脳をもつ人間が自分から、そしてしばしばかなりの慧眼をもって、前向きな社会的目標を追い求めたり、争いから発展しうる社会的災厄を避けたりするという意味で、少なくとも直接的な「目的」がある。遺伝による影響が、意図せずとも社会的略奪をうながす傾向を減らし、社会的協力をうながす傾向を増すような方向性をもつのは、意外ではない。したがって、日常生活でのグループによる処罰は、世代を重ねるうちに同じような方向性の遺伝子型を形成しながら、グループの社会生活に直結する質を高められるのである。

グループのメンバーによる処罰行為が集団生活に影響するだけでなく、同じような方向性の遺伝子プールを形成するということは、本書のひとつの大きなテーマとなる。そこで、理論上「盲目的に」働いていると考えられる生物進化のプロセスに、なんらかの制限や目的のある要素が本当に忍び込んでいるのかどうかを問わなければならない。つまり、社会選択は、なんらかの目的のあるインプットが自然選択のプロセスに影響を与えている可能性があるという意味で、「低レベルの目的論」とでも呼べるものをもち込んでいるのだろうか？[34] そんな理論が、現代のダーウィニズム（ダーウィン説）におけるなにより基本的な前提のひとつ――自然選択はただひとりでに組織されており、「問題を解決している」ように見えるだけで、基本的に盲目である――をいくらか修正する。[35] したがって、生物学者のエルンスト・マイアーいわく、ダーウィンの言う選択は、目的論的ではなく「目的律的（目的指向的）」なのだ。[36]

　マイアーは「自然選択」を基本的な総合プロセスと呼んでいた。言うまでもなく、「目的のある」選択を実践する例として、明白きわまりない重要なものをふたつ挙げるなら、それは畜産家と遺伝子工学の研究者だ。ここに、不名誉な優生学運動の推進者も含めなければならない。ナチスは、自分たちが何をなし遂げようとしているのかをはっきり知っていたのだから。この三者はすべて、意識的に遺伝子プールに手を加えようとし、自分がやろうとしていることをある程度見通していたのである。

　われわれは、当然だが、先史時代の狩猟採集民をこの手の積極的な行為者と見なしていない。それでも、知らず知らず、彼らの社会的な意図が、予想どおり、きわめて効果が大きく、少なくとも彼らの生活の質の改善にかかわるかなり高度かつ直接的な目的に導かれる形で、遺伝子プールに確かな影響を与えたのではなかろうか。先史時代に、こうして人間の社会選択のプロセスに特別な「目的意識」が与えられていたのだと私は思う。それは、当時の人々にきわめて広く共通する実践上の目的に由来していた。そうした人々は、仲間にもっと利他的に行動し、ただ乗りをやめろと説き伏せたがり、どちらの説得も、さしあたっての日常生活だけでなく、長期的に遺伝子プールに対しても影響を及ぼした。

ダーウィンを利用する「新たな」一手

私はダーウィンの説に従い、経時的に進化を分析すれば、とくにそこに自然史的なディテールがふんだんに含まれていれば、説得力のある説明が生まれうると考える。だが、こうした総合的な自然史のアプローチは時代遅れのようだ。今日、進化研究は、一度にひとつの限られた問題を対象にして段階的におこなわれており、行動とそれが遺伝子プールに及ぼす影響のモデル化は、「デザイン〔設計〕」と「適応」の観点から論理的に取り組まれているからだ。そして非常に多くの場合、歴史の次元に注目する実際のダーウィン的な分析が無視されている。

何万年にもわたる社会選択の結果を見据えながら、本書では、今日の基準で言えばかなり斬新な進化のシナリオを展開していこう。私の考えは、先史時代に人間が徹底的に社会統制を利用しだしたために、処罰を恐れたり、自分の集団のルールを把握し取り込んだりして、みずからの反社会的傾向をうまく抑制できた人が高い適応度を獲得した、というものだ。ルールを内面化〔外在する概念などを自分のものとして取り込むこと〕するようになると、人類は良心を獲得した。もともとこの良心は、前に私が触れた「処罰するタイプの社会選択」に由来しており、この社会選択には、ただ乗りを強く抑え込む効果もあった。またのちほど論じることになるが、新しい道義的なタイプのただ乗り抑止も、血縁以外に対して寛大になるというわれわれの驚くべき能力を進化させた。

このあとの数章では、こうした道徳の起源の進化論的背景を扱う。その際、ほかになんらかの動物が道徳性を身につける途上にあるかどうかという現実的な議論や、われわれの非常に遠い祖先――もちろんダーウィンが言ったのと同じ類人猿――の社会行動についても詳細に説明する。第4章では、四万五〇〇〇年前の時点で初めて完全に「現生人類と同じ」状態になった人類の行動を推測することにする。というのも、彼らは基本的に、生物学的な意味で道徳の進化の終着点に位置しているからだ。現在、われわれが都市に住み、道徳性にかんする本を書いたり読んだりしていても、われわれの実際の道徳は、彼らの道徳の延長にすぎないのである。

厳密な意味でのダーウィン進化論にもとづく分析は、第6章から始まる。まずは自然界のエデンの園における道徳の起源に焦点を当て、もっと具体的に言えば、良心と、この比類なき自意識の作用がどのようにして処罰する社会環境から生み出されたのかに注目する。(37) このいきさつには、大型動物の狩猟がわれわれの祖先にとって実行可能で有益な活動となった先史時代においても、またわれわれがなお道徳に従い、それによる恩恵を受けつづけている現在においても、ヒトという種にとって適応上重要な意味があるのだ。

良心も善悪の観念もない現代人の社会というものを想定した場合、今日の巨大で匿名性の高い都市の環境に生きることは想像することとさえ難しくなる。そんな環境では、社会と個人のどちらに対する犯罪も非常に見つけにくいからだ。大半の人が強力に働く良心をもっていれば、われわれ全員のためになる。たとえそうした環境が、罪人になる可能性のある者に社会的な略奪行動をうながしてしまうとしても、少なくとも己《おのれ》の良心からは逃げ隠れできないからだ。

かつて、この道義的な自覚をもったがゆえに、すでに現代のわれわれと同じような文化をもっていた狩猟採集民は、親密な小集団へと社会的に方向づけられた。そのような小集団では、うわさ話をする仲間によって社会の逸脱者がだれかすぐにわかり、抑え込まれるので、警察は要らなかった。こうした集団ではまた、人々が十分に発達した良心をもつことで、集団の社会生活が向上した。この内なる声が、個人が抱く反社会的な逸脱の傾向を抑制し、その結果、集団内の争いが減ってもっと協力しやすくなったからである。

この先の章で、ダーウィンがおこなったような歴史をたどるタイプの分析を現代にあてはめてみせることにするが、それは多少なりとも斬新だろうし、願わくば妥当でもあってほしい。そして良心の起源という重要な問題が解決されたら、並外れた（また一部の人にとってはほとんど説明のつかない）社会性と同情にもとづく寛大さとを人間が獲得したプロセス——これによって、人間は現在のように進んで協力するようになった——を、それまでよりはるかによく説明できるようになる。のちほど書くとおり、もしもわれわれが、原始的な善悪の観念をもたらすなんらかの良心を手に入れていなかったら、この驚くべきレベルの「共感《エンパシー》」と、それに付随する特質——今日われわれが知るような、人間の社会生活を豊かにする「血縁以外への寛大さ」——は、決して身についていなかっただろう[38]。

第2章　高潔に生きる

恥と罪、どちらが普遍的か？

徳のある暮らしを実現するには、ふたつの方法がある。ひとつは悪を罰することで、もうひとつは善を積極的にうながすことだ。私の考える進化論によれば、社会から逸脱した行動の処罰はかなり古くからおこなわれている。そのため本書のいくつかの章は、犯罪と処罰と、それらの奥深い進化上の背景にあてる。その後、第7章では、社会的交流の良い面を取り上げよう。良い面とはたとえば、相手が自分の拡大家族のメンバーでなく、恩返しをしてくれるとは限らない場合でも、他者に寛大になって助けるようにと説くことだ。

この議論を始めるにあたり、善悪の観念を生み出す人間の感情を考える必要があろう(1)。進化論的な見方はグローバルなものでなければならず、そのためには自民族中心主義は避けないといけない。罪はアメリカ人の口によくのぼり、さらに言えば世界各地のキリスト教徒やユダヤ教徒の口にものぼるが、仏教徒やヒンドゥー教徒、儒教やイスラム教の信者はあまり口にしない。この言葉を定義するのは簡単ではないし、定義は変わることもあるが、たいていの人にとって「罪」は、過去の悪事や罪業に対してネガティブな感情を味わった経験から生じる、内向きの個人的な概念を意味しているようだ。「恥」にはむしろ、過去の悪事が他者に知られたとか、公になったのだろうという含意がある。罪も恥も自責の念をもたらすかもしれないが、恥はもっと外向きの概念で、「面目」というものを重視するアジアや、「名誉の文化」が顕著な中東で育った多くの人にとっては、より重要であるようだ。エデンの園の話からは、キリスト教徒やユダヤ教徒にとっても恥が重要だとわかる。中東を起源とする旧約聖書が、「恥ずかしくてイチジクの葉で腰を覆い、頬を赤らめたのだ」と教え込んだというかぎりにおいてだが。

混乱を避けるために、また私自身の西洋的な視点を前面に出さないようにするため、本書では、人々が現在や過去の道徳的にとがめられるべきおこないに対して抱く居心地の悪さやつらい気持ちについて言うとき、「罪」よりもむしろ「恥」を用いることにする。このように単純化する決断を下したのは、アジアや中東の人の数が罪にさいなまされた欧米のユダヤ教徒やキリスト教徒の数を上回っているからではなく、人類学的に妥当だと思える、まったく違う一連の理由によるのである。

第一に、「罪」に近い道徳的な言葉は、世界の多くの狩猟採集民や部族民などの言語には見つからない。一方、「恥」にあたる言葉はどこにでも見られ、[2] 人々の心中でかなり重要な位置を占めているようだ。しかも、恥じる感情は、道徳的な犯罪の意識が人間にあまねく引き起こす生理的反応——赤面——と直結している一方、罪には、知られているかぎりそんな身体的相関はない。ダーウィンは、この恥と赤面の関係に気づき、重要だと考えた点で正しかった。本書では今、人間の良心の進化上の基礎を扱いだしたところなので、恥は重要な普遍的概念となる。

飼い犬に恥の観念はあるか？

道徳的行動について考えた際、ダーウィンは偏見のない開かれた心で、人間以外の動物にも善悪の観念があるのかどうかと問うた(3)。この問題を相当考えた末、私は自分なりに、「チンパンジーや、さらに言えば飼い犬もルールを非常によく学びとるが、人間は道義的に善悪を扱い、それをもとにルールを内面化する唯一の動物種かもしれない」という結論に至った。かりに何かほかの動物がそんな能力をもっていたとしても、それはおそらくアフリカの大型類人猿のような高度に社会的な動物だろうし、場合によってはオオカミやイルカのような社会的感受性〔他者の感情を読み取る能力〕の高い肉食動物ぐらいだ。

ペットを愛する大勢の飼い主は、これに異を唱えるにちがいない。とくに犬の飼い主はそうだろう。多くの人には、一緒に暮らす動物が、「みっともないでしょ！」と言われると道徳的な意味で叱られていると思い、「とってもおりこうさんね！」という言葉には誇らしげな澄ました態度で応えるように見えているかもしれない。私は自分でもそんな擬人化できる反応を感じ、親近感による喜びを味わったことがあるが、明らかにそうした反応は科学的に真実ではない。

ダーウィンは犬に注目した。犬は心理的にわれわれとことのほか相性が良く、犬の飼い主にはそんな経験がたっぷりあり、人間のように見える飼い犬の話がたくさんあるからだ。じっさい彼は犬について、同情や、忠誠や、身を挺して飼い主を守る行動の存在をうかがわせる多数の話のほか、罪や恥を感じる心の存在をほのめかしている逸話もいくつか集めていた。だが、この開《ひら》けた心をもつ科学者は、結論を急ぎはしなかった。

私自身、忠実な犬の飼い主にこんなことを告げざるをえないのは残念で悲しいのだが、叱りつけられた犬がほぼ間違いなく罪悪感を覚えた顔つきをしているように見えても、それは、彼ら（飼い主）がみずからの道義的な人間の反応を道徳観念のない犬に投影しているにすぎない。共感するように見える犬は、面と向かってとがめられて嫌な気分になったり、ルールを破って罰されるのを恐れて従順になったりしているのかもしれないし、ボディーランゲージ（身振り）によってそれを表現力豊かに示しているのかもしれないが、人間のように恥じる——つまり、破られた重大なルールと強い道義的な結びつきがあるために恥を感じる——という観念がこの状況に何ら関与していないことは、かなり確かだと思う。

　犬が恥や罪を感じるというひいき目の解釈は、ほとんど驚くに値しない。われわれ人間が一万五〇〇〇年以上も前から、自分たちと似た感情をもつように犬を繁殖させてきたためにほかならないのだ。今日、これは実に手際よくおこなわれているが、はるか昔には、最良のペットになる子犬に目をかけ、何世代もかけて繁殖させることで、飼い犬の「基本的な性格」を変えてきたのだろう[4]。

　私も熱狂的なまでの犬好きとして、人類が飼い慣らしてきた犬は、確かに人懐っこく、愛情豊かで、忠実で、相手に共感し、自分を認めてほしがり、また飼い主がピンチになるとしばしば身を挺して守るものだと真っ先に言っておきたい。きちんとしつけると、犬はわれわれと同じぐらいうまくルールに従うし、そうした共通点の数々ゆえに、犬にも恥の感情があると思うのも当然だろう。しかしそれは道徳ではない。ルールを内面化した良心と、恥の観念はないように見えるからだ。そんな私の懐疑的な見方はあくまで意見であり、人間は決して犬の頭のなかを覗けないこともわかっている。それでも、この現実的な見方を支持しそうな事実がいくつかある。

　あなたが帰宅して、床に粗相の跡を見つけたうえ、愛犬が縮こまりながら頭《こうべ》を垂れ、耳をぴったり後ろにつけ、両脚のあいだに尾をはさみ込んでいたら、犬が良心を働かせているのだと思ってしまいそうだ。そしてまた、犯した過ちの前でこの犯人を罰すると、人間と同じように過去のおこないの恥ずべき間違いに気づき、これからはやらなくなるというのが論理的に正しくも思える。恥の感情は不快で避けるべきものだからだ。おまけに、がみがみ言われたり、丸めた新聞紙で叩かれたりすると、その経験をあなたの犬が記憶するのはきっと間違いない――愛する飼い主が明らかに気分を害している証拠として。その意味で犬は、われわれ人間のルールを学ぶことができる。というのも、何千世代もかけてより従順な個体を選ぶことによって、このように感受性が高くなるように繁殖させてきたからだ。

しかし、人間の場合と同じように事後の処罰が犬の行動をポジティブに変えられるという考えは、かなり間違っている。プロの犬の訓練士なら、ペットの犬を罰するなら、いけないことをしたその場で、あるいはせめてよからぬ行動のあと〇・六秒以内に罰しなさいと言うだろう[5]。そうでないと犬は、強い絆で結ばれた飼い主に、これといった理由もなしに敵意をもたれたり叩かれたりしたと思うので、混乱してしまう。一方で人間は、前にルールを破ったかどで今罰されても完璧に理解するし、のちに第5章で見るとおり、アフリカの大型類人猿もそれができる。ところがこの点で、犬は現在だけを生きているように見えるのだ。

犬を熱愛する飼い主は、それでも犬は恥を感じているにちがいない、彼らのボディーランゲージや目を見ればわかる、と言うかもしれない。私にはそれが間違いだと証明することはできない。ただし、犬がわれわれのように恥じて顔を赤らめることはなく、事後に罰してもそれに応じるように見えないという事実は、客観的に指摘できる。したがって、犬が何千世代もかけて人間に似た性質を選んで交配されてきたとしても、事後にとがめたり罰したりされたときのとらえ方は、人間とは大きく異なったままなのである。

「力は正義」という考えは、あらゆる犬の祖先であるオオカミのあいだに行きわたっている。どの群れにも、支配のルールを手下に強制するアルファ〔かつてはボスとも言われていた、群れのなかで第一位の存在〕がいて、手下がアルファの見ていないところでまんまとルールを破っても、こそこそ勝手なことをする手下のボディーランゲージに「恥」や「自責」の形跡はまったく見られない。そんな行為が見つかってしまった手下は、きっとアルファの機嫌を取ろうとするだろうが、これは「道徳的にけしからん」と思う感情とは関係がない。

犬の心は昔からずっと、その場で処罰されたときだけ応じるように遺伝的にできているようだし、まだ明らかになってはいない何かの理由で、この部分の脳の配線は、エゴイスティックな人間が飼い犬に手を加えて人間そっくりの従順な相棒に仕立て上げようとする試みにあらがってきた。大きな手がかりは、犬の場合、前頭前皮質――自制をもたらす社会的判断をするのを助ける脳内の部位――が人間のそれよりも、体の大きさの違いに比例してはるかに小さいという点にある。もしかしたら、われわれ人間は犬というペットを自分たちと同じぐらい向社会的にしようとがんばって育種してきたが、犬にはただその素質がなかったのかもしれないのだ。

道徳上のダメージを受けた心

われわれが自分たちの脳や、それと道徳との関係について知っているなかで、とりわけ興味深いことがらのいくつかは、人間の集団のほんの一部――態度や行動から見て明白に、まるっきり「道徳観念がない」人々――にかんして知りうることから得られている。彼らの多くは生まれつきそうであるように見えるが、それ以外の少数の人の場合は、脳の外傷が驚くべき明瞭な影響をもたらしている。「健常な」子どもが幼いころに前頭前皮質（額のすぐ内側にある）に物理的なダメージを受けると、大人になっても、ルールを理解して従ったり、権威にうまく応対したりすることができない場合がある。彼らは善悪の観念を損なっているため、それなりにうまく社会生活を送ろうとしても難しく、不可能なことさえある。

神経心理学者のアントニオ・ダマシオは、いくつかの事例を報告している。一歳半の女児が車に頭を轢かれ、数日後も目立った後遺症は見られなかった(6)。彼女の行動上の問題がようやくあらわになったのは、三歳になって、親の決めたルールにまったく従わないことがわかったときだった（道徳の面でもそれ以外の面でも、女児の両親はまるっきりふつうの人だったと言い添えておく）。その後、彼女は大人になってもルールにほとんど従えなくて仕事が得られず、衝動的に盗みを働くこそ泥になり、わが子への共感もひどく欠いて、善悪の違いがまるでわからないように見えた。みずからの衝動を判断することも抑えることもできない彼女は、社会的存在としてきちんと役目を果たせず、その人生はひどいものとなった。

この女性の脳は前頭前皮質にダメージを負っていたが、心理学の学術誌で有名になった、人好きのする一九世紀の鉄道工事の現場監督フィニアス・ゲージの脳もそうだった。フィニアスは、ある事故に巻き込まれた際、金属棒が眼窩と前頭を突き抜けて、先ほどの女児と同じ脳領域を損傷した。彼は事故直後に立ち上がり、考えてしゃべることもできたが、性格が恒久的に変わってしまった。温厚さをなくし、いきなり怒ったり不道徳になったりして、人付き合いがうまくできなくなった。不憫にも、フィニアスはもう定職に就けなくなり、サーカスの余興の見世物として生涯を終えた(7)［サーカスの見世物については、噂にすぎず事実でないという話もある］。

同じぐらいはっきりした事例は、ある学校教師のものだ。四〇歳で幸せに結婚していた彼は、インターネットで児童ポルノを見ているところを仰天した妻に見つかり、その後一一歳の少女に「言い寄ろう」とした。そんなふうに衝動を抑えられなくなったために、離婚に至ったばかりか、刑務所行きになるおそれもあった。やがて、この哀れな男性は良性の腫瘍があると診断された。その腫瘍が、彼の前頭前皮質を圧迫していたのである。そして腫瘍を取り去ると、男性は正常に戻った。腫瘍が再発すると異常な興味がまた抑制できなくなったので、因果関係は明々白々だった[8]。前頭前皮質は、一般に計画立案にかかわる脳領域として、社会的な影響を評価するだけでなく、反社会的な衝動を抑え込むのにも役立っている。こうした機能から、「人間の良心は、集団とのいざこざを避けることで個人の適応度を高める能力である」と定義できるのだ。

サイコパス（精神病質者）の脳

それに、生まれつき「障害のある」人もいる。心理学者のロバート・ヘアは、「サイコパス」であると客観的に評価した犯罪者の研究をライフワークとしている。彼は初めて、狡猾なサイコパスさえも逃れられないようなスクリーニングテスト（選別検査）を考案した。その目的は、刑務所のなかでそんな人間を見つけ、市中へ放たないようにすることだった[9]。ヘアによれば、サイコパスとは、善悪の観念や他者への共感を深く覚えるといった通常の道徳的感情にもとづく一般的な良心を生じさせない形質を受け継いだ存在である。そうしたいわゆる異常者には、凶悪で悔い改めることのない連続殺人犯（そのなかにはだれもが名を知る者もいるが、多くは正体を隠して警察に捕まえられずにいる）がいるが、それ以上に大勢いるのは、しばしば口がうまく、ときにかなり魅力的だが、ひどくエゴイスティックで人に共感することのない詐欺師（平気で嘘をつき、当然のように良心の呵責も恥も感じずに他人を利用したり傷つけたりする）だ。

サイコパスは、殺人にはまるにせよ、路上犯罪や知能犯罪、あるいは騙されやすい人を利用する信用詐欺に手を染めるにせよ、支配やコントロールに異常な執着を見せる。共通して言えるのは、正常な道徳的指針をもたず、自分が利用するカモにダメージを負わせることを一切気にしないという点だ。他人と感情面でつながることも含め、正常な良心をもたない彼らは、他人を利己的に利用するために平気で嘘をつく。そして、自分が騙したり殺したりした相手にまったく哀れみ（シンパシー）を感じない。こうした人は女性よりも男性の割合が高く、概して彼らの感情は表面的で、ふつうの人間なら子どものころに内面化できる道徳的なルールと自分を結びつける感覚をもたない。サイコパシー（精神病質）は幼いうちに現れるので、感情の面で重要な、道徳的なルールの学習が不十分になるのだ。

ここで急いで強調しておきたいが、典型的なサイコパスは、広く考えられているような連続殺人犯ではなく、自分が略奪する相手に何の共感ももたない詐欺師である。一般に、そんな人間は、知能が高く、自己中心的で、時として嘘が見え透いたものとなっても、説得力のある顔をするのがうまい。年金暮らしの高齢者に幽霊株を売りつけたり、暴力を振るう夫――妻は彼が生まれつきそうだとは知らず、彼が変わることをずっと願っている――になったりする素質が申し分ないまでにある。しかし、殺人に興味を引かれたら、この人間は無慈悲に人を殺すし、そんなサイコパスの殿堂入りをした人物には、ヒルサイドの絞殺魔（いとこ同士のふたりで、カリフォルニアの少女たちを残酷に拷問して殺した）のほか、もちろんジョン・ウェイン・ゲイシーやジェフリー・ダーマー〔いずれも複数の男性を自宅に連れ込んで暴行・殺害〕などがいる。『羊たちの沈黙』を別にすれば、これらが一般に知られているサイコパスだが、もちろんもっとたくさんいて、大半は捕まっておらず、現代の都市化された社会で勢いを増している。匿名の隠れ蓑が悪人にとっては便利なのだ。良心の働きがほとんどなく、神の罰をたいてい恐れることもない彼らは、警察の裏をかきさえすればいいのである。

サイコパスは偽装の完璧な達人で、自分の感情は枯れているのに、道徳的感情がどう働くかを理解している。興味深いことに、このおかげで彼らは他人の感情を操る真のエキスパートとなれるのであり、そのため仮釈放監察委員会をしばしばうまく騙し、チャンスを与えれば更生して社会に貢献する人間になれると思い込ませてしまう。サイコパスはそのように生まれついているため、ポジティブな感情と「ルール」の観念とのあいだに通常の結びつきができないことを思い出してもらおう。だからこそヘアの著書のタイトルは、『良心がない』〔邦題は『診断名サイコパス』〕なのだ。ヘアによれば、サイコパスについてせめて期待できるのは、高齢になると、その反社会的な傾向がいくらか自然に減っていくということらしい。それを別にすれば、仮釈放監察委員会は注意が必要だ。

一般的なサイコパスは前頭前皮質に損傷を負っていないので、生まれつきの背徳者だ。たいてい平均を上回る知能があるので、なかには社会のルールを理解するのにとても長けた者もいて、見事に通常の感情をもつふりをすることができる。おまけに彼らは、相当抜け目なくふつうの人の信用を利用することもできる。たとえばある連続殺人犯は、「脚を骨折している」からと助けを求めて善意の少女たちを車に誘い込んだ。しかし、そこまで周到でない多くのサイコパスは、えてして無鉄砲にスリルを求めるので、すぐに捕まる軽犯罪者と同じように人生の大半を獄中で過ごす。

サイコパスは、全人口では数百人にひとり以上の割合で存在するにちがいない。彼らは、自責や恥の感情をもたないだけではない。衝動的な略奪をすることに奇妙な誇りももっている。こうした人間はあらゆる社会的階級に見られ、あまりにも根本的な障害なので、ロバート・ヘアのスクリーニングテストで高い点をとる人間には、精神医学的治療はほとんどあるいはまったく役に立たない。彼らは、ふたつの理由で十分に道徳的な人間にはなれない。第一に、社会のルールを認めて内面化するのに必要な、感情面の結びつきをもたないからで、第二に、他人への共感を欠いているからだ。

通常の人間は集団の道徳観念とどう「結びついている」のか

半世紀前、社会学者のタルコット・パーソンズが、人間の社会的行動を、文化的視点や心理学的視点などさまざまな角度から観察し、価値とルールの「内面化」について説得力のある説明をした[10]。彼が言わんとしていたのは、要するに、集団がその社会的価値観を「自分がしてもらいたいと思うことを他人にせよ」などの行動規範に言いなおす場合、個人はそうしたルールと感情面で結びついて、ルールに従うと気分が良く、ルールを破ると落ち着かない気分になるようになるということだった。「汝《なんじ》盗むなかれ」などの内面化されたルールに逆らうと、通常の人間は自分を恥じて何かひどい目に遭うのではないかと思い、現行犯で捕まれば社会的に責め苦を受け、その後、心から自責の念に駆られる。だがサイコパスはそうではない。

サイコパスにかんするパーソンズの考察を考えてみよう。この略奪者たちは、社会の価値観やルールを通常の人間のようには内面化できず、そのため彼らのなかでは、ダーウィンが雄弁に語ったような、自己判断にもとづく道徳的感情の込もった「内なる声」がささやかれていない[11]。一方、サイコパスでない人は、自分のアイデンティティの重要な部分がルールに従うことと結びついているように思うだろうし、それにもとづいて自尊心が傷ついたり高まったりする。道徳的に正常な人間は、自分をみずからの文化と、また実りある社会生活に内在する特定のルールと強く結びつける。権力や財産やセックスや地位を求めるために、そうしたルールをいくつかあっさり破ってしまうかもしれないが、それでもルールと結びつけようとするのだ。だがサイコパスは、そもそもそんなルールと自分を結びつけない。

そんな異常がどうして生まれるのか？　今日、ことによると数百人にひとり以上がきわめて獰猛なサイコパスとなりうるのはなぜなのか？　大きく逸脱した人間がひどく罰せられ、適応度に影響が及ぶのなら、どうしてそのような社会的異常者の遺伝子がヒトの遺伝子プールにまだ残っているのだろう？この疑問に答えるには、進化の言葉で問題を言い換え、「われわれが狩猟採集民だった過去に、サイコパシーは、その形質をもつ個人にどんなメリットを与えたのか」と問わなければならない。

先史時代、そうした人間の一部は「死刑」の対象となったにちがいないが、ひょっとしたらいくらか適応上のメリットもあったかもしれない。たとえば、非常に利己的で支配力をふるう傾向をもっていると、集団による組織的な処罰にもとづく平等主義的なライフスタイルが生じる前の、階層性の強い初期の人類社会ではかなり有利だった可能性がある。また、階層的でなく、道徳面で平等主義だった先史時代の集団の社会でも、きわめて「利己的」であると、なんらかの適応上の利益があったのかもしれない――それがひどく反社会的な形で表れた場合には、大問題を引き起こしかねないとしても。この先明らかになるが、鍵を握っていたのは「自制」だったのである。

何か特定の遺伝子が関与しているようにも見えるが、どうしたらそれを明らかにできるのだろう？ロバート・ヘアと同様、ヘアの指導を受けた心理学者ケント・キールも、囚人を対象に研究をおこなっている。キールは変革者《イノベーター》だ。移動式のＭＲＩユニットを刑務所へ持ち込んで、凶悪犯の脳を調べたのである。このニューメキシコ大学精神研究所の研究教授〔研究専門で講義を受け持たない教授職〕は、ヘアの定めた評価手順をもとに、どの犯罪者がサイコパスで、またどの犯罪者が「感情と結びついた」正常な道徳観念をもっているのかを判別し、両者を比較した[12]。

殺人者がどちらのカテゴリーに分類されるかは、犠牲者に道義的な共感を抱き、あとで自責に駆られるかどうかで決まる。一般にサイコパスの殺人者は、殺しの最中もあとも落ち着いていられるが、衝動的な怒りで人を殺してしまった、道徳面で正常な凶悪犯は、自分が究極の痛みやダメージを与えた事実に心底動揺する。これは、後者の人間の道徳的素質がほかの人間と変わらないことを示しており、自責の念は生涯続くかもしれない。両方のカテゴリーの四人から多数のサンプルをとって脳のスキャンをおこなった結果、キールはサイコパスの（脳の基底にある）傍辺縁系に明らかな異常を見つけた。脳内のこのかなり古い部位は、感情をさまざまな社会的状況への反応と結びつけるところなので、良心の正常な機能である「ルールの内面化」という問題に話が戻ることになる。

最もよく適応した良心は臨機応変なもの

「良心がある」ということについては、何通りもの考え方がある。たとえばジークムント・フロイトは、超自我を、われわれと御しがたいリビドー〔フロイトの考えでは、性的本能のもとになるエネルギー〕とのあいだに立つ心的メカニズムであると語っている[13]。また、経済学者のロバート・フランクは、良心とそれにまつわる感情は個人が環境に適応するのを助けると主張した[14]。もっと一般的に言えば、良心があるというのは、心のなかで反社会的行動を抑制していることを意味し、さらに付け加えるなら、社会のルールの遵守にプライドを見出すことでもある。だが本書では、進化的良心というものをさらに広い意味で定義しよう。

数十年前、『ダーウィニズムと人間の諸問題』（山根正気・牧野俊一訳、思索社）において生物学者のリチャード・D・アレグザンダーは、進化的良心が、反社会的行動の抑制手段にとどまらないものであることを明らかにした。彼はそれを、「耐えがたいリスクを負わずに自分自身の利益をどこまで提供できるかを静かにささやく声」と呼んだ[15]。すると良心は、向社会的な行動をできるだけ多くし、逸脱的行動をできるだけ少なくする「純然たる」道徳の力と同じぐらい抜け目なくリスクを計算しているように見える。良心とその進化に関心があるのなら、それがわれわれの適応度にどれだけ貢献したかという観点から客観的に定義する必要があり、この点でアレグザンダーの現実的な定義はダーウィンのものよりもやや優れている。知ってのとおり、ダーウィンは良心を、どれだけの不道徳なら罰せられずにすむのかと戦略を練るための手だてでなく、不道徳を抑止するための手段ととらえていた。自分に正直になって内観をしてみれば、進化的良心がこの両方をおこなうものであることがわかるだろう。

この流れで、通常の人間を集団のルールと結びつける感情がいったいどれだけ強いのかと問うこともできる。内面化するからといって、善良な市民が社会のルールとあまりにも深く結びつき、ほかの選択肢を考えず自動的にそれに従うようになるわけでは決してない——とくに、社会的に許されない選択肢を選べば大きな満足が得られるような場合には。だれもが自分個人の経験から知っているとおり、われわれの行動を方向づけ、概して適応を高めるような利己的な要求や欲求のせいで幾多の社会的誘惑に駆られると、道徳的に批判されたり、ひどい目に遭ったりすることもある。十分に内面化された道徳的な価値観やルールは人を落ち着かせるので、仲間の前でどんな行動を示すべきか、かなりじっくり選別することができる。その結果、われわれの利己的な行為はたいてい、それほど略奪的なものや反社会的なものにはならないので、見つかってひどく罰せられる（結果的に適応度が下がる）可能性は低くなる。

したがって、われわれは良心のおかげで、魅力的だが社会的に許されない振る舞いをする機会に直面した場合に、えてして矛盾した感情をもつ遵法者になる。たとえば、街なかの人目につかない一角で大きな紙袋にいっぱいの現金を見つけ、自分のほかにだれも見ていないとしよう。この道に入ってまだ長くない安月給の学者だったころ、私はたまに、そんなゴミ拾いの幸運に出くわしたらどうするだろうと考えた。それが明らかに犯罪者のなくした金で、どこかの貧しい変わり者が生涯かけてためた金でないとしたら、少なくとも誘惑に駆られるだろうか？　これから見ていくとおり、そんな純粋に仮想の道徳的ジレンマを利用して、われわれの脳における道徳の機能を科学的に探ることができる。そしてやはりこれから見ていくように、はるか北方の狩猟採集民のあいだでは、そうした仮想の事態を用いて、自分たちの文化の道徳的ルールを子どもに学ばせさえしているのである。

もちろん、時として、われわれは人生にありがちな誘惑に負けることもある――直後に処罰のおそれとともに恥の意識にさいなまれるのであっても。人間の良心は、なんらかの選択肢が道徳にかなうか不道徳かを見分けるだけでなく、それに対してどうするかを決めるのを助けもする。さらにこの流れで言えば、大きな社会的リスクを冒さずに競争で何か楽ができるのなら、それは進化において理にかなっている。そのようにして、われわれの適応度は向上するのだ。

それゆえ、内面化によって人は社会的に完璧になるわけではない。とうていそんなことはない。それでも、アレグザンダーが明らかにしたご都合主義の進化的良心さえ、われわれが道を逸れて自分の社会的評判を傷つけようとしているときには、それを知らせる警告信号となり、また往々にして感情を抑制する役割も果たし、道をあまりにも大きく――場合によっては破滅を招くほど――逸れないようにしてくれるのだ。そのため良心の内面化は、かつては社会的に深刻なトラブルを避けるために役立ったし、現代社会では、生殖の面で成功を収める可能性が大幅に減る刑務所入りも避けることができる。それと同時に、良心は、自尊心を保つのにも役立つ。というのも、基本的にわれわれは、他人の評価に用いるのと同じ集団内の道徳的基準によって自分を評価するからだ。

前におこなった議論から、脳内のいくつかの領域が進化を遂げて、人間に固有かもしれないこの驚くべき道徳的能力が生まれたのは明らかなようだ。善悪の観念と恥じて赤面する能力は、高度に発達した共感の観念とともに、道徳的存在たるわれわれに対し、「みずからの行為が他人の人生にどんな悪影響を及ぼすおそれがあるか」、あるいは、「他人を助けることでどのような満足が得られるか」と考えることを余儀なくさせるのである。またわれわれには、「はるか昔のおこないも含め、現在や過去に働いた悪事のせいで自分が集団から処罰されるおそれがある」ということを理解する能力があるし、良心はみずからの社会的評判を自覚するのに役立っている。一方、良心には抜け目ない役割もある。道徳的になるべく臨機応変なアプローチをとるように導いてくれるからだ。このアプローチによってわれわれは、まともな評判を得ることで得をしながら、あまり重要でないルールをうまく省いて得をすることもできるようになる。

すると、生殖の面で有利な良心はいったいどのようにしてできあがるのだろう？　まず、ダーウィンの考えたような個体間競争においては、良心はあまり弱いものであってはならない。弱いと個体はひどい運命を招くことがあるからだ。逆に強すぎてもいけない。ルールの内面化は柔軟性がなさすぎてもだめだからだ。このあと、さらにこれについて議論を進めるが、効率のよい進化的良心は、トラブルを避けながらうまく生きていけるように社会的に自己表現させる良心だと言える。たとえば、この良心は、確定申告の際に政府の得になるような解釈をさせはしないが、大半の人に銀行強盗をさせることもないし、破廉恥で向こう見ずな不倫もさせない――著名な政治家なら話は別だが。

良心と共感

ダーウィン以来、同情と良心については同等に語られてきたが、他者を気遣うのと、内なる声を聞くのとは、決して同じではない。じっさい、われわれが他者に危害を加えるのを踏みとどまることがあるのは、捕まって処罰されるのを恐れるからにほかならない。もちろん、傷つける相手に同情してやめることもあるが（ときには十分な理由があってその相手を嫌っていても）、それはわれわれが、他人を傷つけるのはいけないという社会規範を内面化しているからだ。

そうした心理的因子の相互作用は複雑となりうるので、しばしば矛盾した感情を生む。ウィリアム・フォークナーのあまり真価を認められていない小説のひとつである『寓話』〔邦訳は、阿部知二訳、岩波書店など〕では、第一次世界大戦下のフランス戦線で相対する両軍の塹壕の兵士たちが、反乱を起こして無意味な殺し合いをやめようとする。[16] この行動は、ある意味では自衛のためだが、良心ゆえでもあり、敵を人間として扱わないことを拒絶するためでもある。物語では、キリストのような立場になる人物が主役で、自衛と同情と道徳性といった動機が複合的に絡んでいる。通常、戦争の前線では、兵士は「よそ者（アウトサイダー）」を相手にしているので、道徳性や同情は棚上げになる。だがフォークナーは、この巧みに語られた話で、しかるべき状況では、良心と、他者への感情は、内集団〔共通の利害関係と強い仲間意識をもつ集団〕だけでなく外集団〔自分が属する集団でない、無関係だったり敵意の対象だったりする集団〕のメンバーにも向けられることを明らかにしている。

人が自分の集団に属する他者としか付き合いがない場合、この次元での人間の良心は顕著に働く。[17] 善悪の観念は、われわれの人生を「支配する」ことはないとしても、かなり厳しく統制し、われわれが内面化する道徳観念の多くは、他者を助けようという感情から生まれて形成されている。たとえば、他者に危害を加えないようにすることが狙いの道徳的ルールのほかに、他者が必要としていれば血縁でなくても助けるようにうながすルールもある。当然だが、恥の意識も含めた同情的な良心をもっていると、われわれの暮らす向社会的な傾向をもつ共同体とうまく合い、自分や他者を利する協力のネットワークと調和しやすくなる。そうした感情をもつ場合の唯一の問題は、必ずしも自分に見返りがなくても他者を助けるようになることであり、これは、第7章で解決に挑む大きな理論上の問題となる。ここでも、私が支持している答えは「社会選択」である。

集団内のおしゃべりな人間

個人が内面化するルールは、そのときどきの基準で道義的なうわさ話《ゴシップ》をする集団の文化的産物と言える。こうして道徳規範は生まれ、定着し、絶えず洗練されていく。うわさ話は、きっとはるか昔から狩猟採集民のあいだであまねくなされていたにちがいなく、(18) 今日でも、ゴシップ欄、テレビのワイドショー、昼メロといった形でさまざまなメディアに登場する一方、職場や地域でも、われわれは他人の振舞いについてこっそり(そして楽しげに)語り合っている――ちょうど、何万年も前から狩猟採集民の小集団がおこなってきたように。

そのように信頼の置ける仲間と「話す」ことによって、人は仲間を評価できるようになるだけでなく、社会生活において何が有益で何が有害かを直感的に考え、集団に属する人間が互いにすべきことやしてはならないことについて、道徳的なコンセンサスをしっかり得ることができるようにもなる。すると、かなり直接的な意味で、うわさ話は集団の道徳観念を形成すると言えるだろう。それによって社会統制を方向づけ、協力し寛大になるべきだと盛んに説くように人々を仕向けるのである。うわさ話というテーマについては、第9章で詳しく語ることにしよう。文化人類学者はだれもが、この言語的行為に精通していなければならないからだ。

今日の人間の集団は、国家や都市、あるいは部族や移動生活をする集団などの形をとっているが、どれも先述のような道徳規範をもっている。そして、文化によって一部の道徳規範に非常に大きな（ときには劇的な）違いが見られるとしても、あらゆる人間の集団は、次のようなものに対して眉をひそめ、反対を表明し、処罰をする――殺人、権威の不当な利用、集団内の協力を損なういかさま、大ぼら、盗み、社会秩序を乱す性行動。こうした基本的な行動規範は、人間に普遍的なもののように思える。ともあれ、それらのルールがあまねく行きわたっていることを考えると、更新世後期の人類の生活環境に頻発したどんな社会的緊急事態にも、それは文化的習慣としてかなりうまく適合していたという進化上の仮定ができる。あとで示すが、当時の緊急事態は、今日われわれが直面する事態と多くの点でそれほど違っていなかった。

「生物学的条件」と「文化」が、共同でわれわれを適応上道徳的にしてきたのは明らかだ。たとえば、われわれは子どものころに文化的な見識を利用して道徳的なルールを身につけるが、それは決まった順序で訪れる「臨界期」という発達段階にもとづいてなされる。「他者を助けよ」というルールも同様に、幼年期の社会化を通じて内面化されるが、のちに大人になったときにも、向社会的になるのを推奨する「説論」によって強化される。この説論については本書全体を通じて議論することになるが、基本的に、集団のメンバーに対し、「他者の助けになることによって社会に役立つ生き方をせよ」とうながすものだ。とくに注目すべきは、血縁にも、血縁以外のメンバーにも寛大になれとする拘束である。平等主義の傾向が強い現代の移動性の狩猟採集民の場合、それ以外に、謙虚に振る舞うこと、攻撃的な支配をしないこと、ほかのメンバーに誠実であること、他者に協力して敬意を示すこと、「商取引」でフェアであること、一般に向社会的な傾向をもつことも好ましい態度のリストに加えられる(19)。

言語はそうした説諭に使える一方、敵意を剥き出しにして叱りつけるとか、逸脱者を嘲るといった形をとる批判も生み出す。またもちろん、集団による辱めなど、さらに強力な形をとる言語的社会統制もありえる。逆にふだんの会話から逸脱者を排除する、仲間外れや共同絶交〔すべての社会的交流をしないという、仲間外れより強い疎外〕もある。そして集団の合意によって、「集団からの追放」という悲惨な裁定が下されることもある。小さな集団で移動する狩猟採集民は、世界各地でこうしたことをすべておこなっており、ほかの人間も、もっと大きな定住性の「部族」のなかで暮らしていようと、村や町、さらには大都市に住んでいようと、おおかた同様だと言える。

極端な場合、逸脱者の行為が他者の命をひどくおびやかしたり、心底忌まわしく思われたりすると、狩猟採集民はひそかに話し合って合意に達したのちに、「死刑」に処することもある。そんな恐ろしい処罰は今なお広くおこなわれており、ほんの数千年前――そうした処罰に反対する動きが起こる前――には世界標準だったにちがいない。それどころか、移動性の狩猟採集民しか世界にいなかった一万五〇〇〇年前の更新世には、「死刑」は、社会的疎外の実際的だが極端な表現として間違いなく普遍的におこなわれていた。

ピグミーは高慢ないかさま師を嘲る

狩猟採集民の道徳的生活――および言語の役割――をありありと示す例は、ムブーティ・ピグミー〔ピグミーの一族であるムブーティ族〕に見て取れる。彼らは、かつて植民地時代にコンゴと呼ばれていた地に住んでおり、そこを私は遠くから、それもおそるおそる見たことしかない。私は六年間、毎年タンザニアのゴンベ国立公園へ行って、ジェーン・グドール博士と共同研究しながら、野生のチンパンジーの調査をおこなった。その際、一九八〇年代の初頭に、巨大なタンガニーカ湖のほとりにぽつんとあった調査地域から、六〇キロメートル離れた対岸のザイール〔現在のコンゴ共和国〕の山並みを見ることはできたのだ。

嵐が荒れ狂っているのでなければ、この巨大な湖はたやすく渡れたが、いく晩か、遠くの山並みで何時間も明るいオレンジの炎が見えた。それは、ザイール政府に敵対する反乱勢力が、自分たちに協力しない農村を襲撃しているという明らかな証拠だった。その数年前には、四〇人からなる反乱勢力がモーターボートで湖を渡ってきて、ジェーンの野外調査をしていた学生を四人誘拐していったので、そんな燃える村々を眺めるとどうしても不安に襲われた。聞いた話では、このスタンフォード大学の学生たちは、ある学生の父親が五〇万ドルの身代金を払ったおかげで解放されたらしいが、いざというときに、私にはそんな金を出してくれる人などいなかった。

ムブーティ・ピグミーは、その山並みをはるか越えた奥地に住んでいる。そこはまさしく密林で、この腕利きの狩人たちに必要なだけの肉を十分に与えてくれている。彼らはその肉の一部を、バンツー族の農民が育てる穀物と交換しているのだ。[20] その珍しい経済的共益関係を除けば、この狩猟採集民はほかの移動性狩猟採集民とほぼ同じ生活をしており、一か所に十数家族までの平等主義の小集団でキャンプ〔野営地〕を張り、やがて移動して別の場所でキャンプする。ムブーティ族は、われわれの知るような正式な宗教をもたないが、彼らなりの儀式によって、「森」を崇拝し、なだめる。「森」は、彼らの見るところ、寛大に恵みをもたらしてくれているのだ。彼らはおしゃべりで知的な人々で、道徳的な問題が起きたときの表現力ときたら、決して控えめなものではない。

人類学者のコリン・ターンブルは、こうした人々とともに暮らし、彼らの生活様式についていくつか本を著している。優れた著作家であるターンブルは、小さな道徳的共同体の社会生活に付きものの微妙な差異にことのほか敏感だった。私がチンパンジーでなく人間を相手に研究しているときと同様、彼も現地人の言語にかなり習熟する必要があると思っていたし、また間違いなく、きわめて社会的に興味深い状況が生じたときにどの文化人類学者もするように、現場でメモを取り、あとで現地の多くのインフォーマント〔その土地の文化や言語などの情報を提供する現地人のこと〕に個別に確かめて記録をチェックしていた。

ここに紹介するエピソード——多くはターンブル自身やピグミー自身の言葉によるもの——には、狩猟採集民の生活の中核をなす道徳的価値観の一部が表れている。たとえば、肉を手に入れて分け合う際の政治的な平等主義や協力が挙げられる。本書ではこのあとで先史時代における良心の進化を解析するが、その際にどちらの習わしも重要な役割を果たすことになる。それらは、今日のあらゆる移動性狩猟採集民の社会生活においても、中心的な役割を果たしている。

では恥ずべきおこないの話をしよう。セフーというかなり高慢な大人の狩人が、そのムブーティ族の集団にいたが、彼の拡大家族はほかの家族ほど集団によく溶け込んでいないように見えた。集団の家族は、一部は血のつながりの強い親類同士だったが、大半はそうではない。そうした混成は狩猟採集民ではよく見られる。彼らは、ハミルトンの血縁選択理論が予言するとおり親類を選り好む傾向が強いとしても、多くの状況では集団のどのメンバーもほぼ「家族」のように扱う。

大型の獲物――脂肪分や総合的な栄養価がひときわ高いために皆が大好きな食べ物――を解体するときに、これはとくに明らかとなる。世界各地の移動性狩猟採集民は、道徳的なルールに従う社会統制を利用して、狩人がうまく大型哺乳類を仕留めたら、彼のエゴを抑えるように取り計らっている。そのために彼は、自分の家族や親類に一方的に肉の大きな部分を与えないようにさせられるだけでなく、たいてい平等主義である仲間から、解体を取り仕切って肉を分配することさえ禁じられる。狩人という地位を利用して、政治的・社会的に有利な立場をものにしないようにするためだ。むしろ集団は、だれか中立的な人間が、ルールに従って肉を公正かつ公平に分配するように取り計らう。[21] そのルールはもちろん道徳的なもので、仕留めた獲物をグループ全体に渡すことは、義務であるばかりか高潔なのである。同様に、他人の所有する肉を奪うのは、危険なほど集団から逸脱する行為だ。また、制度を裏切り、こっそりいかさまをするのは、まったくもって恥ずべき行為と言える。この最後の行為を、まさにセフーがおこなったのだ。

狩猟採集民は、大型の獲物を小集団で狩るのにたいてい飛び道具を使うが、ムブーティ族は時として、集団全体で協力して網で狩りをする。どの男もとても長い網をもち、最大で十数枚の網を仕掛けるので、おそろしく長い半円形の罠ができる。それから、少し離れた場所で女と子どもが茂みを叩いて網へ近づいていき、レイヨウなどの怯えた動物をこの罠へ追い込む。すると、男たちはそれぞれ罠にかかった獲物を槍で突き、自分の家族のための肉を確保するのだ。

このようなピグミーの狩りと分配では、指名を受けて公正に肉を分配する者を必要としない。獲物が中型から小型で、また網は十分に長いので、だれもが必ず同じぐらいの量の肉を得られるはずだからだ。

しかし、そう言えるのは、だれもいかさまをしないかぎりにおいてである。その網の狩りをしているときに、エゴイスティックなセフーはこっそりずるをすることにした。逃げる動物がやみくもに走ってほかの男たちの網に飛び込み、槍で突かれているあいだに、自分の網にかかる確率を上げることにしたのだ。彼は、だれも見ていないと思うや、密林のなかで自分の網をほかのだれのものよりずっと前になるように置きなおし、追い立てられた動物が最初に自分の網に飛び込むようにした。その結果、セフーの網にはずいぶんたくさんの獲物がかかったが、このいかさまはあいにく見つかってしまった。(22)

コリン・ターンブルは狩りに随行していたが、セフーの犯した罪には気づいていなかった。セフーもまた、自分の卑怯な行為が見られていたことに気づいていなかったようだが。大半の家族がキャンプへ戻ってきたとき、ターンブルはとても重い空気が漂い、男も女もまだ着いていないセフーを小声で罵っているのに気づいた。だれも何が起きたのかをターンブルに語ろうとしなかったが、ついにひとりの大人の男、ケンゲがグループ全員に向かってこう言った。「セフーは能なしで老いぼれた馬鹿野郎だ。いや違う。能なしで老いぼれた獣だ。俺たちは長いことずっとあいつを人間として扱ってきたが、もう獣として扱わないといかん。獣だ!」

この言葉をきっかけに本格的なうわさ話が始まり、真相が注意深く調べ上げられてグループの合意がまとまった。ケンゲの長広舌によって、だれもが気を落ち着かせてセフーをやや冷静に批判しだしたが、今度はセフーのおこないのすべてが批判の対象となった。いつも皆と離れた場所にキャンプを張ること、彼がそれを離れたキャンプと呼んでさえいること、親類を虐待し、全般的に嘘つきで、キャンプが汚いことのほか、個人的な性癖までもが。

ちょうどそのとき、セフーが狩りから戻ってきた。彼が自分の小屋のところで立ち止まったとき、ケンゲがセフーに「おまえは獣だ！」と叫んだ。セフーは、皆のキャンプのほうへ歩いてくると、平然としていようとした。

あまり足早にならないように歩きながら、それでいて、あまりわざとのろのろ歩くのもためらわれたせいで、彼はぎこちない足取りでやってきた。セフーほど芝居のうまい男にしては意外だった。彼がクマモリモ〔会合場所の呼び名〕まで来たころには、だれもが自分に集中するように何かをしていた。火のなかや木の梢をじっと見ていたり、料理用のバナナを焼いたり、煙草を吸ったり、矢柄《やがら》を削ったりしていたのだ。エキアンガとマニャリボだけはいらいらしているようだったが、何も言いはしなかった。セフーがグループの輪へ入ってきても、だれも口を開かなかった。彼は椅子に腰掛けている若者のところへやってきた。いつもなら、わざわざ頼まずとも椅子を譲ってもらえたところだが、今はあえて彼から頼みもせず、若者も懸命に無関心な態度を装って椅子に座りつづけた。それからセフーはアマボスの腰掛けている椅子のほうへ向かった。アマボスが彼を無視すると、セフーはその椅子を激しく揺すったが、そんな彼にこんな言葉が投げつけられた。「獣は地べたに寝ろ」

続いてセフーは、ほかのメンバーから受けている助けに比べ、返しているものが少ないと言われ、弁解しようとした。そのとき、別の大人の男エキアンガが、ここにいる皆は何があったか知っていると暴露した。「エキアンガは、すっと立ち上がると、毛深い拳《こぶし》を火の上で振りかざした。セフーは獣同然なのだから俺の槍でやられて死んでしまえ、と彼は言った。獣でなければ人から肉を盗むはずがない。一同から怒りの声が上がり、セフーはわっと泣きだした」

この行為はセフーを強く辱めるものだったし、ターンブルはセフーの逸脱行為が尋常ではなかったと述べている。「このようなことが前にあったとは聞いたことがなく、明らかに重大な犯罪だった。少人数で結びつきの強い狩猟集団では、このうえなく緊密な協力と、その日獲れたものをだれもが一部もらえることを保証する互恵的な義務の制度がなければ生き延びられない。日によってもらえるものが多い人と少ない人はいても、何ももらえない人はいない。獲物の分け方をめぐってしばしば激しい口論はあっても、それは予想できる程度で、だれも自分の正当な分け前以上を手に入れようとはしない」

次にセフーは、自分の逸脱行為を嘘でごまかそうとしてから、エゴイスティックな高言を吐いた。それはほとんど、ヘアやキールが描写したような、ときに誇大妄想をし、言葉巧みに無謀な嘘をつくサイコパスを思わせるものだった。

セフーはとても弱々しい声で、自分はほかの皆とはぐれ、その場で待っているときに獲物の追い立てが始まる音を耳にしたと言った。そのときになって、そこで網を設置しただけなのだと。しかしだれも自分の話を信じていないとわかるや、いずれにせよ自分は網の並びのなかでもっといい場所を与えられてしかるべきだと思う、と言い添えた。なにしろ、自分は重要人物で、じっさい自分自身の集団の首長ではないかと。マニャリボはエキアンガの手をぐいと引いて座らせ、自分も腰を下ろしながら、これ以上議論をしても明らかに無駄だと言った。セフーは大首長で、ムブーティ族には首長などいない。そしてセフーは自分を首長とする集団をもっているというのだから、それを連れてどこか別の場所で狩りをして、別の場所で首長になってもらおうじゃないか、と。マニャリボはとても雄弁な演説を「煙草を俺にくれ」と言って締めくくった。セフーは、自分が負けて面目を失ったのだと思い知った。

セフーは自分の無実を訴えつづけて集団を離れることもできただろう。しかしそうしなかったし、ターンブルには、まさにセフーが考えざるをえなかったことがわかっていた。

四、五家族からなる彼のグループだけでは小さすぎて、効率よく狩りのできるユニットはできなかった。彼はくどいまでに詫び、ほかの連中の網より前に自分の網を張ったとは本当に知らなかったのだと繰り返し、いずれにせよ肉は全部渡そうと言った。それで話は決まり、彼はグループの大半を連れて自分の小さなキャンプへ戻り、獲物を渡せとぶっきらぼうに妻に命じた。妻にはほとんど拒むチャンスもなかった。すでに、彼女のカゴのなかや、万が一の事態に備えて獲物の肝臓を隠していた屋根の葉の下へ、皆の手が伸びていたからだ。調理鍋まで空っぽになった。それからほかの小屋もすべてあさられて、肉がことごとくもって行かれた。セフーの家族は大声で抗議し、セフーも必死になって泣きわめいたが、今度はわざとらしいもので、一同は嘲笑った。セフーは自分の腹をひっつかみ、死んでしまうと言った。空腹で、きょうだいが食べ物を全部取り上げたから死んでしまう、自分に敬意が払われていないから死んでしまうと。

芝居はすっかり無視されたが、ターンブルは、セフーの謝罪と肉の譲渡によって事態が和解に向かったことを明らかにしている。数時間もしないうちに、セフーは夜の歌の集いに加わり、彼とその拡大家族はもはや社会的に距離を置かれた逸脱者でなく、再びグループのメンバーとして受け入れられていた。

和解はもちろん全員の利益となった。それによって集団は、多くの狩人を抱えつづけ、大好きな肉を食べる機会を頻繁にもちつづけることができたからだ。

ターンブルは、きっと私と同じように、小規模の道徳的共同体における処罰の力について、フランスの有名な社会学者エミール・デュルケームの著作を読んでいたにちがいなく、このグループによる制裁のエピソードを非常にうまくまとめている。

セフーは、ピグミーにとってきっと最大級の憎むべき罪、めったに見られない罪を犯した。それでも事件は、明確な法制度が施行されていないのにあっさり見事に解決した。セフーが処罰を受けずにすんだとは言えない。だれにも話しかけられなかったこの数時間、彼は何日もひとりで監禁されるのに等しい苦しみを味わったにちがいないからだ。優れた狩人でさえない、ただの若造に椅子を譲るのを拒否されたり、女や子どもに笑われたり、男に無視されたりと、どれもすぐには忘れられない経験だろう。法の正式な手続きを経ずとも、セフーは身のほどをしっかり思い知らされ、もう二度と同じことをしそうになかった。

これは、恥と追放されるおそれによって矯正する社会統制の一例であり、逸脱者の行動が改められるので、グループは不正を働く生産的なメンバーを失わずにすむ。道徳規範に反するのは深刻な問題で、マニャリボはひとつのことを明らかにしてくれた。セフーが「自分は立派すぎて、グループのルールに従う平等主義の集団のただの一員にはなれない」と本当に思うのなら、勝手にひとにぎりの親族や友人を連れてどこか別の場所へ行き、「大首長」として振る舞うこともできたし、それでひょっとしたら飢えてしまう可能性もあったのだ。そこで、ひとつの罪に自己弁護をしようとして、セフーはもうひとつの罪を犯した。平等主義の仲間にいばり散らそうとしたのである。どちらの罪についても彼は許されたが、涙ながらに素直な謝罪を申し出ることでようやく許されたのだった。

こうした微妙な心理がすべてここまで明らかになったのは、ターンブルがきわめて詳細に記述してくれたからだ。セフーの命は差し迫った危険にさらされはしなかったが、集団から追放されるおそれはどうしようもないものだった。小さな道徳的共同体に暮らす人々がグループの怒りを恐れるのには、十分な理由がある。犯した罪が重大なもので、言葉や社会的圧力だけでは更生させられない場合は、身体に対する制裁と言語による制裁の両方を加えるほうがはるかに決定的な効果がある。これをおこなわない狩猟採集民もいるが、ムブーティ族はこそ泥を見つけたらやっつける。また、どんなに小さな人間集団も、逸脱者がひどく重大な危険を招く場合には、「死刑」に訴える可能性がある。しかし、ただ集団から追放されるだけでもリスクが非常に大きいので、そんな脅威を目の前にしてセフーは偉そうな態度をやめ、仕方なしにとはいえ申し訳なさそうに自分の恥ずべき行為をほぼ認めて、すっかり降参した結果、再びグループのメンバーとして受け入れられたのである。

嘲笑のおそれはいつでも

逸脱者をわざと恥じ入らせることの効果については、さらに議論する価値がある。高慢な振る舞いをした人を嘲笑して辱めると、ほぼ自動的に同じ傾向の人間も自制するようになる――あんな恥をかくのはごめんだと思うからだ。この場合、恐怖以上のものが働いている。というのも、逸脱者となりそうな人間も、自分だけが得することをとがめる平等主義のグループの道徳規範を内面化していて、子どものうちに恥の感情をみずから経験し、大人になっても嘲笑されたり恥をかかされたりするのを恐れるようになっているからだ。また言語を使って、道徳的な教訓もわがことのように学習できる。あとでセフーの話を聞いたピグミーはだれでも、他人より前に自分の網を置くのをためらうだろう。

それほどきつくない嘲笑でも有効であることが最もよく見て取れるのは、人類学者のリチャード・リーによるクン・ブッシュマン〔ブッシュマンの一族であるクン族〕の報告かもしれない。リーはクン族の人々が支配者になろうとする傾向をどのように抑制するかについて、ありありと記述している（そしてこの記述はよく引き合いに出される。クンのアルファベット表記は!Kungで、Kungの前にある「!」は彼らの言語の一部をなす吸着音である）。ムブーティ族と違って、経済的に独立したこのカラハリ砂漠のブッシュマンは、四万五〇〇〇年前に現在のわれわれにつながる遺伝子を進化させていた人々と同じ一般的なタイプの移動性狩猟採集民であり、彼らも言葉を巧みに操る。クン族の狩人が狩りから帰ってくると、キャンプに残っていた人々は、自分たちの大好きな食べ物である肉が食べたくて、期待に胸を膨らませて何を仕留めたかと尋ねる。自慢して狩猟の達人を気取るそぶりを少しでも見せれば嘲笑されるとわかっているので、狩人は自分の獲物のサイズや質をたいしたことがないように言う。はっきり物を言うガウゴという名のブッシュマンは、リーにこう語っている。「ある男が狩りに行ったとしよう。そいつは、帰ってきても『茂みででっかい獲物を仕留めたぞ！』と自慢してはいけない。まず黙って座り、だれかがそいつの火のところへやって来て、『今日はどうだった？』と訊くまで待つ。そいつは静かにこう答える。『ああ、俺は狩りに向いちゃいないね。なんにも見つけなかったよ……まあほんのちっぽけなものならあったかな』。そしたら俺は、ほくそ笑む。奴がでかいのを仕留めたとわかるからね[23]」

あるいはまた、トマジョという名高い治療師はこう語る。「若者が多くの獲物を仕留めると、自分を首長や大物だと思うようになって、自分以外をしもべや劣った者と見なす。俺たちはこれを受け入れられない。自慢するような奴はお断りだ。いつかそんなうぬぼれでだれかを殺すことになる。だから俺たちはいつも、そいつの仕留めた獲物を価値がないかのように言う。こうして俺たちは、そいつの気持ちを冷ましておとなしくさせるんだ(24)」

このため、たとえ大物を仕留めた狩人の胸が誇りで静かに膨らんでいても、彼がとても謙虚に語ると、嘲笑しようと手ぐすね引いていた平等主義の仲間は、彼の控えめな態度を良しとして、狩人としても謙虚な人物としても尊敬することになる。

うぬぼれた狩人の鼻を言葉でへし折るだけではない。ふつうブッシュマンは、自分の仕留めた獲物の肉の分配を手がけることさえしない。獲物がキャンプに運び込まれると、習慣上、仕留めた者以外のだれかがたいてい肉を管理し、集団のなかにいくつかある主要な血縁集団にそれを分配する。それをさらに、各血縁集団が近縁の者とほかの仲間で分ける。その意図は、権力を握る手段となりうる仕留めた獲物から狩人を遠ざけることであり、ブッシュマンはこの事態を十分すぎるほどよく理解している。

セフーはサイコパスだったのか?

サハラ以南のアフリカにおける、この見事なまでに詳細なふたつの民族誌的報告は、逸脱者となりうる者とその家族を除けば全員のためになる実際的な目的のために、いかにしてグループが個人を道徳的に操作するかを明らかにしている。ピグミーでは、すでに見たとおり、道徳にもとづく怒りがまるで伝染病のようにグループ全体に広がるので、少数の人がそれを主導するとしても、ほぼだれもが感情面で影響を受ける。そしてまた、犯罪者の近親者が傍観して中立的な立場を守ることもわかる。セフーの拡大家族はセフーを言葉で責めなかったし、恥をかかせるのに加わりもしなかったのだ。

しかしセフーを積極的に批判したり、嘲笑したり、恥をかかせたり、追放のおそれを味わわせたりしなかったとはいえ、彼らは擁護しようともしなかった。かりに積極的に擁護していたら、グループのなかで諍《いさか》いが起き、どちらの側も道徳性によって自分たちを正当化しようとしていただろう。だがそうではなく、グループや重要な社会的機能の名のもとに道徳的制裁がおこなわれ、家族集団は明らかに間違っているリーダーを支持するのでなく、傍観することを選んだのだ。

セフーは確かに自分を弁護しようとしたが、それでもわれわれはこう考えざるをえないだろう。彼は完全なサイコパスでもないかぎり、獲物にからむいかさまを仲間がいかに不愉快に思うかを十分すぎるほど知っていて、そうした行動をとがめる集団の価値観をかなりの程度まで内面化していたのだ、と。自分は「大物」でルールに従う必要がないというセフーの主張は、ピグミーの仲間にはきわめて不愉快であり、大人の狩人全員が本質的に平等であることを重視するいかなる移動性狩猟採集民の集団にとってもそうだった。また、投獄されているアメリカのサイコパスに見られるような誇大妄想のきらいもある。だが、最終的に彼が感じたのは脅威だった——このままだと拡大家族を連れて集団から分かれることになってしまうというおそれである。

セフーがちょっとしたサイコパスだったのかもしれないと考えたくもなるし、現代のサイコパスについての研究では、サイコパスというのは程度の問題であることがわかっている。それでも、これは非常に判断が難しい問題だろう。ムブーティ・ピグミーについて、ヘアやキールのような研究がないからだ。おまけに、ときに高慢かつ能弁に自分の行動を擁護し正当化しようとしていたが、セフーは、表現が芝居がかってはいても、通常の道徳的感情をもっているように見えた。

サイコパシー（精神病質）がどの文化にも現れるものだとすれば（おそらくそうなのだろうが）、セフーはこの生まれつきの道徳的疾患を少しはもっていたのかもしれない。とはいえ、これはまったくの推測で、のちに彼個人が抱いた自責の感情は、深かったのかもしれないし、浅かったのかもしれないし、あるいはまったくなかった可能性さえある。ケント・キール博士が移動式のＭＲＩワゴンを中央アフリカの森まで走らせることにしないかぎり、それは知るよしもない。

移動性狩猟採集民と彼らの社会統制

狩猟採集民の社会統制の何たるかを、もっと幅広く考えてみよう。そのためには、このアフリカのふたつの社会から、人類学者によって調査されている多数の移動性集団の文化へと目を移さなければならない。そうした文化は、ブッシュマンと似ているが穀物を物々交換で手に入れるピグミーとは違い、更新世後期の環境で独立して暮らしていた移動性集団にそのままなぞらえられる。およそ一万年前に完新世に入る以前の先史時代の世界に住んでいたのは、主として政治的に平等主義の狩猟採集民だったし、もしかすると彼らだけだったかもしれない。そして、二〇人から三〇人、ひょっとしたら四〇人程度からなる小集団のなかで暮らしていたので、セフーのようにグループに嫌われる事態は間違いなく望んでいなかった。

グループの道徳的な怒りはさまざまな形で表されるが、その大半は、今日どの大陸で暮らす狩猟採集民のあいだでもあまり変わらない。彼らの反応は、軽い叱責や辛辣な批判から、仲間外れ、嘲笑、侮辱、あからさまな追放までさまざまで、極端になると「死刑」という恐ろしいものもある。グループのメンバーの命の尊厳を道徳のうえで強く認めている狩猟採集民は、この処置を最後の手段として、まれに、だが断固とした態度で実行する。ほどなく第4章で、共同体がどんな罪に対してこの恐ろしい反応をするのかを明らかにしよう。

どのような文化でもとがめられ処罰されそうなタブーの行動については、すでに簡単に列挙した。しかし、そうしたグループによる反応の実際の強さは、文化に応じて異なる。たとえば、近親相姦はどこでも認められていないが、一部の集団の文化では、あまり厳しく罰せられず、叱られたり一時的に仲間外れにされたりする程度だ。一方、ほかの文化では、ひどく忌み嫌われたり、グループの社会生活やほかのメンバーの生命をおびやかすがゆえに、死刑になることもある。[25]セフーのように獲物のいかさまをするケースでは、そうした行動がほかの全員の幸福をおびやかすと見なされるため、乱暴な扱いを受け、一部のグループでは殺されることもある。同様に、ある者が仲間に対して高圧的になったり、シャーマニズム（呪術信仰）の広まっている場所で超自然的な力を利己的に悪意をもって濫用したりすると、その逸脱者は激しく叱責されたり、残りのメンバーが夜にこっそりいなくなったりするかもしれない。しかし、威嚇的な支配から逃れる手段がほかになければ、そうした人間を殺してしまうこともある。

それどころか、そのように自分の権力の拡大を目論む者が仲間をしつこく威嚇し独裁的に支配しようとしたり、実際にそれに成功したりすると、殺される可能性がかなり高くなる。確かに、こうした平等主義社会の場合、同じグループに属するほかの狩人たちを本気で見下し、彼らの大切にする対等な権利を踏みにじると、きわめて大きな怒りや非難が生じて、真の道徳的な憤りにつながる。それでも、狩猟採集民はグループのメンバーを殺すことに楽しみを感じることはほとんどないので、たいてい逸脱者を追放や処刑によって排除するのでなく、改心させようとする。[26]それは、ひとつには、彼らが同じ人間として同情するためであるし、またひとつには、彼らが実際的な考えの持ち主だからでもある。たとえセフーのように、腹立たしい性格だったり、たまに逸脱的行動をしがちだったりしても、集団のなかになるべく多くの狩人が存在するほうがいいということを、彼らは理解しているのだ。

だが、第4章で見るとおり、先ほど触れた真に危険な政治的支配者をはじめとするひどい逸脱者の場合、きっぱりと、ときに絶対的な線が引かれる。この線を越える者は、自分の遺伝子の未来を犠牲にする覚悟が必要なのである。

第3章　利他行動とただ乗りについて

黄金律はたくさんある

黄金律は宗教によってさまざまなバージョンがあり、現在も広くあちこちで説かれている。[1] こうした拘束は、協力的な人間集団ならどこでも出てくるようだ。それらは世俗的な忠告の形をとって、「因果応報」なのだから善をなし悪事を避けよと人々に語りかける。たとえば次に並べる金言と、そこに現れている共通性について考えよう。

自分がしてもらいたいと思うことを他人にせよ。

——キリスト教での古典的な黄金律のくだり

だれをも傷つけるな。そうすれば、だれにも傷つけられないだろう。

——ムハンマド『別離の説教』

己の欲せざる所を人に施すことなかれ。

——孔子『論語』一五-二四

日常の社会生活における互恵関係の積極的な奨励は、移動性の集団や部族のほか、階層的な首長制社会でも見られる。それどころか、あらゆる人間社会にそうした傾向はある。そのような奨励の言い習わしは、寛大さをうながし、根底にある意図はつねに変わらない。明らかに、そこには向社会的な意図がある。あなたの両親や友人や隣人は、将来に互恵関係を結べるように、寛大に振る舞ってほしいと思っている。文化がそうした「説諭」を当たり前のように生み出すのには、十分な理由がある。根本的な前提として、社会全体ではぜひとも寛大な互恵関係をはぐくむ必要があるし、また人間らしくあるために、なんらかの本格的な刺激がないとこの方向へ進めないからだ(2)。最終的に望まれるのは、協力を増し、争いを減らすことである。寛大さはさらなる寛大さを生むのだから(3)。肝心なのは、間接互恵なのだ。

黄金律と間接互恵

狩猟採集民の厳密な統計については第7章で見ることになるが、こうした向社会的な選好は、われわれの遺伝子を形成しつつあった比較的近い過去の狩猟採集民のあいだできわめて広く見られたようで、もしかすると普遍的なものだったかもしれない(4)。次の章で明らかにするとおり、実際にこうした人々は皆、かなり公平に大型の獲物の肉を分け合い、腕の立つ狩人とそうでない狩人がいても、どうにかうまく分配している。これは、たとえ家族がしじゅう集団を変わり、その結果、厳密な互恵性が見込めなくてもなされるのだ。

災難に見舞われると、集団のメンバーは、できる範囲で必要に応じて他者を助ける――だが、道徳的な評価が高い人やそこそこの人は全員、自動的に間接互恵のメリットを享受する資格があるとしても、実際にはかなりの計算が働く。一般に、ことのほか寛大との評価を得ている人は、けちな人よりも多くの助けを受けられそうだ。そして、これまでずっと不道徳なまでにひどく利己的だったり怠惰だったりした人の場合、血のつながりのないメンバーに助けを求めてもすげなく断られるだろう。(5) 個人的な災難に見舞われ、血縁の者しか助けてくれそうにない場合、(6) そうした人は自分が黄金律を守っていたらと思うかもしれない。

グループのなかで「寛大になれ」と教え諭すルールを考案するのは、状況に応じた間接互恵のシステムを伝えるひとつの文化的な手だてと言える。(7) 優れた良心があると、そうしたルールを内面化できるようになる。寛大な行為を確実に保証するわけではなくても、それは利己的になるのを抑える一定のブレーキの役目を果たし、寛大になるようにうながすのだ。狩猟集団では、このようなルールは全員の身体的幸福にとって重要となる。日常生活において寛大さは、栄養価の高い食べ物を分け合ううえで肝要なものだからだ。またこの習慣化した肉の分配は、公平感と肉好きを満足させてくれるだけではない。のちほど見るとおり、メンバーが相互に依存する狩猟集団全体で、体力と健康を維持できるようになるからだ。大型の獲物はすべて分け合うため、これはグループ内のどの善良な人間にも、またグループ全体にも、メリットとなる。

食料をほとんど貯蔵しようとしない移動性狩猟採集民にとって、肉の分配は結局のところ保険のシステムであり、(8) この大昔のリスク軽減策は、完新世や家畜化の時代に入り、人口密度が増して人間の社会形態が変わっていっても実施されつづけた。たとえば、農産物の貯蔵がおこなわれていた、文字が使用される以前のかなり大きな階層的首長制社会では、世帯の毎年の収穫物は特権を与えられた首長に渡されていた。首長は、その農産物の大半を貯えておき、やがて必要なときに人々に戻す。[9] これは中央集権型の「状況に応じた間接互恵」といい、[10] さらなる中央集権化をもたらした可能性もある。最初期の文明では、もはや自主的ではない本格的な徴税制度が現れるが、[11] たとえ強制力の高い中央集権型政府が支配していても、向社会的な格言は寛大な行動を強化する手段として効力をもちつづける。協力をはぐくんだり諍いを減らしたりして、統治システム全体を手助けするのだ。[12]

社会の規模がどうあれ、人々は、血縁以外に寛大になろうとする個人の傾向を強化し増幅することで、[13] だれもが利益を得るような協力の全体的効率を向上させられると気づいているようだ。また同時に、互恵的な行為をしないと、集団の社会的・経済的生活を大きく乱す諍いが生じかねないと理解している。どこに暮らしていようと、向社会的な寛大さは善で、不適切な利己的行為は悪であり、諍いは避けるべきものなのである。

狩猟採集民のあいだでも、そうした道徳を説く格言は、きわめて直接的・利己的に他人をなじるだけのものではない。ある意味で狩猟採集民は、直感に優れた応用社会学者と見なせるだろう。彼らは、よりよく協力すれば各人の暮らしが良くなるから、互いに助け合う社会を形成しようとしているのだ。これと似た社会的創造性は今日でも発揮されつづけており、食料不足や病気や怪我に対する保険の制度という現代のセーフティーネットを作り出している。その保険制度の規模の大きさは、ほんの一万年前には想像もできなかったはずだ。

このような寛大さを求める要請の背後には必ず、グループ全体で共有する社会生活や食生活に対し、より積極的に、より期待どおりの貢献を人々にさせたいという考えがある。もちろん、現代の保険制度は形式化・官僚化されすぎているため、この自主的な要素はわからなくなってしまっているが、今日のわれわれの社会にも、実際に利他的な善意にもとづく大がかりで「人道的な」事業がある。それらの事業は宗教的・非宗教的な非政府組織の形をとるが、その貢献は完全に自主的で、しばしば匿名でなされるものであるため、黄金律のような格言で人々を刺激する必要がある。ひとりの援助がごくわずかでも、それが集まれば他者に大きなメリットをもたらす。そうした活動をする数多くのアメリカの組織のひとつが、グッドウィル・インダストリーズである。また、創立者の母国で永世中立国でもあるスイスの国旗を意識した赤十字と同様、その名前（グッドウィル＝善意）はそうした活動をうながすように意図してつけられている。

つまり、寛大に与える――それから不慮の事態で困ったときには受け取る――ように人々をうながすことは、遠い過去にもはるかな未来にもなされ、人間の「利己性」がもたらすであろう影響を防ぐために、文化が考案した解毒剤の役目を果たすのだ。この洞察は、最初に私の師である故ドナルド・T・キャンベルによって示された。彼は、大いに寛大であると同時にひどく利己的でもある人間の遺伝的本性が生み出す社会的な緊張関係に注目していた(14)。社会性を指向した高度な脳や言語をもつ種《しゅ》だけが、そうした向社会的な「プロパガンダ」を考えつくことができた。というのも、このような理想化されたルールを広めるには、万人の幸福と安全を高めるべく意図して強化できる実用的なシステムとして社会をとらえるような「機能主義者」の社会観を必要とするからだ(15)。

そんな巧妙な説諭は、ルールを内面化するように遺伝的進化を遂げている種ではかなり効き目がある。これに関連して動物行動学者のイレネウス・アイブル＝アイベスフェルトは、人間の一般的な「教化可能性」について語っている。[16] 黄金律の普及は、集団のメンバーが「言語を使えば公益のために他者を動かせる」ことに気づく最上の例であり、その根底には進化的良心がある。それは幼少期に形成され、判断にかかわり、陶冶できる、文化的なスポンジのようなものだ。カラハリ砂漠のブッシュマンやアラスカのイヌイットを考えると、親は子どもがかなり幼いうちに、寛大さはプラスになると教えているのがわかる。黄金律の勧めは、大人に対してそれと同じことをする。[17] 人々は、利己的になりすぎてはいけないと訴えることによって、社会生活を成り立たせようとするからだ。

第7章で明らかにするとおり、寛大な行動を社会が奨励することによって、集団の家族間だけでなく、家族内でも寛大な見返りがうながされる。集団のなかの血縁関係にない家族のあいだでそうした「刺激」が必要なのは、人間の利他行動が身内びいきに比べて弱いからだ。家族のなかでも同じような「刺激」が必要なのは、一般に人間の身内びいきが、自然選択によってわれわれに贈られた基本的なエゴイズムに比べて弱いからだ。集団のメンバーがどちらの状況でも寛大さを求めるのは、家族であろうとそうでなかろうと、喧嘩をすると協力を妨げ、ほかの全員を不安にさせるからであり、また大きな争いでグループが分裂するおそれをこうした狩猟採集民はつねに念頭においているためなのである。

われわれはなぜこんなにも自己中心的なのか?

今日、人間の本性のきわめて自己中心的な側面を説明する科学的選択の土台は、ダーウィンが一世紀前よりはるか昔、競争にもとづく自然選択の理論を生み出したときに考えたのと同じぐらい堅固に見える。当初、この驚くべき理論は完全に「自己中心的な」方向性をもっていたが、すでに見たとおり、ダーウィンはその説得力のある新理論に合わないある種の寛大な傾向についてよく考えた結果、血縁選択によって人間は近縁の親類に対して寛大になりやすくなると直感的に気づいたのである。ダーウィンはまた、もっと広範な、血縁以外への寛大さ――黄金律が絶えず強化しようとしているもの――には別の説明が要ることにも気づいていた。

ダーウィンによる進化の論理（遺伝子は使われていないが、基本的には遺伝にもとづいている）は、ここまですでに何か所かで触れたグループ選択の理論へと彼を導いたが[18]、集団内で起こる選択に比べ、集団間のグループ選択には数理的に予測できる機械論的な弱さがあることを彼は知るよしもなかった。またダーウィンには、ただ乗りの問題の大きさに気づくすべもなかった[19]。その問題は今日、大多数の学者の考えるところでは、どの哺乳類種でも――基本的に孤立した大家族のなかで生きるハダカデバネズミを除いて[20]――寛大さを広げる進化にとって概して大きな障害となっている。それでも、ダーウィンは彼なりに、一八七一年に血縁以外への寛大さのパラドックスを鋭く突き止めていた。エドワード・O・ウィルソンが一世紀以上もあとに再定義して大きな影響を与えたものとほとんど同じだった[21]。

現在われわれは、遺伝子とは何か、遺伝子プールで起きていそうなことをどうすれば数理的にモデルにできるかを知っている。しかし、これだけのことがわかっていて、ほぼ四〇年にわたり熱心で創意に富む研究を重ねてもなお、人間が今こうしてうまくできているとおり寛大かつ協力的に振る舞えるという謎については、ひとつも満足な答えがないように思われる。根本的な疑問は、われわれの本性に組み込まれている強い遺伝的なエゴイズムを、自然選択がどのようにして克服しえたのか、なのである[22]。

本章では、進化論者たちが人間における血縁以外への寛大さを説明しようとしてきた長年のあいだに提唱された、いくつかの主要な理論について考えることにする。とくに注目するのは、特殊な社会選択による説明である。この理論は既存のパラダイムにもとづいているが、新しい要素もいくつか含まれており、そうした要素を導入することで、他者の要望への寛大な対応がはるかに説明しやすくなると私は考えている。なかでも重要な新しい要素のひとつは、ただ乗りする行動を組織的に処罰して抑止するというもので、これには、いかさま師の略奪行為を阻止することだけでなく、それとは異なる威嚇者――通常考えられるフリーライダーとは実のところまったく違うタイプのただ乗りをする者――による利己的な搾取をやめさせることも含まれる。これに関連して言えば、のちの章で述べるとおり、強者の徹底的な抑止は平等主義の人々のなかで、そして彼らのあいだでのみ、顕著に見られるようになった。われわれ人間が現在のように利他的となった主な理由は、ここにあるのではないかと思う。

共感と寛大さ

進化論者が利他行動について語る場合、血縁以外への寛大さという点に限っても、なおいろいろな意味が考えられる。ひとつは純粋に遺伝学の話で、血縁でない者の適応度を増すために自分の適応度をいくらか犠牲にするということだ。これは単純である。ところが、感情や動機が見方に加わると、話はもっと複雑になる。たとえばあなたは、すぐに、あるいはいずれ見返りがあることを期待するから、だれかに何かを与えるのかもしれない。うわさ話や世論が怖いから、与えるのかもしれない。与えないことはとうてい許されず、仲間から処罰されるおそれがあるから、与える可能性もある。単にあなたの文化で一般におこなわれていることであり、与えれば気が楽になるから[23]、社会の遵法者として与えることも考えられる。さらにもちろん、他者の要求や悩みを見抜き、手助けするのが正しいと感じるがゆえに、親身になって与えることもあろう[24]。

明らかに、この最後のタイプは大いに同情にもとづいている。同情は、主に自分と社会的・感情的につながりのある人を気にかけるように、われわれを導く感情である。心理学で学術的に定義されている「共感」[25]は、狩猟採集民の協力関係にかんする本格的な人類学の分析調査にはめったに登場しないが、幸いにも、寛大さに含まれるこの要素を間接的に考慮に入れている研究がひとつ存在するので、のちほど第11章で紹介することにしよう。

さしあたり、今日の小さな狩猟集団では、人は血縁の有無にかかわらず大半のメンバーと強い社会的な絆を結ぶ、と言っておこう。そしてこうした良い関係が、ダーウィンの力説した同情のような感情を呼び起こすことは、ほとんど疑いようがない[26]。その感情によって、他者の要求が気持ちの上でわかり、それに従って手助けができるようになるのだ。近縁の者への手助けは、血縁選択によってそのまま遺伝的に埋め合わされるが、血縁関係のない者に対して大きな援助をすると、正味での適応度の低下は相当なものになり、どうにかして埋め合わせる必要がある——こうして、つねづね口にされる遺伝的な謎が生じる。

自然選択のプロセスはどれだけ「あいまい」なのか？

どうやら自然選択は、血縁関係にない者に対して寛大な手助けをしようとした場合に、確実にそれを阻止する障害を用意することができなかったようだ。エゴイズムと身内びいきだけが人間の自然選択を推進するのだとしたら、そしてそのプロセスがきわめて効率的で生物学的にきっちり決まっているとしたら、ずいぶん違った結果になると思われる。実のところ、まず血縁関係を確実に見分ける手段が進化したことだろう。そうすれば血縁関係にない者を援助するのを避けられるし、血縁度に応じて身内を助けることも可能になる。次に、血縁関係でない者に対し、大きな犠牲を払って見返りの不確かな手助けをしないように進化したはずだ。というのも、そんな「遺伝的自己犠牲」[27]は、進化生物学者が遺伝子選択の数理モデルを構築する際に想定する、効率的な自然選択のプロセスという概念に逆らうものだからだ。

ジョージ・ウィリアムズは、生物学的数理モデルの作成にとても長けており、どうして生殖行動のように基本的な現象でさえ、自然選択から完全な効率性が失われるのかについて、力強くこう説明している。「生殖機能には、場合によってはほかのどの適応よりもはるかに、タイミングや実行の面であいまいだという特徴がある」[28]

この流れで彼は、同性愛の行動が動物のあいだで広く見られることにも触れている。そうしたあいまいさが血縁でない者を善意で助けることにも当てはまるとすれば、「血縁関係のない動物〔への手助け〕は、わが子に対する同じ行動よりも熱心にはなるはずがなく、ふつうはあまり気乗りがしないはずだ」とウィリアムズは予想している。[29]すると事実上、血縁選択に実質的な利益があるがゆえに、ときどき見受けられる、本来よりも対象の広い寛大な行為が遺伝的に後押しされていると考えられるのだ。ウィリアムズは、この種の「間違って発揮される生殖機能」が利他的な援助行動の唯一の説明になりうると提唱しているわけではなく、「動物は、血縁関係にない個体を積極的に援助する場合も、家族の環境で見られる行動パターンのみを利用する」と指摘しているのである。[30]

間違って発揮される生殖機能は興味深くはあるが、ヒトやその他の種における利他行動の謎に対し、答えになりうるものとして取り上げられることはあまりない。これまで四〇年にわたり、何千という進化論者がこのパラドックスを解決しようとしてきたものの[31]、彼らがその際に用いた理論は主として、個体が利他的であるせいで本来的に生じる損失を直接埋め合わせるようなきわめて効率的なメカニズムを含むものだった。

血縁以外への寛大さを人間の協力行動の重要な要素として説明しようとする試みは、さまざまな方向で続けられているが、まずは今しがた紹介したこの「あいまいモデル」を取り上げよう。

1　血縁でない者を血縁者と「錯誤する」

血縁選択は、血のつながりの強さに応じて血族へ寛大になることを裏付ける強力な要因であり、このモデルを用いれば、通常およそ二五パーセントの血縁関係からなる狩猟採集民の集団において、かなりの寛大さが見られる事実を容易に説明できる[32]。だがこのモデルでは、血縁でない者に対して示す寛大さはどれも説明できない――なぜかこの寛大さの一部が、ウィリアムズの示唆するような自然選択の非効率によって「あふれ出る」のでないかぎり。これは「波及モデル」と呼べるかもしれない。利他行動の場合、全体として身内びいきの寛大さがそれぞれもたらすメリットは非常に大きいため、コストのかかる血縁以外への寛大さがほどほどならば、遺伝的にそうしたメリットに「便乗」できる可能性があり[33]、大きな危害は及ぼさない。身内びいきによる包括適応度のメリットは非常に大きく、利他行動によるコストはそれに比べて小さいからだ。

人間にとって、そんな「波及」をうながす直接的な要因と考えられるのは、人々を社会的に分類する際になされる文化的な工夫である。習慣上、集団に属する人は、「お母さん」「おじさん」「お姉さん」「お兄さん」といった、本来は近親者のための呼び名を、遠縁の人や血縁でないが結びつきの強い人を指して使うことがある。そうした呼び名を使うことで思いやりの気持ちが呼び起こされると考えれば、血縁でない他者への寛大さが示されるのは、事実上、集団のメンバーが自分たちを「だまして」、同情による寛大さを血縁者から血縁でない者へ向けなおしているためなのである。それどころかあなたは、けちな性癖でいらいらさせるわがままないとこよりも、生活のための活動を長時間ともにしている寛大な非近親者のほうとはるかに強い絆で結ばれるかもしれない。その場合、あなたは、たとえ遺伝子のレベルでは包括適応度によって身内びいきしないぶんを埋め合わせられなくても、必要なときに非近親者へ手助けをしやすくなる。

この「あいまいさ」を可能にする遺伝子は、多目的、あるいは専門用語で言えば「多面発現性」[34]を示すと考えられる。これにより、血縁でない者に対する、環境への適応度をやや下げる援助が、血縁者に対する、環境への適応度を高める援助に「便乗」できることが説明できる。しかしウィリアムズが提唱するとおり、進化の長い時間にわたって、この「波及」による善行が継続しうるのは、このふたつの援助行動が組み合わさった結果、寛大な行為者にとって相対的な適応度が正味でプラスとなる場合にのみなのだ。

2　文化的な従順さと寛大さ

経済学者ハーバート・サイモンによる「従順」モデルは、ずいぶん違ったタイプの便乗の可能性を提示する。[35]このモデルには、同情はいっさい必要ない。サイモンの考えでは、ほかの文化の人々から有用な行動を自動的に真似るようにできている「従順な」人のほうが、犠牲の大きな試行錯誤型学習にいそしむ必要がなく、大きなメリットが得られるのだ。たとえばカラハリ砂漠でブッシュマンの親は、毒ヘビに遭遇しやすい場所をわが子に教える。この教えは、自分で体験するかのように最高にうまく学べるので、私は野生のチンパンジー同士の戦いの駆け引きを調査しに中央アフリカへ行ったとき、そうして学んだことをありがたく思った（ちなみに、私自身が怖いと思うヘビの「最たるもの」は、攻撃性の高いブラックマンバで、次がドクハキコブラだ）。ゴンベに着いたとき、私がまず訊いたことのひとつはヘビの危険で、ジェーン・グドールに教わった長いリストにも、グリーンマンバ、ブームスラング、ナイトアダー、ミズコブラ、毒はもたないが恐ろしく大きいニシキヘビ、ほとんど咬まないが、咬むと神経毒で人を殺してしまう小さなツルヘビがあった。おまけに相当な数の死亡例も記録されていたので、この情報を事前に取り込んで内面化しておけば、試行錯誤に頼るよりもずっといいことは明らかだった。そして私は、自分自身の文化的な従順さと、心底ヘビが怖いこととのおかげで、無事に過ごせたのである。

ここで、グループのメンバーが次の世代へ受け渡す、個人に役立つあらゆる文化様式のなかに、「血縁以外にも寛大になれ」と命じる黄金律のメッセージがあるとしよう。人が自動的にそんなメッセージに従って行動すると、利他行動によるそこそこのコストが差し引かれるので、文化の学習の際にたいていスポンジのように吸収して得られる莫大な利益の一部が失われることになる。それでも、生まれつき吸収力の高い学習者として、人は正味で利益を得るのだ。

もちろん、欠陥のあるスポンジを受け継ぐ「社会規範に従わない人」は、そうした「利他的になれ」というメッセージに容易に逆らえるが、従順になることで一般に得られるメリットを取り逃がすことにもなる。じっさい、彼らはヘビに咬まれて死ぬ可能性が高い。一方、生きるのに役立つルールのすべてを内面化しながら、利他行動をうながす文化的なメッセージに逆らうことのできる者は、このシステムにただ乗りできるようになる。

3　優れたグループが勝利を収める

すでに見たとおり、グループ選択の場合はまったく違った説明になる。そこでは、利他的な個人がどうにかして埋め合わせを得る必要はない。グループ選択が十分に強ければ、同じ集団の非血縁者のために犠牲を払って、同情にもとづく、グループに役立つ協力をするようになる、と考えられるのだ[36]――とくに、集団のメンバー全員が一生変わらない場合には[37]。

かつて進化生物学では、グループ選択がほんのわずかしか働かないと見なされていたが[38]、その影響が同情する傾向の進化に寄与してきた点には異論はなかった。同情する傾向が進化すると、血縁関係の有無にかかわらず、グループ内のだれにでも遺伝的な犠牲を払って寛大に振る舞いやすくなる。まさにダーウィンが言ったとおり、これにより、利他性の高いグループのほうが、同情や寛大さを示さず、協力的でもないグループよりも、子孫が生き延びやすくなると考えられる。

グループ選択による説明に異論を唱える人々は、グループ選択が本質的に弱いだけでなく、そのモデルもただ乗りに対して脆弱すぎると訴えていた[39]。本質的に弱いという主張については、経済学者のサミュエル・ボウルズが専門的なシミュレーションの結果[40]、先史時代の人間にとって、グループ選択はグループ間の大きな遺伝的差異ゆえに大きな原動力となっていた可能性があることを明らかにしている。ただ乗りにかんしては、利他行動の進化をモデル化する観点に立てば、それをおこなう者はいわば卑劣漢だ。従来の数理モデルでは、彼らは基本的に「いかさま師」で、与えずに騙して奪うことによって、素直で騙されやすい利他主義者をうまく利用するような存在だ[41]。事実、こうしたたかり屋は、コストを一切払わずに協力のメリットを利用できる。これはつまり、彼らは個人として、利他主義者より優位に立てるので、利他主義者の遺伝子は敗れて、理論上ほとんど消え失せるということだ。このただ乗りの問題を解消するか大幅に改善することができれば、グループ選択が血縁以外への寛大さを支持する力は増すだろう。本書の議論は、グループ選択についてだけでなく、この先論じるほかのいくつかのモデルについても、まさにその方向を目指すことになる。

4　互恵的な「利他行動」という難題

生物学者のロバート・トリヴァースによる互恵的利他行動のモデルは、長期的な「見返りの」対称性が見られる点において、実に美しい。このモデルが魅力的なのは、一般に知られている「血縁以外への寛大さ」を理論的にかなり説明できそうだからだ[42]。しかしそれは、血縁関係にないペアが長期にわたってずっと協力し、ほかの条件もある程度満たされている場合、つまり、互いのコストがほぼ釣り合っていて、大きないかさまがない場合に限られる[43]。

私の定義を考えれば、そのような釣り合いのとれた互恵関係を「利他行動」と呼ぶことには、どちらの側もなんら特別なコストを払っていないという点で、意味上の問題がある。それどころか、両者とも、ペアにならなくて協力のメリットを受けられない個人に比べれば優位な立場にあるのだ。しかし真の問題は、間接互恵――互いに協力する狩猟採集民が、困っている他者を助けたり大型の獲物を分け合ったりする際に実際におこなうこと――は、比較的長期にわたってさまざまな個人や所帯が寄与するので、決して二者間のものではないし、とうてい厳密なものでもないというところにある[44]。じっさい、個々の狩人が自分の集団に提供する肉の量には、かなり大きなばらつきがある[45]。

では、この明快で魅力的なゲーム理論にもとづくモデルは、どういう場合に適用できるのだろう?

人間の場合、実生活において、血縁関係にない二者間の大きな寄与がそのうちに平準化され、互いに大きなメリットをもたらす関係に最も近いものは、一生にわたり安定した夫婦の絆だろう。性的ないかさま（不貞）をはたらくことがなければ、両者にとって、ほぼ等しい大きな生殖上のメリットは子どもという形で自然に生じる。この種の互恵関係の均衡を大きく破るただ乗りタイプの詐欺は、主として女性による不貞だ。男性側が、血縁関係にない遺伝的なライバルの子の養育に多大な投資をすることになりうるからである。結婚には経済的な互恵性も必要であり、次章で扱う先史時代の狩猟採集民の大半では、家族の生計を支えるために夫と妻がおこなうことは、重複する部分もあるが、かなり異なっている。したがって、たとえ血縁関係にないふたりが細かいところまで計算しようとしても——実際にはそうすることはないが——コストとメリットを釣り合わせるのは難しいのである。

このきわめて特別な、男女の二者による互恵的な「血縁以外への寛大さ」について、ほとんど書かれていないというのは不思議な話だ。というのも、完璧なギブアンドテイクの均衡が存在しようがしまいが、結婚による協力関係は、結婚しない場合に比べ、非常に大きな生殖上のメリットをもたらしうるからである。少なくとも現代のわれわれのような文化をもつようになって以来、夫婦の絆を結ぶことは好ましいこととされ、普遍的だったように思われるし、手に入りそうな見返りを考えれば、そうした絆がわれわれの利他行動の素質に対して相当寄与してきたのではなかろうか。

トリヴァースの有名なモデルは、このほかの種々の状況における人間の協力を説明するために、多くの学者によって楽観的に採用されているが、日常的な行動との一致という点で、はるかに説得力がないように私には思える。だが、夫婦が温かい感情を通わせ寛大な絆を結ぶことを説明するために彼のモデルを利用するのはかなり有望そうなので、これはさらなる検討の価値があるように思う。もちろん、怠惰や不貞といったただ乗りの件は確かに問題となるが、一般に狩猟採集民の小集団は、目に余る怠惰や不貞を皆で非難し、少なくともときには厳しくそれらを罰するということは注目に値する。おまけに離婚は狩猟採集民で広くおこなわれているようで、それがある程度不貞を防いでくれている。

5　その場限りの、よくバランスのとれた相互の協力

双方にバランスのとれたメリットをもたらす短期的な協力には、同じ種に属する二者が一度きりの協力をする場合が挙げられる[46]。ただし、その場限りなので、いかさまというただ乗りの問題を棚上げにできるような場合だ。相利共生にもとづく協力は、実生活で確かになされている。アフリカの狩猟採集民ふたりに分別があって、すぐに力を合わせ、それぞれひとりで行動していたらあっさり食い殺されていたはずの大型のネコ科動物をおどして追い払うときのように。その好例として、タンザニアのハザァベ族は、動物の水飲み場のあたりで夜に狩りをするときふたりひと組になるが、ひとりだとライオンに狙われてしまうからなのだ[47]。

現在では、さまざまな種における協力を説明する「一度きりの相利共生」のアプローチが、トリヴァースによるかなり条件の厳しい「長期的な二者間の協力」モデルにほとんど取って代わってしまっているが、私が思うに、そうしたアプローチで狩猟採集民で今なお見られる「血縁以外への寛大さ」を説明できる可能性は、限られているようだ。実際におこなっている栄養面で重要な間接互恵は、決してその場限りのものでも、二者間だけのものでも、バランスのとれたものでもないからである。実のところ、狩猟採集民の状況に応じた肉の分配や安全網のシステムは、生涯にわたって持続するし、それには集団の数十人のメンバーが関わっている——しかも家族は絶えず集団から集団へと移っている。

6　社会選択と、うわさ話による選好

こうした社会的にフレキシブルな状況を説明するために、生物学者のリチャード・D・アレグザンダーは、「間接互恵」(48)という有名な言葉をこしらえ、パートナー選びの際に良い結果を出すことが、もてる資源に応じて困っている人を助ける「血縁以外への寛大さ」を支える主要なメカニズムになりうると強調した。つまり、寛大な人は協力が必要な場においてはパートナーとして（夫婦であれそれ以外であれ）ほかの人より魅力的に見えるというのである。したがって、そんな寛大さを示さない人よりも、あなたが優先的に選ばれたなら、それはあなたの相対的な適応度にとって好ましい事実であり、協力するパートナーとして選ばれやすいがゆえに得られるメリットは、寛大であることによるコストを埋め合わせて余りあるかもしれない。(49)この考えによれば、人と連帯できる人、それもうまく連帯できる人は、なれない人よりもよく子孫を残せるのである。

人は寛大さをうまく見せつけたり、あるいはそうであるかのように装ったりもできるので、いかさまは深刻な問題になりうるとアレグザンダーは考えた。つまり、いかさまをしてただ乗りすると、ちょうどグループ選択や互恵的利他行動の場合と同じように、問題になるというわけだ。しかしいかさまはさておき、「評判による選択」がかなり強力なら、間接互恵にもとづく社会組織ならではの寛大さ（かなり状況に左右されることが多い）をうまく説明できるだろう――そしてまさに狩猟採集民は、大型の獲物を分け合う際、あるいは、病人や怪我人、ヘビに咬まれた人、そのほかとても不運で助けを必要としている人を助けるときに、実際に「評判による選択」をおこなっているのである。

一九八七年の時点では、アレグザンダーによる大局的な「モデル作り」が人類学から見て現実的だっ

た。それには、現在のわれわれに進化する一歩手前の遺伝子をもつ祖先と同じような生活をしている人々の実際の行動と一致しているという利点があったのだ。現存する集団としてアレグザンダーがとくに気に入っていたのが、非常によく調査されているカラハリ砂漠のブッシュマン、なかでもクン族だった。もっと近年には、アレグザンダーの作成した「評判による選択」のモデルが、主に学生を対象にしたゲーム理論の実験をもとに実験室で検討されている。一方で間接互恵も、人類学のフィールドワークで調べ上げられている——あるときはばらつきをうまく低減させる肉の分配のシステムを探ることによって、またあるときは「コストリー・シグナリング（コストのかかるシグナル表示）」に注目することによって[50]、さらにあるときは社会のセーフティーネットを提供する社会行動を研究することによって。[51]

人の評判は、他者がその人の行動をどう見るかによって決まるが、それ以上に、その人についてどう語られているかに左右される。言語によって小集団に属する人々は、そうした一次情報や二次情報をやりとりできるようになり、その結果、人の評判について詳細かつ非常に有益な一般的知識が得られる。良い評判だけでなく、悪い評判も知れわたり[52]、社会的選択がなされる際には両方が考慮される。たとえば、並外れて寛大な人は、生活のパートナーや配偶者としてある程度好まれるが、脅したり騙したり盗みを働いたりする並外れて利己的な人は、相手を選べる立場にある人からは慎重に避けられるかもしれない。

すべてを考え合わせると、評判による選択は、人間の遺伝子プールのある種の行動的側面を形成する上で大きな要因となっていたように思われる。それは、ダーウィンの考えた性選択に似たメカニズムで、自己犠牲をする寛大さなどのコストが大きい形質だけでなく、コストが小さい形質をも選好した。じっさい、個人的に頼りになるというのはコストが大きくないかもしれないが、魅力的な形質だ。勤勉というのも魅力的で、他者から選ばれる立場にあるかどうかにかかわらず、実のところ個人の適応度にとってきわめて有益だ。やはり、この評判による選択において理論上予測のつかない行動をとるのはフリーライダーで、彼らは皆に望まれる特質をもっているふりをし、自分を本当に善良な人間と同じぐらい魅力的に見せかけることができる。

フリーライダーを抑える

血縁以外への寛大さを裏づけるこれら六つの仮説については広く議論されているが、これから論じようとしているフリーライダーの抑制は、利他行動のパラドックスに対する新しい取り組み方を提示する。フリーライダーを積極的に処罰する社会的抑制は、利他行動を直接選んでいるわけではない。むしろ、表現型のレベルで彼らの行動を完全に抑え込むか、彼らを実質的に遺伝のうえで不利な立場へ追い込むことによって、人を騙すように生まれついた、この利他行動の敵を退けるのである。このような働きによって、評判による選択や互恵的利他行動やグループ選択といったメカニズムが、利他行動をより効果的に支えられるようになるのだ。

一〇年以上も前、私は更新世後期にグループ選択が働いていた可能性を論じるなかで、このフリーライダー抑制の効果について触れたが、[53] これははるかにつっこんだ議論に値する問題だ。モデルに示されたとおり、そうした昔から知られている「たかり屋」は、要領がよくて手に負えない略奪者となるように「できている」[54]。わざと騙したり、相手が困ったときに傍観して見返りを与えなかったりして、自分より寛大な仲間を利用するように生まれついているのだ。一部にはこれが理由で、大多数の進化論者は、ごく最近までグループ選択理論を真剣に検討しようとはしなかった。[55]

日常生活に進化論をあてはめると、バーナード・マドフのようなウォールストリートの詐欺師のたぐいにあなたの金を投資していたら、フリーライダーがあなたの幸福と総合的な適応度に及ぼす影響は甚大なものになるだろう。アレグザンダーの「評判による選択」の仮説によると、今しがた見たとおり、詐欺師に寛大さの魅力的な特質をうまくまねられたら、ただ乗りの被害に遭いやすくなる。(56) 夫婦の場合も、(とくに女性による)不貞というただ乗りは、互恵的利他行動がうまくバランスをとって堅実に機能するうえで、大きな障害となりうる。どんな状況における協力でも、パートナーが人を騙すたちだったり、さらにはとても怠惰だったりするだけで、その場の状況のみならず、あなたの適応度に対しても問題をもたらす。それどころか、与える以上に受け取るように「できている」人の存在は、利他行動の遺伝子と、それが人間の遺伝子プールに定着する可能性をモデル化するうえで、大きな問題を提起するのだ。

私が思うに、この利己的なフリーライダーの問題についてはさらなる批判的思考が必要で、そのうえ利己的な「威嚇者」という、すっかり見過ごされているタイプのフリーライダーも存在する。これまでいかさまばかり注目されてきたので、ウィリアムズとその後トリヴァースがそうした反社会的な背信者を世に知らしめてからというもの、フリーライダーにかんする理論を構築するときに中心になるのはいつも「いかさま」だった。(57) 実のところ、人間の進化において、もっと強力なフリーライダーは、自分がほしいものをもらうだけのアルファ(ボス)のタイプの乱暴者だったのだと思う。(58) 本書の内容の多くは、乱暴者と、小集団が彼らに対してどんなことをするかについて検討するものとなる。

基本的に、ジョージ・ウィリアムズが明らかにしたフリーライダーは利己的なご都合主義者で、寛大な人間の弱点につけこんで、自分の遺伝子の利益とすべく利用するように進化を遂げた詐欺師だった。

乱暴者は、いかさま師と同じぐらいか、あるいはそれ以上にうまく、この役割を果たせる。彼らはもちろん騙す必要がない。力を露骨に振るうこと（あるいは力で脅すこと）が彼らの得意とするところであり、明確な序列をもつ種はどれも、この手のひどいただ乗りを許しがちだ。すると、一般に利己的なアルファ雄は（また場合によっては利己的なアルファ雌も）圧倒的な勝者になりうるということになる[59]。

地位が高い場合、利己的な攻撃による支配で地位の高さを誇示すると、適応度の点で非常に得になるが、この争いに負けた者は必ずしも肉体的に弱いわけではない。そうした敗者はまた、比較的寛大であったり、自己主張をためらったりしやすく、だから地位の高い攻撃的な人間の犠牲になる者は、往々にしてかなりの割合が利他主義者である。第5章で明らかにするとおり、われわれの遠い類人猿の祖先においては、この乱暴者タイプのただ乗りは大いに有効だった[60]。それは、基本的にこの祖先は平等主義の社会でなく社会的支配の序列のなかで生きていたためだ。ところが人間においては、話はずいぶん違っていた[61]。

乱暴者になろうとする人間を社会的に無力化する

ここで、狩猟採集民の平等主義の進化を対象とした私の研究の出番だ。私の研究では、アルファ雄にあたる社会的な略奪者を、彼ら自身が属するコミュニティが、積極的に、場合によってはかなり暴力的に取り締まるという点に注目した。つまり、下位の者たちがまとまって大きな連合を形成し、利己的な乱暴者を攻撃的かつ効果的にコントロールするという話であり、そうでもしないと、弱い利他的な他者を犠牲にした乱暴者の略奪的なただ乗りは、力ずくで排除できない。次の章では、四万五〇〇〇年前にはおそらく地球上のほぼすべての人間がそんな平等主義を実践していたことを見ていこう。

いかさま師を見つけて避けることによって、ただ乗りする詐欺師のメリットを減らせるのと同じように[62]、私は、集団が序列に逆らって制裁することによって、ほかに止めようのない乱暴者を行動面で無力化し、ときには生殖面で処罰することも可能だと明らかにした[63]。そうした処罰が効果を示すと、支配者になろうとするほかの人間をもおじけさせるので、全体として見れば、寛大さによって競争心が抑えられた利他主義者など、力を利己的に使いたがらない人間が勝者となる。

では、現代人と同じような文化をもっていた、こうしたわれわれの最近の祖先について、別の話を紹介しよう。記号言語のおかげで、人は、乱暴者やいかさま師がみずからの利益のために他者に及ぼす直接的・長期的なダメージについて、仲間と話し合えるようになった。彼らはそのような問題について、集団内の合意がきちんと得られるまでひそかに話し合い、それから、社会的圧力や処罰するという脅しを用いることで問題行動に対しておおっぴらに反対の意思を表明したり、実力行使に出て罰したり、さらにはその行動をやめようとしないひどい脅威者を粛清したりすることもできた[64]。その結果、乱暴者となる可能性を秘めた多くの人が（泥棒やいかさま師やたかり屋も）、表現型のレベルでつねに抑え込まれる一方、反社会的行動をやり続けようとするフリーライダーの遺伝子——彼らの略奪的傾向をコントロールできない遺伝子——は、仲間外れや共同絶交、追放、死刑がすぐにおこなわれるので、大変不利な状況になった。

次の章では、狩猟採集民の死刑の対象として、乱暴者が泥棒やいかさま師のような騙すタイプのフリーライダーよりもはるかに多く選び出されたらしいことを明かし、第7章では、そんな乱暴者を罰しながらも更生させる軽めの制裁がいろいろあったことを見てみよう。こうした遺伝的傾向をもっているフリーライダー予備軍は（乱暴者だけでなく騙す者も）、表現型のレベルで「無力化」されることになったので、この制裁も利他行動をする者に有利に働いたのである。

今日の狩猟採集民の場合、実際にはたくさんの要因が組み合わさって、このような生来の略奪的傾向の多くは表れないようになっている。要因のひとつとして挙げられるのは、体制に順応している人は社会的圧力と積極的な処罰を恐れるということだ（それについては、デュルケームが平等主義の集団の特徴として非常にうまく説明している）。われわれは進化的良心のおかげで、そうした結果を予想し自分を抑制できるからである。さらに、集団のメンバーは集団のルールに対して積極的に反応する。それは、サイコパスを除いてだれもがそうしたルールをあらかじめ内面化しているからにほかならない。もちろん、ルールの内面化はフリーライダーの問題をなくすには十分ではないが、なくすのに大きく役立つとは考えられる。

このように、ルールの内面化と処罰の恐れが組み合わさることで、大半のただ乗りの行動は、どの平等主義社会でも、つぼみのうちに摘み取られるようになっている。ここでムブーティ族の狩りでいかさまをしたセフーを思い出し、この男が本格的なサイコパスではなかったとしよう。良心をもち、みずからの行為の結果がどうなるかはわかっていたにもかかわらず、見とがめられずにすむだろうし得るものも十分あるだろうと思ったときに、彼は自分が内面化しているルールをご都合主義的に破った。セフーの場合、熱帯の密林が隠れ蓑になり、おいしい肉がふんだんに手に入るという状況が組み合わさったとき、ルールを破って人々を騙した――おそらくはそのリスクが非常に小さいと思っていたからだろう。個人に利益をもたらす行動と害をなす行動を選別する、セフーの進化的良心は、このときは間違いを犯していたし、大半の仲間から屈辱を味わうほど攻撃的に責められて恥をかかされたのは、忘れられない経験となるだろう。おまけに、集団から追放されれば将来がおびやかされ、彼とその血縁に苦難と適応度の低下をもたらしかねないのだ。

したがって、コリン・ターンブルが言うとおり、このいかさまをしたフリーライダーは、二度といかさまをしそうになくなった——そして集団は、問題を解決するために彼を追放したり殺したりする必要がなくなったのだ。それどころか、たとえ彼が本当にそんな明らかな（そして尊大な）フリーライダーだったとしても、彼の遺伝的適応度はほぼ無傷の状態のままだった。セフーのケースは、彼が単なるいかさま師ではなかったので興味深い。みずからの権力を拡大し、アルファ雄として振る舞おうとする強い傾向ももっていたのだ。ほかのメンバーは、彼がそうした衝動に従って行動すれば、集団に属しつづけられないことをはっきりと示した。

いかさま師やそれを見つけ出す方法にかんする心理学や動物行動学の文献はたくさんあるが、攻撃的な乱暴者タイプのフリーライダーを抑え込むことにかんしては、人間の利他行動の研究を支える基本的な数理モデルでは、これまであまり考慮されていなかった。[65] だが、エルンスト・フェールの率いるチューリヒの実験進化経済学の研究チームが、お菓子の提供を拒んだり受け入れたりする実験に参加した子どもを調査し、利己的で他人にわずかしか与えない者に報復し、被験者間の不平等を避けようとする傾向があることを見出した。[66] この「不平等の忌避」は、私が著書『森のなかの序列』で強調したことと見事に一致している。[67] すなわち、人間の集団が数万年前から慎重なまでに平等主義だったのは、支配されて不都合にも不平等な立場に置かれると怒るという、類人猿だったころの祖先から受け継いだ傾向があるためだという主張だ。私が思うに、人間の寛大さにかんする重要な科学的難題に十分に取り組むには、この分野でさらに研究を進める必要があるだろう。

寛大な利他主義者は、事実上、利他主義者を利用するように「できている」いかさま師の被害に遭いやすい。(68)乱暴者はというと、利他主義者だけでなく、そうした乱暴者に逆らえなかったり逆らおうとしなかったりする人をだれでも利用するようにできている。彼らが人間の遺伝子プールに及ぼしたと考えられる影響は、確かに甚大だった。利己的な脅し（乱暴）と利己的ないかさまのどちらかのただ乗りの傾向も、多目的な良心の助けを借りれば表現型のレベルで徹底的に抑え込めると考えられる。のちほどわかるとおり、大半の人にとって、そうした良心はたいてい社会的に深刻なトラブルをかなり効果的に防いでくれる。その良心が役不足の場合、社会的圧力と積極的な処罰が段階的に導入されることになるのだ。(69)

私の進化論的な仮説はこうだ。乱暴な行為が「社会的に逸脱している」というレッテルを貼られ、表現型――本章の前のほうで検討した選択要因――のレベルでかなり徹底的に抑え込まれたら、利他的な遺伝子をもっていてただ乗りの被害に遭いやすい人は、はるかに活発に活動できるようになる。乱暴者になろうとする人間や実際の乱暴者が得られる利益をなくすうえで、そうした人間を検知するのは、むろん難しくはない。そうした人間がみずからの良心で自分を抑えられないとしたら、抑えつけるのに必要なのは、彼を思いどおりにさせないという集団のメンバーの固い決意だ。集団のメンバーは彼に逆らい、それでも彼が「わからな」ければ、きわめて平等主義的な集団は次の段階として、彼を見捨てるか、できれば追放するか、最後の手段として殺すことになる。(70)

カラハリの部族とイヌイットの例

人類学者のポリー・ウィースナーがクン・ブッシュマンにかんする数十年にわたる野外調査で集めた数十のケースによれば、彼らが悪口を言われる理由でとりわけ多いのは、「大物」ぶった行動だという。

その当然の結果として、ブッシュマンは圧制的支配につながりそうな行動なら何であれ、萌芽のうちに摘み取ってしまうし、そればかりか圧制者となりそうな人間が最初の一歩を踏み出すのさえも阻止する。(71)するとと利己的な乱暴者はおいそれとは思いどおりに動けなくなるので、これは、本来なら彼らの餌食になるはずの寛大な人やおとなしい人の遺伝子にとっては吉となる。今日のブッシュマンはこの恩恵に浴しているが、のちほど見るように、現代人と同じような文化をもっていた四万五〇〇〇年前のアフリカ人もそうだったのである。

人類学者のジーン・ブリッグズは、自分を誇大にみせたり仲間を利己的に支配したりする特異な性向に「恵まれた」イヌイットの人間（ほぼ必ず男）に対し、そうした巧みな抑止がどのように効力を発揮するかについて語っている。俎上に載せたのは、ブリッグズの養父となったイヌティアクで、先ほどの議論に照らしてみれば、彼が自制できたかどうかは多少吟味する必要がある。ブリッグズによれば、イヌティアクは、人並み外れた強いエゴの持ち主であり、仲間よりもはるかに激情家だった。ブリッグズのフィールドノートには、イヌティアクを最初に描写したときに「粗野で傲慢」という言葉が使われており、彼女が即座に示した反応は恐怖だった。それは、ブリッグズが野外調査を始めてまもなく、ウトゥクの小集団のなかでだれかの「養女」になる必要に迫られたときのものだった。そしてエスキモーでない彼女の目から見て、この「父親候補」はとりわけ笑わず、冷淡で、傲慢に思えた。ブリッグズは言っている。「粗暴で迫力がある圧制的な男で、ひどく芝居がかった振る舞いをするというのが目立った印象だった(72)」

ウトゥクたちから見れば、イヌティアクの自己主張は、実のところ社会的に受け入れられるような形で表明されていた。たとえば彼は、犬たちにそりを引かせるときには、おそろしく攻撃的なやり方でけしかけた。そして人々をからかうときにもひどく攻撃的だったが、攻撃的な人を怖がる仲間のなかでは、イヌティアクは模範的なほどに自制していたのでおおむね尊敬されていた。激しやすい民族誌学者——彼女が経験した社会的な艱難についてはのちの章で語る——と違って、イヌティアクは決してかんしゃくを起こさなかった。

ブリッグズは心理学の専門知識をこの男に適用し、ある心配そうなメモでは、イヌティアクがキャンプにいるだれよりも飼い犬を虐待していたと報告している。イヌティアクはまた、自分より強いよそ者(白人)に何がしたいかをブリッグズに語った際、暴力的な空想を思い浮かべていた。刃物で刺し、鞭で打って、殺すという空想である。さらにブリッグズは、イヌティアクの仲間が彼を尊敬しているのはかんしゃくを起こさないからだとしても、同時にまた同じ理由で彼を恐れてもいたと指摘している。「彼らは、かんしゃくを起こさない男はもしも怒ると人を殺すことがあると言った。だから人々は彼に逆らわないように気をつけるのだというのである。そして彼の妻アラクは、ほかのどの妻たちよりも早く自分の夫の命令に従うように見えた」(73)

イヌティアクは、ひどく威嚇的になった人を排除しかねない仲間と綱渡りをしていたことに気づいていたのだろうか？　ブリッグズは、その可能性はあると思っている。事実、イヌティアクは大半の仲間よりはるかに乱暴にふざける傾向があり、彼ならではの得意技は、若者のペニスをひっつかむことだった。彼はこう説明していた。「俺はふざけているんだ。みんなもいっぱいふざける。ふざける奴は怖くない」(74)。この文化では、気分屋が一緒に魚釣りに行った相手の背中をナイフで刺すおそれがあったり、カナダ騎馬警察隊が到着する前に、ある男が別の男をいきなり殺してその妻をめとることがあったりするのだ。(75)

人類学者が現地人の性格をここまで細かく評価することはめったにないので、このような記述があるのは幸運だ。その分析は、民族誌的な常識から見て正しいように思われる。どうやらイヌティアクは、周囲の人々のきわめて平等主義的なエトス〔集団に行きわたった道徳的規範〕に照らして自分の並外れた支配傾向を理解していたようで、第5章で詳しく論じる、いくつもの機能をもつ進化的良心のおかげで、彼はずっと自制することができていたのだ。イヌティアクがこのように自制できたのは、仲間と同じように内面化した社会的価値観をもち、攻撃性を見せても容認されるとき（犬を虐待したりふざけたりするときのように）と、容認されないときを鋭くも理解していたからなのである。

社会的な非難や集団による制裁のおそれによって、生まれつきひどく攻撃的で圧制的な人間は強く抑え込まれるので、そのような気質のせいで自分勝手に乱暴するフリーライダーになりやすくとも、はっきり発現しないままになる。イヌティアクの話はそれをよく示す一例だ。思うに、平等主義のウトゥク族が支配者という社会的地位を何らかの形で文化的に受け入れていたら、表面的にはおとなしい善良な市民であるイヌティアクがむしろリーダーとなっていても不思議はなかっただろう。また、かりに彼の社会的感受性や自制のレベルがもっと低かったとしたら、平等主義を貫こうとする集団のなかで、かなりの乱暴者になろうというリスクを冒していたとも考えられる。だが、イヌティアクの並外れたエゴも、そこまではさせないかもしれない。彼の支配欲は、私から見て、エスキモーの基準でそれほど極端ではなかったように思えるからだ。

あいにく私は、生まれつきひどく自己主張が強いように見える人間について、ここまで詳細な描写を残している民族誌学者をほかに知らない。時には、真に支配の衝動に駆られた[76]イヌイットの男性が、このような威嚇者になったり、一時的には独裁者の役割を演じることさえある。イヌイットはみな平等主義者だ。彼らは謙虚で寛大なタイプの人を好み、自分たちが大切に守っている平等の掟を破る利己的な攻撃者を憎み恐れる。ある男がそんな己の権力の拡大に汲々としているように見え、やがて仲間が問題に対処しようとするとき、彼を更生させられないとわかったら、解決策として最後の手段に訴えることになるかもしれない。

支持されている仮説

この章の前のほうで、血縁以外への寛大さを説明できそうな、選択のメカニズムの候補をいくつか考えた。それらのうち、三つの進化のメカニズムは、二種類のただ乗り行動を実質的に無力化することによって大いに働くようになる。すなわち、己の権力を拡大したがっている者が良心の助けを借りて自分を抑える場合か、セフーのような利己的で攻撃的ないかさま師が積極的に抑え込まれる場合である。

では、グループ間のレベルで生じる選択から始めよう。利他行動の形質がグループ選択によってどのように維持できたかを考えるにあたり、リチャード・D・アレグザンダーがかなり熱心に検討したのは、このタイプの説明と、先史時代の戦争[77]（大きな不確定要素と広く認知されている）と、そして当然ながら、狩猟集団が外部からの侵入を受けやすいという欠点（グループ選択の効果を薄めるから）だった。[78]私もアレグザンダーと同じくこの可能性に興味があり、ボウルズによる最近の成果[79]は、ときに辛辣なものとなっていたグループ選択の議論を新たな次元へ導いている。[80]それどころか、グループ選択を利他行動の進化の一因として支持する論拠はますます強いものとなっており、フリーライダーの抑圧にかんする本書の主張も、それをさらに強化することとなる。

私の考えでは、互恵的利他行動は、主に二者間に当てはまるものなのでたいていの場合は除外すべきだが、通常は二者間でなされる子育ての協力関係については、その範疇と言える。互恵的利他行動によって、狩猟採集民の集団で見られる利他行動を部分的には説明できる。いとこ同士の結婚が典型的である場合でさえ、子育てのパートナーがごく近縁であることは珍しいからだ。そして大半の持続的な夫婦関係には、お互いに対するほぼ平等なインプットやメリットが必要だとしたら、これは利他行動の形質を積極的に選択する要因となりうるだろう。しかし、女性の不貞にかんしてはいかさまを検知するのは難しく、狩猟集団の場合、集団がそうした行動を一貫して弾圧するわけではないし、必ずしも効果が高いわけでもない。

評判による選択にかんしては、しじゅう人の行動について話しているような小さな集団では、現代の比較的匿名性の高い都市化された社会よりも、善良で寛大であるようなふりをして良い評判を得るのがはるかに難しい。ただ乗りがおおむね妨げられるのなら、評判による選択は——人間特有のタイプの社会選択として(81)——血縁以外への寛大さをうながす重要かつ効率的な手段となりうる。これが当てはまるのは、配偶者を選ぶときだけではない。生活のパートナーの選択、集団の内外での政治的同盟相手の選択、セーフティーネットによる援助の手を差しのべるにあたってだれを選びだれを切り捨てるか、さらに一般的な話では、家族がどの集団で暮らすかを選ぶときや、暮らすのに許可をもらわなければならないときにも当てはまるのである。

自己犠牲をする寛大さを好むような選択のメカニズムとして、理論の発展が最も求められているのは社会選択だと私は思っている。じっさい、すでに議論したこうしたメカニズムのどれも単独ではうまく説明できなかったが、社会選択が非常に重要であることはわかるのではなかろうか。のちほど私が明らかにするとおり、人間にとって、社会選択とは評判による選択とフリーライダーの抑圧とが独特に組み合わさったものである。あとでわかるとおり、評判による選択はそれだけで、ダーウィンの性選択に見られるものに近い強力な相互作用をもたらす。性選択では、クジャクの華やかだが邪魔な尾羽のように、適応上不利な誇大化された形質が雌の選択によって定着するのであり、そうした雌の選択は遺伝子選択のレベルで不適応な形質を埋め合わせる手段となっている。

利他行動も本質的に適応に不利なものなので、グループ選択が強く働くのでなければ、なんらかの個人的な埋め合わせがあるにちがいない。社会選択は、それだけではわれわれ人類の種の遺伝子プールに利他行動の遺伝子を定着させられなかったにちがいない。このことについては、そうしたモデルを作成する学者によるさらなる研究が必要だろう。それでも社会選択は、互恵的利他行動やグループ選択など多くのメカニズム(82)の寄与にもとづく多面的な選択のプロセスにおいて、主要な要因だったように思える。

本書では、ここまで論じてきたふたつのタイプの社会選択に重点を置くことにする。ひとつは評判による選択で、もうひとつは集団が逸脱者を厳しく罰するときに起こる選択だ。どちらの場合でも、人間の本性に根差した好みが、同じ人間の本性をさらに形作るうえで果たす役割を探ることになる。

第4章　われわれの直前の祖先を知る

現在から近い過去へ

　これ以降の章では、今日フリーライダーに対抗する際にきわめて広範に見られる、ありふれたタイプの社会統制を探究していこう。そうすれば、そのような社会統制を、狩猟採集民が進化を遂げた比較的最近の過去に確信をもって投影し、人間の遺伝子プールに及ぼした影響を評価することができる。実際にはこれまでの章でも検討しだしてはいたのだが、ここではそうして投影することが正当であると証明してみるつもりだ。とりわけ、恐ろしい処罰に注目していきたい。それは個体の生殖の成功に大きな影響を及ぼすので、遺伝子頻度や、ひいては人間の本性を強く決定づけたはずだ。

　処罰するタイプの社会選択がわれわれの遺伝子構成に影響を及ぼしたという主張を確実に立証するには、今日の狩猟採集民の集団行動を比較的最近の更新世に、できるだけ慎重に正確に投影するのがいいだろう。要するに、投影して再現する対象は、われわれに匹敵する脳とわれわれのように柔軟で高度な文化とをもつ祖先に限らねばならないということだ。考古学者はこうした人々を「現代人と同じような文化をもっていた人間」と呼び、アフリカでは今から四万五〇〇〇年前までにそうした人々が登場していたという点で広く意見の一致を見ている。(1)

「周辺化」の議論はさておいて

アフリカの考古学的記録では、地域ごとに異なる複雑な石器技術や、装身具や「芸術」(彫刻であることが多い)がかなり唐突に登場しており、そうした点から「文化の現代性」が判断される。しかし、こうした文化的発展は興味深いかもしれないが、彼らに社会的に何が起きていたのかについてはほとんど教えてくれない。したがって、今日の狩猟採集民を利用することが、その祖先の集団生活を再現するためには必要となる。

これまでにそうしようとした試みはあったが、どれも人間の先史時代を扱う学者の大反対に遭ってきたので、ここでは厳密に見ていく必要がある。高名な政治人類学者の故エルマン・サーヴィスや、もっと最近の考古学者で狩猟採集民の専門家ロバート・ケリー(2)のような懐疑的な人にとって一番の問題は、今日の狩猟採集民のほとんどが、まずは攻撃的な農耕部族、続いて文明社会、さらにはこの惑星の比較的住みやすいエリアを支配するいくつもの「帝国」によって、「周辺化」されてしまっている(つまり片隅に追いやられている)ということだ。一方、更新世の狩猟採集民は、好きな環境を選べたので、理論上、あまり実りのない半砂漠や極寒の荒れ地など、今日往々にして生存の可能性が低い周辺的な居住環境に対処する必要はなかった。そのため、彼らの状況がどんなものだったのかはわからない。

サーヴィスが説得力のある「周辺化」論を主張したのは三〇年以上も前のことで、当時はそれで納得がいった。ところが、更新世では周辺化されていない小集団が豊かな環境を自由に選べたので、そのころの狩猟採集民が裕福な状況で暮らしていたにちがいないということは、考古学や進化論の領域ではほぼ自明となっているのだ。しかし、その後、先史時代について手に入る情報も大きく変わった。新たに得られたのは更新世後期の気候についての知識で、それはほとんど信じられないほど不安定だったというのである。(3) 同期的に激変する気候のパターンは、先史時代に二種類の「周辺化」をもたらした。それは今日目にする周辺化にだいたい匹敵するものだったと思われる。

ひとつは、純粋に生態的な周辺化だ。これが起こるのは、おそらく十分な降雨のあった地域が乾燥化し、広く散在する集団のうち、ごく少数の人しか養えなくなった場合である。そうした気候条件の悪化は、局所的な干ばつの問題を生み出したかもしれない。(4) 今日のクン・ブッシュマンやコー・ブッシュマンのような人々がカラハリ砂漠で対処しているものや、オーストラリアの砂漠のアボリジニや北米のグレートベースンの狩猟採集民が直面しているものに匹敵するものだ。第二のタイプの周辺化は、政治的なものだったのではないか。周期的に比較的良い状況が訪れて更新世の集団の人口が増えると、競争が激化した可能性がある。そうなると攻撃性の強い狩猟採集民のグループがより良い資源を独占するようになり、ほかの狩猟採集民を周辺化してしまう。今日の狩猟採集民が、なわばり意識の強い攻撃的な農耕民によって周辺化されているのと同じように。

それだけでなく、生態的に良好な時期に移行すると、人口は緩やかに、だが最終的にはかなり増加することになる。それからいきなり環境が悪化すると、ひとつの言語や民族からなる狩猟採集民は、別の狩猟採集民を攻撃的に押しのけた可能性が高い。彼らが奪い合っていた資源が豊富で、一か所に集中していて、守りやすかった場合には、とくにそうだっただろう。(5) そのような周辺化は、まぎれもない戦争をもたらしたかもしれない。たとえ今から一万五〇〇〇年前までは先史時代の直接的な証拠がなくても、今日の一部の狩猟採集民から判断するに[6]、そうした戦いはしかるべき条件のもとではかなり激しいものとなった可能性がある[7]。

今日の移動性狩猟採集民が対処している完新世の局地的な気候問題のなかには、資源の欠乏だけでなく、短期的な予測がつかないという問題もあり、また少なくとも数回、飢餓の事例が民族誌学者によって記録されている[8]。完新世でも最近になると、このような危機はめったに起きていないので、深刻な飢餓のことを人々がよく覚えている地域を人類学者が訪れることもたまにしかない。しかし、そのなかで際立った例外は、カナダ中央部のネツリック族やグリーンランドのイヌイットのような、一部のイヌイットの話者だ[9]。一方、ブッシュマンなど少なくとも半砂漠に住む多くの狩猟採集民も、深刻な窮乏にあえいだ出来事を覚えている[10]。そうした極度の食料難が社会や感情や遺伝子に与えた影響については、第10章で考察する。

今日の移動性狩猟採集民を、移動生活を送っていた祖先のモデルとして用いることの正当性については、ここでさらに説明しておく必要がある。サーヴィスの指摘した「周辺化の問題」がなお非常に幅広く支持されているからだ。もちろん、考古学者が「先史時代の狩猟採集民」の社会生活を再現する準備ができていないと言う場合[11]、彼らは脳が小さくてきっと行動能力がまるで違っていたにちがいないはるか昔の人間に現代の人間の行動を投影することに対し、しばしばもっともな不安を抱いている。脳がもっと小さく、現代的な文化のツールをまだ開発していなかった人間については、そうした不安はかなり妥当だったし、今でもそうだろう。だがここで私が対象にするのは、脳や文化的能力の点でわれわれに匹敵していた、もっと最近の先史時代の人間だけなのだ。

彼らとよく似た現代の移動性狩猟採集民が明確に共有する行動パターンを突き止めることによって、

当時の社会的・生態的な生活のあらましがかなり単純に再現できると私は考えている。しかし、そんな再現は注意深く戦略を練っておこなう必要があり、私は核となる行動パターン[12]と呼べるもの——つまり、暮らしを立てるのに必要な行動と、そのための基礎となる社会的行動——だけを推測するつもりだ。さらに、更新世後期の社会生態学的状況を再現するにあたり、四万五〇〇〇年前と同じような生態上のライフスタイルを踏襲している現代の狩猟採集民を慎重に選び出し、彼らにのみ注目することにしよう。

ふさわしい狩猟採集民を見つける

この調査には一〇年にわたる研究の努力を要した。[13] 私が最初におこなった仕事は、世界で民族誌的報告がなされている三三九の狩猟採集社会[14]の大多数を評価し、明らかに更新世後期には典型的でなかったと思われるものを排除することだった。たとえば、馬はごく最近になって家畜化されたので、アパッチ族やコマンチ族など、北米の多くの騎馬狩猟者は排除した。[15] また、南米の有名なアチェ族のようにキリスト教の宣教師たちに依存して暮らす少数の集団、ピグミー族やフィリピンのアグタ族のように園芸を営む部族と共益関係にあって食料を交換する集団、いくつかの作物をみずから栽培しだした狩猟採集民も除外した。それから、北米のオジブワ族やクリー族など、何世紀もヨーロッパの毛皮貿易に深くかかわっていた数十の社会も取り除く必要があったし、もちろん、日本のアイヌ民族やブリティッシュコロンビア州（カナダ）のクワキウトル族——これらの部族には奴隷がいた——のように、食料を集中的に貯蔵しだし、やがて平等主義を失って顕著な階層のできた数十の定住性狩猟採集社会も排除した。この選別を終えると、世界の狩猟採集社会のおよそ半分しか残らなかった。それらは、どれも独立した、移動性で平等主義の社会だった。そして彼らは、なんらかの統計的処理と組み合わせて数多く利用すれば、更新世後期（およそ一二万五〇〇〇年前から、現在の完新世が始まるまで）の後半に生きていた人々のモデルとして最適だった。

そのため、これから用いる現代のモデルは、およそ一五〇ほどの集団から選びとられたものであり、それらを「更新世後期タイプの（Late Pleistocene appropriate）」[16]狩猟採集社会、あるいはもっと簡略化して「LPA狩猟採集民」と呼ぶことにする。私が思うに、彼らはアフリカでおよそ四万五〇〇〇年前に進化を遂げ、世界の大半の地域に広がっていった、現代人と同じような文化をもつようになっていた人々にきわめて近い[17]（スペインやフランスの洞窟壁画を描いた人々が、アフリカでまず芸術的素質を進化させたことを心に留めておこう[18]。文化の現代性はそこで発祥したのだ）。

今ではこうした世界じゅうのLPA社会の三分の一が社会生活にかんして細かく分析されているので、これまでに以下のことを私は見出している。まず初めに、その五〇の社会はすべて移動性で、そのため大型動物の肉を個々の家族で貯蔵するのでなく、広く分け合う。北極ツンドラに住んでいようと、熱帯林に住んでいようと関係ない。彼らは年間を通じて移動することのない恒久的な集落には居住せず、つねに狩猟と採集を組み合わせ、環境から手に入るものに応じて暮らしを立て、大型哺乳類の比較的脂肪の多い肉を食べることを重視している。一般に、彼らのキャンプや「集団」は平均して二〇～三〇人ぐらいで、各家族はそれぞれの炉で調理をする[19]。

キャンプのサイズと大型の獲物の解体にかんしては、今日の民族誌からわかることは、過去の考古学的事実からわかることと一致している[20]。民族誌からわかるのは、そうした人々はつねに大型の獲物を集団の全員と分け合うのが良いと思っていることと、脅しや盗みのような社会的逸脱の問題に直面すると、どの社会もそれと戦うために社会統制という基本的手段に訴えることである。そのような狩猟採集民は、当然ながら核となる道徳観念を共有しており、どの狩人も政治的に平等であることを重視しているが、狩人でない女性の政治的地位ははるかに多様となる。さらに、彼らの集団がかなり自由にキャンプの取り決めをおこない、家族が必要に応じて出入りできることや、いつでも集団は、血縁関係にある少数の家族と、血縁関係にないもっと多数の家族との混成になることもわかっている。[21]

こうした集団がただの大きな拡大家族だったとしたら、血縁選択説が使えるので、彼らの協力や利他行動はずっと説明しやすいだろう。だがそうではないし、同じことが四万五〇〇〇年前にも言えただろうと容易に考えられる。だからわれわれは、自分たちの進化の物語が明らかになるにつれて、先史時代の狩猟採集民のライフスタイルが、どのようにして独特なタイプの社会選択を生み出し、それが遺伝子レベルで血縁以外への寛大さをもたらす要因になったのかについて、現代の「代役」を通じて知りたがるのである。

今日、私の論じた社会的なパターンは、こうしたLPA狩猟採集民がなんとか対処できている信じられないほど多種多様な生活環境のほぼすべてに見ることができる。それは、北極ツンドラから北方針葉樹林、実り豊かな温帯林や熱帯林、資源の乏しいジャングル、肥沃な平原や獲物の豊富なサバンナと不毛の半砂漠までさまざまだ。[22]ほかに海岸地域もあり、先史時代においては、氷河期の寒波や干ばつから逃れるレフュージ（避難所）となっていた可能性が高い。そうした場所は、今では水中に没していると ころも多く、人々はそこを利用しながらしばらく定住していたとも考えられる。長期的な居住地が資源に富み、食料の貯蔵ができるほどだったら、時には長く定住しすぎて、平等主義で肉を分け合うライフスタイルを失いはじめたかもしれない。しかし、家族の経済的な生活水準に格差が出はじめたとしても、政治的な平等主義はそれに比べて変化しにくそうだし、どのみちそんな逸脱があったとしても、私が語ってきた社会の中心的傾向を否定はしなかっただろう。そうした傾向はきわめて広範に当てはまっていたはずなのだ。

今日の気候は酷暑から極寒まで、安定したものから時としてかなり気まぐれになるものまでさまざまだが、完新世に入る前の更新世後期の気候は、今日にはめったに見られないほどの速さで変わることがあった。長い更新世のあいだ、人間の脳がひたすら大きくなりつづけたのは偶然ではない。対処すべき問題がたくさんあり[23]、その一部は飢餓などの絶望的状況だったにちがいないからだ。第10章では、今日の狩猟採集民をもとに、こうした状況がどれだけ絶望的なものでありえたか、また人々が実際に飢餓に直面したとき、ふだんの食料の分配に何が起こった可能性があるかについて知ることになる。

それほど多くの環境的難題に直面するのに、うまく機能する集団の構成や集団生活の「タイプ」がたったひとつしかないというのは不思議なものだ。しかし、実際にそうなのである。学者たちは、それを可能にしたのは社会生態学的な柔軟さであるという点で意見の一致を見ている。明らかにひとつの集団に注目する場合でも、全体像を得るためには、文化的に似た多くの集団がかなり広い領域に散らばっており、家族はかなり頻繁に集団を移るということを考慮に入れなければならない。危険なほど気まぐれに環境が変化した更新世後期には、このように集団での生活に柔軟に対処することが、ただ都合がよかっただけでなく、苦況を切り抜けるために絶対に必要だった。集団全体や、さらに広く地域の住民の生存そのものが、現在よりはるかに頻繁に危険にさらされていたのである。

その時代にも、現代と同じように、こうした全体的に見られる基本パターン――つまり、すでに説明した強力な中心的傾向――から逸脱する例は少なくともいくつかあっただろう。先ほど示唆したとおり、一時的な定住に順応した例はあっただろうし、食料の貯蔵は大型の獲物の分配を減らした可能性もある。

もうひとつ、現代に見られる例外で、先史時代にもあった可能性の高いものは、資源の乏しい環境に対処するいくつかの狩猟採集社会で見ることができる。あまりにも乏しいと、彼らは集団を作らずに、家族単位で食料をあさり回るようになる——オーストラリアの砂漠に住み、昆虫を食料源のひとつとする一部のアボリジニや、アメリカの半砂漠であるグレートベースンに住み、脂肪やタンパク質を野生の獲物からでなく、収穫が変動するマツの実から主に摂取しているインディアンのショショーニ族の一部のように[24]。不安定でたびたび危険が訪れた更新世後期には、前に説明した中心的傾向からときたま起きる逸脱が、今より頻繁だった可能性が高い。だが、こうした先史時代の狩猟採集民の圧倒的大多数は、やはり今日の主なパターンに従っていただろう。つまり、移動性で、物事に柔軟に対応でき、平等主義である複数の家族からなる二〇～三〇人の集団で暮らし、とりわけ脂肪分が多くて大好きな大型の獲物を必ず分け合っていたのだ。それが、そうした大型動物を狩る人々の中心的傾向だったのではなかろうか。そして当時も今と同じように、先述した例をはじめとする逸脱者がいたかもしれないが、それでも、きっとこの傾向は強力だったろう。

　私は、アフリカのホモ・サピエンスの集団が現代的な文化をもつようになったときを、今から四万五〇〇〇年前とした。すると、そのときには彼らは、今日のLPA狩猟採集民が示すきわめて変化に富む物質的・社会的パターンを柔軟に考案し維持する能力を完全にもっていたことになる。それでも、四万五〇〇〇年前というのはやや控えめな数字かもしれない[25]。人類は二〇万年前にはすでに、身体構造上現代人と同じになっていたからだ[26]——つまり、われわれと少なくとも身体的に区別がつかなかったのである。文化の現代性は、複雑さや多様性を増し、象徴的なものさえあった人工物の製作から考えるに、四万五〇〇〇〇年前よりも早く生じていたと思われるようになってきている。文化の現代性がアフリカで生まれたということなので、いまやアフリカの考古学は勢いづいているところだ。したがって、あくまで控えめな分析としては四万五〇〇〇年前という数字を使うとしても、五万年前や七万五〇〇〇年前、さらにはもっと前の数字でもいいかもしれない。時間と、さらなる発掘だけが、その答えを教えてくれるだろう。

四万五〇〇〇年前の、死に至らしめる社会統制

本書の多くの部分では、実に厳しい形の社会選択である「処罰による社会統制」が、人間の遺伝子プールにどのような影響を及ぼしたのかという問題を扱っている。そこで私が提唱するのは、攻撃的な（そして本来は道徳と無関係な）社会的制裁が初期のヒトゲノムを作り上げてわれわれに進化的良心を与えたことと、フリーライダーの徹底的な抑止もまた重大な影響をもたらしたということだ。さらにフリーライダーの抑止は、利他行動の進化への道も開いた。この進展については今後の章で詳しく説明しよう。以上三つの進展をまとめれば、道徳の起源にかんする科学的な筋書きが得られるだろう。

処罰による社会選択も見返りによる社会選択も、集団の政治的な動きと密接にかかわっていた。そして集団のメンバーが道徳的見解の合意を形成し、逸脱的行動を組織的に罰して向社会的行動には見返りを与えるようになると、人間の進化のプロセスに目新しく強力な要素が加わった。こうして最終的に得られたのが、今日われわれのもつ人間の本性だ。これはもちろんエゴイズムに身内びいきが組み合わさっているが、共感による利他行動もたっぷり含まれ、社会的に大きな効果をもたらしている。

怒った集団による制裁行動が過酷であるほど、先史時代の遺伝子プールに影響を与えた「処罰による社会選択」の力は強かったはずだ。大人数からなる連合が気に食わない者を殺すという現象は、更新世

後期にも確実にあったと推測できる。というのも、次の章で明らかにするように、少なくともそうした殺害の重大な先駆けとなるものが、人類とアフリカの類人猿二種との共通祖先に見られるからだ。しかし、今日のLPA狩猟採集民では、少なくともふたつの理由から、どれぐらいの頻度で彼らが仲間のだれかを「死刑」に処すのかについて正確なことはなかなかわからない。第一に、民族誌学者が一年や二年のあいだ狩猟採集社会を訪れても、過去の記憶について尋ねでもしないかぎり、逸脱者が集団に殺されるのを目撃したり、そんな話を耳にしたりする可能性はきわめて低い。また第二に、たとえば一〇〇年以上も前に集団による処刑があっても、記憶から失われているかもしれない。

そこで、私が完全に分析した五〇のLPA社会のサンプルを調べてみることにしよう。そうすれば、過去一世紀ほどのあいだにどれほどの頻度で「死刑」がおこなわれたかについて、少なくともいくらかヒントが得られるはずだ。だが、それでも氷山の一角しか見えていないことを忘れてはならない。今しがた挙げたふたつの理由があるだけでなく、おおかたの狩猟採集民の民族誌研究は、もちろん貴重ではあるが、同時にまた死刑にかんする情報がかなり不完全なものになりがちだからでもある。現地の人々は、危険な逸脱者の処刑が宣教師や植民地の統治者の目には「殺人」に見えることをすぐに学んでしまうので、ほどなく口を閉ざすようになり、「死刑」をやめることもよくある。

表Iは、積極的におこなう死刑（ほぼすべてが男性による男性の処刑）の基本的なパターンを示している。ひどく不十分なデータだが、それでもパターンは確かに現れている。ここで触れておかなければならないのは、ごく少数の集団にだけ、長老の会議が死刑を宣告するような、逸脱者の排除を決定する正式なシステムがあったということだ。だがたいていは、死刑を決定するプロセスははるかに「組織性」が低く、集団全体（女性も含めて）が、「逸脱者の近親者が殺すべきだ」と非公式に合意するだけ

逸脱のタイプ	具体的な逸脱の状況	報告されている社会の数
集団に対する脅威	悪意のある呪術による脅威	11
	殺人を繰り返す	5
	そのほか圧制者としての行動	3
	精神病質の攻撃性	2
ずるをする逸脱行為	盗み	1
	いかさま（肉を分け合う状況で）	1
性的な罪	近親相姦	3
	不貞	2
	婚前交渉	1
その他いろいろ	タブーを破る（集団を危険にさらす）	5
	よそ者のために集団を裏切る	2
	「重い」あるいは「衝撃的な」犯罪	2
不明の逸脱行為		7
死刑が報告されている社会の総数		24

（上記の数値は著者の狩猟採集民データベースによる）

表 I　50 の LPA 狩猟採集社会における「死刑」の頻度

である。逸脱者はほぼ必ず「男」であり、その処刑者——武器をもつ狩人——に近親者がなることには、きわめてもっともな理由があった。これについては第7章で説明しよう。

LPA狩猟採集民を対象としたこの徹底的な調査では、二〇〇以上の民族誌の報告を分析する必要があったが、その半分では、きっと今しがた語った理由のために、「死刑」には触れられてもいなかった。しかし表Iに見られるとおり、実際にはほぼ半数の社会でなんらかの「死刑」の事例が報告されており、民族誌学者は、その原因となった逸脱行動のパターンを明らかにすることができた。

ゆくゆくは、このような社会を数にして少なくとも三倍は分析できるだろうし、するとそうした統計はサンプリングの誤差といった変動に左右されにくくなるだろう。だが、現在の数からでも、ひとつの非常に顕著なパターンを見つけ出せる。殺される人の半数は、自分の仲間を威嚇していて、ほぼすべてが男性だった。威嚇の仕方はいろいろで、超自然的な力を欲深く悪意をもって使い、他者の幸福や命をおびやかしたり、常習的に欲や怒りからあっさり人を殺したり、さもなければ他者を徹底的に支配したり、(はるかにまれだが)精神異常で攻撃的になったりしていた。

この顕著なパターンは、今日のあらゆるLPA集団がきわめて平等主義的な社会的価値観をもっているという、前に強調した事実と一致している。つまり、支配者の傾向をもつ(ピグミー族のセフーのような)個人が自己の権力の拡大を目論むと集団はすぐに腹を立てるのだ。精神異常で攻撃的になっている者を除けば、こうした攻撃的な威嚇者はすべて道徳的に逸脱しているものと見なせた。そして前著『森のなかの序列』[27]で公表したものをはじめとする私の研究によれば、文字をもたない文化の小集団が自分たちの強く好む平等主義の政治的秩序を定着させるつもりなら、おそろしく攻撃的な人間が仲間のなかに現れた場合、時として「死刑」に処せざるをえなくなる。

こうした集団にできることは、頑固な圧制者に耐えるか、彼を殺すかのどちらかしかない。人間は親からさまざまに異なる支配的傾向を受け継いでおり、だからこそどんなに小さな平等主義社会でも、いずれは極端に圧制的に振る舞う性向をもつ者が現れ、そうした性向に従って行動し、最後には窮地に立たされることになる。そうなるのは、彼に状況をきちんと読み取る能力がないためか、自分を抑える能力がないためかのどちらかである。また男女の傾向に注目すれば、仲間を支配しようとするのは必ずと言っていいほど武器をもつ男の狩人だが、集団が結託してそんな圧制者を倒すときには、女も男と同じぐらい政治的に活動することがあり、ある積極的に共同参加する珍しい処刑では、女は物理的にも関与していた(28)。

ここで表Ⅰで死刑になる頻度が低かったものをいくつか見ると、他者を利用するためにいかさまや盗みでこっそりルールを破るという理由が少数ではあるが挙がっている。ただ乗りにという観点から考えれば、これは威嚇するフリーライダーも騙すフリーライダーも死刑宣告を受ける場合があるということになるが、ここでは「死刑」の理由だけを検討の対象としていることに留意しよう。必ずしも集団全体の安全や自治や幸福をおびやかしはしない軽めの罪に対しては、仲間外れ、辱め、集団からの追放などといった軽めの制裁のほうが科されやすい。第7章では、そうした軽めの制裁にかんするデータを開示しよう。こちらは、「死刑」のときのようなデータの不完全性の問題には、たいして悩まされることはない。

死刑は、殺される重罪人の子孫の繁栄に対し、程度の差こそあれ必ず悪影響を及ぼす。この処罰は当然、その先子どもができる可能性を奪うことになるので、二〇代や三〇代で殺されると、それが適応度に及ぼす影響は甚大なものとなる。おまけに、それ以前にもうけていた子がいても、親の支えが減るので子の適応度（その半分は父親譲り）にも悪影響が及ぶ。さらに、殺された罪人は、きょうだいなど一緒に住む近親者を必要に応じて助けたり、彼らと協力したりもできなくなる。

処罰による社会選択

人間の遺伝子プールが長い時間をかけて進化を遂げるうちに、集団による積極的な処罰がその対象者の子孫の繁栄に及ぼす影響は、相当大きくなりえただろう。きっとそうした広範な影響は、人々がより強い良心を手に入れるにつれ、いっそう大きなものとなり、集団による処罰はいっそう道徳的な怒りに駆られておこなわれるようになったにちがいない。死刑に限らず、協力の恩恵を受けにくくさせる追放や徹底的な仲間外れもそうである。それに、結婚などの重要な選択をする場合や、生活のパートナーを探す場合、道徳的な悪評を得ただけで避けられることもあったはずだ。

こうしたメカニズムはどれも、集団で共有する好みが遺伝子プールに影響しているという意味で、「社会選択」を伴っていた。[29] もっと具体的に言えば、どれも「ネガティブな」好みが関与しており、社会的な逸脱行為をしやすい人間——あるいは少なくとも、性欲や、物欲や、権力を求める不適切な渇望を抑制できない人間——が子孫を残せる見込みを小さくした。そうした道徳的な社会選択が人間の遺伝子プールを形成するうえで重要なファクターとなるためには、きっとそんな社会選択が最低でも一〇〇〇世代はおこなわれていなくてはならなかっただろう。[30] これは、比較的長命である人間ではおよそ二万五〇〇〇年にあたる。したがって、かりにこの変化がすみやかに進展したのだとすれば、文化が現代化する直前の時期が、道徳の起源にとって重要だったと考えられる。

次の章では、手始めに遠い昔の、だがきわめてつながりの深い類人猿の祖先——「共通祖先」と「原初のチンパンジー属」のふたつ――が先駆けとなるものを生み出していたことについて、より詳しく検討しよう。そして、人間の系統でいくつか特別な発達を遂げたおかげで、チンパンジーやボノボでなくわれわれがどのようにして、善をなす能力、そして恥じる能力を生み出すことになったのかを明らかにしよう。

第5章　太古の祖先をいくつか再現する

われわれに最も近い親類を知る

道徳の進化の一番基本的なところは、われわれ人間にしかない良心の働きと、それがどのように進化したかということから考えれば明らかにできる。だが、われわれが恥を知る進化的良心をどのように獲得したのかを十分に理解するには、われわれに重要な構成要素[1]――なんらかの形で人間の道徳的生活を「構成している」要素――を与えてくれた類人猿の祖先まで、何百万年もさかのぼらなければならない。

今では、こうした祖先の行動パターンの多くはうまく再現できるようになっているが、かつてはそうではなかった。一九八〇年代ほど最近でも、われわれに最も近い縁戚関係にある現生の霊長類はどれだったかについて、自然人類学者の意見はまちまちで、不確かな理論しかなかった。一部の人には、アフリカのチンパンジーが同じ大陸のゴリラよりもずっと優れていて人間に近いと思われていたし、大多数の人には、アジアのオランウータンがはるかに後れをとり、それより下等な類人猿やサルにはほとんど資格がないように感じられていた。

これはあくまで推論にすぎなかったが、どこかの祖先がナックルウォーク〔前肢の指の背面を地面につける歩き方〕でアフリカの熱帯林の林床をうろつき、高い木に登ってたくさんの果実を食べるようになったにちがいないと少なくとも想定することはできた。われわれ人間は認知能力と複雑な社会生活の点でほかの霊長類と大きく違うのだから、それが起きたのは数千万年前のはずだというのもなるほどと思えた。だれもがかつてはそう考えていたが、多くの点で決して正しくはなかった。

ジェイムズ・ワトソンとフランシス・クリックがDNAの基本的な謎を解き明かして[2]から数十年後、実験遺伝学者たちはついに、ヒトゲノムと、われわれに最も近い「いとこ」の有力候補と考えられるアフリカの大型類人猿三種のゲノムとを比べられるようになった。この遺伝学的発見は、科学界を驚嘆させた[3]。ヒトと、チンパンジー（Pan troglodytes）と、ボノボ（Pan paniscus）というやや小さいアフリカの「チンパンジー」で、九八パーセントのDNAが同じだとわかったのだ。だれも予想しなかったほど大きな類似性だった。ゴリラも大きな差はなかったが、ヒトとチンパンジー二種のほうが、チンパンジーとゴリラよりもずっと近縁であることが判明した。したがって、この四種には、だれも想像しなかったほど最近に共通の祖先がいたのである。

こうした推測は「分子時計」の解析によってなされた。見積もりが結構正確なのは、遺伝子変異がかなり一定の割合で蓄積され、かぞえられるからだ。ひとつの種がふたつに分かれると、時とともに両者のゲノムは異なっていく。ヒト属（Homo）と二種のチンパンジー属（Pan）で遺伝子構成を比べると、これらふたつの系統に分かれたのはわずか五〇〇～七〇〇万年ほど前だとわかる。簡略化するために、「プラスマイナス」の幅をなくして六〇〇万年前と言うことにしよう。この数字はすでに二〇年前から使われており、進化上の時間差がわずか六〇〇万年なら、実のところ非常に近い親類となる――「原初

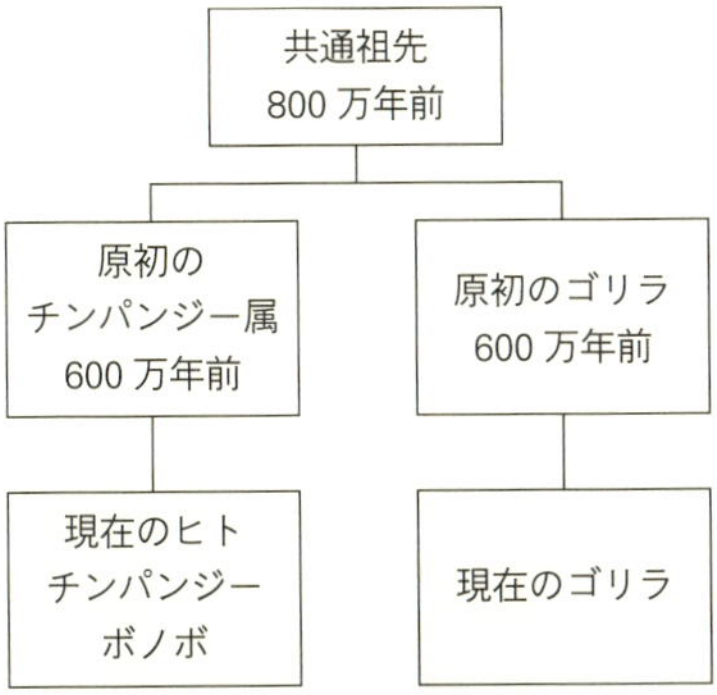

図1　ヒトの祖先の系統発生

のチンパンジー属」がヒトより類人猿のほうにはるかに似ていることは確かではあっても[4]。

一九八七年、霊長類学者のリチャード・ランガムがやや古い祖先を初めて突き止めて「共通祖先」と名づけ、それを社会的な観点から説明しだした[5]。この「共通祖先」は、二種のチンパンジー属とヒト属が、ゴリラと共通してもつ祖先のことで（図I参照）、分子時計の見積もりではおよそ七〇〇〜九〇〇万年前なので、以後丸めて八〇〇万年前とする。DNA解析によってわれわれの直接の類人猿の祖先をふたつ突き止め、時代も決定すると、それらの社会的行動の一部（すべてではない）を体系的に再現できるようになる——これはワトソンとクリックの発見以前にはほとんど考えられなかったことだ。

これは、今後の解析にとってきわめて重要なものとなる。まず、これによって、後に続くヒトの系統に原始的な良心が生じることを偶然にも容易にした、太古の適応が突き止められるようになる。そしてそれをもとに、善悪の判断力を次第に発達させて、本格的に道徳に従う暮らしが始まっただけでなく、選択の力（そのおかげでわれわれは今日のように利他的になった）が増したと説明できるようにもなる。そのような発達によって、恥の感情や赤面が備わるようになると、現在のわれわれがよく知るように、他人の行動に対してきわめて道義的な関心をもつようになる。われわれは、恥と善を気にかけて人を判断せずにはいられないものなのだ。

「原初のチンパンジー属」が行動の基礎となる要素をいくらか与えてくれたのだとしたら、身体的な性質についてはどうだろう？　彼らの頭蓋も骨格も、それどころかわずかな歯や骨片さえもまだ見つかっていない。われわれヒトの直前にあたる先史時代の祖先は、湿度の高い赤道地域に棲んでいたからだ。そこでは生物はすぐに腐敗し分解されしまうため、ごくまれにしか化石化しない。ところが幸いにも、そうした祖先がもつ多くの重要な行動的特徴は、歯を調べたり頭蓋を測ったりしなくても、かなり正確に再現できる。この祖先から生まれた現生の子孫のすべてが一致してもつ主要な行動を探せばいい。この方法論を「行動の系統発生学」という[6]。

こうしてわれわれは、行動が現生の子孫のすべてになお見られる場合にのみ、祖先の行動を再現できるようになる。遠い過去の行動パターンが高い確度でわかるというのは意外に思えるかもしれないが、ある生物種が進化の長い時間にわたって存続しているとき、自然選択の従来のプロセスはわりと単純で直接的な道筋をたどりやすい。生物学者はこれを「節約」と呼び、そうした原初の祖先の形質を「原始的」と言っている[7]。したがって、先に挙げた子孫の四種すべてに植物を多く食べる傾向があれば（実際そうなのだが）、この原始的な形質が「共通祖先」からそのまま受け継がれ、その後訪れた環境の変化のなかでも役に立ちつづけたと考えるのが節約の原理にかなう。そうでなければ、そんな形質はやがて失われてしまったのではなかろうか。

社会的な領域では、ランガムは不変の特質としてきわめて基本的なものをいくつか特定した。たとえば「共通祖先」の子孫にあたる四種すべてが、今日、ほかの集団との明確な境界をもつ社会集団のなかで暮らしている。するとこの傾向は原始的な——つまり祖先がもっていた——ものだったはずなので、今日では相同となっている。相同とは、同種の遺伝子にもとづいているということだ。(8) そのほかの相同な共通点として、同じ種のなかでほかのメンバーに忍び寄って攻撃を仕掛けるということも挙げられるので、「共通祖先」は八〇〇万年前にこれをおこない、以後その子孫の四種すべてもそうしてきたと考えていいだろう。人間の暴力の起源を探る『男の凶暴性はどこからきたか』（山下篤子訳、三田出版会）(9) において、ランガムもひとりの理論家として、私が「原初のチンパンジー属」(10) と呼んだもっと最近の祖先を検討している。その原始的な行動は、良心がどのように進化を遂げてきたかを明らかにするうえで大いに関与するだろうし、ほどなくそうした行動をある程度詳しく再現してみるつもりだ。

ここですぐに、本書での主な関心の対象が、「原初のチンパンジー属」——基本的に「共通祖先」に見つかる行動をすべて引き継いだうえに、新たな行動がいくらか加わった類人猿——であると述べておかなければならない。この先わかるように、ゴリラが「共通祖先」から離れると（この分岐はおよそ六〇〇万年前に起きた）、いくつか非常に重要な行動が、「原初のチンパンジー属」の再現可能な行動に加わることになる。しかしまず、進化の過程における行動を再現する際に相同性にもとづく推論を利用することの実用上の価値を称えておきたい。

共通の遺伝子について語ることの強み

自然史のアプローチを利用するには、相同性にもとづく行動上の共通点（共通の遺伝子をもつ）と、相似性にもとづく行動上の共通点（単に機能が似ているだけ）とを注意深く区別する必要がある。このふたつを区別することは重要だ。ふたつの種に共通する祖先が極端に遠かった場合、両者の行動が一見似ていても、それらは収斂したもので、根底にはまったく別のメカニズムがあるかもしれないのである。たとえば、なわばり行動をするドブネズミは、本能的に外集団のメンバーを攻撃するとき、自分と同じ種でも、同じ社会集団のにおいをもたない者には攻撃的に反応するようにプログラムされている。[11] これはずいぶん単純だ。チンパンジーも近所の仲間に出会うと攻撃するが、相手を心理的に特定するというはるかに「高度な」手段を利用している。彼らは、自分のなわばりがどこかを知っていて、見れば相手がよそ者だとわかるからである。

　ここで挙げたのは「相似性」の例にすぎない。似たように見えるふたつの行動は、どちらも集団による強いなわばり意識をうながすが、まったく違う根本的なメカニズムによるものなので、異なる遺伝子にもとづいている。これが収斂進化というもので、自然選択が見せる驚異のひとつだ。ニューメキシコ州サンタフェにあるわが家の庭で、ある日新種のハチドリを見つけたように思ったのをありありと思い出す。先端が針のように長いその生き物は、花から花へと飛びまわりながら、ときどき羽をブンブン言わせてヘリコプターのようにホバリングしていたが、いきなり私は自分の見ているものが蛾であることに気づいたのだ。そしてこのホバリングしている昆虫が独自の道をたどって、ハチドリとはまったく違う遺伝子を進化させたにちがいないと悟った。それにもかかわらず、空中で静止しているあいだに花蜜を吸えるようになったのである。

　人間が敵を攻撃して殺す場合、われわれとチンパンジーで外集団の者への敵意の示し方が似ていることは、相同と考えていい。われわれとチンパンジーでは、きわめて最近に共通する祖先が存在し、九八パーセントを超えるDNAが共通だからだ。厳密に言えば、チンパンジーと人間のなわばり意識は同種の心理メカニズムにもとづき、そのメカニズムがまたたくさんの同種の遺伝子によってもたらされている可能性が非常に高い。同じことはボノボにも当てはまりそうで、彼らのとる同じようななわばり行動が、はるかに非暴力的に見えてもそうなのだ[12]。

前適応とは何か？

本書で展開している道徳の起源にかかわる理論は、相同性という論拠にしっかりもとづいている。だから私は、ひどく骨折ってでも、「共通祖先」や「原初のチンパンジー属」のなかに、基礎となる原始的な行動の候補を見出そうとするつもりだ。そして進化の長い時間にわたり、そうした行動が、さらなる進化に必要な前適応の手段をどのように提供していったのかを明らかにしたい。

語彙の点で言えば、前適応と、もっと最近にできた用語「外適応」は、同じことを意味している。すでに進化を遂げた形質を支える遺伝子が、その後の適応の際に盲目的な選択のプロセスによって「利用」されるということだ。私は古いほうの用語が好きだ。「前適応」にはなにか先を見越すような響きがあるので、多くの学者は、不適切な目的論的な印象を受けてしまうにしても。本書でもそんな示唆をするつもりはない。基本的に、進化のプロセスは完全に盲目的だ——たとえ目的のある行為者たる人間が選り好むことによって、自然選択のプロセスの一部の要素に無意識に影響を及ぼし、向社会的な方向へ進むようになったとしても。この先史時代の副作用は遺伝子工学とはまったく違う。遺伝子工学は決して無意識ではない。

相同性にかんして言えば、祖先における支配とそれに対する恐怖にもとづく反応は——それに加え、怒って団結して支配者をやっつける行為も——この先扱う多くの前適応のうちのわずかふたつにすぎない。このふたつは、人間が、かつての遺伝子プールに影響を及ぼした「処罰による社会選択」を、ますます強いものにしていくための土台を提供した。この処罰による社会選択はまず、主に集団攻撃によって効果を発揮したが、やがてはるかに洗練された社会統制の手段になっていったのである。

この先、道徳の進化にかんする分析では、相同性にもとづく「原初のチンパンジー属」の行動の再現と、初期のヒトの進化についての考古学的知見に頼るだけでなく、更新世後期の気候について最近得られた目覚ましい情報も利用するつもりだ。その関係上、現在の（ＬＰＡの）民族誌的情報をかなり革新的な方法で利用し、更新世後期の気候への対処を迫られて、いよいよ現代的になっていった人類の初期の進化の道筋を再現する助けにする。今日のわれわれのもつ道徳的な柔軟さのおかげで、人間はどのようにして、たいてい荒々しく、ときには危険になることもあった気候に対処できるようになったのかを明らかにしていくことにしよう。人々は主として協力することによって（だが時には協力をやめることによって）対処していったのだ。

祖先の序列と反序列的行動

ランガムが提唱した「共通祖先」の行動を再現する際、私はその助けとなるように、彼らが迷っていた社会生活は、支配し（またその一方で）服従する個々人の傾向によって強く決定づけられていた、と強調した。『森のなかの序列』で、私はまず、ゴリラとボノボとチンパンジーとヒトをよく観察すると、アルファ雄が序列のトップに位置するという共通の顕著な傾向の存在がわかるのではないかと述べた。またそれに伴い、高い地位を求めて激しい競争がよく起こることも考え合わせると、一般に服従者は支配されることを快く思っていないこともわかる。じっさい、これら現生の類人猿の四種すべてで、反抗的な服従者が支配に対抗する連合を組んで[13]、アルファの力を積極的に削ごうとすることがある。ゴリラはごくまれにしかおこなわないが、ボノボとチンパンジーは日常的におこない、LPAヒト集団は頻繁におこなっている。とはいえ、より最近のヒト集団はかなり序列を容認するようになっているが。

政治的な面で、ヒトはアフリカを起源とするほかの三種に比べ、はるかに柔軟だ。序列のトップに位置するアルファ雄としては、現代のヒトラーや毛沢東やスターリンを——あるいは、そこまでの全権はないが巨大な軍隊に命令を下すアルファとして、アメリカ大統領を——思い浮かべればいい。われわれが類人猿と同じ序列的傾向をもち、アルファ雄を生み出す見込みが大きいことは間違いない。一方、進化的分析の対象としてうってつけなのは、前の章で紹介したLPA狩猟採集民なのだが、もととなる生来の政治的能力は明らかに同じであっても、彼らの政治制度はまったく異なる。こうした人間は、そのあとに登場した農耕民の多くと同様、強硬にあくまで平等主義者だった。[14]

ほかのアフリカの類人猿三種も、服従者の連合を形成してアルファの力を部分的に削ぐことができるが、ヒトの狩猟採集民はそんな支配への対抗をほぼ完璧になし遂げていた——少なくとも成人男性のあいだでは。[15]私が「狩猟集団が政治的に平等主義だ」と言う場合、それはすなわち、人々がアルファタイプの力の行使をとうてい容認できないので、通常はだれも自分の地位を誇らしげに高く見せたりはせず、ましてやほかの狩人にいばり散らしたり、集団が共有財産にしたがる獣の肉を占有したりはしない、という意味だ。

いずれ詳しく見ることになるが、そうした行動をして自分の権力の拡大を目論む者は、批判や辱めによって抑え込まれたり、集団から追放されたりする。またすでに見たとおり、ごくまれに現れるどうしようもない圧制者は、どうにかして集団を掌握するようになっても、やがて「死刑」によって排除される。したがって人間の政治では、序列に従う行動や支配に対抗する行動を好む原初の祖先の傾向が、過激な全体主義か、狩猟採集民の極端な民主主義のどちらかの形（あるいはその両極端の中間にあるなんらかの形）をとった表現型で現れるのだ。どういう形をとるかは、人々が序列をどう感じているか、ひどく中央集権的な指揮統制がどれだけ必要とされているか、そして、服従者が自分より上位の者をコントロールしようとする決意の程度に左右される。

文化を学ぶ技能は古くから

ランガムによるオーソドックスな再現法の使い方は、かなり単純である。祖先の現生の子孫がすべて同じ形質をもっていたら、その形質は十中八九、祖先にもなければならない。一方、ひとつまたは複数の子孫がある形質をもっていなければ、祖先にその形質があったかどうかは疑問となるはずだ。このオーソドックスな方法論によって、数少ない種しか関与していなくても、われわれのふたつの祖先の心の奥深くを確率論的にのぞき込めるようになり、彼らが高度に社会的な存在として活動する動機の多くを理解できるようになる。

ではまず「共通祖先」の「家族生活」から始めよう。われわれは、人間の先入観に従って、現生の四種では、父親が育児に参加するような配偶者間の絆があるだろうかと問うかもしれない。そうした絆は、今日の人間のあいだでふつうに見られるのは間違いないし、ゴリラにもかなりの程度存在するが、四種すべてに見られるわけではない。チンパンジーとボノボは乱交をおこない、実の父親（体毛サンプルのDNA解析によって特定できる）が自分の孕ませた雌になにか特別な関心を払うような徴候はないし、それどころか、わが子をとくに大事にするような徴候もない。このため、八〇〇万年前の時点で、両親のいる家族で父親が育児に積極的に参加していたという可能性には、大きな疑問符がつく。

一方、「共通祖先」が少なくとも母親中心の家族を形成していたと言うことはできる。というのも、現生の四種すべてで母親がわが子と最長六年にわたりきわめて親密な関係を結んでいるからだが[16]、きょうだいも社会的に親密な関係にある。すると、母親中心の家族を形成する強い傾向は八〇〇万年前までさかのぼることができ、このかなり限られた家族形態は「共通祖先」の時代以来ずっと、ヒトに至るまでの系統に存在していたということになる。ところがある時点で、ヒトは明らかに重要なものを加えた。われわれは両親のいる家族を発達させたのである。いつそれが生まれたかについては確実な考古学的手がかりはなくても、今日の自分たちを見るだけで実際にそれが生まれたことはわかる。少なくともヒトの核家族は、文化の現代化とともに四万五〇〇〇年前までに現れたようだ。そう推定するのは、まさにわれわれがそのころまでに完全に現代化されていたと考古学者が全員一致で考えているためにほかならない[17]。

私が母親中心の家族構造をいの一番に議論することを選んだのは、そうした原始的な家族行動でも、良心の進化にとってきわめて重要な先駆けの役割を果たすからだ。人間が道徳的な存在なのは、遺伝的にそのようにできているためであり、今日の幼い子がかなり普遍的な段階を経て次第に道徳的な存在になっていく事実は興味深い。助けを必要とする他者に対する同情の気持ちは、幼児にかなり早い段階で生まれるし、善悪の原始的な感覚もそうだ。その次に生まれるのはルールにかんする一般的な感覚だが、間違ったときに赤面するなど、自意識が強くて恥じる反応は、その後、子どもが就学年齢に達してから生じる[18]。これらの学習の段階は、生まれつき決まった順序をたどるが、ルールそのものは、遺伝子によって決してはっきりと作られるわけではない。幼少期の類人猿のように、人間の子どもも、幼いころ主としてつねに一緒にいる「重要な他者」〔親や友人など、身近にいて多大な影響を及ぼす人間のこと〕から集団の社会的なルールを学ぶ――なかでも最も重要な他者は母親である。
　人が道徳的になる術をみずからの文化的環境から学ぶ場合、まずは家族からとなる。しかしその後は集団の伝統が、非常に強い、ときには決定的な役割を果たす。文化的伝統のために、ある文化では完璧に受け入れられる行動が、別の文化ではタブーになる場合もある。たとえば、人肉を食べるのが絶対に忌避される社会もあるが、メラネシアのトロブリアンド諸島での葬儀で見られるように、その行為が重要な儀式の一環としておこなわれるのなら道徳的に正しく、称賛に値するような社会もある。[19] こうした文化的差異は、類人猿の場合よりも、象徴を用いる人間の場合のほうがはるかに多様となっているようだ。

文化的多様性

　このように、われわれが親や仲間から学んで内面化する個々のルールは、われわれの遺伝子にきっちりコードされているのではなく、ローカルな集団によって文化的に維持されている。しかし、こうしたルールの多くは文化によって大きく異なるものの、LPA狩猟採集民のあいだでは、社会的に重要なルールの多くは普遍的なように見える。じっさい、ほかのメンバーを正当な理由もなく殺したり、第一次集団〔家族など親密な個人的関係をもって暮らしている集団のこと〕のなかで盗みやいかさまを働いたりするのを大目に見る狩猟採集社会はないし、[20] 同じことは、あらゆる社会的・文化的階層の人間についても言える。

　ある社会行動がひとつの狩猟採集集団に固有のものであれ、全人類に共通して見られるものであれ、われわれの行動基準はつねに文化の伝達によって――つまり最初は家族のなかで――学習される。道徳性はさておいて祖先について考えれば、ここで関心の的となっている現生の四種はどれも、社会的なルールや行動を文化によって伝達することができる。まず、母親が数年間わが子と緊密な絆を結び、子どもは模倣にいそしむ。すると、たとえば政治的同盟を組むテクニックなら、まず幼児は母親の行動を観察し、次にそれを真似しようとする。その後、若者になって集団内の大人を観察し、大人の行動を自分の行動の模範にするという手順によって学習されることになる。

だから、この現生の四種は――それゆえ彼らの「共通祖先」も――すべて、アルファの力を抑え込むために、同盟を組んで団結することができる。[21] 同じ社会的な学習能力は、数百万年後、古代人がさらに断固たるメッセージをもつ文化を発展させはじめたときにも発揮されていただろう。そのメッセージとは、「仲間を支配するのは、される側を苛立たせるだけではなく、道徳的に間違っている」というものである。

道徳の進化が始まるためには、文化を伝達するそれまでの能力だけでは足りなかった。[22] 社会行動について戦略を立て、社会状況に応じて適切に振る舞うにはどうすべきかを考える優れた能力がすでにあったとしたら、それは役立っていたにちがいない。とくに、ある行動のせいで、圧制的な他者――これは個人の場合もあれば、ときには大きな同盟の場合もある――との深刻なトラブルになりかねない場合には。

われわれとまったく同じように、チンパンジーもボノボも他者の振るう力に対処するのがかなりうまいので、それはルールにもとづく道徳的能力が発達するための優れた先駆けの役割を果たしていた。しかし、先駆けはあくまで先駆けにすぎない。次に、しかるべき選択圧がかからなければ、集団全体による強く一貫した社会統制には至らないのだ。そしてこのチンパンジー属の二種には、そのような選択圧はかからなかったらしい。ところがヒトにはそうした選択圧がかかった。その理由については、良心の進化の話に注目するときに論じよう。

祖先の脳はどれだけ高度だったか?

ダーウィンが指摘したとおり、われわれの良心は、社会的存在たるわれわれに役立つように、自分たちの行為を導いている。[23] 良心は、われわれを集団の規範とつねに調和させるので、相手を厳しく罰することもある仲間とのトラブルを避けさせてくれる。今日では、社会的な企てをおこなったり、複雑な道徳的命令を扱ったりする人間の脳の能力の少なくとも一部は、かなり大きな前頭前皮質に存在していることがわかっている。[24] すでに見たように、この脳領域は、われわれの社会的交流を導くうえで大きな役割を果たしており、道徳的感情にもかかわっている。要するに、自分たちが暮らす道義的な集団への適応を助けているのだ。

ここで取り組むべきもっと大局的な疑問は、祖先で先駆けて起きていたことのいったいどれだけが、こうした方向性をもっていたのかということだ。「共通祖先」が、原始的だが内面化された、自己判断のできる道徳観念を実際にもっていた可能性はあるのだろうか?「共通祖先」の子孫にあたる四種のすべてをひとつの系統群すなわち「クレード」と見なせば、このクレードでは前頭前皮質が、たとえばラットや単独生〔群居して社会生活を営まないこと〕のシロクマ、あるいは社会性の高いオオカミやイヌのものよりも、身体のサイズのわりにかなり大きい。そうなるとヒトの前頭前皮質はことのほか巨大でなければならないと考えられたときもあったが、慎重な科学的測定によって、そうではないことが明らかになっている。[25] われわれの前頭前皮質は、アフリカのほかの類人猿三種のものより大きくない場合もあり、これはその三種の高度な社会性を考えるとさほど意外ではない。事実、チンパンジーやボノボやゴリラは、野生の状態で観察すると驚くほど微妙な社会行動を示す。この総合的な社会性からすると、これらの類人猿は、われわれがもつ道徳的能力のような何かを示す可能性はあるものの、野生動物として「力は正義」というような社会生活を送っているために、それが表に出ないままだとも考えられるのである。

「サイズ」の比だけが脳について考慮すべきファクターではないだろう。自然選択は、脳を内部から再構築することによって、その全体のサイズを変えずに人間の心的機能を改変することができたが、どのようなプロセスでそうなったかは、化石記録からはなかなか推測しがたい。脳の容れ物の化石は何百とあっても、軟組織はとても化石化しにくいので中身の脳についてはほとんど教えてくれないからだ。それならば少なくとも、われわれの系統上の「いとこ」にあたるアフリカの大型類人猿には、恥の観念をもつ道徳的存在として反応する能力がありうるのか、と問う必要がある。三種の類人猿のすべてがそうした能力をもっていれば、その方向での祖先の前適応が非常に強かったという観点から考えるべきだということになるし、また道徳の起源は厳密に人間のものとは限らないと考えなければならない。

「共通祖先」や「原初のチンパンジー属」が、ルールを破ったことを悔やむような自己判断の反応を示していたとしたら、これは、今日よく見られる人間の羞恥の反応が進化するのを大いに助けた前適応だった可能性がある。「自我」の観念も必要だったが、これだけで恥じる能力がもてるという保証はない。

実験で自我の存在を検証する

われわれ人間の脳は、十分に発達した自我の観念を確かに与えてくれる。そしてだれもがそのような認識をしている。われわれのほかにそんな認識をするのは、大型類人猿やゾウやイルカなど、同じように脳が大きく社会性が高いひとにぎりの種にすぎず、(26)説得力に満ちた実験がそれを裏づけている。人間の場合、社会学者のジョージ・ハーバート・ミードのいう「社会的自我」が、これまで社会心理学者によって詳細に研究されており、(27)それがわれわれの性質で演じている基本的な役割は、言語に反映されている――「私」と「あなた」、「われわれ」と「彼ら」といった言い方がどの言語にも必ずあるのだ。社会的な場での行為者として、われわれは自分自身を――自分の「自我」を――強く意識しており、またそれによってわれわれは、他者も同じような自我をもつと気づき、それを社会的交流のなかで直感的に認識するのである。

自我の存在の根底には、視覚的に自己を認識するという単純な能力があり、これはだれもがもっている。たとえばわれわれは、日常的に鏡のなかの自分を見て、それがほかのだれかではなく自分自身の像であると気づく。当然ながらヒトは鏡を手にしながら進化を遂げたわけではないが、われわれの大型の脳と高度に社会的な存在として発達を遂げた自然史は、自己認識の基盤となっている。この形質はとても強く定着しているので、文字文化のない未開人が水たまりに映る自分の顔を何度となく見ても、現代のティーンエイジャーが毎日洗面所の鏡で自分の不安げな顔をまじまじと眺めるときと同様、自己認識についての混乱はないはずだ。しかし、やはりアフリカで誕生したほかの三種の大型霊長類ではどうだろうか?

私の学生がいつもおもしろがるナショナル・ジオグラフィックの映像がある。場所は、タンザニアのゴンベ国立公園にある、ジェーン・グドールが初期に野外調査をしていた拠点だ。そこで一時的に鏡を設置したところ、チンパンジーが近寄ってきて、目にする像に夢中になるのだ。チンパンジーは、しばしじっとそれを見つめ、それから試しに頭を何度か横へやって鏡のなかの相手がどうするかを確かめる。そしていきなり片方に大きく頭を動かし、鏡の後ろにいるらしいチンパンジーの実体をすばやく目でとらえようとする。どうやら、そんなにも完璧に真似をする——だがなかなか捕まえられない——「ほかのチンパンジー」を出し抜こうとして、この一連の動きを何度かやるらしい。しかし、もちろんそのたびに、最後の瞬間にその像は視界から「消える」。

このチンパンジーの素朴さを、『アイ・ラブ・ルーシー』〔アメリカで一九五〇年代から六〇年代初頭に人気を博したコメディー番組〕にゲストで出演したハーポ・マルクス〔コメディアンのマルクス兄弟のひとり〕のそれと比べてみよう。このコメディー番組の設定で、ルーシーは金髪の巻き毛のかつらまでかぶってすっかりハーポそっくりに扮し、ハーポに見つからないようにクローゼットに隠れている。ハーポがクローゼットの扉を開けるとルーシーは鏡に映った彼のふりをし、するとハーポはそれが自分自身の魅力的な姿だと思って夢中になる。上機嫌で自分に酔いしれた彼はとことんふざけていくが、ルーシーの物真似はとてもうまいので、ずっとハーポは騙されている。ところが、ついに彼女はかろうじて気づくような間違いを犯し、ここで怪しんだハーポがその「鏡に映った」像を真剣に確かめだす。そのあととびきり面白いシーンが続き、ハーポはどんどん真似るのを難しくして、ルーシーを追い込んでいく——そしてとうとう彼女が騙していることがばれる。

そんな大ふざけはさておき、こういう疑問が残る。チンパンジーやボノボやゴリラも、きちんと訓練したら、鏡のなかの自分を認識できるようになるのか？　その答えはイエスらしい。心理学者のゴードン・ギャラップが、さまざまなサルや類人猿で自己認識の能力を探った有名な心理学実験で実証しているからだ。[28] まず、ギャラップは実験の対象となる動物の檻のなかに一〇日間鏡を入れて、それに慣らした（これはもちろん、興味はあってもすっかり戸惑ったゴンベの野生の類人猿にはなかった利点だ）。すると、サルも類人猿も自分の像に大いに興味をもったが、一〇日経ってもまだ彼らがその像を自分の種の見知らぬだれかだろうと思っているのか、それとも自分自身と思っているのかはわからなかった。

次にギャラップは、彼らを薬で眠らせ、そのあいだに顔に赤い顔料で小さな点をつけた。その点は、鏡がなければ自分では見えない（サルにも類人猿にも色覚はあり、どちらも生物についている赤色に「反応」しやすい――これは血を示唆するためかもしれない）。それから彼は、檻のなかに鏡を置いたまま、被験動物を完全に目覚めさせた。するとマカク属のサルはせいぜい鏡像に多少の関心や警戒を示すぐらいで、まるで傷を負った別のサルを目にしているかのようだった。ところがチンパンジーやボノボの多くは、またそこまで明確ではないがゴリラも、鏡像を目にするとすぐに必ず自分の顔にある赤い点を触った。まるで、「あの点は自分についているにちがいない！」という認知プロセスに従っているかのように。このように反応する大型類人猿は明らかに鏡像が自分だとわかっていたし、その後の実験で、高度に社会的で大型の脳をもつほかの一部の種も、似たような認知ができることも明らかになっている。[29]

ギャラップによるかなり綿密な「自我の存在」の検証は、言語研究者が類人猿を研究対象としたときに直感的に気づくことを裏づけている。類人猿はすぐに自分や他者の名前を覚え、化粧などをして鏡のなかの自分をふざけていじることができるのだ。一般に、彼らは自分が社会的存在として何者であるかをある程度理解しているかのように振る舞う。じっさい、手話を覚えたワショーという名の雌のチンパンジーは、自分が人間だと思い込んでいたように見えた。それどころか、初めて別のチンパンジーを目にしたとき、彼女は手話で「黒い虫！」と表現したのである。(30)

人間の場合、個々人の能力によって、「自我」というものがあることは理解できる。自我は他者との関係において存在し、それによって人々は道徳的なコミュニティに参加できるようになるのだ。もちろん、自我の認識（自己認識）だけで十分に発達した良心をもつ道徳的存在が生まれるわけではないが、自我の観念は、重要かつ必要な最初のステップと言える。それは、ある人間の行動に対する他者の反応を評価したり、そうした他者の意図を理解したりするのに役立つ。また、とりわけ重要なのは、ある行為が集団の道徳的感性をひどく害した場合、集団から敵意を集める結果になると理解することだ。他者の視点がもてるという能力のおかげで、人間社会において個人はみずからの行動を改め、集団から課せられたルールに従うことができるようになるだけでなく、集団として「逸脱者」の行動を予測し、十分な洞察をもって対処できるようになる。

私のように、チンパンジーを長期的に自然の生息環境で観察する機会に恵まれ、野外調査をおこなった者にとっても、チンパンジーが高度な社会性をもつ人間とほぼ同じぐらいうまく「視点取得」――つまり他者の動機や反応を考慮に入れること――ができるかどうかを答えるのは難しい。それでも、飼育下のチンパンジーを使った実験では、被験者はほかの仲間を騙すために意図的に視点取得をおこなっていた。

かなり大きな集団を使った実に巧みな実験のひとつでは、研究者が野外の広い囲い地に果物を埋めるところを一匹の若い雄に見せるが、仲間には見えないようにしておく。集団全体がこの囲い地に放り込まれると、もちろんその若い雄はまっすぐ食べ物の場所へ向かった。(31) 実験を繰り返すと、やがて年配でより地位の高い雄たちが、若い雄は食べ物の隠してある場所を知っているようだと気づいた。そして若い雄の動きを見て、彼が食べ物を掘り出したら、年配の圧制的なチンパンジーたちは若者を追い払い、それを奪って食べたのである。しかし実験を続けるうちに、若い雄は、そうした圧制者の考えを推し量って出し抜けることがわかった。あとになると若い雄は、果物がないとわかっている場所へ走っていき、猛然と掘りはじめた。そしてほかの連中がそれに続くと、地位の低いその若者は、本当に果物が埋まっている場所へそっと移動し、地位の高い連中が気づいて駆けつける前に、少なくとも一部は自分で食べることができたのである。

視点取得の基本的な要素は、明らかに実験ではない状況でもチンパンジーに認められる。たとえば霊長類学者のフランス・ドゥ・ヴァールは、飼育下の大集団のなかで、二頭の雄が群れを支配するアルファの地位を求めて張り合うケースについて語っている。二頭が互いに威嚇しようとしていると、どちらも恐怖をはっきり示す、歯をむき出したしかめ面を見せた[32]。この表情は無意識に現れるのだが、対決が長引くと、片方の雄が賢くも自分の口元を手で覆いだして、自分がストレスを感じているという視覚的な手がかりを相手に与えまいとした。いくらか似た行動は、ゴンベでも報告されている。興奮した野生の雄が、無意識に発してしまうフードコール（食べ物の存在を知らせる声）を懸命に抑え、与えられた大事なバナナが見えないところにいるライバルに気づかれて奪われないようにしたのだ[33]。

われわれ人間はいつでも策を弄している。そして信憑性の高い嘘をつくには、きわめて慎重に言葉をこしらえ、よくできた幻を他者の心に生み出す必要がある。極端な例を挙げれば、重婚をしている者は、そうした技能を最大限発揮しなければならない――彼の（ひょっとすると彼女の）結婚相手のそれぞれがどれだけ疑ったり信頼したりするか、そして、どんな種類の言い訳がそれぞれに受け入れられるかといったさまざまな変動要因を考慮しながら。だが、騙すことは、視点取得がもたらす多くの効用のひとつにすぎない。

脳の大きな動物は、序列をもつ社会集団のなかで暮らすように進化を遂げると、他者の動機を評価するかなり高度な基準を示すことが多い。それは、競争に勝って他者を支配するためかもしれないし、あるいは単に、ストレスの少ない服従者となって生き延びて栄えようとするためかもしれない。ある個人の行動によって仲間が非常に攻撃的になり、怒って興奮した連合となって行動しだすとしたら、他者の集団はどんなことをする可能性があるだろうか、と推測することも視点取得の一例だ。[34] こうした技能はどれも、個人に役立つものであり、今日のアフリカの大型類人猿四種すべて（専門的に言えばヒトは、われわれが好むと好まざるにかかわらず、アフリカの類人猿の一種だ[35]）のあいだでそれらが強く保持されているという事実は、そうした技能が少なくとも八〇〇万年にわたり個体の適応度にメリットを与えてきたことを示している。

したがって、環境の変化が太古の人類に良心の進化をうながしだしたときには、重要な先駆けとなるものがすでに生じていたはずだ。しかし、この前適応——原初の「自我」——は、単独では決して道徳的なものではなかった。道徳性には、的確な善悪の判断力に加え、羞恥心や、それと表裏の関係にある名誉と誇りの感覚も必要だからだ。

ルールに従う——さもないと

どんなに控えめに見ても、アフリカで発祥したヒトとほかの類人猿三種は、「ルール」の何たるかについても直感的に理解している。それはふつう、より強い者がある種の行動を要求したり、望ましくない行動をなくすように強要したりすることであり、これが見込めるのは、権威者から危害を加えられるおそれがあるからである。ところが、広大なカラハリ砂漠のかなり辺鄙な場所に住む狩猟採集民ブッシュマンにとって、最高の権威は、平等主義のローカルな集団全体である。実のところ、集団が厳格な権威となりうるのは、第一に道徳的であることによって、集団への社会的な期待が強まるからであり、第二に彼らが、武器を使ってヒトより大きな哺乳類を習慣的に殺しているからである。つまり、憤激した集団は積極的に危害を加える集団となりうるのだ。

ブッシュマンやピグミーのような人々は絶えずうわさ話をして大いに批判的であり、道徳的な怒りが仲間外れ、集団からの追放、さらには処刑までもたらすこともあるので、集団の意見は恐るべきものとなる。あらゆる狩猟採集民がそうだ。たとえば第4章で見たとおり、横暴な者がひとりを殺し、さらに別のひとりも殺すと、彼は殺人を繰り返す嫌悪すべき圧制者として、この集合的な権威に処罰されることになる――狩猟採集をおこなっているのが、オーストラリアの半砂漠であろうと、北極のツンドラ地帯であろうと、ほかのどこであろうと同じだ。彼は「死刑」をもって処罰されるだろう。

現代の人間にとって道徳上の権威となるものは、家庭での両親から、法を支える地元の警官や郡の保安官に代表される直属のコミュニティまでさまざまだ。信仰をもつ者にとっては、全能で処罰を与える神も考えられるかもしれない。こうした権威は、「非公式」のものであれ、法によって公認されたものであれ、宗教的なものであれ、具体的で皆がよく知るルールを科す。われわれはそのようなルールを、「汝盗むなかれ」や「侵入者は訴えられます」や「宿題を終えるまで今晩テレビはなしよ」といったさまざまな言い方で表現する。狩猟採集民のあいだでは、最高権威は一緒にキャンプをするローカルな集団であり、エミール・デュルケームは、そうした集団には圧制に近いものがあり、属する人々はそれに従わざるをえないことを見事に説明していた。[36]

チンパンジーとボノボとゴリラのあいだでは、ある種の基本的な事実が非常によく似ているように見える。圧制的な者が下位の者に対し、簡単に「ルール」を押しつけるのだ。たとえば狩猟採集をする一団が小さな良い餌場にありついても、服従者には「最初に行ってはならない。さもないと、わが物顔の圧制者にけんか腰で脅されたり、暴力を振るわれたりする」というルールがある。そうした道徳と無関係のルールは、主に食事の優先順位や雄が雌と交尾する権利と関係があるが、時として政治的な地位を求める純粋かつ単純な競争から生まれることもある。じっさい、野生の雄のチンパンジーは、雄が支配する階層社会のなかで、だれが高い地位にのぼれるかを確かめるために多大なエネルギーを注いでおり、彼らにはそれを証明する傷跡がある(雌はそれに比べれば、はるかに競争をしない)。チンパンジーに比べれば、ボノボの雄はほかの雄との競争にほとんど取りつかれていないように見えるが、彼らにも傷跡がある。その傷はたいてい、一致団結して雄に立ち向かい、権威に異を唱える雌にやられたものにちがいない。[37] また野生のボノボは、雌もアルファの地位を求めて競い合う。

こうした競争のすべてで、ルールは個体の適応度にとって単純かつ重要なものとなっている。権威として振る舞う圧制者は、即座にはっきり譲歩するか、服従や宥和のしるしを見せることも要求し、これに応えるかぎり物事は順調に進むだろう。人間では、往々にしてひとりの個人でなく「社会」こそが権威となるが、まもなくわかるように、かなり大きな集団が個人に少なくともいくつかの「ルール」を押しつけることは、「共通祖先」においてすでに始まっており、そのあとを継いだ「原初のチンパンジー属」ではさらに活発におこなわれていた。

序列はフレキシブルになりうる

リチャード・ランガムは、一九八七年に集団生活で仲間を殺す類人猿として「共通祖先」を描き出したあと、共著『男の凶暴性はどこからきたか』でこの社会的描写をさらに広げて、私が「原初のチンパンジー属」と呼んでいる類人猿に話を進め、人間の暴力の起源を探るなかでボノボやチンパンジーとの比較をおこなっている。『森のなかの序列』で、私が「共通祖先」を解き明かす方程式に組み込める普遍的な序列構造を分析した際には、チンパンジーにはきわめて厳格な序列があるため、どの雄も自分がだれを屈服させることができ、だれに服従しなければならないかをよく知っていることが明らかとなった。また、その関係をはっきりと示す特別な服従の挨拶さえあった。ゴリラの場合、大柄なシルバーバック〔年を取って背中の毛が灰色になった雄で、通常は群れのリーダーにあたる存在〕が自分のハーレムにいるすべての成体を威嚇し、一方で雌たちに序列構造がある。ボノボの場合は、雄が連合を形成せず、雌のペアがつねに力を合わせて本来なら圧制的になるはずの雄を抑えつけ、しばしば最良の食料を掌握するので、社会的支配の序列は複雑になっている。人間の序列はさらに複雑になりうるが、われわれはみな顕著な階層的傾向をもつ集団のなかで暮らしており、そんな集団内で暮らすにはルールの理解が必要となる。

人間には、第4章で強調した特別な「平等主義の」傾向があり、これはわれわれの進化の分析に欠かせないものとなるため、さらなる議論を進める必要がある。先史時代でも比較的最近にあたる時期の人類社会に非常に近い一五〇のLPA狩猟採集民に目を向ければ、彼らがきわめて平等主義であるということはすでにわかっている。少なくともこれは、現役の狩人（一般に成人男性）のだれもが平等と見なされるように求めており、彼らのあいだでは、生きるのに不可欠な食料源を独占するのであれ、他者にいばり散らすのであれ、本格的な支配など耐えられないのだということを意味している。このあと私は、行動生態学から導き出した仮定をもとに、そうした平等主義は、われわれの祖先が本格的に大型の獲物を追いかけだしたときに生じた――あるいは大いに強まった――可能性が高いと主張するつもりだ。

ブッシュマンの場合ならどうなるのかは、すでに明らかにした。自己の権力の拡大を目論む男――そういうことをするのはいつも男のようだ――が、自分の力を高めて傲慢な振る舞いをする方向へ突っ走る前に、先手を打って抑え込むのだ。そうした人々では、時として賢い者が一時的または恒久的に集団のリーダーの地位を与えられるという意味で、社会的流動性〔社会のなかでメンバーが場所や地位などの移動をすること〕が高まる可能性もある。[38] だが、その人間は謙虚に振る舞うことが求められる。リーダーシップのスタイルとして受け入れられるのは、せいぜい、ほかのメンバーの意見を注意深く聞いて、もし総意が自然に形成されれば、その実行にそっと手を貸すという程度の積極性だからだ。そのようなメンバーによる決断には、集団がおこなう次の移動や、集団がひどい逸脱者に対してとる行動などが考えられるが、リーダーが単独で結論を決めることはできない。集団全体で決断するのである。

祖先の「社会統制」

ここで、今は紹介だけにとどめるが、ひとつの重要なトピックがある。野生の大型類人猿のなかで、集団による個人の統制が最も普及し習慣化しているのは、おそらくボノボだと思われる。ボノボの連合行動は、雌の力が大幅に増しているので興味深い。[39] 彼らは多少なわばり意識をもつコミュニティで暮らし、かなりの数の雄と雌を含む混成集団で食料を探す。雄は、支配的な地位を得ようとしてほかの雄と競い合う際に、自分の母親を政治上の同盟者として利用する。だが、ほかの雄とそうした同盟を形成することは決してない――チンパンジーはふつうにそうするのに。また、ボノボの雄は雌よりもやや大きく、明らかにたくましいので、一対一の戦いでは、地位の高い雄のボノボが当然勝つものと予想できる。だが、雌の近くにはたいてい一頭以上の雌の同盟者がいるので、血気盛んな雌のボノボが二頭以上いれば、体の大きな雄をあっさりやっつけて、好きな食べ物を手に入れられる。雄の支配欲が仲間に激しい敵意をかき立てるほどになったら、最大で五、六頭の激昂した雌が集団で襲いかかり、場合によっては殺してしまうほど激しく噛みついて、徹底的に抑え込むこともある[40]。雌のボノボの連合によるこの社会統制は、野生の大きなコミュニティだけでなく、飼育下の小さな集団にもよく生じる。

　ゴリラもまれに集団による社会統制をおこなうことがある。雌はシルバーバックの半分ほどの大きさにすぎず、ハーレムのなかで暮らし、自分を守ってくれる大柄な雄の一番近くにいられるように競い合っているので、ボノボと違って支配に対抗する雌の連合は形成されにくい。しかし、飼育下なら、野生の状態ではごくまれにしか見られない、種の社会的素質を引き出してしまうことがある。報告されているのはこんな事例だ。若い成体のブラックバック〔シルバーバックより若い、背中が黒い雄のこと〕が、数頭の雌がいるハーレムを取り仕切っていたが、ある日、別の飼育施設から大柄なシルバーバックが持ち込まれた。このときシルバーバックはすぐに集団を乗っ取り、支配して、争いに決着をつけるものと予想された。ところが実際には、一致団結した雌がシルバーバックを激しく攻撃したため、シルバーバックは囲い地の隅で縮こまり、そこから移してやらなければいけなくなった[41]。この場合、競争は食べ物をめぐってではなく、だれが集団を支配するかをめぐってなされ、この団結した数頭の雌による社会統制は、大柄で肉体的にも強い新参者を断固として拒むうえで効果を発揮したのである。

チンパンジーの連合は、さまざまなやり方で社会統制を働かせる。野生の状態では、雌のチンパンジーは、ボノボと違って多くの時間、ひとりで食料を探さなければならない。彼らの食料はあまりふんだんにはないからだ。またそうした理由で、ほかの雌と同盟を組むチャンスが十分にない。その結果、ボノボと違って、最も地位が低い成体の雄が最もたくましい雌を支配することさえできる。必ず「一対一」の関係だからだ(42)。一方、雄はアルファの地位を奪いたくて絶えず小さな連合を形成するため、アルファ自身の側も有力な連合を形成しなければ、足をすくわれるおそれがある。そのため、雄は絶えず二者間の同盟を利用して優位に立とうとする。

時として、下位の雄たちは成体の雌の助けを借り、コミュニティにおける上位の雄のひとりがおこなう不快な支配に抵抗し、大勢で攻撃して集団から追い出す。まれではあるが、これはタンザニアの野外調査の二か所で何度か見られており(43)、あるケースでは、アルファだった乱暴者は拒絶されると、姿を消して二度と現れなかった。ボノボと同様、チンパンジーは集団行動による「死刑」の実施にぎりぎりまで近づいており、彼らは霊長類学者のフランス・ドゥ・ヴァールが「コミュニティへの関心」と呼ぶものにもとづいてその決断をしている。ドゥ・ヴァールによれば、彼らはコミュニティのメンバーの利益を損なうおそれのある攻撃的な個人の行動をコントロールするように「気にかけている」のである(44)。

チンパンジーが飼育下の大集団で暮らしている場合、事態は雌にとって決定的なまでに変化する。十分に食料を与えられる彼らは、もはやひとりで食料を探しに出る必要がなく、ほかの雌たちと強力な政治的絆を形成できる――ちょうど、雌のボノボが野生の状態でそうできるのは、彼らの食料が豊富で、狩猟採集をする群れがかなり大きいためであるのと同じだ。こうした飼育下の手ごわい雌のチンパンジーは、ボノボのそれに勝る。支配に対抗するためにずっと大きな連合にまとまり、雄の力を強く抑え込むからだ。雌たちは、いくつか単純なルールを適用してそれをおこなっている。このように団結した雌は、身近な雌を叩いてフラストレーションをぶちまけたがる雄に集団で襲いかかる傾向がとりわけ強い――野生の状態ではかなりよくある行動だ。飼育下の雌は、雌に対する雄のそうした攻撃性を抑え込むだけでなく、コミュニティ全体として反応することによって、雄の弱い者いじめ全般を抑え込めることも多い。フランス・ドゥ・ヴァールは、アルファ雄がはるかに地位の低い雄に対して攻撃的になったときに起きた、そうした出来事について語っている。

ジモーは、ヤーキーズ・フィールド・ステーション〔ヤーキーズ国立霊長類研究所の野外調査拠点〕の集団で現在アルファ雄となっているが、あるとき若い雄のソッコと、ジモーの大好きな雌のひとりが、こっそり交尾しているのを見つけた。ソッコとその雌は抜け目なく姿を消していたのだが、ジモーが彼らを探しに行ったのである。ふだんなら、この年配の雄はただ罪人を追い出すだけなのだが、なぜか――ひょっとしたらその雌がその日、ジモーとの交尾を何度も拒絶したためかもしれないが――このときは全速力でソッコを追い回しつづけた。追いかけっこの舞台は敷地じゅうで、ソッコは金切り声を上げて恐怖で脱糞し、ジモーは血まなこで捕まえようとしていた。

ジモーが自分の目的を果たす前に、近くにいた何頭かの雌が「ウォアオォ」と吠えだした。この怒った声は、攻撃者や侵入者に抗議する際に使われる。当初、声を上げる雌たちは、周囲を見まわしてほかのメンバーがどう反応するか確かめていた。だが、ほかの者――とくに最高位の雌――が加わると、声はたちまち大きくなって、ついにはまさにだれの声も、耳を聾せんばかりの合唱の一部となった。初めばらばらに声が上がるさまは、まるでグループで票決しているかのようだった。抗議の声が増えて大合唱になると、ジモーは神経質に歯をむき出す笑みを浮かべて追跡をやめた。メッセージを受け取ったのだ。ここで彼がやめなかったら、騒ぎを終わらせるために雌が一斉に行動を起こしていたにちがいない。(45)

人間の小集団が、重要な社会的ルールが破られたときに怒って社会統制をしようとするのと同様、チンパンジーが敵意に満ちた声をエスカレートさせていくのも、ひどい逸脱者が行動を改めようとするかどうかを集団が見守るうちに、世論が熱を帯びていく様子と見なせるかもしれない。雌のチンパンジーは、アルファ雄が好ましくない行動をやめるとようやく攻撃の手を止めるが、これは別にこんなことも教えてくれている。この大型類人猿は、強く非難すべき行動をとる圧制的な個体を完全に排除するつもりなのではない。攻撃の手を止める――人間の言葉で言えば、更生させる――チャンスを積極的に与えているのだ。のちほど、LPAの人間による社会統制の統計をいくつか提示しよう。それらは、われわれ人間も逸脱者を殺すより更生させるほうを好むことを示している。

では、「共通祖先」がもっていた、集団による社会統制の能力とはどんなものだったのだろう？　そこでまず、われわれとの共通点が最も少ないゴリラへ目を向ける必要がある。そうすると、共通祖先の序列的行動には、少なくとも怒りをかき立てられたメンバーが団結して権力者を攻撃し、傷を負わせるという「潜在的能力」が含まれていたと結論できる。つまり、権力者の行動に対して集団が「共通して」強い苛立ちや敵意を抱いたとき、連合を組んでその行動を抑え込むのだ。そして、今度は「原初のチンパンジー属」を対象とすれば、われわれとの共通点を探すべきはボノボとチンパンジーで、彼らが支配へ対抗する行動は、ゴリラの場合よりはるかに頻繁に見られる。次の章で見ることになるが、この反逆する潜在能力はきわめて重要なものだった。というのも、圧制的な者への集団的社会統制に見られた新たな展開こそが、良心を進化させる方向へ人間を導いたからだ。

進化的良心

要するに、われわれ以前に集団生活を営み、明らかに序列をもった「原初のチンパンジー属」がいて、この類人猿は相当大きな前頭前皮質と、少なくともかなり複雑な社会的自我をもっていたのである。彼らには、幼い者が年配者から学べるような母親中心の家族があり、そこで学べたもののひとつは行動のルールだった。社会的競争に関係し、政治的には、そうした競争がもたらす「支配」と「服従」と「連合を形成する動き」と関連するルールである。この類人猿には、力があって地位の高い個体として振る舞うにせよ、敵意に満ちた圧制的な集団として振る舞うにせよ、相手を操ろうとする他者の意図を理解するとても高度な能力があり、ある限られた状況では、明らかに集団としてなんらかの社会統制をおこなうことができた。しかしこのような能力は、最終的に、善悪の道徳観念をもつ良心と呼べるようなものになるのだろうか？

良心をもつというのは、コミュニティの価値観に個人的に共鳴することであり、これはつまり、自分の集団のルールを内面化することだとも言える。ルールを学び、それを強いる集団の反応を予想することができるだけでなく、感情面でそうしたルールと結びつくのでなければならないのだ。しかも自分からルールに共鳴するような積極的なやり方でおこなう必要があり、それを破ると恥ずかしさを感じ、それに従っていると自己満足を覚えて道徳的に誇らしく思うようにならねばならない。この最後の記述は、現代の善の定義と見なすこともできる。

いろいろ理由はあるが、自分の集団のルールをよく内面化できる者ほど、生きていくなかで社会的に成功しやすく、そのためみずからの遺伝子を広めやすい。そのように道徳に従うのとは反対に、集団のルールに感情面でまったく共鳴できないと、個人の適応度を下げやすくなる。多くのソシオパス（社会病質者）の場合がそうだ。彼らは今日、見つからないようにするのがよほどうまくないかぎり投獄されることが多いし、かつては集団の全メンバーが道徳の探偵の役目を果たしていたので、つねに警戒している集団の道徳制度とすぐに衝突を起こしていた。人間にとって、自分の道徳的なコミュニティに溶け込むことは、適応度の点で大いに利益となる。処罰されると適応度を下げるが、良い評判が立つと適応度を高めることがあるからだ。

その名のとおり、道徳的なコミュニティは、内面化されたルールをもとに善悪の判断をするメンバーからなる集団であり、結果的にできあがる集団の好みは、人々の評判に影響を与え、またそれゆえ道徳的な地位にも影響を及ぼす。集団が同じルールを内面化している場合、全員がひどい逸脱者の反社会的行動を恥ずべきものだとか、ぞっとするとか、とても脅迫的だとか思うと、その逸脱者を激しく糾弾する社会統制を行使できる。そして良心こそが、道徳的指針として、この集団生活という状況で個人の行動を方向づけており、それには処罰も褒賞も伴うのである。

すでに示唆したが、集団のルールを、破る誘惑がいっさいなくなるほど強く内面化するべきではない。人間の集団が決める禁止の多くは、個人が子孫を多く残すうえでやや役立ちもする利己的な行動をなくそうとするものだからだ。そしてこれも示唆したが、生物学的に最適なのは、自分が大きく違反しようとすると心理的に強い不安感を覚えたり、場合によっては赤面したりする程度にルールに共鳴することである。重要な社会的契約を破ると、ひどい社会的結果になりうるということを思い出してもらおう。

したがって、社会的によく順応した人間であるわれわれは、良心に完全に支配されてはいない。完全に支配などということは決してない。むしろ、良心から通知を受け、効果的に、しかし柔軟に、抑制されるのだ。そうして大半の人は、競争社会で成功を収めるためにちょっとした道徳的妥協をしながら、それでも基本的にそれなりの評判を維持し、深刻な社会的トラブルを避けている。

類人猿に道徳はあるのか？

われわれの良心は人生の道徳的ジレンマの解決に役立つが、その働きのかなりの部分は自覚できる。たとえば、多くの人は、道徳的ジレンマに直面して結果をはかりにかけるとき、実際に自分に語りかける声が聞こえる――ダーウィンもどうやら聞いていたようだが。このダーウィンの「内なる声」にわずかでも似たものが、類人猿の心に存在しているのだろうか？　この疑問は、見かけほど突飛なものではない。このあとほどなく、飼育下の類人猿が、ひとりのときに、少なくともある種のことがらについて手話で独りごとを言うのだと知ることになるのだから。

この疑問へ至るあいだに、すでに祖先がもっていた「ルール指向の」能力についてはこれまでの議論で再現した。すなわち、処罰による社会統制をおこない、恐怖とかなり高度な自意識によってそうした統制にきちんと応える能力だ。次なる疑問は、われわれの遠い祖先は、内なる善悪の観念をもたらす価値観やルールを内面化することで、恥ずべき不適切さを意識する「道徳化された」感情のようなものをもち、それによって抑制されていたのだろうか、というものである。チンパンジーやゴリラやボノボが今日そんな感情を初歩的な程度でも抱けたとしたら、またわれわれのようにルールを内面化できて結果的に自制できていたとしたら、「共通祖先」はすでになんらかの道徳的な生き物だったと結論せざるをえないだろう。その場合、公平に見て、人間は世界で唯一の道徳的存在ではなくなる——すると道徳の起源にまつわる諸説は数百万年以上もさかのぼらなければならなくなる。

この考えは、どうすれば検証できるだろうか？　何頭かのゴリラとチンパンジーとボノボを道義的な人間が育てる実験をおこない、その結果、この三種すべてがわれわれのようにルールを内面化し、恥の観念をもっているという決定的な証拠を示せたら、「共通祖先」は潜在的に、すでに現代の良心を生み出す途上にあったと言えるだろう。三種がルールを破ったとき、ほかのだれもそれに気づいていなくても、自分の行動をひそかに気にする徴候を見せたら、良心の進化において先駆けとなるものがあったことはさらに確実になる。こうした重要な疑問を探るべく、科学が明らかにするエデンを探求する旅は、ここできわめて特異な実験へわれわれをいざなうことになる。

類人猿は「罪悪感を抱く」のか？

一九五九年以来、少数のチンパンジーと数頭のボノボやゴリラが人間に育てられ、アメリカ手話言語（ASL）を使うように訓練されてきた。そのほかにも、もっと少数だが、人間が考えた別の手話式コミュニケーションを習熟している者もいる。主として、これらの高度な社会性をもつ動物は、食べ物の要求など、飼育者に働きかけるサインを使うことを教わるが、実験室で秩序を保つにはしつけが必要なので、彼らの限られた語彙のなかでいくつかのサインは、彼らを統制するためのものとなっている。[46] 類人猿たちに「GOOD（良い）」と「BAD（悪い）」あるいは「SORRY（ごめんなさい・残念）」といった社会的交流のサインを使うように教えるとき、少なくとも飼育者の頭のなかでは、それらのサインは道徳を含む観念や感情を示している。

実験の対象となった類人猿は、ただ捕らわれて本来の移動の自由を奪われ、人間に依存しているという意味で「飼い慣らされている」だけではない。彼らの多くは、異種養育もされている。つまり、基本的に人間によって、ほとんど人間がわが子を育てるように育てられているということだ。これができるのは、幼い類人猿が本質的に人間の子どもによく似ており、知的で、好奇心旺盛で、優しく、社交的で、生まれてすぐはきわめて依存的だからである。またふざけて遊ばずにはいられず、よくコミュニケーションをとるのは彼らの本性なのだと言える。

こうした実験に用いられた動物の大多数はチンパンジーで、彼らを訓練する科学者は、この特異な実験に特別な注意を払わなければならない。被験動物が移り気でカッとなりやすいからだ。彼らには力強い顎と、それに見合う大きな犬歯もある。さらに、かなり幼い子どもでも、人間の数倍の力をもつ。彼らはカッとして攻撃的になり、わざといたずらをする傾向もあるのだが、幸いにして支配に服従するという性質も兼ね備えている。だが、その身体的な力と攻撃性ゆえに、彼らが社会的に御しやすいものと決めてかかってはならない。

理由は明らかだが、こうして異種養育された類人猿は、家でも実験室でもトイレのしつけがなされ、それには正または負の強化が伴っている。ほかの行動についても、道義的な飼育者を喜ばせたり不愉快にさせたりするので、彼らは褒められたり叱られたりする。ここでこんな疑問がわく。この特別ないわば人間化するタイプの社会化は、飼育下の類人猿の行動上の能力を引き出すうえで何か特異な影響を及ぼしたのだろうか？　はるか以前の祖先が道徳的行動をとる能力について、何か手がかりを与えてくれるのか？

そこでまず、類人猿の母親が、自然の環境で衝動的に行動するわが子をどうやってコントロールするのか、という問いから考えてみよう。私は毎年、ゴンベ国立公園で、野生のチンパンジーの母親がわが子を社会化するプロセスを知るために注意深く観察をおこなった。またこれがジェーン・グドールの特別な研究テーマだったため、母子の交流を数百時間にわたり観察する幸運にも恵まれた。そうするなかで、文化人類学者としての教育を受けていた私は、動物行動学者になる方法を学んでいった。ジェーンが書いているとおり、(47) 良いチンパンジーの母親は、ほとんど受難と言えるほど忍耐強いようで、基本的にわが子の出すサインに、敵意を見せずに、つまり人間の言い方をすれば「中立的な」態度で応える。母親はわが子を守ってコントロールするが、怒って非難したり責めたりはしないようだ。辛抱強い指導こそが、彼女にとって大事なことなのである。

たとえば、赤ん坊が乳を飲もうとすると、母親の乳首はすぐにそれに応じられる。赤ん坊が大きくなると、欲しがるしぐさをして母親の口から食べ物を奪いもする。二頭の子が喧嘩をして片方が痛めつけだしたら、母親はたいてい公平に仲裁し、痛めつけられた子を守るがどちらの側も罰しない。たまに、子がうるさいとちょっと腹を立てることもあるかもしれないが、基本的に母親による子の扱い方は、静かに守るというもので、決して敵意をもったり「懲罰を科したり」しない。もちろん、別の成体のチンパンジーや捕食者が大事なわが子をおびやかしたら、みずからを危険にさらしても、本気で敵意をもって力強く子を守るだろう。しかし、わが子をコントロールする際には、道義的な判断を思わせるものは——あるいは単なる怒りや腹立ちさえも——ないように見える。

われわれヒトの場合、親が子どもの道徳的な社会化の担い手となるときには、厳しく非難したり辱めたりするほか、ときには肉体的に罰し、場合によっては自由の制限もする。のちの章で、カラハリ砂漠の狩猟採集集団の饒舌な女性の自伝から長々と引用する際に、これを見ていこう。チンパンジーの場合、親はただ揺るぎない、優しい、独占的な指導をするだけのようだ。また、六年にわたり毎年アフリカを訪れて観察した私は、幼い野生のチンパンジーの「道徳的自我」を刺激しそうに見える親の行動は存在しない、と結論せざるをえなかった。ダーウィンに触発されて、私は類人猿に良心の萌芽のようなものがないかと探していたが、見つからなかった。それでも、ひょっとしたらそうした行動をする潜在能力は存在するのだが、野生の状況ではそれが刺激されないだけなのかもしれない、という可能性は残った。

これを探るためには、飼育下の被験動物に目を向けなければならない。その「親」は人間で、当然道徳的判断をする。類人猿は、彼らのために考案された限られた数の「言葉」を工夫しながら利用し、意味をなす双方向の会話を人間と成立させるし、さらにはほかの類人猿とも「会話」する。それどころか、ほどなく私は、頑固なゴリラとかなり辛辣な議論をした話を紹介するつもりだ。その議論は非常にわかりやすく、私は決して忘れられないようなやり方で侮辱されたのである。

大型類人猿はすぐにアメリカ手話言語を身につけるが[48]、別の方式が何十年もアトランタの研究室でチンパンジーに対し、またその後ボノボに対して使われており、それは、キーボードにまるっきり恣意的な記号が描かれたコンピュータ端末によって簡易化されている[49]。どちらも「手を使う」方式で、存在する語彙の量や内容はかなり近い。アフリカの大型類人猿には認知面で制約があり、飼育下の類人猿の生活環境にも制約があるので語彙は切り詰められているが、ふつう一〇〇種類以上の「サイン」からなっている。幼い類人猿は、最良の被験動物となる。人間の子どもとまったく同じように、社会的な欲求や身体的な欲求がわかりやすいからだ。心理学者が彼らのために考案する語彙はこのことを考慮に入れており、かなりの数のサインや記号は、種々の食べ物や飲み物、遊びのような魅力的な概念、抱きしめる、くすぐる、追いかけるといった具体的な行為など、幼い類人猿が大いに楽しめる事物を指すものとなっている。こうした動物は自己の概念も持ち合わせているので、自分の名前や、類人猿であれ人間であれ、重要な他者の名前を教わることもできる。

問いかけのサインもある。こうした動物は当然好奇心が強いからだ。たとえば一九七〇年代に、心理学者のモーリス・テマーリンは妻とともに、ルーシーというチンパンジーを自分たちの息子と一緒に赤ん坊のころから育て、できるだけ人間の子どものように扱った。テマーリンはルーシーについてこう書いている。「彼女は、見たことのないものを目にすると、『WHAT'S THAT?（あれは何？）』とよく尋ねる。人差し指を左右にすばやく動かし（何）、それから同じ人差し指で特定されるべきものを指す（あれ）のだ。この質問を私たちにし、ときには自分自身にもする。雑誌をめくって、見たことのないものを目にするときがそうだ。ジェーンや私が遠すぎて話しかけられないか、さらには見えるところにいないときに、間違いなく彼女は、独りごとを言ったり、答えを求めずに問いかけたりしている(50)」

しかしあいにく、この類人猿のコミュニケーションはどれも、民族誌研究の質疑応答ができるほどしっかりしたものではない。類人猿に、彼らがもっているかもしれない「道徳的」感情について、直接訊くことはできないのだ。われわれはその代わりに推論に頼らなければならないが、類人猿の行為のレパートリーには、はっきりとわかるわれわれとの違いがひとつある。彼らは社会的な理由で顔を赤らめない。一方でダーウィンが実証したとおり、世界のどこに住んでいようと、人間は顔を赤らめる。われわれは、当惑すると赤面し、恥をかいても赤面する。ヒト以外でそんな種はない。ルーシーのように異種養育された類人猿にさえ、そういう反応は見られない。

チンパンジーの赤ん坊が人間に育てられたとしよう。人間は、どんな方針でしつけをするにせよ、当然ながら人間の子どもと同じように扱い、トイレのしつけをしたりやんちゃな行動を抑えたりするときに、許可や不許可のサインを出す。人間の道徳性を示す手がかりは、明白かもしれないしかすかかもしれないが、存在はするはずだ。語彙を身につける際、類人猿の子どもはみずからの行動について、GOOD（良い）、BAD（悪い）、SORRY（ごめんなさい・残念）といった判断のサインを示される。これは重要な点だが、道徳的存在になるというのは社会化されることだと言える。だから、共通のやり方で反応を返す能力がどれだけチンパンジーにあるかを確かめることは、実に興味深い。

残念だが、チンパンジーが用いる語彙は、単純な「GOOD」（おいしいとか、一緒に遊んで楽しいというもの）と、道徳的に適切という意味での「GOOD」（「寛大な態度をとるのは良いことだ」のような）とを区別するものとなってはいない。そのため、類人猿が「GO POTTY GOOD（行く、トイレ、良い）」という命令をどう解釈するのかは、想像しがたい。同じことは、道徳的な「BAD」にも言える。飼育者が、床に排泄するのは「BAD」とサインで伝える場合などだ。類人猿が、「実際的な意味のBAD」――つまり、それをやったら叱られたり罰せられたりする――という観点で考えているのか、それとも「道徳的な意味のBAD」――つまり、本質的にその行為が反社会的なので、それをするのは行儀が悪い、あるいは恥ずべきことだ――という観点で考えているのかは、どうしたらわかるのか？その区別はかなり微妙だが、きわめて重要なものである。

同じことはまた、「SORRY」についても言える。人間の場合、「SORRY」は、自責と恥の色合いを帯びた強い良心の呵責（「ごめんなさい」）や、道徳と無関係な単純な遺憾の意（「残念」）を示す。[51]問題はやはり、有能な類人猿がただひとつのSORRYのサインを与えられて使うことにある。SORRYについて言えば、私がアフリカの森でおこなった研究では、類人猿たちは恥じたり自責の念にかられたりすることはおろか、自分の行動に腹を立てるように見えることもなかった。確かに、個体間で、許しを求めたり与えたりするかのような態度やしぐさがあることには気づいていたし、実際にチンパンジーは喧嘩のあとよく仲直りをする。(52) 基本的に、片方の類人猿がもう片方の手や体に触るだけだ――ときには一方的に、ときには相互に、またときにはドゥ・ヴァールが飼育下で観察したように、(53) 第三者の有益な手助けを受けて。しかしこれは単に、緊張を緩めたり良好な関係を取り戻したりするのが目的のように見えるので、道徳にもとづく自責の要素をそうした行動から読み取るのは、明らかに「人間中心的」な考えだろう。野生の状態で道徳にもとづく自責らしき何かがあると確信できるものは、私はこれまでに見たことがない。攻撃者があとで自分の行為を気にするようには見えなかったからだ。だが、飼育下の類人猿ではどうだろうか？

ルーシーは、九歳で生活のすべてを手話言語で営み、一〇〇のサインをしっかり操っていた。このころ、道徳的な含意を確実にほのめかすサインはただひとつ、SORRYだけだった。GOODやBADはそのときまだ彼女の語彙に加わっていなかったからである。DIRTY（汚い）というサインもあって、これはおそらくトイレのしつけで大きな役割を果たしていた。この期間、心理学者のロジャー・ファウツがルーシーにサインのやりとりを教えに来ていて、言語のレッスンの直前、ほかにだれも部屋にいないときに、ルーシーがテマーリンの家の居間で床のど真ん中に粗相をした。その「罪」に気づいたファウツは、ルーシーのほうを向いて、アメリカ手話言語で会話した。以下、そのやりとりを「一字一句そのまま」で紹介しよう。ファウツはまず、道義的になじるような態度で対峙した。

ファウツ　What is that?（それは何だ？）

ルーシー　Lucy not know.（ルーシー、知らない。）

ファウツ　You do know. What's that?（君は知っている。それは何だ？）
ルーシー　Dirty, dirty.（汚い、汚い。）
ファウツ　Whose dirty, dirty?（だれの、汚い、汚い、だ？）
ルーシー　Sue's.（スーの。）〔そこにいない大学院生の名〕
ファウツ　It's not Sue's. Whose is it?（スーのではない。だれのだ？）
ルーシー　Roger's!（ロジャーの！）
ファウツ　No! It's not Roger's. Whose is it?（ちがう！　ロジャーのではない。だれのだ？）
ルーシー　Lucy dirty, dirty. Sorry Lucy.（ルーシーの、汚い、汚い。ごめんなさい、ルーシー。）(54)

ルーシーが粗相の責任をどこかへ押しつける「戦術的欺瞞」をしようとしたのは、埋まった果物を探すふりをしたり、恐怖のしかめ面を覆い隠したりするのと同じカテゴリーに入るようにも思われる。(55)ルーシーのやり方は不器用だったものの、意図は十分に明らかだった。理屈上、ルーシーが最初にほかのだれかに罪をなすりつけようとしたのは、うまくいった可能性もあった。スーはそこにいなかったからだ。ルーシーが次に言ったことは滑稽だが、追い詰められた若いチンパンジーが混乱し、スケープゴートの持ち合わせを切らしたことを示唆している。

テマーリンは、ルーシーが飼育者を欺こうとしたほかのケースについても語っている。そんなとき、ルーシーはとてもよく知っているサインを「理解しなくなる」のだ。じっさい、「LUCY NOT KNOW（ルーシー、知らない）」は、ロジャーに追求されたときに彼女が張った、最初の防衛線だった。ルーシーが過去の過ちの責任を問われているのに気づいているという点で、状況を理解していたことは間違いない。自分がルールを破ったことに気づいたルーシーは、嘘と、そのあとの「謝罪」によって、どうやら権威者に追い込まれた窮地を脱しようとしたようなのだ。しかし、この記号による謝罪には、ネガティブな自己判断や恥という何か見えない要素はあったのだろうか？　私は、なかったのではないかと思う。

ルーシーが見せた道徳と無関係の反応を、よくしつけることのできる飼い犬が見せる、やはり道徳と無関係の反応と比べてみれば、両者に人間からルールを学習するという能力があるのは明らかだ。だがルーシーの反応は、過去の行為がルールに反するのを理解していることを示している。これには、時間が経ってからの処罰を理解するという能力が必要なのだが、犬にはその能力はないようだ。もちろん、人間の集団が逸脱者をとがめて制裁するときには、行為のずっとあとにそうすることが多く、十分効き目もある。逸脱者には、自分がなぜそういう仕打ちを受けるのかがよくわかっているからだ。同様に、チンパンジーのルーシーも、過去の自分の罪を理解するだけでなく、それを未来の処罰と結びつけることができた。彼女は、「隠蔽」しようとするほど高度な頭脳さえもっていた――あるいはそのように見えた。

同じことは、ボノボにも当てはまるかもしれない。カンジという名の若い雄のボノボに、心理学者のスー・サヴィッジ＝ランボーがアトランタの研究室で、（手話言語でなく）コンピュータのキーボードの使い方を教えた。私も何日か、そこでそのボノボを観察する機会に恵まれたことがある。カンジ一頭だけで、ボノボに少なくともチンパンジーと同等の言語能力があることが示された。そして「道徳」の問題について、カンジの飼育者はこう記している。

GOOD（良い）とBAD（悪い）の絵文字を最初にカンジのキーボードに設置したとき、私は彼がそれを頻繁に、あるいは意図をもって使うとは思わなかった。私が設置したのは、カンジが良いことをしているとか悪いことをしているとわれわれが思ったときに、だれもが彼にはっきりそれを示せるようにするためだった。驚いたことに、カンジはこうした絵文字に興味をもち、すぐにそれを使って自分の意図がGOODかBADかを示すだけでなく、自分の過去の行為についてもGOODかBADか評するようになった。彼は、われわれが望まないとわかっていることをしようとするときには、する前にたとえば、ボールを噛んで穴をあけたり、電話機を破壊したり、だれかから物を奪い去ったりする前に、「BAD, BAD, BAD」と言いだした。まるで、してはいけないことをするのだと脅しているかのように。に、自分は悪いことをするつもりだと告げたのである。(56)

スーはまた、カンジが別の研究者に対する自分の振る舞いをどう表現したかについても語っている。ある日カンジは、疲れて寝るリズ〔別の研究者〕と一緒に昼寝をすることになっていたのに、横になろうとしなかった。リズは一五分ほど眠ったころ、いきなり枕代わりに使っていた毛布が頭の下から乱暴に引き抜かれて目を覚ました。彼女が起き上がってカンジのほうを見ると、彼は自分の行為を、BAD SURPRISE（悪い、びっくり）と評した。また別のときにも、昼寝をすることになっていたが、彼はしたくなかった。そこで代わりにCHASE WATER（追いかける、水）の遊びをしたがったが、だめだと言われると、BAD WATER（悪い、水）と評して、水のホースを手に取りそこらじゅうに水をまき散らした。(57)

このボノボが、人間が道義的と見なす表現をある程度理解して、自分の行動を示すのに使ったのは明らかだ。しかも彼はそれを、過去の行動だけでなく未来の行動に対してもおこなった。しかし、人間の表現を使っているからといって、必ずしもわれわれと同じような道徳的感情を味わっているとは言えない。事実、カンジがBAD SURPRISEと告げたり、自分がBAD（悪い）ことをするつもりだと知らせてから実際にそれをおこなったりしたときに、良心の呵責や恥を感じていたかはわからない。以前にほかのだれかから見れば悪いことをしたとわかっている――なんらかの制裁や処罰も予想できるかもしれない――ことと、自分が不道徳な振る舞いをしたので処罰されて当然と心のなかで思うこととの違いは、実に大きいのだ。

ルーシーは事実上、テマーリン家の二番目の子どもだった。アメリカ手話言語を教わった最初のチンパンジーのワショーは、そこまで人間に親密に育てられはしなかった。ワショーとルーシーを比べて、ファウツはこう書いている。

ワショーがふざけてわたしの忍耐力を試したときはいつもわたしは、架空のくろ・いぬを思い出させて、ワショーを怖がらせ、言うことをきかせたものだった。心理療法医だったモーリー・テマーリンは、罪悪感を喚起することで、ルーシーを思うように操ったが、これがまた大変よく効いた。ルーシーが晩ご飯を食べようとしないと、「ルーシー、頼むから、アフリカで飢え死にしそうになっているチンパンジーのことを考えてみなさい」と、モーリーは嘆願するのだった。するとルーシーは、ほんの一口か二口、食べる。満足しないモーリーは、「せめてあと三口、食べて。あなたを愛している可《か》哀想《わいそう》なお父さんのために」ルーシーは、もう少し情熱を込めて食べることになる。駄目押しに、「ルーシー、どうしてお父さんの言うことを聞いてくれないの」とモーリーが泣き言をいうと、ルーシーはモーリーの言いなりになるのだった。二、三年後には、ルーシーは鍵を隠しもっていたり、ライターをもち出そうとしたり、そのほかの家庭内での犯罪を犯しているときは、悪いことをしているという表情を浮かべるようになった。(58)〔『限りなく人類に近い隣人が教えてくれたこと』(高崎浩幸・和美訳、角川書店)より引用〕

ここでまず問わなければならないのは、父親代わりだった臨床心理学者が、アフリカで飢え死にしそうになっているチンパンジーを引き合いに出したときに何を意図していたか、少しでもルーシーにわかっていたかどうかだ。異種養育されたチンパンジーは、受動的な理解という意味で、確かに英語の話し言葉をいくらか覚えるが、今述べたような複雑な概念は、その語彙では表せない。きっと、われわれのように共感しルールに反応する存在であるルーシーの心を動かしたのは、単にテマーリンの声のトーンだったにちがいない。

テマーリンは、積極的にルーシーに罪悪感を抱かせようとしていた。そしてチンパンジーは、野生のものでも、飼育下のものでも、社会的感受性が高い。彼らは間違いなく、他者が自分に対して抱くポジティブな感情とネガティブな感情との違いを理解している。さらに具体的に言えば、現在や最近の振舞いについて、支配的立場にある重要な他者が認めているのか不満なのかの違いを理解している。ルーシーはきっと、自分が食べないのをテマーリンが不満に思っていると理解していたにちがいないが、実際にはテマーリンの声のトーンが、自責という形で、良心の呵責のようなものを呼び起こしていたのだろうか?

ルーシーにかんする著書で心理療法医のテマーリンは、この「人間化された」チンパンジーが、見られているのに気づいていなくても、ルールを破るときにこそこそするように見えたので、これは罪悪感が存在することをほのめかしているのではないか、と報告している。だが保守的な科学的解釈によれば、ルーシーがしていたことはすべて、自分とつながりのある支配的な人間に見つかったら不満をもたれ、叱ったり罰したりされるという認識に対する政治的な反応だということになる。ゴンベで私は、いつでもこそこそする様子を目にしていた。たとえば発情期の雌が、こっそり谷へ行って若い雄と会い、近くでアルファ雄が食事をしているあいだに交尾することがあった。二頭とも、自分が本当に関心をもった雌と地位の低いライバルが付き合っているのをアルファが知ったら、往々にしてその雄をおどしたり攻撃したりするとわかっていたので、見えない場所で安全に短い情事(平均でたった八秒)に耽っていたのだ。

この状況において、こそこそする様子は雄弁に恐怖を表していた。だが私は、彼らは内面化したルールを破ったことに対し、道義的に自分をとがめるという意味で「罪悪感」をもっていたのではなかったというほうに賭けたい。じっさい、先述の雄と雌が完全にふたりきりの状態で会うと、こそこそするしぐさはまったく見られなかった。ルーシーの「罪悪感をもつ様子」も同じような理由によるのだと思う。見つかってネガティブな反応を受けることへの恐怖によるものだったのだろう。すると、テマーリンがルーシーに罪悪感をもたせてご飯を食べさせようとしたとき、ルーシーはそれに応じることで、結びつきの強い重要な他者の感情に合わせようとしていたにすぎないことになる。共感はおそらくあるが、罪悪感はない。

ゴリラについては、心理学者のペニー・パターソンが、ココという有名な雌と、その相手のマイケルという雄でおこなった非常に創意に富む研究をおこなっている。これにより、この類人猿にも、同じように自己の概念をもつ能力や、サインを習得する能力や、GOOD と BAD のサインを使ってみずからの行動を表現する能力があることがわかる。[59] 私は、ジェーン・グドールと共同研究を始めてから、ある日共通の友人に連れて行かれてペニーとココと会った。ココは「隠蔽」ゲームが好きなので、われわれはこの大柄な若い雌への手土産として、古いシーツをもっていった。ペニーは私をココと向かい合わせにして、すぐに私にふたつのサインを教えてくれた。ひとつは PICK UP（もち上げる）で、もうひとつは BLANKET（覆い）だ。

大柄なゴリラの目を見ながら、私は手を動かしてココに「シーツをもち上げて」と頼んだ。ココは私の手を見て、そのあとしばし考えているようだった。それから彼女は私をぎょっとさせた。ゴリラならではの大きな人差し指を大きく開いた口に入れ、一本の歯に載せて、そのままだいたい私のほうを見ていたのだ。アメリカ手話言語がわからない私は戸惑った。ペニーが、どうやらココは隠蔽ゲームをする気分ではないようだと説明してくれた。人間の歯の詰め物に興味があって、SHOW TOOTH（歯を見せて）に相当するサインをして見せていたのだ。

実を言うと、私はぴかぴかのアマルガムの詰め物を人並み以上にもっていたので、彼女の要望に応えてあげた。私は気を遣って頭を傾け、ココに左下の歯並びが見えるようにした。そこには、若いころの砂糖の摂取による破壊の爪跡がはっきりと現れていた。ココはじっくりそれを眺め、やがてようやく私は口を閉じて元の用件へ戻った。続くやりとりは、こんな具合だ。

ボーム　PICK UP BLANKET.（覆いをもち上げて。）

ココ　SHOW TOOTH.（歯を見せて。）
ボーム　PICK UP BLANKET.
ココ　SHOW TOOTH.

私はまた折れた。今度は左上の歯並びを見せ、ココはそれに左下と同じぐらい見入っていた。そちらのほうが虫歯の跡は少なかったのだが。そしてまた、ずいぶん長く思えた時間のあとで、私はその絶景らしきものを閉じてサインの提示へ戻った。

ボーム　PICK UP BLANKET.
ココ　SHOW TOOTH.
ボーム　PICK UP BLANKET.
ココ　SHOW TOOTH.

今度は右下の歯並びを見せた。そこにはひとつしか詰め物がない。それでも、あいにくこの地味な陳列品でもココの興味は衰えず、またしても私のほうからその検分を終わらせた。そして再び私の要求をした。

ボーム　PICK UP BLANKET.
ココ　SHOW TOOTH.

今回はすぐに降参したのだが、残念ながら右上の歯並びも少なくとも同じぐらい魅力的なようだった。私はさらに長い時間、類人猿の観察に身を任せ、ココが歯を見るのに飽きてくれるように願ったが、彼女の興味は衰える様子がなかった。再び私は口を閉じたが、次は一歩も引かないことにした。

ボーム　PICK UP BLANKET.
ココ　SHOW TOOTH.
ボーム　PICK UP BLANKET.
ココ　SHOW TOOTH.
ボーム　PICK UP BLANKET.
ココ　SHOW TOOTH.
ボーム　PICK UP BLANKET.
ココ　――――！

ココが私に理解できないはるかにすばやいサインを見せると、ペニー・パターソンが大笑いしだした。そして、ココが私をなんと「TOILET（トイレ）」と呼んだのだと教えてくれたのである！　ココと私は、会話をしただけではない。延々とやりとりする「議論」もおこない、最後に私が毅然として自分の主張を貫くと、ココに侮辱の返礼を受けたのである。少なくとも、私はそう感じた。ひょっとしたら私は、気の毒な、歯に興味があってサインを使うゴリラを嫌な気持ちにさせたという点で、この汚い罵りに値するかもしれないが、ここで大きな疑問がある。TOILET（トイレ）のサインを使った際、ココは単に私の行動に対する怒りと不満を表明していただけなのだろうか？　それとも、彼女の悪口には、私や私の反社会的行動を恥ずべきほど悪いと見なす「道徳的」要素があったのだろうか？

　この問いに確実な答えを出すには、ゴードン・ギャラップが自己認識の能力を探るために考案したような巧みな実験が必要になるかもしれない。だが私は、ココの意図には、怒って私をトイレと結びつける以上のものはなかったのではないかと思う。彼女は、清潔さにうるさい人間との交流によって、トイレには強いネガティブな意味が含まれていることをきっと知っていたはずなのだ。これについて、ペニー・パターソンはこう言っている。「ココは基本的にきれい好きだ。いつでも不潔なものに足を踏み入れるのを嫌がった。外では——自分を運んでくれるだれかを見つけたら——水たまりの上を抱えて運んでくれとせがむし、屋内ではただの模倣ではないことをほのめかす熱心さで自分の住みかをごしごしこすってきれいにする。興味深いことに、ココが三歳ぐらいのときに初めて使い、われわれは彼女の排泄物を指して使っているDIRTY（汚い）という言葉は、ココがとくに好む侮辱の言葉となった。ものすごく憤慨すると、ココはDIRTYとTOILETを組み合わせて自分の言いたいことを間違いなくわからせる」(60)。どうやら私の意地悪な態度は、ものすごく憤慨させるものだったらしい。ココのとりわけひどい罵り言葉のひとつを頂戴することとなったからだ。人間の言葉で言えば、彼女は私を少なくとも「shithead（くそばか）」と呼んでいたのである。

　こうしたすべての例から、ここで見た興味深いコミュニケーションの行動について、ふたつのことが言える。第一に、チンパンジーやボノボは、人間にとって道徳的な含意のあるサインを覚え、日常的に使うことができる。その使い方を見ると、彼らがわれわれを権威者と見なす場合に、ルールやそれを破ることについて何かを確実に理解しているのではないかと思える。しかし科学者から見れば、そうした類人猿の行動から、人間のような道徳的価値観の内面化、あるいはさらに一般的に言うなら、良心や羞恥心のような何かを読み取るのはきわめて難しい。事実、カンジは自分にとってのルールを認知面では非常によく理解していたが、感情面では共鳴していなかったように見える。

ここから、類人猿の反応は、人間のサイコパスの反応のようなものかもしれないと考えられる。サイコパスは、ルールを理解しているがルールに共鳴はできない——自分がともに育った集団の規範と、いわば感情面で結びつきをもてないのだ。もうひとつの共通点は、二種の類人猿も、サイコパスも、支配してコントロールする傾向があるということである。一方、類人猿とサイコパスとで違う点は、類人猿には、感情の働きを理解して、他者への同情を抱くことができるということだ。完全なサイコパスにはそれができないし、ほかの人間と違って、ただそのように生まれついている。類人猿も道徳をもたずに生まれているように見えるが、私が思うに、彼らは感情面で共鳴することによって、他者の内面の状態を確実に理解できている。

まとめ——祖先で先に生じていたもの

総合的に見て、家庭で飼育された類人猿に、われわれの知る道徳的感情によく似た何かがあるという証拠は、ひいき目に見ても薄弱である。ここで議論した話と野生の状態で観察できることを組み合わせれば、巧みな実験がなくても、「共通祖先」は、今日われわれが知るような善悪の道義的観念をもっていなかったと考えられるのではなかろうか。この類人猿は、確かに団結して社会統制をおこなっていたが、私の考えでは、そうしたのは乱暴者の行為が服従者たちに、単純だが強烈な憤慨と激しい敵意をかき立てたためだ。それは道徳的な怒りとはかなり違う。道徳的な怒りとは、ローカルな道徳規範によって「恥ずべきほど逸脱している」と判断された反社会的行動が、人間集団を憤慨させたときに生じるものだ。また、道徳が生まれる以前の祖先がそのような集団の敵意に対してなんらかの反応を見せたとしても、彼らを反応させた要因は恐怖であって、内面化されたルールに個人の羞恥心が組み合わさったものではない。

それでも、ジェシカ・フラックとフランス・ドゥ・ヴァールが共感と視点取得について論じたとおり(61)、良心の進化にとって有用なほかの多くの構成要素がすでに祖先の時代には存在しており、それらが個体の生殖にとって利益となるがゆえに進化の長い時間にわたり存続したことも明らかだ。そうした有用な要素は、自分自身を他者と区別する能力から、視点取得の能力（祖先の類人猿がほかの類人猿の思考を推測し、さまざまな状況で感じたり意図したりしていることを十分に理解できるようにする能力）に至るまで、いろいろあった。

この高度に社会的な精神のおかげで、ルールに従うこともルールを課すこともできるようになった。圧制者に反抗する下位の者たちは自分たちでルールを課す力はなくても、怒ると皆で一丸となって集合的な支配力をふるうことができた。少なくとも、結果としてそれは集団による社会統制の原始的な形態だったし、そうした統制は、対象者を傷つけたり、集団から追放したり、ときには死に至らしめたはずなので、適応度に大きな影響を及ぼした。そのような反序列的行動は、人間はもちろん、チンパンジーやボノボにもごく自然に生じており、服従させられることに対する純粋かつ単純な憤りによるものだった。

こうした先駆けとなる種々のことを考えれば、「原初のチンパンジー属」は、しかるべき環境変化が起これば良心を進化させるような前適応の手段をたくさんもっていたことになる。だがそれだからといって、良心の進化が必然だったとは——あるいは可能性がかなり高かったとさえ——言えない。すでに指摘したとおり、ボノボとチンパンジーの系統は、この祖先の行動の能力をこれまで六〇〇万年以上にわたりずっと共有してきているが、彼らが社会的なルールと、怒った服従者の連合に攻撃されることを鋭く意識していても、また鏡に映る自分を認識したり他者の意図を理解したりすることができていても、一頭たりとも自己判断によって恥ずかしさで赤面するところが見られたためしはない。

人間はどうやって、世界じゅうでごく当たり前にそうするようになったのだろう？　その答えの多くは生物学にあるはずだ。良心の進化を説明するとしたら、まずは、ほかの仲間よりも攻撃性をうまく抑制できる者に有利に働くようになった、自然選択のプロセスに目を向ける必要があると思う。というのも、みずからの攻撃性を抑制することが、進化的良心のおこなう非常に基本的な仕事だからである。服従者が団結し、自分たちを憤慨させる支配者の適応度を下げることのできる社会で暮らす人には、明らかにそうした自制が適応にとって有益なはずだ。

そのような自然選択のプロセスが起こるきっかけとなりえた環境変化について長年にわたり考えた末、私は、物理的環境自体の変化よりむしろ、それを利用して人間の集団がおこなった活動——とくに大型動物の狩猟——の変化こそが、それを引き起こすのに役立ったのかもしれないと判断した。のちほどわかるように、まさにこの生態上の営みが、それに関わる人々に対し、生存に不可欠な活動を成功させる重要な社会的適応にかんして、きわめて特殊な要求を突きつけたのである。

良心の出現を助けたと思われる実際の選択のプロセスを考察するにあたり、私は、ダーウィンが打ち立てたかなりあいまいな「副産物」の理論を超え、さらには現代の進化論的な多くの考察も超えて、特殊で多面的な「社会選択」理論を構築し、われわれに道徳的能力を生み出した、かなり特異な諸要因を説明するつもりだ。このあとの二章で紹介する私の仮説は次のようなものとなる。初期の人類が、道徳とかかわりのない「集団による社会統制」という形で、すでに先駆けとなるものを生み出していなかったとしたら、今日のわれわれは、サハラ以南のアフリカに今も棲んでいる大型類人猿と同じぐらい道徳観念をもっていなかったかもしれない。彼らは支配的な力にもとづいた暮らしをする種で、上位の者が強大な権力を握る階層構造のなかで今なお暮らしており、われわれと比べれば、服従者が反抗してもわずかしか変化することはないのだ。

人間の祖先もアフリカに住んでいた。そのため科学が明らかにするエデンの探求は、ひょっとしたらティグリス川とユーフラテス川の合流点にあったのかもしれない緑豊かな楽園ではなく、野生の獲物に満ちた熱帯アフリカの乾燥した平原へとわれわれを導くことになる。われわれの祖先が大型哺乳類の肉に依存するとしたら、個人や小さな「家族」ではなく、集団全員で獲物を殺してきちんと分け合わなければならなかった、と十分な理由をもって考えられる。そしてこのことは、道徳の進化を説明するための重要な鍵を提供してくれることになるだろう。

第6章　自然界のエデンの園

本格的な狩人が現れる

われわれの道徳の起源の物語は、およそ八〇〇万年前に始まる。それは、リチャード・ランガムが見出したわれわれの「共通祖先」の系統が、図Ⅰで見たようにふたつに分かれたころだ。新しくできたふたつの系統の一方は今日のゴリラへとつながり、この類人猿の野生での行動から判断すると、ゴリラの系統が発達させた（あるいは維持した）のは、基本的に菜食であることのほか、天然資源のなわばりをもたないことと、社会構造がハーレム型であることだ。だがそれにはここでは関心を向けない。というのも、われわれの興味の対象は、社会統制の才能をより発達させたという理由により、もっと最近の直接の祖先である「原初のチンパンジー属」だからだ。

きっと「原初のチンパンジー属」は、われわれが見てきた「共通祖先」の行動のすべてを継続していただろう。この比較的近い祖先がしていたほかの行動を高い確度で知るには、ボノボとチンパンジーと人間の三種すべてに一致して存在する――だがゴリラには存在しない――主な行動パターンを探せばいい。ここでも、進化の節約原理はこの祖先の行動を再現するのに適用できるし、[1] たった三種からなる小さなクレード（分岐群）を扱っているのだから、できるだけ控えめな分析にしておくのがいいだろう。そのため、私は三種すべてに一致する共通項を探し出し、それだけを過去に投影することにしよう。

なわばり意識、よそ者嫌い、道徳性

したがって、自然界のエデンの園における最初の住人は「原初のチンパンジー属」ということになるが、いずれは初期のホモ・サピエンスもそこに仲間入りをする。「原初のチンパンジー属」にとって、天然資源のなわばりの存在は重要だった。[2] それが人間で重要になってきたのは、なわばり意識と戦争が、われわれの種にとって非常に深刻な実際上の問題を引き起こすからだ。[3] 進化生物学の見地に立てば、集団間のそのような対立は道徳の進化の一助にもなっていたのかもしれない――ダーウィンの述べたグループ選択が十分に働いて、大きな影響を与えたとすれば。[4] だがわれわれはまず、「原初のチンパンジー属」の子孫で現存する三種がそれぞれどれだけ「なわばり意識」をもち、よそ者嫌いであるかを問い、それから共通項を探さなければならない。

野生のチンパンジーのコミュニティは当然、近隣のチンパンジーに忍び寄って殺すだろうし、しまいには集団全体を消し去って資源を奪い取るかもしれない。[5] LPA狩猟採集民は、まずまず平和なことが多いが、ときには激しい戦争が起きて、大量虐殺のレベルに達することもある。[6] ところがボノボのなわばり意識の場合、チンパンジーや人間と似た基本的なパターンはたやすく認められるものの、はるかに弱い。[7] 近隣のコミュニティからかなり大きな狩猟採集集団同士がなわばりの境界近くで出会うときには、よそ者嫌いの雄たちは敵意をむき出しにして声を上げ、小さいほうの集団が引き下がる傾向にある。怪我をした雄のボノボをのちに見つけたという例もあるので、[8] ボノボの集団間の対立はすべて威嚇に限られているわけではなさそうだ。一方、ほかの集団と友好的な同盟を築くボノボの集団があるとも報告されている。[9]

ボノボに共通項を認めるなら、「原初のチンパンジー属」がもつなわばり意識の傾向は、社会的に隔たった近隣集団を積極的に嫌う集団を作りあげ、少なくともいくらかは暴力的衝突が起こる可能性があったというものになる。控えめに見れば、この共通項をもつ「原初のチンパンジー属」は、よそ者嫌いではあったが、本格的な戦士ではなかったのである。

現代のLPA狩猟採集民の戦争にはほとんど一貫性がないので、更新世後期に頻繁に見舞われた危機に起きたような戦争を反映するものではなさそうだ。更新世後期、われわれの祖先は気候変動によるひどい食料難に直面しており、集団間の競合は深刻化しがちだったのだ。[10] 現代の狩猟採集民、さらに言えば人類すべてに見られるよそ者嫌いの傾向にかんして、注目すべき点のひとつに、「自分たちの道徳律が当てはまるのは自分の集団内だけ」というものがある——その集団が、言語集団であろうと、同じ住みかや同じ民族としてのアイデンティティをもつ文字文化のない人々であろうと。[11] 文化のよそ者に対しては、侮蔑的に道徳が「割り引いて」適用されることがあるようだ。彼らは十分に人間と見なされないことさえ多いので、良心の呵責もほとんどなしに殺されるかもしれない。[12]

外集団の人に対するこの道徳の格下げは、共同で暮らす武装した男の集団同士の争いという枠を越えて一般化されている。今日ではそれは無力な人々の大量虐殺をもたらすだけでなく、民間人を標的にしたテロの引き金にもなっているからだ。さらに一般化すれば、標準的な軍隊の考え方として、人間の盾という手はさすがに使わないとしても、敵の民間人の「やむを得ない」殺害を受け入れやすくする。第二次世界大戦で、南京やロンドン、ドレスデン、東京といった都市を無差別に爆撃し、莫大な数の民間人を意図的に殺したり、広島と長崎をアメリカが核攻撃して、標的の軍事施設を破壊しただけでなく、多数の民間人も殺したりしたように、民間人の犠牲をもたらすことが意図的な国策になるのでなければ、「残念ではあるが容認できる」というのは、そのような一般市民の巻き添え被害に対するお定まりの言葉になりそうだ。

この根底にあるよそ者嫌いの芽は、「原初のチンパンジー属」まで直接たどることができる。ところが、ひとたび現代的な文化を身につけた人類が、よそ者に対する恐怖や侮蔑を道徳的に説明する「道徳化」というものをしだすと、自民族中心主義が生じた[13]。この文化的に洗練された動機づけは、従来型の熾烈な戦争や征服、そしてとりわけ破壊的な大量虐殺を支持する手助けをする。自民族中心主義は、そこにある外集団を道徳的に見下す要素とともに、今日の一部の狩猟採集民がおこなう、死人が出ることもある激しい戦争のパターンを確立するうえで重要だったのは明らかだ。しかし、次のことを正確に見積もるのは難しいかもしれない。この暴力的で道徳にもとづくタイプの文化的行動は、どこまでさかのぼれるのか？　気候がもっと好適だった更新世後期に、どれほど広く普及していたのか[14]？　そして結局のところ、利他行動の進化を支持した更新世のグループ選択を、どの程度まで後押ししてきたのか[15]？

たとえ戦争に駆り立てる条件が一貫していなかったとしても、更新世が特異な時代だったことは強調しなければならない。当時は、気候変動のせいで、人口が増えると資源が減って人口過多となり、深刻な政治的争いに至るということが繰り返し起こったと思われる。小集団同士が非常に高い頻度で滅ぼし合っていたとしたら、ダーウィンによるグループ選択のシナリオ（戦士として行動する男をはじめとする、道徳的に正しい協力的な利他主義者の数が多い集団に有利に働く）がかなり確実に進行していたと

考えられるだろう。(16)

ところが、ここでわれわれが関心をもつことになるのは、社会選択のうちでも、非常に強力だったと思われるタイプのものだ。グループ選択が気候変動による周期的な環境の悪化に誘発された戦争によって引き起こされたものだとしたら、この社会選択は進化の長い時間のあいだ、グループ選択よりもはるかに一貫して効果をもちえただろう。すると、道徳の進化にかんするかぎり、われわれは集団間の出来事よりも集団内の出来事のほうに、はるかに大きな興味をもつことになる。その流れで、どのようにして人類の進化が社会選択の助けを大きく受けながら道徳性のほうへ向かったのかについて、私は暫定的で、ときに競合することもある一連の仮説を構築していこうと思う。

「原初のチンパンジー属」の狩猟と分配のパターン

すでに述べたように、ゴリラは狩りをしないので、「共通祖先」を狩人とすることはできない。一方、「原初のチンパンジー属」は、ときどき積極的に小さい獲物を狩り、その肉を分配していたので、われわれはほどなく、この祖先を仮定する根拠となるボノボやチンパンジーからもっと細かい事実について知ることになるだろう。その後、ある時点で武器を手にした人類は、定期的かつ積極的に自分より大きな動物の死肉をあさったり、そうした動物を狩ったり、分配したりしはじめた。われわれは少なくとも数十万年ものあいだ、こうしたことをおこなっている。そして一万五〇〇〇年前には、人類の狩猟採集民は間違いなく大多数が集団で移動生活をし、男は大型の哺乳類を熱心かつ頻繁に狩っていた。

ときには女も、この先史時代の狩りに加わっていた可能性がある。今日、少数のLPA狩猟採集民の集団で女によるなんらかの狩りが見られ、(17)チンパンジーの雌ととくにボノボの雌はどちらも積極的に狩りをすることが知られているからだ。更新世に寒さや干ばつで人類の数が激減した危機があったのは確かで、そのため、一部の集団は小さくなりすぎて狩りを効率的にできなくなった[18]。そんな時代には、狩りに加わる者を増やすことが獲物を仕留める率を高め、肉の消費量の望ましくない変動を抑えるための有効な一手だった可能性がある。つまり、女の狩人が社会の全般的な柔軟性を増し、そのおかげで更新世の人類は、環境変化が引き起こすさまざまな難題（ときには突然起こり、しばしばストレスに満ちたものになる）に対処できたのかもしれないのだ。

ＬＰＡ（更新世後期タイプ）の人類は、洗練された分配システムを備えた本格的な活動として、大型の獲物を狩る。チンパンジーとボノボの狩りは気まぐれで、かなりまれで、飛び道具をもたずに小ぶりの獲物を追う[19]。ボノボは、チンパンジー以上に狩りをすることが少なく、また、個々に狩りをしがちだ。一方で、チンパンジーの雄は、魅力的な新鮮な肉を探し求めるときには、集団で狩りをすることもあるらしい[20]。どちらの種も、食べたり分配したりするときには、脂肪分の多い脳を喜ぶようだ。そしてゴンベで私が惹きつけられたのは、最大で十数頭ほどの興奮した類人猿がこうした獲物の肉を分け合う特別な方法だった。チンパンジーとボノボは同じようなやり方でこれをおこなう。通常は、獲物の肉を確保した地位の高い個体が、その後もしっかり所有して一番多く取り、近づいてきてせびる仲間のうち一部にだけ残りを分け与える――だが、ほかの仲間には決して分け与えないのだ。

ゴンベで調査した最初の年に目撃したチンパンジーの狩りを、私は決して忘れないだろう。そのとき、多数の大人の雄と若い雄からなる狩猟集団が、四頭のコロブス属のサルに襲いかかり、三〇分もかからずに捕まえて食べはじめた。私は野外調査の初心者として、あとでジェーン・グドールに、なぜアルファ雄のゴブリンは木に登って参加せずに、狩りのあいだずっと地上にとどまっていたのかと尋ねた。ジェーンは二〇年以上にわたる野外調査の経験をもとに、ゴブリンは獲物を横取りできるようにほかのだれかが仕留めるのを待っていたのだ、と教えてくれた。そして彼女の説明は、その午後に私がフィールドノートに記していた内容とぴったり合っていた。十分な獲物が仕留められ、近い将来確実にごちそうにありつけるとアルファ雄にはわかっていたので、この常習的な乱暴者は自分のエネルギーを温存し、若い雄に自分の肉を獲らせていたのである。

肉が貴重な食料であることは明々白々だ。類人猿たちは、分け前をもらわないかぎりその場を離れないのだから。彼らはなんとかして肉を手に入れたいと思いながらじっとチャンスを待つし、肉にありつけていない哀れなチンパンジーは、たいていひどくいらついて、仲間内でよく喧嘩をする。ボノボでもチンパンジーでも、あらゆる食料のなかでも最も貴重な肉の分配が限られてくると、がめつくひとり占めし、ひどく仲間びいきをするという印象がある。全体的な分配のプロセスは、各個体の政治的な力と個体同士の同盟関係によって決まるようだ。

容認される盗みか、社会的な絆をもつ味方作りか？

生物学者のニコラス・ブラートン＝ジョーンズは、チンパンジーによる肉の分配を、一種の「容認される盗み」と考えている。[21] つまり、力の問題であって、肉の所有者は実のところまったく寛大なわけではない、というわけだ。むしろ、所有者は、ほかの腹をすかせた類人猿に肉を力ずくで奪われる可能性があるので、一緒に分け合う――そうやって攻撃を回避する――のが一番だとわかっている。それでも、私が放し飼いのチンパンジーで知るかぎり、けちな肉の所有者が物理的に襲われて奪われるといった、集団での攻撃の記録はない。現生の類人猿もたいていい、多ければ半分以上が肉の分け前にあずかれていないのだが。

私はそれとは少し違う理論をジェシカ・フラックと共同で発表した。六年にわたる調査のあいだに一八か月積極的に野外調査をおこない、野生の状態でかなりの数の狩りを観察して導き出した理論である。[22] フラックと私は、肉の所有者は肉をしっかり支配するのに必要な味方（同盟者）を確保するため、最小限の数の仲間とは肉を分け合うが、肉が欲しいとしきりに訴えて物乞いの列の少しでも前へ並ぼうとするほかの多くの者とは分け合わないのではないかと提唱した。つまり、受動的に「盗みを容認する」のではなく、実は肉の所有者が、最初に肉を支配している事実を利用して、少数の味方（味方となりうる者）を速やかに積極的に抱き込むのだ。そうした味方ができれば、肉を受け取れずに腹をすかせている者たちと力を均衡させることができる。もっと一般的に言えば、こうした味方は、親しい政治的なパートナーになったり、のちの狩りでお返しをしてくれたり、ときには子作りのパートナーになったりする可能性が高い。

このような社会的な絆を結んだ他者との力の均衡を考慮すれば、野生のチンパンジーについて考えられる政治的・感情的なプロセスは、容認される盗みとはかなり違うものになる。[23] こうしたプロセスは、チンパンジーに比べ十分に研究されていないボノボにも適用できるかもしれない。というのも、ボノボは、気に入った少数の仲間と分け合い、それ以外の者は締め出し、また所有者と締め出された者とのあいだで戦いが起きることもない、というよく似たパターンに従うからだ。この「味方作り」の理論は、ほかのチンパンジーの野外調査地点で、肉の分配に積極的にかかわる政治的同盟の証拠がほかにも存在するという事実とも合致する。たとえば、ウガンダのキバレにある野外調査地点では、一部の雄のペアが肉のために生産的な協力関係を結んでいる。一方が肉を支配すると、他方と分け合うのだ――そんな互恵的関係が続けられるかぎりにおいて[24]。また西アフリカのタイ森林では、協力による狩りがほかのどこよりもよくおこなわれており、同盟を結んで獲物を仕留める際に協力した者同士は、肉を食べるときにも一緒に食べるが、狩りに参加していない者は締め出される[25]。

容認される盗みと、肉の支配に対する味方作りのアプローチとの区別はかなり微妙だが、このように進化の観点から分析するためには重要だ。なぜならこの先、社会的な絆にかかわる同情という感情に注目することになるからである。容認される盗みという解釈では、「分配」に見えるものが、実は視点取得や寛大さの要素をまったく含まず、むしろ他者の力におびえて譲歩しているだけだ、と考えられるようになる。一方、味方作りという解釈によれば、気に入った味方と分け合うにはなんらかの社会的な絆が必要なはずなので、政治的な便宜と結びつく「同情的な寛大さ」に相当するものが類人猿にあるのではないかと考えられる[26]。

ここで、このふたつの理論を組み合わせられない理由はない。というのも、集団に攻撃されるおそれがあるため、肉の所有者は、締め出された者たちによる襲撃を防ぐために最小限の味方と結託し、肉を分け合うだろうと思えるからだ。だが結局のところ、肉の所有者は事実上、肉を使って味方を買収しているのであり、これには、ポジティブな社会的感情も、襲撃への恐れもかかわっている。肉との「交換」というこの行動パターンは、ときには特別なボーナスとして雌から性交の同意を取りつけるのにも使えるので[27]、やはり感情的なタイプの絆はありそうに思える。

人間が大きな獲物を分け合う際、ある程度の緊張や、時としてちょっとした小競り合いがあるのを別にすれば、そこには明らかにコミュニティに参加する喜びがある――肉は深く感謝されるし、のけ者になる人はいないし、一緒に肉を食べることは、片利共生的に交流するすばらしい方法だからだ。野生のチンパンジーを観察して、私がいつも気づいたのは、分配のプロセスというものが、競い合って肉を求める物乞いのあいだでは大いに緊張と敵意をもたらすようだが、同時にまた、分け合う仲間のあいだでは緊張と親睦を、ときにはまぎれもない友情すらもたらすように見えたということである（あくまで印象だが）。

野外調査の報告は、同じことがボノボにも当てはまりそうだと示唆している。ボノボの大人は、かなり大きくて脂肪とタンパク質が豊富な果物を分け合う[28]。またどちらの類人猿も、人間と同じく母親が必ず食べ物を欲しがる赤ん坊にそれを分け与え、またやはりそのように便宜を図るとかなりポジティブな感情が生じるということは指摘しておくべきだ。おそらくこうした大人による肉の分配には、母親の寛大さという強く選択された形質を行動面で延長したものがかかわっているのだろう[29]。だが結局のところ、血縁以外と頻繁に肉を分け合うことは、政治的な味方作りで利益になるか、あるいは肉が豊富でないときに分配して被る損失に報いる何かほかの補償メカニズムがあるのだ、と遺伝子レベルで説明されなくてはならない。

もちろん、類人猿の母親が赤ん坊に食べ物を分け与えるときでさえ、同情という感情が働いていることは実証しにくく、こうした解釈は大人ではさらに難しくなる。しかし、動機は何かという問いを別にすると、「原初のチンパンジー属」のかなり限定的な分配のパターンが——少なくとも共通項として、時たましかない肉のごちそうにありつけたときのボノボの行動にもとづけば——そうした行動をする潜在的能力という点で重要な前適応をもたらしていたことは明らかだ。したがって太古の人類は、小さな獲物を狩ること（それに、ときどき大きな死肉をあさっていたにちがいない）から、積極的に大きな有蹄類を狩ることへついに転換して、それが生存にとって重要かつ標準的な活動となったときには、すでに協力して肉を分配するというかなり重要なことをおこなうようになっていたのである——たとえ分配のパターンが、支配的な所有や親しい仲間のひいきによって、かなり偏りのあるものだったとしても。

いかにして人間は別の道を見つけたのか

霊長類学者のクレイグ・スタンフォードは、著書『狩りをするサル』（瀬戸口美恵子・瀬戸口烈司訳、青土社）で、協力しておこなう狩りが人間の進化における重要な進歩ではあったが、肉の分配のほうがさらに重要だった、という立場をとっている。(30) 今日の人間の集団では、文化的な習慣や象徴によって、狩りと分配が非常に複雑なものとなっている。そのため、肉の分配という習慣的な制度の維持において、「原初のチンパンジー属」の場合よりも政治的な力の行使がはるかに巧妙になりがちだ。これに関連して、一部の狩猟採集民はつねに、肉の分配がルールに則った公正なものかどうかについて言い争ったり、あとから自分の分け前について不平を言ったりしているが、(31) それでも私はこの不満の根底にはたいてい善意の感情があると思う。この感情は、大きな肉を公平に分け合う社交的なプロセスを実現しやすくする。そのおかげで、だれにとっても栄養があって、このうえなくおいしい食べ物を全員で分かち合うことになるからだ。

こうしたポジティブな感情の存在は、分配についての何十もの豊富な民族誌の記述と、これまでに私の手掛けた大規模なLPA狩猟採集民の調査で見た、肉の分配にかんする多数の事例に、深刻な対立（小競り合いではなく）はほとんどないという事実によって証明されている。もちろん、人間は自己中心的で身内びいきになりやすいので、ある程度矛盾した感情による葛藤も予想できる。だが、たとえ違う家族の人同士が多少の口論をしたり、一部の集団では、そうした人が声高に不満を言って制度がどのように働くべきかを他者に訴えたりすることがあっても、[32]不満ばかり言う人でさえ、分配の制度のメリットを認めており、多少のいざこざはあってもその制度をかなり効率的に機能させることができるし、やはり集団のほかのメンバーとともに好きな食べ物を楽しく味わえると私は思う。

われわれが効率的に、協力的に、機会均等主義でもって肉を分配するようになったことは、人間が総合的に進化で成功するために重要だった。それによって食事の幅が広がり、生存のための新しい手段の可能性が開けたからだ。[33]思うに、比較的大きい社会的な脳をもっていた原初のホモ・サピエンスは、協力して狩りをすることの重要性や、集団全体で肉を分け合う利点について、何かを理解していたにちがいない。今日、平等主義の狩猟採集民は、集団に狩人が大勢いることには利点があると確かに認めているようだ。そうすると、大きな肉がより頻繁に手に入って分け合えるため、食べる肉を切らす期間が短くなるのは明らかだからである。

彼らは、平等な肉の分配に、かなり明白な長期的利点があることを知っていたのではないかと思う。それは、この重宝される食べ物を均等に分けて食べると、全員がより元気で健康になるという栄養面のメリットがあるからにほかならない。自然のなかで不安定な暮らしをしている人々は、そんな慧眼をもちやすいのだ。いずれにせよ、行動生態学から生まれた現代の諸理論は、まったく同じ結論に至り、こうした人間の傾向[34]が、オオカミやライオンなど純粋な社会性肉食動物のあいだで純然たる本能から生じるものと大変よく似ていることを示している。

すべての社会性肉食動物は、同じ食料供給上の問題に直面している。大きくて仕留めにくい獲物を少なくともかなり定期的に入手しつづけるためには、集団で狩りをしなければならない。それだけでなく、チームを組んでの狩りのようにエネルギーを要する仕事を支えるのが食事なのだとしたら、こうした大きな獲物をかなり公平に分配する必要もある。チームを組んでの狩りが最もよく機能するのは、つねにチームのメンバー全員にきちんと栄養が行き渡っている場合なのだ。[35] オオカミやライオンなどの本格的な社会性肉食動物には必ず序列があり、だれがどれだけの肉を得るかは、基本的にできあがった社会組織によって決まる。集団のメンバーには自分が支配すべきときと従うべきときがわかっているという単純な事実は、競争による衝突の行きすぎを防ぐ。またこうした純粋な肉食動物の場合、肉があまり豊富にないときにはつねに分かち合うというメカニズムを進化させることが自然選択にとっての課題だったのである。

このように序列があっても、集団の下位メンバーに十分に栄養をつけさせる量の肉は分配しなければならないし、集団での狩りで得られる全体的な利益が肉の奪い合いのせいで失われないようにする必要もある。そこで成り立ちうるメカニズムは、利己的で攻撃的な上位の個体が、下位の者たちと肉を分け合う場合には、少なくとも寛容となるように進化する、というものだ。そうすると、たとえ分配が公平とはほど遠くても、彼らが仕留める大きな獲物は、チンパンジーやボノボが捕らえるはるかに小さな獲物よりも、集団内によく行きわたることになる。

肉の消費をこのように平等にすることを、専門用語で「変動低減」という。[36] 人間だけが、まさにほぼ平等に肉を摂取できるようになっている――だがそれは、象徴と、文化的創意と、LPA集団に見られるような、放っておけば肉のある場を支配してしまう強大な者を集団で抑え込む（あるいは排除する）並外れた能力の助けがあるおかげにほかならない。われわれは分配のメリットを深く認識し、またそれにかかわる政治的事情を理解しているため、ふさわしい文化的な制度や慣習がひとたび考え出されるや、さまざまな飴と鞭を使ってそれを後押ししようとする。このようにして狩猟採集民は、分配のシステム全体がおおむねスムーズに――つまり、頻繁で大きな犠牲をもたらす深刻な争いなしに――機能するように取り計らっている[37]。

原始的なタイプのホモ・サピエンスは、およそ五〇万年のあいだ、比較的変化に乏しく、またわれわれの知るかぎりいささか想像力に欠ける石器文化のまま停滞していたが、それでも更新世を生き延びるという大変な仕事をなし遂げた。こうした人類は、二五万年前にようやく大型の獲物の労働集約型の狩りをするようになり、二〇万年前までには身体構造上は現代人と同じになっていたが、技術は進歩していても文化の点ではまだ現代人並みのレベルには達していなかった。

こうした太古の人類が大型動物の狩りをするようになったとき、家族レベルの肉の消費で大きな変動をなくすために、比較的小さな社会的ユニット――おそらくは母子や兄弟姉妹の血縁関係に強くもとづき、場合によっては生殖のパートナーによる夫婦の絆や父子の血縁関係にももとづいて形成されるユニット――ではなく、集団全体で肉を分配せざるをえなくなった。そうしなければ、長期の貯蔵ができないので、こんな羽目に陥っただろう――年に数回、幸運な狩人が大きな肉をおそらくは少数の仲間と分け合って持ち帰り、そのときには彼の所属する社会的なサブユニット（すなわち「家族」）はつかのま自分たちだけのごちそうにありつけるのだが、それ以外は非常に長期にわたってレイヨウやシマウマなどの大型の有蹄動物の肉不足に耐えるのである。

私が提案しようとしている一連の仮説は、集団で暮らしていた初期の人類にかかわるものであり、大型動物の肉などの乏しい物資や雌との生殖の機会をめぐる雄同士の競争のほか、権力そのものをめぐる競争[38]も関係している。だが、道徳の起源について考えられるシナリオの一群をまとめ上げる前に、いくつか背景を付け加えておく必要があろう。

人類の系統における進化のバックグラウンド

初期の「ヒト科」の種は、人類の直系と思われるものの、そうでないものも合わせると、かなりの数になる。発見者たちが『サイエンス』誌や『ネイチャー』誌で公表するときに自分の発見した種はまぎれもなく人類の祖先であって、傍系で絶滅したなんらかの直立歩行型の類人猿ではないとほのめかしたり、断言さえする傾向があるとはいえ、かなりの数にのぼると言えるだろう。どの種も二足歩行で、脳は今日のチンパンジー属と同じぐらいの大きさだ。そしておおむね数百万年のあいだに彼らが追跡する狩りを習慣的におこなっていたという強力な証拠は示されていない。「原初のチンパンジー属」の子孫である有名なアウストラロピテクス属などは、少なくともなんらかの小動物を狩っていた可能性が高く、比較的軟らかい素材から巧みな道具を作っていた可能性も同じくらい高いと考えられる。しかし、なんらかの種が絶滅したなら、その祖先の形質は失われた可能性もある。

石の素材から確実に「道具」と呼べるものを作り出すのには数百万年かかったかもしれないが、[39] 二〇〇万年前を過ぎたばかりから、直立歩行の類人猿が確かにいたことが考古学的に知られている。彼らはある程度腐肉食〔死肉をあさること〕をおこない、ひょっとすると積極的な狩りもしていたかもしれない。こうした陸生の類人猿のどれかがわれわれの直接の祖先かもしれないし、そうではないかもしれないが、二足歩行であることを除けば、その骨格は依然としてかなり類人猿に近く、脳はやや大きい程度にすぎなかった。のちの、ルイス・リーキーが楽観的予想でホモ・ハビリスと名づけたやや大きな脳をもつ種がわれわれの直系の祖先だとすると、[40] 人類の系統では、自作した石器を数百万年前から利用し、そのあいだずっと食肉解体のために使ってきたらしい。残念ながら、リーキーの言う「人類」は高度な二形性をもつものの〔二形性とは生物が二種の形質をもつことで、一般に動物で雌雄の形態が異なること〕、絶滅したか、もしくは複数の種を含む系統だった可能性もあるようだ。こうしたわけで、ハビリスをホモ（ヒト属）に含めたがらない専門家[41]もいる。

人類の祖先であることにまったく異論のない最古の化石はホモ・エレクトゥス[42]であり、のちに登場する直立歩行する類人猿たちとしばらく同時期に生きていた。一八〇〇万年前に現れたエレクトゥスは、現生のどの類人猿よりも、あるいはそれ以前のどんな化石種よりも、われわれにはるかによく似ている。背が高く細身だが非常に強健で、木登りよりも長距離を歩いたり走ったりするのにずっと向いた体つきをして、頭蓋にはどの類人猿のものよりはるかに大きな脳を――われわれの脳に比べれば半分ほどの大きさしかなかったが――収めていた。出現して数十万年以内に、アフリカのホモ・エレクトゥスはアシュール型握斧という、一〇〇万年以上のあいだほとんど変化せずに使われつづけた見事な作りの石器群を作り出していた。そして、こうした初期のアフリカの人類は、ますます狩りにも精を出し、とびぬけて成功した種としてユーラシア大陸へ広がったのち、アフリカではさらに大きな脳をもつ、ここまで論じてきた原初のホモ・サピエンスへと進化を遂げた。このいっそう大きな脳をもつ種が、数十万年存続することに成功し、ついには積極的に大型の有蹄動物を狩りはじめると、ほどなく現生人類へと進化したのである。

原初のホモ・サピエンスは、かなり大きな脳をもち、ホモ・エレクトゥスと同じく痩身だが、はるかに現生人類に近かった。進化の道筋の終わりへ向けて、この原初の人間は、エレクトゥスが発明したきりほとんど変化のなかったアシュール石器についに見切りをつけ、もっと創意に富む道具を作りはじめた。それでも、文化の面で現代的というわけではなかった。たとえば彼らは、今日の狩猟採集民がするように、独創性の高いやり方で石器などのテクノロジーをすばやく改良することによって、短期間でその地方独自の文化を生み出すことはなかった。そうした文化的創造性は、貝殻で身を飾ったり、幻想的な彫刻をしたり、洞窟壁画を描いたり、楽器を作ったりすることとともに、のちに文化の現代化に伴って登場することになる[43]。

早くも今から四〇万年前には、こうしたわれわれの古い祖先が、器用に作られた木製の武器を使って狩りをしていた[44]。驚いたことに、彼らのものとおぼしき槍がいくつか、ドイツの嫌気性土壌に埋まっていたおかげで、現在まで保存されている。作りは見事で、ちょうどオリンピックの槍投げ用の槍のようにバランスがとれて投げやすい。野生の馬の群れを狩るために使われていたのだろう。すると当時でさえ、ときどきかなりの量の肉を分けられたことになる。それでも、そういう肉を得るためにどんな頻度で獲物を狩っていたのかはわからないし、わずかな考古学的証拠では、当時大きな獲物が新しい分配システムを必要とするほど定期的にあてにできる主食だったことは裏づけられない。

だが、考古学者のメアリー・スタイナー[45]によると、二五万年前までに原初の人類が本格的かつ日常的に大きな獲物を狩っていたという証拠は、歴然としたものだという。われわれのアフリカの祖先は主に植物を食べて生き長らえていたが、大型動物の肉にも頼っていて、もはや動物の肉はたまのごちそうにすぎないものではなくなっていた。積極的に狩ったレイヨウなどの大型の有蹄動物は、そのころには主要な食料となっていたし、前に示した合理的な理由により、この重要な食物の獲得や譲渡を、移動性の狩猟採集のライフスタイルにうまく組み込む必要があったのだ。それまでは、たまに思いがけなく手に入る大きな獲物に頼るのでなく、植物を主食としながらいくらか小さな獲物も食べていたにちがいない。以上が、生存や生活にかんする進化のバックグラウンドの概要である。しかし、集団内の政治にかんしては、まだまだ語るべきことがある。

集団攻撃にかんする自然史

ここで、われわれがとくに関心をもっているのは下位の者たちの連合であり、また社会的序列を形成する生来の傾向が残っていた（今でも残っている）種である彼らが、いかにしてアルファ雄をほぼ無力化できるほど強力になれたかということだ[46]。行動系統学によれば、八〇〇万年前の「共通祖先」には、社会的コミュニティの大多数を怒らせた支配者を服従者の連合が攻撃するという「素質」が、ほぼ発現しないものの存在していた可能性がかなり高いのだという。「共通祖先」の特徴を共通項としてもつゴリラを見ると、そんな祖先たちの反逆は、控えめに見積れば潜在的な素質にすぎなかったか、あるいはきわめてまれにしか起こらなかったのだと判断できる。しかし、同じ控えめな判断によれば、六〇〇万年前の「原初のチンパンジー属」は、しばしば気に入らない支配者を攻撃してその力をそぎ、怪我を負わせたり、まれに死に至らしめたりしていただろうと考えられる。この「処罰するタイプの社会選択」には、少なくともときおり、攻撃される乱暴者の遺伝子にかなり不利な影響を及ぼした――支配することによって、食事と交尾の面で十分な見返りがありつづけたことは確かであっても[47]。

そうした社会選択が死をもたらすことがあったとほのめかす際に、私はチンパンジー属の二種で確実にわかっていることと、かなり可能性が高そうなこととを念頭においている。これまで見てきたように人類は「死刑」を広く採用しているが、今日のチンパンジー属のコミュニティのなかで、集団が支配者に対抗して死に至らしめた事例が実際に観察されたのは、科学者でない人による一例しかない。霊長類学者は、確かに死に至らしめたように見える服従者の反逆の事例をいくつか実際に記述している――だが専門的に言えば、科学的に控えめな見方をする動物行動学者は、集団攻撃によって「失踪」に至ったものとしか見なしていない。

タンザニアにあるマハレの野外調査地点では、攻撃的なアルファ雄だったチンパンジーのントロギが、みずからのコミュニティのメンバーから集団攻撃を受け、そこで野外調査をしていた日本人研究者たちの前に二度と姿を現さなくなった。[48] チンパンジーの雄は、敵対的な近隣の群れへ安全に移ることはできないので、ントロギはおそらく死んだのだろう。私がゴンベにいたときに、そこのチンパンジーのアルファ雄だったゴブリンは、あまりにも激しい集団攻撃を受けたので逃げて放浪し、何か月も周辺地域で生き長らえていた。そこで敵の見回りに捕まっていたら、その場で殺されてしまっていただろう。[49] 実際にはゴブリンは、自分を拒絶した群れに社会的に受け入れられて長い年月を生き延びたが、ントロギは二度と姿を現さなかった。彼は負傷がもとで死んだか、敵に捕らわれた可能性がある。あるいは放浪中に自然な原因で死んだのかもしれないが、いずれにせよ、ゴブリンのように、追放によって死に至る危険にさらされたのは間違いない。

同様にザイールの野生ボノボのケースでは、雌のかなり大きな集団が乱暴者の雄を攻撃して、指に激しく噛みついた。その雄は、ひどい傷をたくさん負って逃げ、二度と姿を見せなかった。[50] 彼は傷が原因で死んだのかもしれないが、別の群れへ移った可能性も考えられなくはない――ふたつのボノボのコミュニティがたまたま出会ったときに、雄はたいてい明確な敵意のサインを示すとしても。[51] したがって、彼についても、傷が原因で死んだ「可能性が高い」と見なせるのだ。するとどちらの種でも、殺傷力のある武器がなくても、本格的な集団攻撃は相手に死をもたらすため、適応度を大きく低下させる。そして人間の狩猟採集民で「死刑」があることはすでに見たとおりだ。

このため、人類の先史時代を通じ、十分な武器をもった服従者の連合が、適切な動機さえあれば地位の高いメンバーを集団攻撃して、重傷や致命傷を負わせたと考えられるだろう。さらに、大型動物の狩りが人間の生存活動のパターンに加わったとき、それが新たな社会的刺激をもたらして、アルファ雄の問題の決定的な解決をうながしたとも考えられるだろう――それまでに解決していなかった場合には。

主な作業仮説

科学研究では、われわれは理論の「立証可能性」(52)や予測力や一般的な妥当性、もっと一般的に言えば、それがもたらす説明がどれだけ満足のいくものかを拠りどころにして、さまざまな理論を取捨選択する。道徳の起源の説明を打ち立てる試みとして、私にできる最善のことは、作業仮説の提起だ――そのうちのいくつかについては、ただの見かけだおしの当て推量と見なす学者もいるかもしれないし、将来の研究にとって非常に価値のある手がかりと考える学者もいるかもしれない。

本章で展開していく理論は、第3章などで論じたように、特殊なタイプの自然選択である社会選択を介して道徳的な良心が出現した、というものだ。この理論は基本的に、有益な協力関係を結ぶ相手を選ぶときや、嫌われた逸脱者を厳しく処罰するときに、人間の好みが影響を及ぼすというものである。

具体的に言えば、道徳の起源にかんする主張の第一の部分は、過去の人類で集団による処罰が重く頻繁になってくると、処罰は逸脱者の適応度を下げたため、人間の遺伝子プールに多大な影響を及ぼした、というものだ。第二のそれほど明白でない部分は、そうした処罰の重さとコストが増すと、よりよく自制のできる人に有利に働く選択圧が生じた、というものだ。より上手に世渡りをしてより効果的に自制するための道具が、進化する良心だった。そしてこの理論をできるだけ具体的にしようとすると――また良心の起源を見定めようとすると――かなりの推測を含んだ主張をしなければならないだろう。そうした推測は、初期の人類集団で処罰がなぜどのようにエスカレートし、遺伝子プールを形作る主な要因となれたのかということにかかわってくる。

われわれが考えようとしている自然界のエデンの園のシナリオで、私は次のような提案をしよう。人類が狩りを主体とする新しいタイプの生存活動に乗り出したとき、それによって予測可能な社会的難題が引き起こされた。そして、この問題に直面したのは、ある特別な食料の効率的な分配をおびやかす個人を厳しくとがめる集団だけだったろう、と。このような具体的な理論を検証する唯一の方法は、相対的な妥当性の観点から見ることであり、[53]幸いにも、まとめれば裏づけになりそうな重要な事実がいくつかある。

狩りとアルファ雄の問題

五、六人の狩人と一五～三〇人のメンバーからなる集団に公正な分配システムを確立するには、祖先にいたようなタイプのアルファ雄が主な障害になっただろう。そうしたアルファ雄はやはり、支配者として振る舞い、他のメンバーの肉までせしめて血縁や仲間をひいきしがちだったはずだ。この先史時代のアルファの問題は、数十年前に考古学者のロバート・ウェイロンによって明らかにされた。[54]今日でもわれわれの遺伝的本性には、アルファたる支配者のものがたくさん残っており、[55]個人的な抑制や社会的な制約がなければ、今日の狩猟採集民における肉の分配でも、すぐにそれはひどい不平等となって表れるだろう。それはまた、肉を政治的な権力に変える傾向となって表れもするだろう。肉の所有者はまさに祖先がしていたように、余分な肉を用いて血縁や政治的な味方や配偶者をひいきしようとするからだ。

したがって、その前から存在していた祖先のタイプのアルファ雄のシステムがどんなものだったにせよ、初期の人類がそれに立ち向かうときにはいつも、好物の肉をひとり占めしてばかりの支配者に団結して戦いを挑み、ゼロサムゲーム〔双方の利得の合計がゼロになるようなゲーム。一方が勝者になれば他方は敗者になる〕をしていたのだろう。

この競合するゲームで大きな危機に瀕したのは支配者だった。幸福のために多くの肉を得ることがいっそう重要となるにしたがい、栄養不足の服従者たちは次第に積極的に反逆しようという気になって、一か八かの賭けに出る。そのとたん、それまで一番栄養を摂っていた支配者が危機に瀕することになるのだ。新たに平等化された、文化にもとづく分配システムが導入される過程においては、対立は避けられなかったはずだ。そしてついには、現在の平等主義の集団と同様、力のおどしによって分配システムをきちんと機能させざるをえなくなったにちがいない。

道徳の起源の具体的な仮説を考えてみる

「原初のチンパンジー属」の社会には序列があり、アルファ雄が存在した。これについてはほぼ間違いないだろう。今から四万五〇〇〇年前までに、人間がまぎれもない平等主義の秩序を作り出したことも、ほぼ確かだろう。ボノボやチンパンジーは、とうていそこまで達することができなかったのは明らかだ。というのも、服従者の反逆はあっても、今なお両者にはアルファ雄が存在するし、ボノボの場合はアルファ雌もいる。ともあれ、ある時点で、われわれ人間はきっぱりとアルファ雄をなくして平等主義になった。横暴なアルファ雄の握る権力や食物や性交の特権を一般のメンバーが羨望し、それにうながされて平等主義への決定的な一歩が踏み出されたという考えは、理にかなっている。もっと根本的に見れば、問題は個人の自主性にあったと思われる。「原初のチンパンジー属」は何かを強要されたり偉そうに命令されたりするのをひどく嫌っていたのではないだろうか。

人間の良心の起源を説明するために、私が考案した最初のシナリオは、生態学的に有望な鍵とでも呼べそうなものを提供する。ここで扱ういくつかの仮説は、やむをえず暫定的なものだが、もちろん考古学的な新発見があれば――さらに、競合する新説も出てくれば――それらを検証する方法が見つかるかもしれない。そのうえ、行動遺伝学が将来発展すれば、やがてそうした研究が進展する可能性もあるだろう。しかし、現在のところそれらは、第12章で道徳の起源にかんするほかの理論と比較して妥当性を評価するのを除けば、検証が困難な作業仮説と見なければならない。

初めの仮説は、基本的にあまり複雑ではない。二五万年前、比較的大きな脳を備えていた原初の人類は、日常的におこなう主な仕事として大型動物の狩りをするようになったとき、(56) 大きな肉を分配する必要が生じた。しかも前に述べたとおり、狩猟集団全体が十分に栄養を摂って元気でいられるように、効率よく分配しなければならなかった、という仮定だ。すでに見たとおり、アルファ雄の行動が活発だと、そうした分配の深刻な障害になっていたはずなので、この問題に対して唯一考えられる解決策――私に思いつける唯一の方法――は、服従者の連合がこの問題を力ずくで片づけるというものになる。

「原初のチンパンジー属」には服従者の反逆が限られてはいるが無視できないくらいは起こっており、それが前適応となった。そしてこの仮説によると、原初の人類はそうした行動をエスカレートさせ、アルファを確実に抑え込むために集団行動で殺すこともある、なんらかの組織的な社会統制を生み出した。その狙いは、地位の高い乱暴者が――狩りできつい仕事の多くをおこなっていたのは、栄養の不十分なメンバーなのに――メンバーの仕留めた大きな獲物を当然のように独占し、フリーライダーとして振る舞うという状況を阻止することだった。

こうした争いがよく起こるようになった結果、力のある個人のなかでも、みずからの潜在的な攻撃性をよりよく抑制できる者のほうが、それのできない者に比べて生殖で成功を収めやすくなったはずだ——それができない者は殺されるからだ。そのため、より効果的な自制が進化するように強く選択されたのだろう。これが道徳の起源の発端と見なせる。ここからルールの内面化と、自己判断による善悪の観念の発達につながるからだ。

さらに細かいことをいくつか、少なくとも検討することはできる。よりよい自制が個人の適応に有利になると、それは乱暴者だけでなく、反社会的な行動によって効率的な肉の分配を明らかにおびやかすほかのメンバーにも当てはまった。仕留めた獲物を隠して肉を騙し取ろうとする者や、他人の分け前をこっそり奪おうとする泥棒がそれにあたる。こうした三種類の「逸脱者」が、自分の属する集団に罰せられるようになると、そんな危険なフリーライダーになるのを抑えられる者ほど、高い適応度が得られることとなった。われわれの良心が、たいていの場合にひどく逸脱する行動を抑え、処罰を受けないようにしてくれるからこそ、この仮説で良心の起源が説明できるのである。

以上が最初の仮説だ。この仮説の論理によれば、集団が協力して処罰するという形での社会選択は、大型動物の積極的な狩りが活発になった段階で、かなり唐突に始まったとも考えられる。威嚇者に対する集団による処罰はすべて（あるいは主として）文化の発達の結果として強まっただろうからだ。そんな発達は、さらなる生物学的進化を必要としなかった。服従者の反逆という形で、かなりの前適応がすでに六〇〇万年前には生じていたためだ。しかし、この仮説を修正しうる不確定要素もいくつか考えられる。

第一に、アルファ雄のシステムは早くから、それを支える遺伝的傾向のレベルでかなり弱体化しやすくなっていた可能性がある。それは、「原初のチンパンジー属」が――そしてその直系の子孫で人類の系統にあたるものも――支配されることをひどく嫌ったと思われるからにほかならない。大きな有蹄動物を日常的に仕留める狩りが始まるよりもはるか以前、次第に脳が大きくなっていった人類は、服従者たちが連合して、憎らしい支配者たるアルファ雄の力を弱めることが少しずつうまくできるようになっていったのかもしれない。それは、「原初のチンパンジー属」以来ずっと、支配よりも個人の自主性が強く好まれてきたからだが、それだけではなく、服従者の雄が性交の機会を増やそうとしたためでもあるのではなかろうか。

したがって、より強い自制を進化させるほどの処罰は、はるか以前に始まっていた可能性がある。それでも、ここで私が展開している、基本的な道徳の起源についての仮説は変わるまい。狩りが登場したときに、断固とした集団による力の行使がやはり必要となるからだ。それによって、おのれの威嚇する能力に従って振る舞う支配者となりそうな者はすべて排除される一方、よりよく自制できる者は好まれることになる。同じような社会選択は、ひどいいかさま師や泥棒のように、ほどほどに平等で栄養面で効率的な肉の配分をおびやかす者にも適用された。

この第二のシナリオでは、平等主義の進化は、遺伝的要因と文化的要因の相互作用によってかなり緩やかに始まったと考えられる。平等主義的な行動が初めて大きく進展したのは、おそらくホモ・エレクトゥスにおいてだろう。この進展にはいくつか複雑な政治的問題がかかわっていたようだし、ほぼ間違いなく最初の人類だと考えられるこのホモ・エレクトゥスは、おそらく類人猿に近い直前の祖先よりも著しく大きな脳をもっていたからである。大きな肉の分配は、彼らの生活の一部になっていたのだろうか？　この初期の人類が、非常に大きな獲物に対して関心をもっていたという考古学的な証拠はあるが、そうした獲物を積極的に探しまわったのは、ごくたまに機会が生じたときだけだったのかもしれない(57)。それ以外では、初期の人類の食事における肉の正確な役割を明らかにすることはもっと難しい――「原初のチンパンジー属」が小型の獲物をとり、その傾向は人類の直系でほぼ確実に続いていたという事実はあるが(58)。ホモ・エレクトゥスが中程度のサイズの大型動物もある程度積極的かつ日常的に狩っていたとすれば、より平等に肉を分配しようとする組織的で精力的な取り組みは、早くも一八〇万年前ごろには始まっていたのかもしれない。というのも、ゾウのように非常に大きな哺乳類とは違って、レイヨウぐらいの大きさの有蹄動物から取れる肉はそれほど多くないので、能率的な分配が必要になるからだ。

さらに時代をさかのぼってそうした推測をするのは難しい。それ以前の人類の系統に属する地上性の類人猿は、もっと限られた社会的な脳しかもっていなかった可能性が高そうだが、全体として考古学的証拠がかなり乏しいためである。これに関連して言えば、野外調査地点の時代が古くなるほど、食用に解体されたあまり大きくない獲物の骨の化石は朽ちてしまい、人間の道具で切った跡が判別しにくくなる。

そのように、きわめて古くから肉が分配されていたという仮説を完全に排除することはできないが、すでに見たとおり、今日われわれの握っている確かな証拠によれば、そこそこ大きい獲物を積極的かつ日常的に狩りはじめたのは、今から二五万年前だ。そしてたとえなんらかの理由で、反序列的な服従者の連合がホモ・エレクトゥスと同じぐらい早い時期にアルファの力をかなり弱体化させはじめていたとしても、のちに労働集約型の大型動物の狩りが登場して、この政治的なプロセスを大きく加速させた可能性がある。

かなりの確信をもって、こうも言えるかもしれない。「原初のチンパンジー属」には序列があった――そしてどこかの段階で、また文化が完全に現代と同じようなものになった四万五〇〇〇年前までには確実に、人類は明確に平等主義になっていた、と。さらにそれは、自制ができず、みずからの力の行使を抑えられなかったアルファタイプの者がやっつけられるか処刑されるかしたからだ、とも言える。これは今日でも起きており、過去にそれ以外の方法がおこなわれていたとは想像しがたい。

大型動物の狩りへ移行したとき、それが成功したのなら――そして明確な平等主義がまだできあがっていなかったら――なんらかの真に厳しい制裁が必要となっただろう。そうなると、自制が十分にできず自己の権力の拡大を目論むアルファは（欲深い泥棒やいかさま師も）、肉を貴重な「コミュニティの所有物」として集団で管理するメンバーの強力な連合から攻撃を受けたはずだ。[59] 中途半端にやるだけでは、肉をめぐってすさまじい衝突が生じるだろうから、二五万年前よりあと、効率的に肉を分配するための唯一現実的な策は、アルファの行動を確実に抑え込むことだったと考えるのが論理的なのである。

この進化仮説は、人類の行動生態学をもとに、またわれわれ以前の人類による社会行動の能力の評価をもとに、道徳の起源にかんする理論を打ち立てようとするものだ。そのために、ほかの学者やさらなる考古学的証拠によって、妥当な代替案が生み出されることが期待されている。ごく近い将来に科学的検証ができそうな手段としては、それしかない。別の分野では、行動遺伝学が行動面や時系列での評価に役に立つさらなる重要情報をもたらすかもしれないが、それにどれほどの時間がかかるのかは予測しがたい。

現時点で残っている仮説は全部で三つある。ひとつめは、原初の人類はアルファの抑圧にかんしては祖先のころからそれほど大きくは進歩しておらず、大型動物の狩りが急激な政治的変化を招き、うまく自制できないアルファを抑え込もうとして相当深刻な衝突も起こった、というものだ。ふたつめは、それ以前に、もっと昔の人類は個人の自主性を向上させ、またおそらくは下位の雄にとっての生殖の機会を増すために、団結してアルファの力をある程度削いでおり、そのおかげで大きな獲物に頼る生活への移行がはるかに容易になった、というものだ。そして三つめは、そうした狩りが始まったときに明確な平等主義はすでにできあがっていて、実際にそれは大型動物の狩りが成功するための必要条件だった、というものである。

これら三つの仮説から科学的に正しいものを選択するとしたら、さらなる研究による知見が必要だが、三つとも、進化的良心の発生と関係する基本的な変動因子を扱っている。そうした良心の進化にかんしては、それぞれの仮説により、また社会選択がグループ選択とともにどれだけ強力だったかに応じて、かなり緩やかに進行したか、あるいは頻繁に中断した可能性がある。

アルファを殺す

ウェイロンは、アルファの覇権が、今日の狩猟採集に付きものの平等主義の分配プロセスを妨げたと指摘しているが(60)、平等性にもとづく政治的秩序が、どのようにして古い序列の秩序と置き換わったのかについては、仮説を示さなかった。それでも、第4章でわれわれは、現代の平等主義の狩猟採集民をかなり深く観察し、過激な答えを見つけ出した――「死刑」という形で。そこで見たとおり、これは往々にして、過度に支配的な行動と結びついたただ乗りの問題をなくす手だてとなる。ひとたび本格的な狩りが始まり、ときどき大量の肉がグループに供給されるようになると、肉を盗む者やずるをして手に入れる者はそれほど制裁の対象にならなかったと思われるが、今日も起きているように、欲深い乱暴者のアルファはひどい社会的制裁を食らったはずだ。ここで強調しておくが、現代の五〇のLPA社会における民族誌の記録に見られる「死刑」のうち、半数以上では、それによって大きな肉を皆で公平に分けて食べるチャンスが実質的に高まったと思われる。そして表Iで見たとおり、LPA狩猟採集社会で、主な制裁の対象として選び出されたのは確かに乱暴者で、こそこそやるふたつのタイプの逸脱者（盗みを働く者とずるをする者）よりもはるかに多かった。

原初の人類が狩りを始めたときには、まだ完全な平等主義ではなかったとさしあたり仮定しよう。身勝手な振る舞いに慣れていたアルファに、もっと効果的に肉を分配する新しい習慣をやむをえず無理に押しつければ、血を見ることになりがちだったので、そのことは、より強い自制を好む社会選択の速度に拍車を掛けただろう。その一方で、服従者の反逆がすでに頻繁かつ効果的になっていれば、そして暴君的なアルファの覇権がすでにある程度突き崩されていたら、公平で効率的な肉の分配はより簡単に開始できていたはずであり、私が示唆したとおり、社会選択の速度はもっと緩やかだったにちがいない。

要するに、初期の人類が、二五万年前までにはすでに完全に平等主義になっていたという可能性は排除できない。そして、そのような下地があったことで、効率よく平等に肉を分配するというルールを守らせるのはずっと容易になったはずなので、大型動物の狩りがたいした争いもなくすぐさま盛んになったのかもしれない。この場合、良心の進化が始まったのも道徳の起源が現れたのもそれ以前だと考えられる。また社会選択を動機づけたのは大型動物の肉を皆で分け合う必要性でなく、下位の者たちがもっと個人的な自主性を求めるとか、もっと多くの生殖の機会を望むということだったという可能性もあった。だが、獲物として大型動物に本格的に頼るという新たな展開があったときには必ず、アルファは、非常に貴重でたまにしか手に入らない大きな食料の確実な分配を求める服従者から集団攻撃を受け、傷を負わされたり殺されたりする率が高くなっていたはずだ。そしてこれが、良心の進化を加速させたのかもしれない。

私はこの強い選択の力を、平等主義的な社会秩序の出現と密接に結びつけたので、その点でこの理論は基本的には政治的なものだ。こうした仮説は大きな視野をもたらしてくれるので、処罰による社会選択が働いてわれわれは道徳的な存在になったのであり、そうした社会秩序は人間の進化の過程のどこで生まれてもおかしくはなかった、と考えることもできる。しかし、今日のような明確な平等主義が盛んになるためには、人間の社会的・政治的知性が十分に高まって、服従者たちがアルファをしっかり抑え込めるようになっていなければならなかっただろう。

そうした処罰が実際に始まったときに、もっと古い、恐怖にもとづく祖先の自制のメカニズムに、新たに進化を遂げて道徳の起源となった一連の形質が加わったのではないか。この進化を遂げた形質には、より高度な視点取得、ひどい逸脱者を殺すのも辞さない集団で生きる危険にうまく適応するのを助けるルールの内面化、羞恥心、自分や他者についての道義的判断、うわさ話の形をとった特定の記号的なコミュニケーションといったものが含まれていた。

これは、道徳の起源のように崇高なものの説明にしては、かなり陳腐に思われるかもしれないが、より優れた理論が現れるまで、私はこの仮説を推しておきたい。

先史時代の「死刑」をもう少し考える

次に、獲物の解体方法について、考古学的証拠をいくつか紹介しよう。そこから少なくともうかがえるように、四〇万年前には人間の狩猟採集民は、まだ完全には平等主義となっていなかったらしい。しかしまずは、もっとあとの時代に目を向け、反序列的な手段としての「死刑」の問題に立ち戻ろう。この点について、スペインにあるマドレーヌ文化期の洞窟壁画から三つの例を考えてみる。(61) その時代には、現代的な文化をもつようになった狩猟採集民が、より気候の安定した完新世の到来に適応しつつあったにちがいない。ひとつの壁画では、男一〇人からなる射手の一団が、表情豊かに弓を振り回しながら、何かしたばかりのことを喜んでいるように見える。数メートル先の地面には、横たわって動かない男の姿があり、その体にはちょうど一〇本の矢が刺さっていてまるでヤマアラシのようだ。(62) はっきりわかるのはそれだけだが、いくつかの推測もできる。

第一に、一〇人の射手から集団の規模は四〇人あたりとも考えられ、これは今日の平均よりやや多いものの、すでに議論した中心的傾向の範囲に十分入っている。スペインではほかの場所にもこれに似た壁画がふたつあり、それぞれ三人と六人の射手が描かれている。そのため、全体として射手の平均の人数はおよそ六人であり、現代の狩猟採集民でのちょうど平均にあたるようだ――これほど標本の数が少ないと、あくまで示唆しているにすぎないが。そして第二に、全員で近距離から殺害している場面については、ふたつの集団のあいだできわめて一方的におこなわれている殺害ではなく、むしろ集団のなかでの処刑の事例と思われる。確実には言えないが、同じ出来事が三つ描かれているので、リチャード・リーがブッシュマンについて描写した「共同体の」処刑において、連続殺人を犯した者が自分の属する集団によって「ヤマアラシのようにされた」(63) のと同じような、処刑の場面ではなかろうか。のちの章で、具体的な話を紹介しよう。

集団による処刑の政治力学を改めて見直し、現代の狩猟採集社会で重要な公務を遂行している処刑人が、処刑された逸脱者の血縁者に怒って殺されないように取り計らわれているふたつの方法についてじっくり考えてみれば、この解釈が裏づけられる。とりあえず手短に言うと、ふたつのうち、主に採られている方法は悪者の殺害をその近親者に委ねることだが、明らかにここではそうなっていない。あまり採られないほうは、集団が全体でひとつになって悪者を殺すというやり方で、これは洞窟壁画に見られるものと完璧に一致する。第4章の表Ⅰに示した「死刑」の理由を統計的に検討すれば、さらなる推測も可能となる。

こうした三つの洞窟壁画は、恐怖を呼び起こす呪術師か、何かほかの種類の乱暴者の処刑を表していたのかもしれないが、そうかどうかは推測するほかない。戦争の捕虜だったかもしれないが、その可能性は低いだろう。それでも、これらの壁画が語るのは、現代人と同じような文化をもっていた人類が、集団行動によって嫌いな者を殺せたということなのである。

「死刑」という行為が遺伝子の選択に関係するのは、処罰される者の適応度をひどく下げるからにほかならない。しかしすでに見たように、民族誌学者の報告が実際より少なすぎるために、今日の移動性狩猟採集民における正確な年間の死刑の頻度を割り出すのは難しい。それでもわかっているのは、今日のLPA狩猟集団における全体的な殺人発生率が、実のところロサンゼルスのような危険な都市での率と同等度なのに、(64)「死刑」によるものはほんのわずか(それでもかなりのもの)であるらしいということだ。大半の殺人が、女性をめぐる一回勝負の戦いによるものだからである。ところが先史時代、集団で大きな獲物を分け合うために頑《かたく》ななアルファを抑え込む必要があったころには、「死刑」は、ひどいケースに対処するうえでは現実的で、ときには必須の選択肢だったように思われるし、このことは遺伝子プールに大きな影響を及ぼした可能性がある。

考古学と、平等主義の推移

初期の肉の分配については、ほかにも社会的に重要な証拠が存在する。それは、大きな獲物の肉にかんして明確に平等主義的な統制が始まったのは二五万年ほど前であって、それよりはるか以前ではないという考えを支持するものだ。メアリー・スタイナーとふたりのイスラエルの考古学者[65]は、中東で初期の人類が大きな肉を解体したときに骨についた切り傷をいくつも注意深く観察した。当時すでに中東は、アフリカと陸続きになっていたと考えられる[66]。スタイナーらは、大きな獲物の狩りがまだ本格的におこなわれていなかったと思われる四〇万年前と、有蹄動物の積極的な狩りが主体になってからすでに五万年ほど経っていた二〇万年前とを比べて、大きく違う傾向に気づいた。四〇万年前の骨の切り傷は、無秩序で変化に富み、何人かがいろいろな角度からさまざまな道具で、それぞれ独自の切り方でさばけばそうなるだろうと思われるものだった。この初期の人類の解体方法は、チンパンジーやボノボが肉を食べる場面とかなり一致しているように思える。そうした場面では競争的な政治力学ばかりが働き、たいていは同時に何人かが肉を切りとっている――たとえひとりが明らかに主導権を握っているとしても。こうした旧石器時代中期の人類は、尖った石の破片を肉の解体に使っていたので、あまり争わずに分け合う必要が生じたかもしれない。というのも、肉をめぐって大喧嘩が起きた場合、今日のチンパンジー属の二種とは違い、解体している者はすでに殺傷力の高い武器を手にしていたからだ。

一方、二〇万年前の骨にあるのは、肉のすべてを解体する地位に就いていた、ひとりの人間による切り傷だ。その潜在的意味は非常に大きい。こちらのやり方は、現代の狩猟採集民でおこなわれていることを大いに彷彿とさせるからだ。この場合、実質的に肉は用心深い集団の共有財産となり、深刻な争いを避けるように組織化され文化的に定型化されたやり方で広く分け合われる。[67] このシステムを支配的な者が利己的に侵害したくなるのを防ぐためにも、当然のごとく、獲物の肉は狩りに加わらなかったある程度「中立的な」肉の分配者に手渡される。[68] こうすることで、習慣上、狩りのうまい者が肉を自己中心的に支配することがないように取り計らうのである。

ひとりが解体するという、この二〇万年前の考古学的証拠にもとづく傾向は、確かに現代の習慣と一致しているように見える。そして「原初のチンパンジー属」の時代や、おそらく四〇万年前に初期の人類が個人個人で肉に食らいついたときと同じぐらいに、利己的なアルファがほとんど抑え込まれずにいたとしたら、これまで話してきたLPAの分配システムのたぐいが効率的に働かないのは明らかだろう。こうしたすべては、少なくとも次の考えとぴったり合っている。初期の人類が栄養効率の高い大型動物の肉を頻繁に食べるようになると、政治的な平等主義の確たるシステムを強制する必要が生じた――しかも殺傷力の高い武器をだれもがもっているときには、過度の争いを避けるためにもそうする必要があった、という考えだ。

主要な仮説

ではここで、以上のシナリオのどれにも合う仮説を示そう。人類集団が平等性をめぐって戦闘的になったときには必然的に、アルファタイプにとっては、自分の支配的傾向をとくに注意深く抑制することが適応の上で非常に有利となった――そして前にも言ったとおり、これは、泥棒やいかさま師となりかねない者に対しても同様の効果があるという事実とともに、人間がどのように良心を獲得したかを説明することができた。こうした利己的な「逸脱者」の自制の能力は、遺伝的に多様だったと考えられる。

さらに、肉を独り占めしようとする者が、反社会的にいばり散らすのをとがめられ、頻繁に厳しく罰せられるようになると、集団との争いが起こった。それはアルファの抑圧が実によく習慣化している現在のLPA集団で見られるよりもずっと激しかっただろう。その結果、基本的に集団が個人に勝つことによって、負ける側の人の遺伝子型に強い社会的な選択圧が働いたにちがいない。

長い時間をかけて、祖先の類人猿に見られた恐怖にもとづく自制が高まり、ほかのどんな動物にも生み出せそうにない、なんらかの原始的な良心が現れたのではないか。これが、道徳の起源にかんする私の仮説だ。ボノボやチンパンジーがまったく同じように、先駆けとなる重要な一歩を踏み出していたなら、なぜわれわれと同じ方向に進化しなかったのかという疑問には、あまり答えを出すつもりはない。しかしその答えは、人間がより複雑で社会的な脳を作り出したこと――あるいは、人間が大きな獲物の狩りに専念するようになったこと――におおむねあるような気もする。

良心はどれだけすばやく進化したのか?

ダーウィンは、どの自然選択のプロセスも、きわめてゆっくりと一定のペースで進行し、自然環境の緩やかな変化によって刺激されるものだと考えていた。ところが、よく考え抜かれた現代の見方によると、そうした変化はときにひどく極端で、ひどく急激になることもあるので、生物学者のナイルズ・エルドリッジが「断続平衡」と呼んだ現象が生じる。[69] つまり、遺伝子変異のペースが、物理的環境のすばやい大きな変化によって著しく加速することがあるのである。

良心の進化にかんしては、社会的環境も考慮に入れる必要がある。[70] 狩猟が始まってからもアルファの力がまだ大きく、処罰による制裁が激しくならざるをえなかったら、処罰による社会選択だけで、それまでにないタイプの断続（ときおり見られる急速な進化）がもたらされた可能性がある。私がこのように言うのは、「死刑」の激化が適応度に大きく影響したはずであるだけでなく、好みにもとづく社会選択が人間の意図によって相当「絞り込まれた」はずでもあるためだ。つまりこの選択圧は、日常の社会的な問題に対処したり、危機を解決したりする際に、意図的に調整されていたのだろう。結局のところ、人間の大きな脳は、生態環境に応じた政治的問題を解決する持続的な傾向をもたらし(71)、そのことは、長期的に見ると、重大な遺伝的影響を及ぼした可能性がある。高度な文化を獲得した人々の場合、物理的な環境や社会的な環境の変化に応じて、こうした問題解決の方法はかなり迅速に調整されたかもしれない。

「通常の」自然選択のプロセスが新たな形質を生み出すには、最低でもおよそ一〇〇〇世代（人類では、およそ二万五〇〇〇年にあたる）を必要とする。このことは、エドワード・O・ウィルソンが一九七八年の著書『人間の本性について』（岸由二訳、筑摩書房）で断言していた(72)。たとえ大型動物の狩りが比較的最近の「断続する」時点であり、その時点で強力な社会選択の力が生じ、優れた自制心をもつ者に有利に働いたと仮定できるとしても、そのあとで人間が現代と同じような文化をもつようになるまでのあいだに、「良心の誕生」ぐらい大きな変化が起きるのに十分な時間はあったはずだ。その期間はかなり正確に見積もることができる。狩猟が労働集約的になったのは二五万年前だが、文化が（そして道徳が）現代的になったのは四万五〇〇〇年前か、ひょっとしたらそれより少し早い時期だったのかもしれない。したがって、われわれを道徳的な存在にさせたり、その仕事を完成させたりする遺伝子を選択するために、少なくとも七〇〇〇〜八〇〇〇世代の期間があったことになる。そして私は、現在の知識をもとに、これがかなりの程度、きわめて一貫した社会的嗜好に導かれた社会選択によってなし遂げられたのだと提案したい。

ここで急いで言っておくが、われわれが利他的になったことにかんしては、第3章で論じた、グループ選択や、互恵的利他行動や、もしかしたらほかのすべてのメカニズムも寄与した可能性がある。しかしこの問題については第12章で取り上げることにしよう。

大型動物の狩りが導入される前に、明確な平等主義に完全に到達していたとしたらどうだろうか？　これは、スタイナーが四〇万年前だと特定した肉の解体の方法とは矛盾するように見えるとしても、大きな脳をもっていた原初のホモ・サピエンスについては、ホモ・エレクトゥスがまだ消え去っていなかったおよそ五〇万年前から二五万年前までのどこかの時点で、平等主義に到達したのではないかと考えるのは無理な話ではない。それでも、そうなったときには必ず、泥棒やいかさま師、そしてとくにアルファは、静かに立ち去ったのではなく、多くはその過程で殺されるか、でなければ不利な状況に置かれ、この過激な社会選択全体の結果として、人間の自制の能力が向上していったと考えられる。事実、LPA狩猟採集民が頻繁におこなっている社会的制裁を見てみると、「死刑」がかなり頻繁に用いられているので、このプロセスは今も遺伝子選択のレベルで進行しているのかもしれない。

性選択を基本的な理論として考える

先述した他の選択のモデルに比べ、ここで社会選択をそんなにも重視するのはなぜなのか？　ダーウィンの性選択を、社会選択のきわめて基本的なタイプと考えてみよう。[73] 性選択は非常に強く働くので、雄のクジャクの尾羽のように、不適応で「誇大」と思われるはずの形質が支持される。そうした形質が存在できるのは、意思決定のパターンが進化すると選択のプロセスを誘導し、（少なくとも比喩的な意味で）いわば特別な「注目」をさせるようになるからだ。じっさい性選択の対象は、雌の生来の選り好みによって、非常によく注目される。雌のクジャクがおしなべて、より強く健康な雄のクジャク、すなわちより豪華で模様に目の多い尾羽でみずからの遺伝子の優秀さを宣伝する雄を好むことを考えてほしい。また、ダーウィンが非常にうまく記述しているように、ほかの種でも、雌の選り好みに応えるべく、雄のさまざまな求愛のディスプレイ（誇示行動）は精力的にコストがかけられ、しばしばひどく「誇大」なものになっていることも考えてほしい。[74] すると、好みにもとづくタイプの選択が非常に強い影響を与えるため、本来は明らかにひどく不適応な形質が、適応度を大きく犠牲にしながらも選択されうることがわかる。実のところ、そうした形質は、交尾期に選ばれた雄にそれに見合うだけの大きな生殖上のメリットをもたらすというだけの理由で維持されている。この観点からイギリスの遺伝学者ロナルド・フィッシャーは、求愛のディスプレイの鍵を握る、好みにもとづく性選択の明白な威力を評価しようとして、かなり昔に、相互作用する「ランナウェイ効果（暴走効果）」という考えを提唱している。[75]

処罰による社会選択は、それとまったく同じではない。常識から言えばもちろん、これはあっさり処刑されるという話である――満足のいく性的報酬を得るのとは反対だ。だが処罰にも、やはり生殖の成功に直結するような、よく絞りこまれた選り好みが含まれている。アルファ雄の候補も、死ねば子を残せないからだ。いつか、この特別な、集団がおこなう処罰による選択の方式をもっと効果的に考慮に入れた数学モデルが作られればよいと思う。しかしさしあたり、良心の進化をうながすうえで、社会選択がかなり強力に働いた可能性があるのではないか――非常に強力だったので、われわれの脳は、七〇〇〇～八〇〇〇世代かひょっとしたらそれ以上の時間をかけて、良心の機能を備えるようにあっさり改造された可能性が高いのではないか――と思っている。

忘れないでほしいのは、世界でまだわずかに残っている狩猟採集社会でも、自制できない逸脱者を必ず処罰するようなほかのいかなる社会でも、処罰による社会選択は今日まで続いているということだ。そして、狩猟採集民のあいだでは、そうしたネガティブな社会選択は「死刑」だけでなく、たくさんあるということも覚えておいてほしい。私が集団による処罰のなかでもこの「死刑」という非常に過激なタイプを重視してきたのは、大きなコストがかかるためだ。しかし先史時代には、おそらくそれより軽い社会的制裁も幾世代にもわたっておこなわれていただろうし、直接的な影響はもっと弱いのは確かだが、はるかに頻繁に用いられていたにちがいない。たとえば、集団から仲間外れにされたり、完全に絶交されたりする場合の長期的な影響は大きくなるし、道徳の面で恥ずべき悪評が立つだけでも、結婚をはじめとする協力関係を結ぶ見込みに悪影響が及ぶ。

社会選択の特異な性質

ドナルド・T・キャンベルいわく、生物進化が起きるとき、その基本的なメカニズムには彼が「盲目的変異と選択的保持」と名づけたものが含まれるのだという[76]。彼がひとつなぎの言葉で表したのは、基本的に目的のない単一のプロセスであることを示すためだった。このランダムなプロセスには、遺伝子プールに――それゆえ遺伝子型に――及ぼす影響とともに、多様な個体の日常的な表現型に直接働く環境的圧力が関与している。本書ではここまで、集団攻撃などの集団による制裁と、選択の要因となる評判の影響に的を絞ってきた（後者についてはまさにこれから詳細を見ていくところだ）。これらは、自然環境でなくむしろ社会集団から生まれるものなので、特別な関心を向ける価値がある。

この流れで、私は次のようにきわめて具体的な進化仮説を考えついた。みずからの略奪的性向を抑制しない攻撃的な（あるいは狡猾な）逸脱者を、殺したり、傷つけたり、社会的に排除したり、社会的に忌避したりすることは、初期の人類の遺伝子プールに影響を及ぼし、その影響が非常に大きなものだったために、人間に固有の良心が進化できたのではないか。

この種の理論は、決して完全に新しいものではない。ほかにもひと握りの学者が、処罰による社会選択は遺伝子プールに著しい影響を及ぼすという可能性を検討しているが、良心以外の領域を対象にしてきた。驚いたことに、最初の考察はダーウィンによるものだ――その考えはあまり発展しなかったとはいえ。やがて、今から四〇年ほど前の一九七一年、生物学者のロバート・トリヴァースが、狩猟採集民のもつ「道義的な攻撃性」を選択圧と見なした。[77] そんな攻撃性が、互恵的関係の履行を怠る者に向けられると、ずるいことをさせる遺伝子の頻度は減少したのではないかと考えたのだ。私は、騙す者よりはるかに乱暴者のほうに重点を置いているものの、この基本的な考えを自分のモデルに取り込んでいる。

アレグザンダーの貢献

一九七〇年代の終わりに生物学者のリチャード・D・アレグザンダーも、人間の社会選択について論じはじめた。少なくとも部分的には、トリヴァースがしたように、ずるに対する集団による処罰の観点から論じていたが、大部分はポジティブな話で、より中身の立派な男が女に好まれるといった配偶者選択にかんする議論だった。[78] アレグザンダーの教え子だったメアリー・ジェーン・ウェスト＝エバーハードはさらに、ダーウィンの性選択が社会選択の一種にすぎないことを示し、[79] 主に昆虫の例を用いてほかの種類の社会選択を実証した。生物学者として彼女は、社会選択を、個体の社会的な環境や好みに直接もとづくタイプの遺伝子選択として広く定義するという課題に取り組みつづけている。

一九八七年、アレグザンダーは名著『道徳システムの生物学』で、肉の分配における協力的な互恵関係が狩猟採集民の集団でどのように働き、生来の利他的な形質がどのように選択されたのかについて、みずからの考えを詳しく述べている。ここでの大きな謎は、次のようなものだ。どのようにして狩猟採集民は、だれが獲物を仕留めたかに関係なく肉を皆で分配するようになったのか？　そして、どのようにして彼らは、トリヴァースの言う「見返り」のたぐいではなく、アレグザンダーが間接互恵のシステムと呼んだもの――第3章で紹介した重要な概念――を望むようになったのか？　さしあたり手短に言えば、他者を助けるのは、「今日だれかに寛大に接すれば、自分が必要とするときにだれかが寛大に接してくれるだろう」という一般的な想定にもとづいている、ということになる。

アレグザンダーは、利他行動のパラドックスを狩猟採集民の慣習の観点から厳密に定義しようとし、この間接互恵が大きな謎だと考えた。どう見ても、そのように一般化されたギブアンドテイクのシステムでは、与えるよりもはるかに多く受け取る都合のいいフリーライダーは適応度を高めるが、逆に与えるほうが多い利他主義者は損なのだ。これは、肉の分配だけでなく、ほかの役に立つ行動、たとえば怪我や病気などで不自由をしている非血縁者を助けるといった行動にも当てはまる。

そんなシステムがどのように進化したのかを説明するには、二種類の社会選択が必要になる。[80]アレグザンダーは、間接互恵を集団の全メンバーにとっての保険制度のようなものと見なし、集団による処罰の役割についてこう述べている。「明らかに、仲間外れや共同絶交を含めたさまざまな形態の処罰は……きちんと見返りを与えなかったり、行動規範がどんなものだろうと、それに従わなかったりする振る舞いが頻繁に見られる人物に科される」[81]。アレグザンダーはさらに、生殖の成功には社会的地位や「評判」が重要であることも強調している。彼は主に、良い評判と、そうした評判が協力にとって重要であることを強調しているが、この段階での私の議論では、悪い評判——およびその社会的・遺伝的影響——のほうが、良心の起源を知るためにとりわけ興味深い。良心のレベルが低いと、評判のレベルも低くなるだけでなく、積極的な処罰も生み出しかねないのだ。

処罰による社会選択

悪い評判は、コミュニティのメンバーが他者の振る舞いについてひそかにうわさ話をするときに確かめられる。太古の狩人の集団は、集団内の泥棒やいかさま師に加え、アルファをも厳しく罰するようになったとき、そうした逸脱者の社会的な経歴をすべてたどれるだけの言語能力をもっていただろう。それによって、一度の罪だけでなく、長期にわたって悪事を繰り返す傾向に対しても報いを受けさせることができたのである。より高度な良心が発達すると、同様の累積計算をして、過去の社会的責任を勘定するようになった。それも個人的で正確な内観にもとづいてそうするようになったのである。逸脱をするおそれのある者が、そうした優れた良心を発達させると、深刻な問題を起こすのを避けられるようになった。こうして、自衛のための自己評価と自制にかかわる遺伝子が、処罰による社会選択に強力に後押しされたと考えられる。

攻撃性をうながす遺伝子も影響を受けてきた。一九八八年に政治人類学者のキース・オッターバインは、文字をもたないさまざまな人間における「死刑」を調べるなかで、「ずるをする者への道義的な攻撃性」についてのトリヴァースの最初の考察に立ち戻り、「死刑」もまた、長い時間をかけて人間の攻撃性を低めるように遺伝子プールを変化させたのではないかと述べた。攻撃的なタイプほど、生殖の成功が抑え込まれたはずだからだ。[82] その後、リチャード・ランガムは、集団による処罰でわれわれの全体の遺伝的性質がそれほど攻撃的でなくなったという面と、攻撃的な形質の減退とともに骨格の変化が起きたという面から、人間は自己家畜化したのだと論じている。[83] ランガムが遺伝子選択の社会的要因として「死刑」に抱いた大きな関心は私のものと似ており、われわれふたりの見方は相互に補強し合っている。

一九九九年に私は著書『森のなかの序列』で、反序列的な人間が団結して、力の強い自分勝手な上位者をやっつけることが社会選択に及ぼす影響について検討した。その際、この「攻撃性の抑制」という面からだけでなく、別の面からも検討したのだが、そちらが良心の進化と道徳の起源にかんする現在の仮説へ私を導いたのである。この本のなかで私はこう述べている――このテーマで一冊の本を書くことになるとはほとんど思いもせずに。「極端な成り上がり者のタイプを生殖で成功しにくくすることによって、自然選択は、われわれの政治的性向をかなり変化させたようだ……攻撃的な反応を弱めるか、抑圧的な自制を強めるか、あるいはその両方によってこうした変化が生じたのだろう[84]」

本章で注目しているのは、このうちの第二の影響だ。抑圧的な自制を強めると、結局のところ良心が進化することになり、これは道徳の起源の重要な側面だからである。より効率的なタイプの自制が発達しはじめていたときに現れた原始的な良心がどんな形をとっていたのか、われわれには見当もつかないかもしれない。それでも、私は少なくとも、「原初のチンパンジー属」の行動について言えそうなことや、今日の狩猟採集民についてわかっていることや、彼らが社会的な略奪者を抑えつけるときに直面しつづける問題についてわかっていることをもとにすれば、この進化上の発達が起きる社会的場面を高い妥当性で再現できるのではないかと提言している。

「原初のチンパンジー属」の話を振り返ってみれば、唯一ありうる明確な「社会統制」として再現できたのは、反逆者の連合による攻撃だった。その結果、かなりまれではあるが、怪我や追放や死をもたらすこともあった。今日の狩猟採集民に目を向けると、たいていは、集団全体の社会的幸福や経済的幸福がどうしようもない逸脱者におびやかされているときに、集団全体による道義的な社会統制が、確固たる組織的なものになると同時に厳しくなり、ときに死に至らしめるほどにもなっている。今日、この社会選択は、われわれの遺伝子プールにかんするかぎり、ふたつのことをしつづけている。ひとつは、乱暴を働いたりずるをしたりする生来の傾向を弱めることだ。もうひとつは、すぐにわれわれを厄介な事態に陥らせる反社会的逸脱行為を自制させる手段として、良心を用意することである。

道徳の起源にかんする理論——神話に科学を

原始的な良心とおぼしきものをもっていた、後期の原初の人類がわれわれに与える印象は、道徳とは無縁の今日のチンパンジーやボノボが与えるものに近いかもしれない。一方で、じっくり観察できたり、実験に参加してもらえたなら、彼らが少なくとも、その集団が合意したルールにかんする「善悪」の初歩的な感覚を獲得していたことがわかるかもしれない。知るよしもないことだが。それでも、ひとたび初期の人類が集団の価値観を強く内面化しはじめ、内面化された善悪の観念によって導かれだしたなら、われわれは彼らを道徳的な存在と認めるかもしれない、と私は思う——とくに、もしも彼らが仲間のことについて話すのが聞けて、それが批判的な口調だったなら。そして、われわれが「羞恥心」と呼ぶものを経験しだし、恥ずかしさで顔を赤らめだしたなら、彼らの道徳心に疑いの余地はないだろう。

良心をもつことが、人間の社会生活にとってきわめて重要なのは明らかだが、科学者が良心の起源を明らかにしようとすることはめったにない。巧みではあるが限定的な理論がひとつ、エッカルト・フォーラントとレナーテ・フォーラント(85)というふたりのドイツ人心理学者によって提唱されている。彼らは、生来利己的な子どもに親がつぎ込んだ投資の一部を返済させるための道徳的手段として良心が進化した、という興味深い考えを示した。明らかに、この「親子の対立」による説明は、今しがた私が提示した社会選択にもとづく仮説よりもはるかにカバーする範囲が狭い。私の仮説は、良心が人間の社会生活全般でどのように働き、どのようにして適応すべく「設計された」のかに注目している。これはまた、歴史に注目するものでもあり、良心の進化を、人間が自然環境を利用する方法の変化に結びつけることで、われわれの生態学的過去を考察するものでもある。そのほかにも、「道徳の起源」を説明しようとするアプローチには歴史に無関係なものが多く存在するが、それらもまた、道徳的行動がもっと一般的な進化の枠組みにどのように当てはまるのかを明らかにするところまでは至っていないようだ。これについては第12章で検討しよう。

それからもちろん、神学と神話がある。ここで、私が日曜学校に通《かよ》っていた子どものころに感じたいくつかの矛盾(86)が、議論に少しばかり彩りを添えるだろう。旧約聖書とコーランはどちらも牧歌的な中東のエデンの園を描いている。食べ物は豊富にあり、環境の危険はない——ただし、人を操るヘビは除いて。このヘビは、気ままに現れては消え、確かにきわめて邪悪な存在として描かれてはいるが、自由意志と知識の探求を信じる者として、一部の人には慕われているようだ。ひょっとしたら、この環境の危険のリストには、罠にかけるのを正しいと思っていたらしい意地の悪い神も加えるべきかもしれない。というのも、アダムとイヴは、恥を知らぬ無邪気さに浸って永遠の時を過ごし、自分たちを始祖とする種族が社会的な競争も道徳的な罪の意識もなく暮らす可能性も望めたはずだからである——神が罠を仕掛けなかったならば。神が魅力的な知恵の実を餌にして罠を仕掛けると、人間の好奇心は、恐れ知らずで勝手気ままなヘビにそそのかされて、アダムとイヴをそこへ行かせ、（いささか退屈な）楽園だったはずのものに終止符を打たせたのだ。

私が大人になってから発見した、科学が明らかにするエデンの園はだいぶ違う。こちらは、人類学的に見て更新世のアフリカに存在し、生活にいくつか大きな好機をもたらす一方、非常に危険になりかねない不安定な気候や、頻繁な飢えや苦難、本物の毒ヘビ（非常に攻撃的なブラックマンバなど）、夜に腹をすかせて徘徊する大型のネコ科動物ももたらした。だが、旧約聖書の書き手たちも確かに正しく理解していた――暗黙のうちに人類最初のペアを道徳的に無垢な動物になぞらえ、彼らの堕落によって、性的な慎《つつ》ましさなど、いろいろなことに対する道義的な不安が生まれたという点を強調していたのだから。聖書の物語は純粋な寓話かもしれないが、人と動物との違いというテーマが道徳の起源と結びついて、文字をもたない人々の神話に広く見られることは注目に値する。そうした純粋な口承の伝説では、人間が善悪にかんする恥の観念をどのように獲得したかという問いはとても頻繁に語られているので、例を挙げれば千単位になってしまうだろう。そうした物語は多種多様でもおかしくないのだが、実は著しく似かよっている。

私は大学院生だったある年の夏、ナヴァホ・インディアン居留地の調査チームに加わって実地調査をおこなった。調査対象のひとつは、「イチャア」あるいは「蛾の病」と呼ばれる精神疾患の一種で、ナヴァホ族では近親相姦を犯した若者が罹るものと信じられていた。当時の私の研究に関連して、今でもよく覚えている神話がある。それはもともと一九三〇年代に、人類学の才能があったフランシスコ会の宣教師、ベラール・ハイル神父が伝統的なナヴァホ族から教わったものだ(87)。そのインフォーマントを育てたのは、狩猟採集をおこなっていた世代のナヴァホ族で、一八六〇年代に米軍に負けて抑留されるまでは南西部で広く襲撃をおこなっていた。

ナヴァホ族では、人間の以前の形態は昆虫のようなものだったとされ、そのため近親相姦についてのルールがいっさいなく、近しい間柄で子を生むことができたらしい。ナヴァホのある氏族は昆虫の名前――蛾族――さえもっており、そうした以前の状態の「人間」は、いつでも最強の愛に囲まれた家族のなかで結婚することができ、とても幸せに暮らしていたらしい。彼らの「蛾の神話」によると、現在の人間が現れたのち、彼らは未熟にも、兄弟姉妹との結婚を許さないという慣習を捨て、その代わりに蛾族の先祖の例に倣うことにした。こうした太古の人々は、メサ〔周囲が崖で頂上が平らな地形〕の頂上に集まって自分の子ども同士を結婚させ、そのあいだに親たちは崖のふもとに降りて、幸せな兄弟姉妹のカップルがまわりで夜通し踊れるように巨大なかがり火を用意した。ところが突然、若いカップルはまるで蛾のようにふもとのかがり火にいやおうなしに引きつけられ、気が狂ったように押し寄せて、火に飛び込んで焼け死んだ。この話の教訓は、蛾のように近親相姦を犯せば、自然のルールを破ることになるので、そこに内在する処罰を受けることになる、というものだ。このようにして、太古のナヴァホ族は罪と罰を初めて経験したのである。

イスラム教徒やユダヤ・キリスト教徒のエデンの園の話だろうと、ナヴァホ族における蛾の神話だろうと、寓話のすばらしさは、語り手がほんのいくつかの胸を打つ出来事を用いて、人間の道徳の起源ぐらい深遠で複雑なものを説明する点にある。こうした話を信じるための土台になるのは、純粋で単純な「信仰」だ。科学の話――ここで私が語っているような話――のすばらしさは、証拠が評価でき、理論に異を唱えられ、必要に応じて修正できるようになっている点にある。私は自分の主張をするにあたって、信仰に訴えるのではなく、人類学的なデータと洞察、自然選択説の深遠な論理、脳の機能について現在わかっていること、霊長類学と考古学の知見など、われわれに自由に手に入る現代の知識のすべてに訴えている。

われわれが獲得したこの良心とはいったい何か？

おおざっぱに言って、良心はわれわれに社会的な鏡を与えてくれる。その鏡に絶えず目をやることで、自分の評判をおびやかす恥ずべき過ちを把握したり、集団の優良なメンバーとして進歩していく姿を堂々と示したりできるのだ。しかし、理知的な自己認識を超えると危うくなる。実際問題として、われわれはみずからの高度に発達した強烈な「欲求」に絶えず対処しようとしているが、この欲求のせいでしばしば自分の集団といざこざを起こす羽目になるからだ。そうした欲求は、支配したがる性向から物欲や性欲にまでわたり、それが反社会的な表れ方をすると、日常生活に深刻な現実的問題が生じる。

最低でも、前頭前皮質と傍辺縁系の両方の脳領域が、個人の社会的な戦略立案と自制に寄与する情動反応にかかわっている(88)。そして集団による処罰の影響によって、これらの領域における能力が発達したとき、処罰による社会選択がその根底にある遺伝子を通じて働きかけることができたのは、関係する脳機能の個人差だった。もちろん、この社会的な選択の場合も、もっと一般的な自然選択と同様、選択のプロセスが直接働きかけた対象は、基本的に表現型の多様性だった。

結局のところ、集団の社会的な好みは遺伝子プールに大きな影響を及ぼしうるので、人間が恥ずかしさで赤面しだした時点で、良心による自制の進化はかなり進行していたにちがいない。最終的に、高度に成熟した現代の良心ができあがり、そのおかげでわれわれは、食べ物、権力、セックスなどへの利己的な関心と、社会のなかで道徳面でまずまずの評判を維持し、ひとりの人間として社会的に価値があると感じる必要性とを比較考量する、微妙な決断が下せるのである。そんな良心をもつことの認知面の利点は、有益な社会的決断を下したり、ネガティブな社会的影響を避けたりするようにと直接うながせるところにある。また感情面の利点は、われわれが事実上、自分の集団の価値観やルールと結びつくことからもたらされる。つまり、われわれは自分の集団の道徳規範を内面化し、他者だけでなく自分自身も評価し、うまくすれば最終的に自尊心をもつことができるのだ。

良心をもって生きる

一九世紀にダーウィンは、道徳的能力がわれわれの脳の産物であることをだいたい察していたが、今日われわれは、いくつか具体的なピースを組み合わせはじめている。心理学者のジョナサン・ハイトは、われわれが最初に見せる道義的な反応が感情に大いにもとづいている可能性があることを明らかにした。ひょっとしたら知能による理解よりもはるかに感情にもとづいているかもしれないというのだ(89)。私が定義したとおり、われわれは良心によって、社会的な過去を振り返ったり、社会的な未来を見据えたりする能力が与えられ、自分の行為の結果を感情によって推し量り、それに従って行動を調整するのである。

この現代の良心にできることは、無意識の自制や社会的な戦略立案に限らない。言語を使って文字どおり自分に語りかけ、ときたま直面する難しい道徳的ジレンマを明確にしようとし、できれば解決しようとする人もいるからだ。ある意味で、われわれの精神はふたつの悪いものからましなほうを選ぶように方向づけられており、この能力は、先述した仮想の道徳的ジレンマを利用して、MRIスキャンを用いて学術的に検証されている。哲学者のお気に入りに、かなり意地の悪い思考実験がある。たとえば、燃える家から母親か妹のどちらかだけを助けられるが、ふたりともは助けられないとしたら、あなた

(大人の被験者)はどうするか? あるいは、暴走するトロッコを止めて五人の命を救うことができるが、そのためには太った男を橋から突き落とし、故意に轢き殺させてトロッコを止めるしかないという状況では[90]? この先見るように、北極圏に住むイヌイットは、実際に日常生活で自分の子どもたちに対して、これとよく似た判断をさせる。

これよりはるかにありそうな、多くのアメリカ人が実際に子どもや若者のころに直面する道徳的ジレンマもある。たとえば、未成年がアルコールを飲んだり、未成年でなくても違法な薬物を使用したりするかどうか、万引きをするかどうか、車を運転していて、「安全に」貴重な時間をいくらか節約できそうな場合に赤信号を無視するかどうか、といったものだ。もっと歳をとってからでは、結婚したカップルの半数が不倫を経験する際、愛する者を裏切って傷つけるかどうかが道徳的ジレンマとなる。さらにまた、所得税の申告をごまかすかという問題もあるが、これは多くの人にとって、道徳の点で言えば大きなジレンマにはならない。「政府」をよその略奪者と都合よく決めつけられるからだ。そのようなジレンマはわれわれの周囲にあふれており、それを解決する際にわれわれを導いてくれるのが、良心である。しかし、なんらかの誘惑になんとか抗《あらが》えたとしても、完全に解消されていない強く矛盾した感情という形で、ジレンマは残るかもしれない。

「そんなジレンマには問題がある」と認識するのは良心であり、そんな矛盾した感情に折り合いをつけるのも良心なのだ。こうしたジレンマや、ほかのもっと深刻な道徳的ジレンマへの対処の仕方は、人により実にさまざまだ。最初に衝動的になりやすく、あとで事態収拾モードになって良心が働く人もいれば、絶えず誘惑を感じながらもこらえている人もいるからである。また極端な人は、自分の集団が文化的に禁止していることを非常によく内面化しているために、ほとんど誘惑を感じない。そしてもちろん、これと正反対なのは、抑制のないサイコパスで、第2章で語った良心の乏しい人だ。ルールをただ破るだけのために破って楽しむ「背徳者」もおり、現代の一部の国では、そうした態度が若者の文化に組み込まれているようだ。それとは別に、われわれの社会にはルールのある成熟した犯罪文化も存在し、ギャング（と残念なことに刑務所）がとくに温床となっている。その一方、修道院文化も存在する。そこでは人々が優れて道徳的に生きる誓いを立てているが、場合によってはトマス・アクィナスのように、生来の矛盾した感情が強く、道徳的基準が高いために、自分たちの良心が酷使されていると思うかもしれない。

私は、こうした複雑な反応のすべてがどのように進化を遂げたのかを示すつもりはないが、われわれが、アフリカの大型類人猿（道義性の高い人間に育てられた類人猿も含める）に見られる、かなり単純な、もっぱら恐怖にもとづく自制のモードよりはるかに高いレベルに到達したのは明らかだ。道徳性は、われわれが良心と呼ぶこの特別な自意識を伴い、この良心によってわれわれは同時にいくつかの重要事項を考えることができる。ひとつは、われわれが内面化したルールで、もうひとつは、われわれの目下の欲求だ。そしてさらに、良い道徳的評判を得ることや、悪い道徳的評判が立つのを避けることといった、人生におけるもっと大きな社会的目標がある。良心はこうしたすべての折り合いをつけており、そうするように大いに進化を遂げている。

われわれは良心を、ダーウィンのように、もっぱら道義的な自制を働かせる心理的な力と考える傾向がありそうだが、すでに私が示したように、進化的良心ははるかに広範な機能をもつものと定義できる。またアレグザンダーの言うご都合主義的な良心によって、人は仲間の社会的な反応を予測し、どうすれば社会的な罰を受けずにすむかを計算しながら、そこそこの道徳的評判を維持することができる。(91) そうした良心はわれわれに、特定の罪には犯すだけの価値があるという判断もさせる――たとえおおっぴらに暴かれてしまいそうであっても。そしてこの良心は、現代を生きるマザー・テレサのような聖人タイプの人にも、自分の評判をできるだけ高め、場合によってはそれによって利益を得るように、行動の戦略を立てさせる――主な動機は利他的なのかもしれないが。

したがって最適な進化的良心は、ルールを内面化する完璧な手段ではない。それは自動的に自制させる手段なので、アリ塚でならとても役に立つだろう。人間の場合、事情はかなり異なる。社会のルールを杓子定規にとらえすぎるために、抑制されすぎてある程度柔軟に振る舞えない人は、競争になるとたいてい相対的な適応度の点で不利になる。むしろ、適応度を最大にする良心は、個人に悲惨な結果をもたらすので決して曲げてはいけないルールがどれかはわかっていながら、個人の利益のために比較的些末なルールは曲げてもよいとする良心だ。これは、「適応性のあるデザイン」というものにもとづく主張である。しかし、この主張は、LPA狩猟採集民について民族誌的にわかることがらや、われわれ自身の進化した精神《プシュケ》をのぞき見ることによってデカルト流に学べることがらとも、かなりよく一致する。

道徳の起源

こうして、道徳の起源についてひとつの仮説が得られた。自動的に自己制御する良心の獲得が、人間の道徳の進化において最初の重大なステップだったことは、ほぼ確実だからだ。基本的にわれわれの社会秩序は、オオカミや類人猿のような「力は正義」という恐怖にもとづくものから、ルールの内面化と個人の評判への懸念にもとづくものへと移行した。これは、われわれを動物界で比類ない存在とするには十分だったが、真の決め手となったのは、恥ずかしさで赤面する現象だった――今までどの学者も説明に乗り出していない、自然選択の謎である。進化の優先度から言えば、ルールと価値観の内面化がまず進化的良心の基本的な機能として生じたはずで、そのあとでなぜか赤面することがこうした自制の機能と結びつくようになったように思われる。だがこれは、まったくの推測だ。いつか、社会的に引き起こされる赤面などの道徳的反応にかかわる遺伝子が突き止められたら、もっと具体的な理論が提示でき、時間的変遷の仮説を立てることとさえできるかもしれない。

道徳的になったからといって、われわれの典型的な衝動が、実際に消え失せたわけではない。むしろ、事前に予想する羞恥心と絡み合って、心のなかで自動的に反社会的行動を抑止する効果をもたらした。また、道徳的になったからといって、祖先のような恐怖による動機づけがなくなったわけでもない。それでもわれわれが行儀よく振る舞うのは、ひとつには、仲間の道徳的な怒りを——あるいは今日では警察の介入も——恐れているからなのだ。

実際には、科学者がだれひとり予測できなかった形で、自制の性質が変化した——あとから見れば、いくつかの有益な前適応があったのはかなりはっきりわかるとしても。そしてひとたび人々が道徳的になりだすと、良心がおこなったことは導きや抑止にとどまらなかった。われわれは、地位の高い他者の力に多大な注意を払う「圧制に悩まされる」種から、仲間の道徳的な評判を絶えず語る種へと移行し、より明白な社会的問題を善悪の観点から意識的に明らかにするようになり、日常的に逸脱者に集団で対処しはじめた。集団による支配は、大きな影響を及ぼしながら、個人による支配に取って代わっていったのだ。それどころか、小集団による社会的な抑圧は、少なくとも数万年にわたり、潜在的な逸脱者や実際の逸脱者に強く意識されて（また腹立たしく思われて）きたのである。

デュルケームが非常に見事に説明した、うわさ話の好きな社会的遵法者による道徳的コミュニティができはじめると、良心が与えた善悪の観念によって、集団の社会統制が変容するようになった。道徳的な見解の一致を見たおかげで、深刻な社会的略奪におびやかされた人々は他者とつながりをもち、そのつながりが非常に強いものだったために、道徳的な怒りを共有できるほどになり、その脅威だけで多くの潜在的な逸脱者を抑止できるようになったのだ。こうして生じた処罰行動は、実際におこなわれるうちに、公益をひどくおびやかしたり傷つけたりする人間を効果的に、そしてたいていは安全に排除できるようになった。

　その結果、われわれの遺伝子プールが変化すると、社会生活はますます道徳的になり、それによってヒト以外のどんな種も経験したことのない、新たな進化の可能性がもたらされた。そんな可能性のひとつが、狩猟採集民が人間の本性に見つけた善良さを意図的に利用するようになると、利他的な傾向が高まるということだった。その結果、まったく異なるタイプの社会選択が生まれ、それはわれわれが利他行動で知られる種となるのに大きく貢献したのである。

第7章　社会選択のポジティブな面

アレグザンダーの見事な考え

今しがた、道徳の起源は自己制御する良心の出現にあったという仮説を立てたが、これは道徳の進化のプロセスが始まったということにすぎない。ひとたび人間が良心のようなものを手にすると、まるで違うタイプの社会選択への道が開かれた。自制とはまったく違う領域で、われわれの道徳的存在としての能力に影響を与えた社会選択である。その威力を理解するには、再びダーウィンに目を向けなくてはならない。

チャールズ・ダーウィンは、性選択の理論を思いついたとき、それが雌の配偶者選びによってうながされ、本来なら非常にコストのかかる不適応な形質を支持する特殊なタイプの選択のプロセスであると考えた。人間の利他行動も不適応な形質と見なすことができる。それも同じように維持されているのは、意思決定のパターンが利他主義者に埋め合わせとなる報酬を与え、その形質が選択されるのを可能にしているからだ。

すでに紹介した「間接互恵」の概念は、リチャード・D・アレグザンダーが一九七九年に初めて導入したものだ。(1) アレグザンダーは、民族誌に見られるふたつの傾向に着目した。ひとつは、人類の狩猟採集民による集団レベルの協力が、短期間でなく長期にわたるという傾向だ。もうひとつは、彼らは困っている他者に寛大になる際に細かい計算をして行動してはいないという傾向であり、そこには互恵的利他行動のようなものは認められなかった。じっさい、最大の援助は近親者のためにとっておかれていたとしても、まさにトリヴァースが言ったように、(2) そうした狩猟採集民は血縁者以外も助ける傾向にあったし、血縁でない受益者から同等の見返りが得られるという社会契約がなくてもおおむねそうしたのである。これは、本書で見てきた利他行動の定義と合致する。アレグザンダーによれば、だれでも助ける手だてがあれば、過去に与えたり受け取ったりした事実については細かく勘案せず、将来、助ける立場になれば皆同じようにするだろうと思って、血縁以外も助けるというわけである。

ここで再び「黄金律」の話になる。黄金律は、最近の複雑な文化であれ、古い「旧石器時代」の文化であれ、人類のあらゆる文化において説かれているようだ。この向社会的な格言は、制度化されたどの宗教のイデオロギーにもなんらかの形で存在するし、(3) カントなどの一部のれっきとした倫理哲学にも一般概念として入り込んでいる。(4) この格言の本質は、利他行動と利己心の要素を結びつけることらしい。というのも、それはより寛大に振る舞うようにと他者を説得する手段にもなるからだ。(5) 事実上、この黄金律はフリーライダーに「相手を利用しろ」と暗に勧めているようにも見えるかもしれないが、それでも普遍的な概念だ。そして普遍的な概念は、あるレベルで自然選択が文化的なライフスタイルにおける持続性の高い要素と結びつき、先史時代にわれわれの種を作り上げる際に有利に働いたがために、存在する可能性が高い。

カントを読んだことのある人はそんなにいそうにないが、それでもたいていの人は直感的に「黄金律」を正しく理解している。アレグザンダーは、あるとき小耳にはさんだトラックの運転手たちの会話について詳しく語っている。彼らは、路上で困っている同業者を助けるために車を停めるかどうかという話をしていた。(6) 運転手たちの意見は、俺が困っているときにお前が助けてくれたら、だれかが困っているときに俺が助け、するとそのだれかはまた別のだれかを助ける、というものだった。このように人は、だれでも困ったときに助けを得られるようにする現行のシステムに寄与している――だが、見返りはあくまで確率論的にしか得られない。要するに、システム全体がうまく働くものと信頼しなければならないのである。

アレグザンダーが耳にした会話は、旧ユーゴスラビアで、モンテネグロのトラック運転手が食事をして酒を飲むときの慣習とも合っている。一九六〇年代半ば、私がそこで調査をおこなっていたころのものだ。私はよく、その地の宿屋付きのドライブインで、モンテネグロのセルビア人長距離輸送ドライバーが、田舎料理を腹いっぱい食べながらプラムブランデーを何杯もあおるのを見ていた。彼らは六人掛けから八人掛けの大きなテーブルにつき、勘定のときは、いつもひとり残らずやや大げさな身振りで自分の財布を出した――ひとりが全員のぶんを払うものと思っているのだ。私は固唾をのんで見守っていたが、毎度何か微妙な力が働いて儀式的な決定が下された。その後、ほかの場所で民族誌的な質問をしたところ、根っからの習慣だと言われた。それどころかこのセルビア人たちは、北欧からの観光客が食事で割り勘にするのを見て、ぞっとするほど「利己的」だと考えた。彼らの日常の理念は、「おこないはめぐりめぐって返ってくる」というもののようで、アメリカ人も、友人と食事をして勘定するときにこの理念を実践することがある。

当時私が二年間の野外調査をしていた孤立した山岳部族は、幹線道路から徒歩や馬で五時間ほどかかる、電気も水道もなく、ましてや車輪のある乗り物もレストランもないところに住んでいた。[7] そこで私は、かのトラック運転手たちの儀式に古い起源があることを発見した。仲間が一緒にいるとき、いつもひとりの人間が密輸品の自分の刻みタバコの袋をまわす。すると、仲間がめいめい中身を取り、新聞紙で巻いて自分のタバコを一本作るので、袋は空っぽになってしまう。トラック運転手と同様、そうした「寄付」は見返りの可能性がなくても自発的になされていた。ただし、それが習慣なのだから、次はそれをする立場になっただれかがきっと進み出るだろうという仮定はあった。

よそから来た観察者である私には、タバコの分配というこの儀式的行動はいつも、当事者たちにとって心底楽しそうに見えた。そしてその部族では、同じように向社会的な間接互恵のパターンが、もっと実際的で経済的に重要ないくつかの領域にも見られた。こうした山岳地帯のセルビア人は、牧畜を営み、ささやかなヒツジの群れは、二種類の災難に見舞われるおそれがあった。ひとつは、オオカミによる被害である。オオカミは、主に彼らにしか知るよしもない理由で、ときどき夜にヒツジの囲いのなかへ入って派手に殺しまくり、ついには群れを全滅させてしまうことがある。もうひとつは、雷だ。夏のあいだ、木のない山の上の放牧地で過ごす群れは、雷で簡単にやられてしまうことがある。これらのまれな災難のいずれかが起きると、最大で三〇かそこらの世帯がそれぞれヒツジを一頭寄付するため、被害に遭った者は群れを回復して再び幸せになれた。

私が調査した一八〇〇人あまりからなる部族は、およそ三〇〇世帯、五〇あまりの氏族で構成されていたので、こうした寄付は、一部は近親者からだったが、大半は血縁以外——隣人や名づけ親、ほかの集落に住む姻戚——からのものだった。したがって、この寛大な行為の多くは血縁以外によるものなので、利他的であるはずだった。こうしたローカルな部族のネットワークは、小さな狩猟採集民の集団と似たような大きさで、彼らの「保険」制度は、血縁はもちろんそれ以外とも分配し協力するというこれまた似たような原理に従っている。

実のところ、伝統的な牧畜を営むセルビア人や現代的な生活を送るセルビア人のトラック運転手に受け継がれているこうした習わしは、大きな獲物を分配する移動性の狩猟採集民だったはるか昔の同じような習慣から、文化的に進化を遂げたものなのかもしれない。だが、のちに考え出されたという可能性も同じぐらいある。なんといっても人間は、不運な出来事への「保険」が必要になるといつも間接互恵にもとづくシステムを考え出す傾向があるからだ。肉の分配は、人間が集団のなかで考え出した数々の相互扶助のひとつにすぎず、そのシステムをうまく維持するためのひとつの方法は、見返りを与えるべきときにその役割を果たすよう、他者に気づかせることなのだ。

血縁以外も含む間接互恵の例には、別の部族で「モバ」という形のものもあった。モンテネグロの家族が、家を建てていて何か正当な理由で人手が不足したときや、干し草が多すぎて雨が降る前に無事に取り込めそうにないときに、モバが呼びかけられた。モバをおこなうのはボランティアの作業グループで、これもまた血縁と血縁以外が混ざり合って労力を提供していた。そしてやはり、ボランティアを出す社会的なネットワークは、二〇〜三〇人の狩猟集団とほぼ同規模であり、私が見たのは家を建てているときのケースだったが、モバは二日にわたり、二十数人の手伝いがいた。モバを依頼した側の家族は二日間ごちそうをたっぷり用意したが、提供された労力には、家族が提供したチーズやパン、肉、ミルク、タバコ、プラムブランデーをはるかにしのぐ価値があり、血縁者は手伝いの半数にも満たなかった。ここで強調しておきたいが、たとえ将来、とくに困ったときに助けてもらえることはおおむね期待できるとしても、個人個人がちょうど今回と同じ見返りを受け取ることは想定されていなかった。家畜をすべて失った家族への対応と同様、これは狩猟集団の間接互恵にかんするアレグザンダーの説明と完全に合致する。

モバがおこなわれているあいだは、明らかに気持ちの良い雰囲気だったことも付け加えておかなければならない。ボランティアたちは自分が寛大な役割を果たせることがうれしそうで、楽しくも友好的な雰囲気のなかでともに働きながらジョークを言い合い、助けられる家族の用意したプラムブランデーを飲み、大人数のグループで食事をとった。また狩猟採集民の間接互恵と同様、目先の細かい損得勘定は考えずに、こうしたさまざまな奉仕活動がなされた。困った人を助けるのは、それが自分にできるからであって、次に自分が困ったときに助けてもらえることを期待するのである。このイデオロギーは、一時的な人手不足の問題の解決に役立つシステムを支えており、人々はそのシステムの有効性を信頼していたのだ。

現代の保険制度にたとえるのはぴったりかもしれないが、この土着の間接互恵システムには、決まった見返りはなかった。社会的評判がかかっていたとはいえ、「寄付」は基本的に自発的なものだったのだ。さらに言えば、保険数理にもとづいて保障内容を決める人間味のない保険会社でなく、直接顔を合わせる社会的コミュニティが、だれが寄付を受けるにふさわしいかを決めた。私はたったふたつのモバに立ち会っただけではあるが、人々の話しぶりから、セロ（セルビア語で「村」の意味）は明らかに、いつもの様子からだれが受益者として真にふさわしい人物かわかっていた。私が調べたモンテネグロの部族では、「村」は実際には広範囲に点在する集落だったが、人々の意図は明確だった。彼らはうわさ話という、道徳をもとにした「集合意識」（と、デュルケームは非常にうまく表現した）を語っていた。(8)

そして、ふさわしくない者が助けを得ようとすると、きっとうわさが立ち、社会的評判は傷つき、当てにしていたネットワークの人々の一部あるいは全員が参加しなくなるはずなのだ。

こうしたふさわしいものを見分ける感覚は狩猟採集民にも存在しており、たくましく献身的な狩人が怪我をすると、仲間が彼とその家族を助けるのはほぼ間違いない。彼が助けを必要としていることは、だれの目にも明らかだからだ――また、その手助けはいっそう寛大なものとなる。この生産的なメンバーはどう見てもただ乗りしそうにないからである。だれもがよく理解しているように、彼の回復を助ければ、集団がもっと多くの肉を手に入れられるので有益となる。目立って怠惰な者の場合、フリーライダーと見なされるだろうから、仲間はほとんど手助けしそうにない。同様に、寛大な人はけちな人よりも、困ったときによく助けてもらえるだろう。(9) だがその基本的な援助のシステムは、ある程度の社会的地位をもつ人ならだれにでも適用される。

したがって、過去全般のパターンを考慮して間接互恵のシステムに組み込んだ「マクロな損得勘定」とでも呼べるものがあるおかげで、そうしたシステムは、そこそこ怠惰なフリーライダーにいくらか付け入れられる隙があっても、本当にひどいご都合主義には、人々が我慢できないので隙を与えない。それでも、どうしてそんな「アンバランスな」システムが存在しつづけられるのかという、進化にかかわる究極の疑問は残る。モデルによれば、自分が助けられる以上に非血縁者を助ける利他主義者は、なんらかの形で「補償され」なくてはならない。さもなければ彼らは――つまり彼らの遺伝子は――消え去ることになる。確かに言えるのは、自然選択がどうにかしてこうした問題を回避してきたということだ。というのも、確かに人間は、少なくとも四万五〇〇〇年のあいだ、肉を分配し、それ以外でもアンバランスなやり方で他者を助けてきたからである。

共感とその限界

フランス・ドゥ・ヴァールがたいそう雄弁に論じているように、共感（empathy）は、われわれを人間らしくする社会的なあれこれのなかでも重要で、しばしばあまりにも軽んじられている要素だ。(10) 私はこれまで、ダーウィンの用語――同情（sympathy）――のほうが専門性が低いのでそちらを使ってきた。だが私の見たところ、そうした感情には、他人がどう感じて何を必要としているかを理解することも含まれており、狩猟採集民が肉を分配して喜びを感じる――時には分配が不公平だと文句を言うこともあるが――という記述を見れば、この感情が明らかに見てとれる。同様に、モバの参加者のなかに、自分の家でやり残した仕事のことを案じていた者がいたのは確かだとしても、モンテネグロのセルビア人が隣人を助けることに喜びを感じていたのは間違いない。もっと一般的に言うと、自分が助けている人とのあいだに社会的な絆を感じるかぎり、コストが大きすぎないかぎり、そして長い目で見て、システムがひどい不運に備えた保険になると感じるかぎり、人間には生まれつき人助けとなる協力に前向きの反応を示す傾向がある、と私は思う。

利他行動や同情や共感はさておき、文字をもたない狩猟採集民も、間接互恵のシステムとその働き方を直感的によく理解していると思う。私は全体的に次のような印象を受ける。こうしたシステムでは、神経質に長期的な損得勘定をすることはないようだが、大きな獲物を分配するときには、いくつかの特別な事情に応じて、個別に評価がおこなわれている。たとえば、大きな家族ほど、決まって多くの分け前を受け取る。というのも、そんな家族は必要な量も多いからだ。また、これまで見てきたとおり、寛大な参加者が一時的に苦境に陥ると（骨折やヘビに咬まれるなどの怪我であれ、病気であれ）、たいていは近親者が主に手助けするのではあるが、彼らのために適度な調整がなされる。さらに、獲物を仕留めた狩人が分け前をやや多めにもらうこともよくあり、[11]ひょっとしたらそれは狩人に大変な仕事を続けてもらうための刺激要因なのかもしれない。

狩猟採集民の寛大さはほとんど際限がないと表現されることもあるが、集団のレベルで個々の必要に応える間接互恵システムをうながす寛大な感情には限度がないわけではなく、それは家族の場合にも当てはまる。たとえば、高齢者を援助するときの見返りにかんしては、かなりの損得勘定がなされる。年寄りは、知恵を提供したり子育てを手伝ったりしてかなり役に立つこともあるが、それ以外では、主に援助をする肉親にとって大きな負担になる。狩猟採集民は、ひどく衰弱してまともに歩けなくなった家族にどこまで手をかけるかについて、限度を設けている。頻繁にキャンプを移す際、そのたびに幼い子どもや必要な所持品を運ばなければならない移動性の集団にとって、これは深刻な問題だからだ。イヌイットの家族には、年寄りを外の氷の上に放置し、苦痛のないまま凍死させる習慣があり、[12]これが輸送上の事情であることは明らかだ。雪と氷の世界を旅するときに、集団についていけない大人は、大きな、あるいはどうしようもない荷物となる。そして優先順位をつけて行動すべきときが来たら、だれもが悲しい状況を理解するのだ。

忘れもしないが、南米の移動性狩猟採集民を対象に長年野外調査をおこなっている人類学者のキム・ヒルに、そうした慣習が熱帯地方にも存在するのかと尋ねたことがある。彼の答えは、確かに存在するが、こちらの場合、だれかが石斧をもって背後から忍び寄り、ほとんど苦痛のないように頭を打ち砕く、というものだった。私はひどいショックを受けたが、続きを聞くとそれも薄らいだ。もしもエスキモーのように「安らかに死ぬ」よう、生きたまま放置されると、捕食者に生きながらにして食われる——さらに腐肉食の鳥はまず目を狙ってくる――だろう、とヒルは言ったのである。彼らはすぐに死ぬほうがいいと思い、ときには生き埋めにされて窒息死することも選んでいた。

ここで、利他行動とその限界について最後の指摘をしておこう。これも、現代化しつつもまだ基本的に自給自足の暮らしをしていた「部族」民を対象に、私自身がおこなったフィールドワークから得られたものだ。山岳地方のセルビア人部族を調査していたある日、それまで見たことのなかった八〇歳の女性が、二本の頑丈そうな杖をついて急ぎ足で私の家の前を通り過ぎながら、大声で独りごとを言って不満をぶちまけていた。自分には親族がひとりもいなくなってしまったので(nema nikoga = 「彼女にはだれもいない」)、毎日あちこちの家を渡り歩かなければならないというのだ。人々は(利他行動の)習慣によって、彼女が来れば食べ物とひと晩の寝床を与えないといけないとは思うのだが、頼られるようになるのは嫌なので、だれもふた晩目は泊めてあげようとしなかったからである。このように、間接互恵のシステムが実際に働いていても、条件によっては、家族以外に対する親切な行為の質はひどく損なわれることがある。

しかし一方で、こうしたシステムに組み込まれている人々は、自分たちの考案したルールに合致するかぎり、互いに世話をすることは正しいと信じている。そして、狩猟採集民が他者に対してする世話は、本書で語ってきた三つの基本的な選択要因という無意識に働く力と見事に合っているように見える。三つの要因とは、「エゴイズム」、「身内びいき」、そして最後にきわめて重要な「利他行動」である。思いやりは家庭で生まれるのかもしれないが、もっと弱い形で集団内の他者にも及ぶ。また、ときには現代の血液バンクのように、まったくの他人にまで及ぶこともある。

社会選択の導入

一九八七年にアレグザンダーは、人間の間接互恵のシステムに内在する利他行動を説明するふたつの理論を考えていた。本書ではすでに、先史時代のグループ選択にかんする彼の見解を検討し、さらにまた、彼が内心もっと有用な理論だと思っていたもの――「評判による選択」と呼ばれているタイプの社会選択――についても触れた。(13) そうした選択は、配偶上のメリットをはじめ多くのことをもたらす。そして多くの生物学者が互恵的利他行動や、もっと最近では第3章で論じた「一度きりの相利共生」モデルに長く入れ込んできたにもかかわらず、アレグザンダーによるこの「評判による選択」というアプローチは、今なお刺激的で、相当な研究がなされている。

アレグザンダーが最初に主な前提としたのは、親や本人が結婚相手を選ぶ際、非常に寛大であるという社会的実績をもつ「候補」を好む傾向があれば、利他的に寛大な振る舞いをするという評判が、寛大であるせいで払うコストを埋め合わせ、メリットを適応度に与えてくれるのではないか、ということだ。たとえば、社会的に魅力のある寛大な男は、結婚相手として、より早く受け入れられるかもしれない。そうなれば、早いうちに最高の結婚をしたおかげでその男の適応度は、あとでとうてい良いとは言えない結婚をするしかないほかの男に比べ、有利になる。このように評判によるメリットが、良い評判を得るために寛大な行動をするコストを上回るのなら、そうした寛大さは利他主義者の適応度に実質的にはメリットをもたらしうるし、利他行動は自然選択によってうまく説明できる。

人間の社会選択に対するアレグザンダーの洞察は、「コストリー・シグナリング（コストのかかるシグナル表示）」(14)の理論に刺激を与えた。この理論は、配偶者選択を伴う両性生殖タイプの種なら、どれにでも適用できる。人間以外の動物は、もちろん評判についてうわさ話をしないが、時として配偶のパターンにおいて、配偶者として遺伝子の質が高いことを示す「コストのかかるシグナル」を発する個体を好むように遺伝的に進化するとも考えられるのだ。雄の生殖上の利得（すなわち選ばれること）が生殖上のコスト（本来なら不適応なシグナルのために払われるもの）を上回るのなら、そうしたシグナルの表示は、選ぶほうと選ばれるほうのどちらの適応度の向上にも大きく役立つと言える。(15)

つまりこういうことだ。とても元気なクジャクが、本来なら不適応なほどやたら大きくて目の模様がある尾羽を発達させるとか、人間の狩人がいっそう狩りに励み、他者により多くの肉を提供するといった、資質の高さを示すごまかしのきかないシグナルを示すために払われるコストは、そんな立派な個体が配偶相手として好まれることで埋め合わされる――するともちろん、生殖面で成功を収める可能性を大いに高める。そしてすでに話したとおり、そうした雄を選ぶように進化を遂げた雌も、優位に立つようになる。雌が好む魅力的で華やかな（あるいは生産性が高くて寛大な）雄はきわめて健康なはずで、それが雌の適応度を高めるからだ。すると、資質がわかるシグナルの進化と、選択をおこなう雌の好みの進化とのあいだで相互作用がエスカレートしていくので、前に触れた「ランナウェイ（暴走）」効果による選択のプロセスが生じる可能性がある。

このランナウェイ選択は、数学的にモデル化するのは困難だが、理論上、選択のプロセスはかなり強力なものとなりうる――とりわけ、自然選択がほかにも適応度を向上させるような調整をしている場合には。たとえば、きわめて健康で優良な雄のクジャクの大きな尾羽は、捕食者を避けるという点では明らかに不利なので、そのリスクを減らすべく、大きな尾羽は交尾期に最大になるが、それ以外の時期には縮むように進化している。(16)

そんなコストのかかるシグナルを用いても、ただ乗りされる可能性の問題は残る。繁殖のパートナーとして高い資質があることを示すシグナルが、実際にはその望ましくも不適応な形質をもたない他者にもどうにかして偽造できるとしたら、そうしたフリーライダーがほかより優勢になるだろうから、コストのかかる本物の形質のほうは進化できなくなるのだ。このため、遺伝的に劣った雄のクジャクが、きわめて健康な雄のクジャクと同じぐらい華麗な尾羽を容易に成長させられたら、こうした性にかかわる社会選択は働かなくなるだろうし、カムフラージュに適したくすんだ色の雌のクジャクに、最も飾り立てられて華やかな（そして最も健康な）雄を選ばせる傾向そのものが消えてなくなるはずだ。雄も雌も、もっぱらカムフラージュのためにくすんだ色になるだろう。

人間の共感による利他行動にも同じことが言える。そうした寛大さを容易に偽装できれば、利他行動の評判にもとづく選択は、あっさり働かなくなる。しかし、絶えずうわさ話をする親密な三〇人の集団では、何であれ偽装することは難しい。なかにはやってみる者もいるかもしれないが、うまくいく者はほとんどいまい。

利他行動の社会的な後押し

評判による選択にかんするアレグザンダーの仮定が正しいように見えても、彼は一九八七年の段階では、民族誌の事例をブッシュマンなどの狩猟採集民についてのわずかな優れた研究に頼るほかなかった。(17) 考古学者のローレンス・キーリー(18)とロバート・ケリーがそれぞれ一九八八年と一九九五年に始めたようなもっと大規模な調査は、まだおこなわれていなかったからだ。幸いにも今は、フランク・マーロウとキム・ヒルのような人類学者が、狩猟採集民にかんするかなり大規模な進化の総合データベースの構築

に取り組んでおり、彼らの解析は、ほかの分野の学者が「逸話」をもとにせずに事実を検討するのに役立っている。(19)

私が南カリフォルニア大学グドール研究センターで構築している、狩猟採集民を対象とした膨大で高度に専門的なデータベースは、LPA狩猟採集民の社会行動だけに焦点を絞っている。狩猟採集民の社会行動にかんするこの体系的な研究が、一〇年以上前に、ジョン・テンプルトン財団から相当な援助を受けて始まったとき、その狙いは道徳的行動、闘争、および闘争の解決において、多様性と普遍性を見つけ出すことだった。そして長期の目標は、社会のイデオロギー、社会統制、協力、闘争を進化の観点から解析するうえでとりわけ重要になる社会行動を「分類」することにより、現存する興味深い傾向を統計的に判別し、先史時代にかんするより優れた仮説を考え出すことだったのである。

この先こうしたデータをやや詳しく検討していくので、私が開発した分類システムについて、さらに説明しておこう。過去六年間に、私の研究助手は、五ページにわたるリストに二三二種類のかなり具体的な社会行動を分類し、記録していた。その分類は、「集団からメンバーを選んで犯罪者を殺させる」から、「血縁者と分配する」や「血縁者ではないが好ましい者を助ける」にまで及ぶ。助手は、狩猟採集民にかんする数千ページにもなる野外調査報告を丹念に調べ、これら二三二の分類それぞれに関連する記述のあるパラグラフを見つけ出し、データをまとめてくれている。

いずれは検索可能なデータベースを公開し、こうして整理されたすべてのデータを、社会進化に関心のある学者がすぐに電子的に入手できればいいと思うが、そのためには多額の出資が必要だろう。だから当面は手作業でデータを分析せざるをえない。全部で一五〇を超えるLPA社会のうち五〇についてはこうした莫大な情報がすでに分類してまとめられてはいるのだが、分析には時間がかかる。この分類がなされていなかったら、これほど大量のデータについて的確な質問をして答えるのに要する時間はとてつもないものになっていたはずで、これから紹介するデータの処置は実行不可能だっただろう。

私は数年前、故ドナルド・T・キャンベルが利他行動と向社会的な「説論」に向けていた心理学的関心と、リチャード・D・アレグザンダーが抱いていた「評判による選択」にかんする生物学的な考え[20]の両方に刺激を受けて、狩猟採集民が寛大さ――とりわけ血縁以外への寛大さ――を良いものと考える程度を定量的に調べることは有益だろうと判断した。その結果、分類された標本が次々に増えるなか、五〇のLPA社会のうち一〇について、ここで徹底的な分析をおこなった。これらの集団は世界の主要な地域を代表しており、また詳しく報告されている――だが研究される以前は文化的接触をほとんど受けていなかった――狩猟採集民を優先的に選んでいる。狙いは、寛大になるように「説論」する行動がLPA狩猟採集民に広く見られるかどうかを確かめることにあった。そして、血縁と血縁以外に対する寛大さはどちらも、一〇のグループのすべてに明確に支持されていることがわかった。

すべてで一致というこの結果は、実に興味深い。キャンベルと私は、一九七四年にノースウェスタン大学の大学院のゼミで一緒に教えていたとき、メソポタミアやエジプトをはじめとする六つの古代文明のすべてで、利他的な寛大さを支持する「公然の」説論が普遍的になされていたことを見出した。[21]狩猟採集民も同じことを、しかも普遍的にしていたなら、これは人間の普遍的特質の有力な候補となるだろう。そしてこのことはさらに、そんな説論が人間の本性と密接に結びついており、進化的な分析にとって重要かもしれないということを示唆しているのではなかろうか。

一〇の狩猟採集社会を対象としたこの最近の分析によって、血縁以外に対する寛大さは、集団の人々が実践すべきものとしていつも話されていることが判明し、分類されたデータの評価については難しい

ムルンギン族	イヌイットのネツリック族	アラスカ北部のイヌイット	高地のユマ族	北極地方のイヌイット	ティウィ族	ヤーガン族
オーストラリア	北極地方	北極地方	北米	北極地方	オーストラリア	南米
9	8	3	9	4	11	3
5	15	6	4	21	1	1
3	26	1	1	14	1	1
21	59	12	8	45	4	23
19	92	32	8	57	3	23
6	63	49	8	31	5	11

（Boehm 2008b をもとに改変）

点はなかった。寛大さにかかわる分類は五つあり、それぞれの社会にかんする野外調査報告（三件から一四件まであった）をもとに、人々がそんな寛大さを好むという事実について、そうした集団で暮らしながら研究した民族誌学者が言及した回数をかぞえたにすぎない。表IIに非常に強く見られる傾向は、今日のLPA狩猟採集民の典型的な特徴なので、少なくとも四万五〇〇〇年前にまで投影できる。

一〇の社会のどれにも、血縁以外への寛大さが好まれるという言及が少なくともひとつはあったが、その数を考える前に、多くの社会については野外調査報告はごくわずかで、カラハリ砂漠のコー族などいくつかの社会にかんしては、ひとりの民族誌学者が複数の報告を発表しており、また一部の民族誌学者は、その土地固有の社会的態度にことさら注目し、それ以外についてはあまり取り上げない傾向があることに留意しておかなければならない。だから、一〇のすべてで好まれていた

社会のイデオロギー	それが見られる社会の割合（%）	言及されている総数	アンダマン諸島の住民	グリーンランド西部のイヌイット	コー族
地域			アジア	北極地方	アフリカ
報告の数			14	3	8
血縁への援助が好まれる	100%	61	2	4	1
血縁以外への 援助が好まれる	100%	65	1	5	11
寛大さや利他行動が好まれる	100%	232	13	13	24
分配が好まれる	100%	312	16	30	23
協力が好まれる	100%	234	9	27	14

表II　血縁以外への寛大さの積極的な支持について

のは、実に驚くべきことなのだ。

表を見ると、たとえば、カナダ中北部のネツリック族では、血縁以外への寛大さを好む話が、八件の民族誌報告から二六個見つかっているが、南米大陸の突端に住むヤーガン族では、わずか三件の報告しかないのに一個見つかっている。民族誌報告の規模が違ってもこうした向社会的な説諭が一致していることを考えれば、五〇の社会から一〇個を取り出した標本でも強力な証拠となり、世界各地の平等主義の移動性狩猟採集民において、現在も過去も利他行動が積極的にうながされている――そして増幅されている――ことを示唆するように思われる。これまた興味深いことに、こうした「黄金律」を説いたり語ったりするのは、平和な狩猟採集社会だけでなく、アジアのアンダマン諸島の住民のような好戦的な社会でも見られる。明らかに、そのような説諭のルーツは古く、それどころか中心的な傾向はとても強いのである。

血縁者に対する身内びいきの援助も、家族の価値を称えるものとしてどの社会でも一致して好まれていることは、強調しておくべきだろう。だがここでなにより重要なのは、血縁以外への援助が、グループのメンバーにこぞって支持され、個人に求められる行動としてはっきり擁護されているということだ。そうするように導く説論は、すでに紹介したような実用的な目的のためになされているにちがいない。つまり、集団のメンバーが同情から寛大になる傾向を、行動面で増幅するためなのだ[22]。さらに広範な目的は、協力的な間接互恵に大いに頼っている社会的・経済的なライフスタイルの全体的な質を高めるためでもあった。

表IIの残りの項目もすべての社会で一致して見られ、人間は必ず寛大さに関心があるということをさらに広く実証している。寛大さは協力と分配に欠かせないものだからだ。したがって、利他行動をこのように社会的に増幅することは、意図的で、狙いをよく定めた、おそらくは普遍的な行動だと思われる[23]。狩猟採集民は、協力と社会的調和のどちらにも高い価値を認めており、寛大さを全般的にうながすことが、これらの両方に役立つと理解しているのだ。

利他主義者はどうやって見返りを得るのか

ここで、利他主義者がいったいどのようにして敗者から勝者へと遺伝的な意味で変われるのかを知るべく、間接互恵のシステムをもっと深く調べる必要がある。アレグザンダーは著書『道徳システムの生物学』で、寛大な行為が見返りを得て、利他主義者が失うものより多くを得られるようなプロセスをいくつか明らかにしている[24]。第一に挙げたのは、現代の戦争の英雄に議会名誉勲章〔米軍で最高位の勲章〕を授与するように、優れた利他主義者には公式に報酬が与えられるということだ。報酬が死後に与えられるのでないかぎり、その人は直接の社会的利益を受け取り、それが適応度を高めてリスクを打ち消す可能性がある。狩猟採集民の集団ではもちろん政府から報酬を与えられることはないが、似たような報酬を受け取る者として、自分も危険なのに集団のメンバーを捕食者やヘビから救って高い評価を得る男や女がいる。もしリーダーという責任のある役割が存在するなら、集団に選ばれて大いに尊敬されているリーダーもそうかもしれない。集団のリーダーの場合、そこそこのエネルギーや時間を費やしたり、争いをなんとか収めようとするときにある程度のリスクを冒したりする可能性があるが、評判が高まることによって利益を得やすくもなる。

アレグザンダーが提案する第二のプロセスは人気コンテストのようなものであり、日常生活で寛大さを示す人が、将来協力するパートナーとして好まれるというものだ。これは本書で語ってきた「評判による選択」の本質であり、それには、良い印象を与えて結婚することだけでなく、それ以外の個人にとって有益な社会的、経済的、政治的な同盟を結ぶことも含まれる。それゆえ、日常生活で人のために寛大に振る舞った実績のある人は、パートナーを組むさまざまな場面で、将来の協力者としてほかの人より魅力的に映る。つまり、結果的に適応度が増すので、こうした利他主義者がかつて非常に寛大に振る舞ったために失ったものを埋め合わす見返りが与えられるわけである。

利他主義者への見返りには、第三の可能性もある。こうした寛大な行為のおかげで、あるローカルな集団がほかのローカルな集団との競争のなかで有利になって栄えるとしたら、ダーウィンの考えに従えば、将来の遺伝子プールには利他行動の遺伝子がより多く存在するようになるだろうと、アレグザンダーは考えているようだ。というのも、利他主義者の多い集団は、ほかのあまり利他的でない集団との競争のなかで有利になって栄え、大きくなるはずだからだ。これは彼の表現によれば、利他主義者と同居している利他的な血縁者や、そのすべての利他的な子孫が得をするのは、ほかの集団よりも速く大きくなれる集団に属しているからなのだということになり、[25] この言葉は、彼が血縁選択とグループ選択の両方のモデルを想定していることを示唆している。しかし、いまや彼の考えている集団は、大多数が血縁でない親族だとわかっているので、[26] グループ選択のモデルのほうが適切かもしれない。

利他行動につながるプロセスとしてアレグザンダーが考えた最初のふたつは、「評判による選択」をもたらす個人個人の好みにもとづいているが、最後の第三のプロセスは、グループ単位での競争の仕方にもとづいている。そしてどのプロセスにも、フリーライダーの問題がある。それは、「ヒーロー」が自分の手柄について嘘をついたり、利己的な者が利他的なふりをして配偶者候補として選り好まれる可能性があったりするからだ。するとどちらでも、こうしたフリーライダーが報酬を得て相対的な適応度を高め、利他主義者を打ち負かせるようになるかもしれない。相当ないかさまがなされると、社会選択やグループ選択の土台が壊されてしまうため、利他的な形質は個人にとって不適応になってしまう可能性もある。ところが幸いにも、このフリーライダーの問題には、人間ならではの効果的な解決策があったようだ。

フリーライダーはどうすれば抑え込めるのか?

進化の研究における作業仮説は、多分に思いつきである「経験的臆測」と、光速を実証した（物理学の）実験のように厳密に管理された実験とのあいだの、どこかに位置している。第4章で示した私の有力な作業仮説は、次のようなものだった。ＬＰＡ狩猟採集民は現代人と同じような文化をもつようになったため、集団のメンバーはほかのメンバーを注意深く監視しながら、こっそりうわさ話をし、だれが良い振る舞いをして、だれが悪い振る舞いをしているかについて、親しいあいだで絶えず情報交換をしていた。そして、ついにはこれをもとに集団全体で意見の一致を見ることができ、それに従って特定した逸脱者を処罰するようになったのである。

今日と同様、こうした集団のメンバーは、自分たち全員の幸福をおびやかす問題を突き止めて予想する社会的な洞察力と、善良な人が個人的に利用される前に――そして、協力的な集団が悪者の行動のせいで生じた対立によってズタズタにされる前に――そうした問題をきっぱりと直接処理する能力との両方を備えていた。たとえば力の強い逸脱者が大きな獲物の分け前を不当に多く得ようとして、肉の獲得や分配にかんする、集団の全員にとってきわめて有用な習慣的システムを深刻におびやかせば、集団の反応は、仲間から事実上肉を盗み取った傲慢ないかさま師セフーに対してムブーティ・ピグミーが明白に示した激しい怒りよりも、さらに熾烈だったかもしれない。他者をおびやかす威嚇もまたストレスの大きい破滅的な争いを引き起こしやすいため、じっさい、こうした腕力に訴えるタイプのただ乗り行動に対する集団の反応は、きわめて積極的なものだったはずだ。

先史時代には、文化の点では現代人と同じになっていた狩猟採集民の目標は、最悪のご都合主義者から自分を守ることだったにちがいない。こうした狩猟採集民は、われわれと同じように一般化がとてもうまかっただろうから、きっとふたつのことを理解していただろう。ひとつは、長い目で見ると社会的な逸脱者による略奪的傾向は、目下の被害者だけでなく全員をおびやかす可能性があるということだ。もうひとつは、集団による制裁を利用して問題に対処したい場合、大勢でやれば安全だということである。そして、ここで私が基本的な選択のメカニズムに、啓発的で意図的な「目的」を読み取ってはいないことを明確にすべく、次のことを強調しておきたい。そのように社会集団が数千世代にわたり同じタイプの逸脱者を一貫して標的にして、容赦なく道義的に攻撃しつづけると、遺伝子プールに大きな影響

ムルンギン族	イヌイットのネツリック族	アラスカ北部のイヌイット	高地のユマ族	北極地方のイヌイット	ティウィ族	ヤーガン族
オーストラリア	北極地方	北極地方	北米	北極地方	オーストラリア	南米
9	8	3	9	4	11	3
脅威を与える者						
25	77	2	11	25	5	38
25	36	1	7	10	2	4
16	8	2	10	15	3	12
	1	3	1	1		1
人を騙す者						
13	26	6	6	13	4	19
3	9		1	7		4
	15		4	19		3
3	7			12		1
	4	3		2		
	1			7		1
2	3			4		

（上記の数値は著者の狩猟採集民データベースによる）

逸脱のタイプ	それが見られる社会の割合（%）	言及されている総数	アンダマン諸島の住民	グリーンランド西部のイヌイット	コー族
地域			アジア	北極地方	アフリカ
報告の数			14	3	8
脅威を与える者					
殺害	100%	248	13	7	11
呪術や妖術	100%	122	4	10	2
人を殴打	80%	79			11
そのほかの乱暴	70%	12		1	4
人を騙す者					
盗み	100%	99	4	1	6
分配しない	80%	34	1	2	4
嘘をつく	60%	48	3		3
ずるをする（一般）	50%	24		1	
協力しない	40%	10		1	
グループにずるをする（肉の分配などで）	30%	9			
個人にずるをする	30%	9			

表III　社会的な略奪者について

を与えるはずだということを、彼らは理解してはいなかった。

表Ⅲには、私が研究に用いている（しばしば重複のある）分類に従って、先ほどと同じ一〇のLPA社会の標本で言及された、処罰の対象となる社会的略奪行為の主なタイプを、頻度の高い順にいくつか示している。圧制的な乱暴による搾取が統計的に目立って多く、実際にそれをおこなう方法としては、殺害や殴打、悪意のある呪術の利用、そのほかの形態の乱暴がある。一方、騙すことによる搾取には、分配しない、協力しないという方法のほか、積極的な「盗み」や「嘘」、いくつかの状況で意図的に「ずるをする」といったものがある。社会的略奪をしたがる者にとって、ただ乗りの選択肢はたっぷりあるのだ。

生物学者は、おどしたり騙したりするフリーライダーが自動的に、生来騙されやすく痛ましいほど無防備な利他主義者よりもはるかに優位に立つだろうと考えるが、この考えは人間に対しては通用しない。というのも、えてしてご都合主義者は利他的な仲間によってすぐに見つけられ、実にさまざまなやり方で処罰される（それが遺伝的な影響を及ぼす）からだ（表Ⅳ参照）。すると、フリーライダーとなりうる者にとって、ひどい反社会的なただ乗り行動――重い処罰を招くただ乗り行動――をうながす形質の払うコストは、遺伝の上でのライバルとなる利他主義者が寛大であるせいで払うコストに比べ、はるかに大きくなるのかどうかを問わなければならない。そうなるのであれば、遺伝にかんするフリーライダーの問題に対し、人間についてだけは、ひょっとしたら決定的な答えが見つかるかもしれない。

表Ⅳは、前と同じ一〇の狩猟採集集団が用いる制裁を分類して示しており、やはり一部の分類は重複している。制裁のタイプによっては、実際より報告が少なめとなっているものもある。それはとくに、「死刑」を用いたと現地の人間が言いたがらないからだが、民族誌的な報告の数がもとより少ないためでもある。したがって、情報が増えれば、こうした知見が明白に示す中心的な傾向はいっそう確かなものになるだろう。ここに挙げた社会的手段の大多数は、まず間違いなくLPA狩猟採集民のあいだでかなり広まっているか普遍的なものであるはずなので、中心的な傾向は明白である。

このような制裁はすべて、集団全体が反社会的なフリーライダーを強く嫌う——またそうした傾向に従って行動する——ときに働く「処罰による社会選択」に寄与する。そして表Ⅳは、処罰のシステムがかなり柔軟である可能性を示している。うわさ話にうながされた「世論」は、つねに集団の意思決定のプロセスを誘導しており、うわさされることへの恐怖は、それだけで先取り型の社会的な抑止力となる。ほとんどの人は、自分の評判にひどく敏感だからだ。

表中の社会統制のメカニズムのすべてに言及しているのは、カナダ中部のネツリック族と暮らし、彼らについて記したアーセン・バリクシによる優れた民族誌(27)だが、それは初期のデータにもとづいている。すなわち、現地の人々がまだ土着の「死刑」の慣習について話したがらなかった、接触したばかりのころに集められたものだ。表に挙げた社会統制の大多数は、標本となった一〇のLPA社会の半分以上で観察されており、なかでも目立つのは、社会的な疎外、嘲笑や辱め、集団からの排除、身体的処罰、そして死刑だった。したがって、ひと昔前の狩猟採集民を再現すれば、フリーライダーを見つけ出し、その行動を抑え込み、(セフーの場合のように)威圧して、それなりにうまく抑え込むことができなければ殺す、というものとなりそうだ。

なぜ遺伝的なフリーライダーは消え去らなかったのか？

もちろん、自分個人の特権を集団の利益よりも優先させて反感を買うような逸脱者には厳しい社会的

ムルンギン族	イヌイットのネツリック族	アラスカ北部のイヌイット	高地のユマ族	北極地方のイヌイット	ティウィ族	ヤーガン族
オーストラリア	北極地方	北極地方	北米	北極地方	オーストラリア	南米
9	8	3	9	4	11	3
究極の制裁						
1	6			1		
2	10		5	3		
	5	2				1
比較的軽い制裁						
6	37	19	11	31	11	24
5	12	9	6	10	1	11
1	28	4	4	21		3
2	3	10		3	3	5
	15	5		12		
1	3	1		3		
2	22	5	6	16	2	10
	18	8	4	1		6
	3	1	2	1	1	3
	2	1	2			3
	1	1		1		2
	3	2				
2	21	3	13	21		7
	7	1	1	9		

（上記の数値は著者の狩猟採集民データベースによる）

道徳的な制裁	それが見られる社会の割合（%）	言及されている総数	アンダマン諸島の住民	グリーンランド西部のイヌイット	コー族
地域			アジア	北極地方	アフリカ
報告の数			14	3	8
究極の制裁					
集団全体で犯罪者を殺害	70%	15	2	3	1
集団から選ばれた者が犯罪者を殺害	60%	23	2	1	
集団から永久に追放	40%	15			7
比較的軽い制裁					
集団の意見					
世論	100%	178	4	1	27
言葉での制裁					
うわさ話（世論の個人的な表明）	90%	61		1	4
嘲笑	90%	72	2	4	4
集団やその代表による直接の批判	80%	33		1	5
集団による辱め	60%	40	2	3	2
その他の辱め	50%	9			1
社会的な疎外					
空間的な疎外（場所を移らせる、家やキャンプの向きを変える）	100%	104	6	6	25
集団による仲間外れ	70%	48		3	8
冷淡な態度（会話を減らす）	70%	16			5
犯罪者を避ける傾向	50%	11			3
共同絶交（全面的に避ける）	50%	6			1
集団から一時的排除	40%	7	1		1
致命的でない身体的制裁					
致命的でない身体的処罰	90%	93	7	6	11
殴打	50%	22			4

表IV　社会的抑止の手段について

処罰が科せられるので、彼らの遺伝的な利益はひどいダメージを受ける。ところが、そうした処罰を何千世代も科したあとでも、ただ乗りをするかなり強い先天的傾向がまだ存在する。そのことは、表Ⅲにきわめて説得力をもって示されているし、また第4章の終わりに分析した狩猟採集民の「死刑」の統計によってもよくわかる。集団による処罰が、数千世代にわたってフリーライダーにひどいダメージを与えてきたのなら、彼らがもつ遺伝子はどうして人間の遺伝子プールにしぶとく残ることができたのか、と問わなければならない。

その答えは、明白とは言えないが単純だ。多くのフリーライダー予備軍は、処罰を意識し、良心を働かせて自制し、トラブルを避けているかぎり無事に生きていられる。事実上、彼らは「牙を抜かれている」ので、たとえ「毒腺」（遺伝子のメタファーだ）がそのまま残っているとしても、社会統制の標的にならないからである。(28) 利他的な形質の選択にもたらす影響は甚大だ。一般にフリーライダーが、あえて略奪的傾向を表に出さずにいれば、利他主義者に対する競争上の圧倒的な優位はほぼなくなるのだから。すると、利他主義者が評判のメリットによって報われるかぎり、フリーライダーとほぼ互角になれる。それどころか、もっとひどいフリーライダーは、処罰のせいで得るより失うもののほうが大きいかもしれないので、互角よりはるかに良いかもしれない。

厳しい処罰による社会選択が、フリーライダー候補の大半を効果的に威圧するとしたら、良心の働きもそうした逸脱者を抑え込む。彼らは内面化した価値観とルールによって、恥をかいたり評判を落としたりすることを予想できるからだ。数理モデルを構築する者から見れば、これは、行動にはほとんど表れないフリーライダーの遺伝子が、人間の遺伝子プールに統計的に顕著に残る――それと同時に、利他主義者がなんらかの見返りを得るかぎり、利他主義者の遺伝子もたくさん残る――ということになる。

ジョージ・ウィリアムズが提唱した評判の高いモデルでは、この人間に固有の結果をあまり説明できない。

人間にかんする将来の研究では、利他行動のパラドックスを解こうとするどんな理論家も、ただ乗り行動の表現型がこのように抑制されるということを考慮に入れなくてはならない、と私は思う。もちろん私には、勢いよく広まったウィリアムズのエレガントなモデルが多くの人の心をとらえたことも、ただ乗りの傾向（遺伝子型）を実際のただ乗り行動（表現型）と単純に同等と見なすのが見事な論理だということもわかっている。それでも、小さな集団に属する人々は、フリーライダーを表現型のレベルで抑止することにとても長けているので、遺伝子型のレベルで何が起きている可能性が高いか、大幅に考え直してもよいのではなかろうか。

死刑、追放、仲間外れ、あるいは協力相手として選ばないといった社会的行動が、おどしたり騙したりして略奪するのを好む遺伝子の頻度を大幅に抑え込んだことは明らかで、やがてはこの自己家畜化により、略奪的なただ乗りの両方のタイプ（おどすタイプと騙すタイプ）を発現させるわれわれの生来の能力は、いくらか減ったり修正されたりしたにちがいない。[29] だが思うに、利他行動の説明という点でさらに重要性の高い効果は、フリーライダーの予備軍をひどく怖がらせると、彼らが略奪行為をしないようになるというものだったのではなかろうか——たとえ彼らの略奪的傾向は保持され、子孫へ受け継がれるとしても。

こうしたすべてをまとめれば、次のようなシステムが得られる。すなわち、危険な形質を良心で抑制できない、ひどく衝動的なフリーライダーの遺伝的適応度を大幅に下げることができ、一方で比較的「穏やかな」フリーライダー予備軍には、本来なら処罰されるはずの状況で自制させながら、それでも競争に勝とうという傾向については社会的に受け入れられる形で発現させるという社会統制のシステムだ。だからフリーライダーは消え去っていないし、それは先ほどの表にはっきり表れている。それどころか、平等主義の人類集団にも、やはりコミュニティの仲間を積極的におどしたり騙したりする著しい傾向をもち、その報いを受ける者が少数だが存在する。社会選択が数千世代にわたってなされたあとでも、そうなのである。

良心の進化をもたらしたのは初期のタイプの社会統制であり、進化した良心のおかげで個々の人間はこうした重要な自制がうまくできるようになった。それでも現在、かなりの数の狩猟採集民がリスクを冒して処刑されたり、追放されたり、仲間外れにされたり、辱められたりする羽目になるのは、依然としてただ乗りしたいという誘惑があるからである。彼らは処罰を免れたいと思っているが、しばしば罰せられる。それよりずっと目立たない、はるかに多くの人は、制裁を恐れて自制しているため、集団内の利他主義者に深刻なダメージを与えることはない。

私の民族誌研究によっても、このすべてを統計的に明らかにすることはできない。というのも、なんらかの行動がなぜ存在しないのか、あるいは、制裁への恐れや良心の呵責がなかったらどれだけその行動が広まっていたかを示すことは、非常に難しいからだ。しかしセフーが徹底的に屈辱を受けたあとは、彼と同じようにフリーライダーの性向をもち、網での狩りでいかさまをしようとしたメンバーはみな、激怒した集団によって不正が見つかり、追い込まれ、辱められ、追放のおどしをかけられるのを恐れて、そんな略奪的行動を積極的に起こすのを本気で思いとどまったにちがいない。そして同じことはセフー自身にも当然当てはまった。このため、彼のフリーライダーの遺伝子が遺伝子プールに残っていたとしても、表現型のレベルでは、セフーのただ乗り行動はおそらく抑え込まれていただろう。また、不正に得た肉は没収されたので、彼は決して勝者にはならなかったし、一方で彼に制裁を加えた人々は、その没収した肉を食べることにより、ささやかな警護活動の見返りを得たのである。

超自然的な制裁

ただ乗りを抑制する手段はもうひとつあり、良心を特別に拡張したもののように考えられるかもしれない。それは、超自然的制裁という形をとるものだ。[30] たとえば、狩猟採集民には食べ物のタブーがよくあるが、それははるか昔に生まれたのではないかと思う。経験が浅かったり不注意だったりするメンバーに、有害な食べ物を口にしないように警告する効果的な手段を提供してくれるからだ。これは私の推測にすぎないが。

表Vには、私の分類に従って、社会行動に付きものである、そうした超自然的制裁のみを示しており、それらは良心を拡張したものと見なせるかもしれない。良心は人々に、集団ではなく完全に個人に対して道義的なフィードバックをかける手段を提供するからだ。良心と同様、想像上の超自然的存在も、行動をひそかに見守り、禁を破った者をひそかに裁いて罰することができる。[31]

このような超自然的な制裁は、それを信じる人々に対する抑止力になり、とくに社会集団に知られにくい状況で殺人や近親相姦などさまざまな反社会的行為が犯されるのを抑制する働きがある。また、超自然的制裁にのみ的を絞り、先述の研究より標本の多い一八のLPA狩猟採集社会を対象におこなった初期の研究において発見したのだが、そうした制裁の対象になるのはまさしく、えてしてただ乗りをうながすタイプの逸脱行為だったのである。表Vでは、表II、表III、表IVとまったく同じ一〇の社会を用いたが、そのうち九の社会で道義的な超自然的制裁が報告されている。

ムルンギン族	イヌイットのネツリック族	アラスカ北部のイヌイット	高地のユマ族	北極地方のイヌイット	ティウィ族	ヤーガン族
オーストラリア	北極地方	北極地方	北米	北極地方	オーストラリア	南米
9	8	3	9	4	11	3
8	70	9		31	3	14
10	67	9		31	2	14
2	24	3		6		1
5	9			2		

（Boehm 2008bをもとに改変）

先述の、より詳細なほうの研究では、超自然的制裁はしばしば食べ物のタブーとかかわることが明らかとなった。道徳の領域では、そんなタブーはただ乗りを抑え込むのに役立つ。制裁の対象となる一連の行動の両端を見てみれば、「乱暴」の側には殺人や呪術があり、「不正」の側には、盗みや虚言、ずる、怠慢がある。したがって、実在する用心深い社会集団と同じく、想像上の「監視者」も、人類が文化の点で現代的になって以来——あるいは、この超自然的な考え方が生まれるにはもっと時間が必要だったと考えるなら、もう少し前から——大半の（場合によってはすべての）LPAタイプの集団でただ乗り行動を抑え込んできたのだ。

人間を対象とした社会生物学にとっての意義

表Iから表Vまでに見られるすべての結果を総合すると、フリーライダーの問題は、明らかに今なお継続している。しかし、彼らを抑え込

超自然的制裁	それが見られる社会の割合（%）	言及されている総数	アンダマン諸島の住民	グリーンランド西部のイヌイット	コー族
地域			アジア	北極地方	アフリカ
報告の数			14	3	8
超自然的制裁の言及	90%	172	15	12	9
超自然的な力が罪を罰するという考え	90%	167	12	12	9
個人の逸脱がグループ全体に危害を及ぼすという考え	70%	41	2	3	
逸脱者をうまく操るために超自然的存在を利用	50%	18		1	1

表V　道義的な超自然的制裁

む力は多面的で相当強く、そのおおもとにあるのは、協力を好み社会的略奪を嫌うようにするルールを内面化させる良心だ。良心は、抑止力となるだけでなく、思慮深い人が制裁を受けないようにする早期警戒システムの役目も果たしている。思慮深い人は、「集団には、犯罪者を操ったり罰したり殺したりする、効果的でときに危険な種々の社会的ツールがある」と、恐ろしい事態にあらかじめ気づくことができる。また良心があれば、人には道徳的評判があり、それが日常生活に社会的な影響を及ぼすこともわかる。さらに、個人の逸脱行為が他者に見つからなくても、超自然的な罰が下りうるのだという恐怖もある。おまけに、血縁以外にも寛大になるようにとうながす、肯定的なイデオロギーをつねに思い起こさせる種々の要素も存在する。そして最後に、みずからのおこないを良いものだと思うと楽しいので、多くの人が行儀よく振る舞う可能性は高そうに思える。

フリーライダーの遺伝子を授かった者は、自分を抑えるかぎり、協力的な経済システムに貢献し、善良な市民の役割を演じながらも、ただ乗り遺伝子を平均以上にもち、それを子孫に伝えることができる。いずれは、現代のしかるべきタイプの狩猟採集民に見られる統計的傾向にもとづくこの知見によって、人々が従来の数理モデルをあまり額面どおりに受け止めないようになり、人間の寛大さの最終的な限度について、性急で否定的な結論となりかねないものに飛びつかなくなることを願いたい。

私がこんなことを言うのは、リチャード・ドーキンスやロバート・ライトやマット・リドレー[32]などの好評な著作を読んでそんな疑いを抱いたことのある、一般の読者のためだ。そうした著作はどれもある程度、マイケル・ギゼリン[33]のような初期の社会生物学者が強く唱えて広まった否定的な態度をとっている。だが私がこう語るのは、何千という進化論者——生物学者であれ、心理学者、経済学者、あるいは人類学者であれ——のためでもある。彼らが、人間の寛大さについて考える際に、ずっと人気のある血縁選択や互恵的利他行動、相利共生、狭義のコストリー・シグナリングのパラダイムを超え、その先を見ようとしてくれればと願ってのことなのだ。

フリーライダーを抑え込むための人間独自の方法はきわめて効果的なので、LPA狩猟採集民は、自分たちの暮らす集団を変えることができた。威嚇するタイプのただ乗りが横行した祖先の階級社会から、ただ乗りしようという性癖を積極的に表明すると高いリスクを負う羽目になる平等主義の集団へと変えてきたのだ。実のところ平等主義は、乱暴者を用心深く積極的に抑え込むことによってしか維持できない。さもなければ彼らはフリーライダーとして、自分より利己的でなく力の劣る他者から、公然と自分のほしいものを奪うことだろう[34]。

これに関連して私は、社会生物学者のマイケル・ギゼリンが述べた「利他主義者を引っかき、偽善者が血を流すのを見よ」[35]という懐疑的な言葉よりもはるかに楽観的な、進化論の信条を提案したい。われわれわれ人間の遺伝的本性が、第一に利己的で、第二に身内びいきであり、利他行動をうながす傾向はかなり少なめにしかないことは私も認めるが、私の支持する信条はこうなのだ。「利他主義者を引っかき、フリーライダーをうまく用心深く抑え込む者が血を流すのを見よ。だが気をつけよ。汝《なんじ》が利他主義者をあまりにひどく引っかくと、その者とその集団が汝に報復し、汝を殺しかねないから」

二次的な破壊者は存在するか？

集団による処罰は、このただ乗り抑止のシナリオの重要な部分である。しかしとくに進化経済学で一部の学者は、「二次的なフリーライダー」[36]という脅威が、略奪する逸脱者を処罰するように進化を遂げている集団にとって理論上の障害になると指摘している。狩猟採集民が今日実際に逸脱者を処罰しており、過去にも間違いなくそうしていたということは、すでに本書で示したとおりだが。

この「二次的なフリーライダー」にかんする知見は、他者に対してきわめて欲張りな提案をする者は処罰されるらしい（たとえ処罰する側が、欲張りな者のひどい提案を拒否すると不利になり、処罰のコストを払うことになっても）という実験結果から得られた。二次的なただ乗りという問題が生じるのは、ある人間が処罰に加わるのをやめて、他の人々にそのコストを払わせるときだ。そうした行動は、実生活ではこの二次的なフリーライダーに遺伝的なメリットをもたらす。このような知見は、主に大学生を対象にした本格的なゲーム理論の実験から得られているが[37]、ときには野外調査で部族民や少数の狩猟採集民から得られることもある。たとえば、ひどく利己的に見える者を罰するために、彼ら全員が金を払うことがある。[38]

そうした実験をした研究者らが明らかにしているとおり、集団による処罰への参加は、参加のためにコストが払われるので、遺伝的に見れば利他的な行為だ。すると二次的なフリーライダーは、処罰に参加するのをやめれば時間と労力をかけずにすみ、ときにはリスクも避けられるので、他者が公益のためにかけているコストを払わずにすむことになる。これはつまり、集団が、悪意のある呪術師や乱暴者などの攻撃的なタイプのフリーライダーや、ずるをして肉をかすめとるいかさまタイプのフリーライダーを罰するあいだに、さらに別のタイプのフリーライダーが現れるということだ。それは、他者に処罰をやらせて傍観する――そのため一切コストを払わずに報酬を得る――タイプのただ乗りである。(39) そうすると、理論上は、この処罰をしないフリーライダーの遺伝子は増え、コストを払って処罰をする者の遺伝子は減る結果になるはずだ。そしてついには、集団による処罰に加わる遺伝的傾向は激減するので、これまで述べてきたようなフリーライダーへの抑圧は消え失せてしまうだろう。

だが、数理モデルと実験結果から離れ、現在のわれわれまで遺伝子を進化させてきた人々へ目を移してみよう。すると私のデータベースによれば、どこの狩猟採集民も実のところ逸脱者をすぐに処罰するのだが、いつでもそれをほかの人よりはるかに積極的におこなう人がいる一方で、まったく手を出さない人もいるらしいということがわかる。さらに、私の仕事仲間であるポリー・ウィースナーは、LPAのクン・ブッシュマンを対象に三〇年間野外調査をおこなっているが、逸脱者を制裁する集団に加わらない者が処罰されるというのは見聞きしたことがないらしい。またこれまでのところ、私が五〇のLPA狩猟採集民を対象におこなった「集団による処罰」の調査（表Ⅰと表Ⅳを参照）では、処罰に加わらない者が処罰されたという話は、処罰がかなり頻繁におこなわれているにもかかわらず――そして処罰に加わらない者が多数いるにもかかわらず――数百の民族誌報告にひとつも見つかっていない。

私の見解では、処罰に加わらないことは、ただ乗り遺伝子と関係があるとは限らない。たとえば、ムブーティ・ピグミーのセフーがおこなった高慢ないかさまに対し、大半のメンバーは彼を積極的に辱めたが、彼に血筋の近いいくつかの家族のメンバーは、明らかに離れ、中立的な様子を見せていた。(40)これは単に、フリーライダーになる傾向をもつ者だけでなく、だれにでも当てはまる社会的要因によるものにすぎないと私は思う。つまり、逸脱者の近親者や仲間が距離を置くことを選び、ほかのメンバーにその逸脱者を厳しく処分させるという行動は、かなり当然の——そしてほかのメンバーにも理解できる——ものなのである。

そのように処罰に加わらないことは、典型的なただ乗り行動のようにも見えるが、長い目で見ればそんな遺伝的影響は存在しない。期待される社会的な役割という仕組みによって、こうした処罰への不参加を、フリーライダーのモデルをなんら必要とせずに説明できるからだ。弟が泥棒として捕まったなら、私は処罰に加わらないが、積極的に弟を支援することもない。一方、逸脱者が自分の近親者でなければ、私は積極的に集団による制裁に加わるというわけである。

コストとメリットが長いあいだに均等になる別の例として、第4章で検討した狩猟採集民による「死刑」の利用を、もっと具体的に考えてみよう。すでに紹介したように、ごくたまに集団の全員が一斉に逸脱者——通常は集団のメンバーをおどしてまわる乱暴者——に襲いかかり、(41)集団行動によって殺してしまうことがある。このように労力やリスクを平等に分け合うと、期せずして二次的な遺伝的フリーライダーの問題をうまく防ぐことになるのだが、直接の動機はまったく別のところにある。狩猟採集民が心配するのは、実は復讐なのだ。(42)だれかひとりがひどい逸脱者を殺すとしたら、たとえそれが正真正銘の悪者だったとしても、怒り嘆き悲しむ近親者が、彼を愛するあまり敵討《かたきう》ちをしても不思議はない。

ところが、大半のメンバーが一斉に殺害に加われば、親族が処刑者を狙って敵討ちを果たすのは無理になる。

それでも、もっと多くの場合、狩猟採集民の集団による処刑は「委任」によってなされる（表Ⅳの「集団から選ばれた者が犯罪者を殺害」を参照）。この第二のパターンは相当広く見られるようで、おそらく普遍的なものだろう。まず集団が、逸脱者を排除しなくてはならないという点で意見の一致を見て、それから通常は、近親者に彼を殺すように求める。その文化的な論理は申し分ない。親族は狩人をひとり失ったばかりなのだから、敵討ちで親族をもうひとり――それも、集団全員の利益のために自分の親類を進んで殺したような高潔な人間を――殺し、自分たちの損失を倍増させるとは考えられないだろう。これで復讐を避けられるわけだが、このケースでは、ひとりの人間が高潔な意志で責任をもって処刑人の役目を果たすリスクを引き受けている。このように、集団のメンバーが近親者にみずからの親類の殺害を委ねる場合も、問題になるのは組織における立場なので、遺伝子選択の観点から見て、汚れ仕事を委任した人々は、遺伝的なフリーライダーとして行動していることにならない。

それでもなお、しばしば軽度の社会的制裁で見られるように、少数のメンバーが積極的に制裁に乗り出すうちに、他の人々から広い支持を受けて、追い詰められた逸脱者が危険になる場合がある。たとえば高慢なセフーに対しては、ただひとりの男がまず率先して激しく非難した。ところが、この最初に辱めた男は、自分にはほかの仲間の強い後ろ盾があることをすでに知っていた。ターンブルの心理描写の豊富な記述から、その男とともにいたほかのメンバーも、同じぐらい激怒していたことがわかるからだ。男はまた、罪人であるセフーが集団全体の意向で非難されているのを自覚しており、セフーがすっかりおびえているので率先して非難している自分を攻撃しそうにないことも知っていた。こうした集団による後ろ盾は、そのあとただの少年が席を譲らずに高慢ないかさま師を侮辱したときにも、明らかに存在していた。別の状況なら、そんな行動はかなり危険だっただろう。

そうした集団の力学は、よくまとまった集団の大多数を先導して制裁する者の個人的なリスクが――逸脱者の近親者が傍観しているかぎり――きわめて低くなるのはなぜなのかを説明してくれる。そうすると今度は、この同じ政治力学が、なぜ二次的なただ乗りは、集団による処罰の始まったころの進化にとって大きな障害にならなかったらしいのか――そしてなぜ現実に集団による処罰から「離反する者」が処罰されずにすむのか――を説明するのにも役立つ。物事は、進化の長い時間で見ればいずれ平準化されるのである。

私の結論は、実験で何が起きようとも、「処罰に加わらない者は罰する必要がある」という進化にかんする仮定には、さらなる批判的検討が必要だというものだ。狩猟採集民の日常生活における「集団の力学」は、これまで科学的にこしらえられてきた小集団のゲームで見られるものとは異なっていそうだからである。ひょっとしたら今後の実験には、狩猟採集民が実際におこなっていることや、文化の面では現代と変わらぬ過去に彼らがおこなっていた可能性が高いことをさらに考慮に入れて、こうした集団の力学をもっと多く組み込むことができるかもしれない。一方で、典型的なLPA狩猟採集社会は逸脱者をいつでも罰するが、そうした社会では処罰に加わらなくても罰すべき逸脱行動とは見なされず、この形の社会統制が数千世代にわたってうまく効果的に働いてきたという事実もある。

この結論は、こうした小さな狩猟採集社会についてのさらなる事実、すなわち政治力学を取り込んだものだ。そのような集団は、つねにひとつにまとまっているわけではない。道徳的に判断しがたい攻撃行動によって集団が分裂し、攻撃者の近親者や仲間が強く味方する一方、ほかのメンバーはその逸脱行動を非難することがあるからだ。そのような場合、集団はふたつの派閥にあっさり分裂し、それぞれ別の道を歩むことになりそうに思われる。だが、セフーの逸脱行為のときはそうならなかったし、ほかにも、親族がただ傍観して残りのメンバーに積極的に制裁を加えさせる多くのケースではそうなっていない。われわれは、全員一致ではない道徳的制裁と、完全な対立との区別を慎重におこなわなければならない。

先史時代のダブルパンチ

私は第3章での議論をもとに、多くの種でおこなわれ、通常「社会選択」と呼ばれているものの範囲を大幅に広げている。[43] 人間については、アレグザンダーが考えた「評判による見返り」にもとづくポジティブな社会選択を取り入れており、さらに、すでに一九八二年には選択のメカニズムとして考えはじめていた「集団による処罰」も加えている。[44] 集団による処罰を受けると、評判のうえでも不利になるため、処罰と評判は相互に関連している。

「ダブルパンチ」をもたらしたのは、評判による選択と、フリーライダーの積極的な抑圧との組み合わせだ。人間のこうしたふたつの基本的なタイプの社会選択を組み合わせて考えることによって、私の提唱する社会選択理論は、鳥などの動物を研究する進化論者と、狩猟採集民を研究する進化論者の両方が最近大きな関心を向けている、コストリー・シグナリングによる理論[45]よりも、はるかに包括的なものになっている。利他行動にかんするその包括的な「道義的」社会選択の理論は、グループ選択、互恵的利他行動、相利共生、コストリー・シグナリングにもとづく理論をはじめ、ほかの人が考えつきそうなどんな新理論とも十分に張り合えるはずだ。こうしてわれわれは、血縁以外への寛大さが人間で広く見られることについて、より良い根本的な説明を探しつづけている。

もちろんこの道徳的なアプローチは、高度に文化的なわれわれの種だけに当てはまる。ほかの動物には、好ましい評判についてうわさ話をして合意を形成することはできない――たとえコストリー・シグナリングのメカニズムが似たような役割を果たすとしても。そしてほんのわずかな種だけが、社会的に協力して団結し、集団内で気にさわることをする者を処罰する。「原初のチンパンジー属」が、この方向へささやかだが重要な前適応をもたらしていなかったら、今日のわれわれのように利他的になる過程でどのように良心を発達させたのか、またどのようにして乱暴なフリーライダーを実質的に無力化できたのかについて知るのは難しくなる。

ここで提示した利他行動のパラドックスに対する解決策で私は、主にこの人間のタイプの包括的な社会選択が根本的な要因だと考えている。これには、フリーライダーの行動を今も抑え込んでいることと、その行動のもとになる遺伝子で過去に何か大きな変化があったことが――とくに乱暴者の行動にただ乗りの傾向があり、そのせいで死刑などの重い処罰を容易に科すことができた場合に――かかわっている。また、遺伝的なグループ選択による寄与（きちんと測りにくいがかなり限定的だと思われる）や、表現型でのきわめて大きな寄与（血縁以外への寛大さをうながす種々の文化的な「増幅装置」によってもたらされる）についても考慮している。このようなモデルの組み合わせによって、われわれに共通する人間性に見られる、社会生活の質や全般的な協力の効率を大いに高める利他的な側面をさらに説明できたらいいと思う。

その後の道徳の進化

利他行動が道徳の進化にとって重要であるのには、いくつかの理由がある。第一に、利他的な行為の根底にある同情という感情は、えてして良心に組み込まれているからだ。このおかげでわれわれは、幼い時期に無意識に内面化した向社会的な価値観に従って行動する際、他者の抱える問題やニーズ（必要なもの）と感情面で結びつくことができるようになる。[46] そして第二に、われわれの道徳律が語る内容の非常に多くは、向社会的に振る舞う人間の能力を増幅するように仕向けているからであり、そもそもの能力をもたらすのが同情なのである。

われわれは実際に生まれつき利他的な形質をもっている、と私は主張してきたし（「私を引っかき、あるいはあなた自身を引っかき、あるいは本格的なサイコパス以外のだれでもいいので引っかき、偽善者でなく利他主義者が血を流すのを見よ！」）、そうした形質がなければ、良心の機能はまったく違うものになっていただろう。その場合、われわれの道徳的生活は、ほとんどが羞恥心と恐ろしい処罰への恐怖に根差すこととなっただろうし、その一方で、狩猟採集民に見られる、しばしば同情にもとづく効果的な協力へと導く向社会的な説諭は、役に立たないから存在しなかったはずだ。[47]

恥を感じる良心はわれわれに善悪の観念を与えてくれるが、われわれの知るかぎり、道徳的生活にははるかにたくさんの要素がある。同情の鍵となる構成要素は、利他行動の多くを動機づける基礎となり、これが間接互恵のシステムで重要なポイントとなっている。というのも、このシステムに関与する人々は、他者のニーズに対し、感情による反応を示すからだ。他者のニーズを感知すると、人々は無意識に寛大な反応をするようになる。このことと、他者の寛大さによって将来の利益が得られるだろうという期待とによって、システムが機能する。要するに、利他行動は重要なのである。

ひとたび人々が現代人とおなじような文化（と道徳）をもつようになると、人間社会の営みはＬＰＡ狩猟採集民のそれになった。先述のように、彼らは当時の人類が現代に生まれ変わったようなものだ。今日の行動から判断すれば、われわれの最近の祖先は、第一に利己主義者で、第二に身内びいきだったが、すでに述べたとおり、彼らは遺伝的本性としてかなり利他的でもあった。その結果生じた血縁以外への寛大さが、大きな獲物の肉を分配して深刻な衝突を避けなければならないときと同様、具体的な公益のビジョンを心に抱いて協力する必要が生じたときに、文化の土台となる重要なものをもたらしたのだ。そうした比較的最近の狩猟採集民は、われわれとそっくりな良心をもっており、多くの点で、彼らの美徳や犯罪や処罰はきっとわれわれのものと非常によく似ていたにちがいない。恥に対する個人の感覚や、他人の良い評判や悪い評判に対する感覚も同様だ。

こうした人々は、大きい社会的な脳のおかげで、集団のメンバーがもつ限られた利他的な傾向を、公益のために社会的に強化できることがわかるようになった。また基本的に、この強力な脳によって、人々は間接互恵のシステムを考案し維持することができたのであり、それは長年にわたり実に見事に、実に柔軟に役立ってきた。人類の知力にこうした社会関係における建設的な側面があるために、われわれの進化のプロセスはまるっきりダーウィンが考えたとおりに特異なものとなった。今後の検討では、社会的・経済的側面においてこの柔軟さをさらに探っていくことになる。しかし、生来の利他行動と、血縁以外への寛大な感情がかなり備わっていなかったなら、この驚くべき進化のプロセスはまったく異なる方向へ進んでいただろう。

第8章　世代を越えた道徳を身につける

道徳的コミュニティをもっとよく見る

第2章で、アフリカのふたつの狩猟採集社会に暮らす人々の特質について、具体的だが短い紹介をしたが、そのほかにも私は、代表的な統計をもとに、道徳的行動のパターンをできるだけ明らかにしようとしてきた。次の数章では、現代のいくつかのLPA狩猟採集民の道徳的コミュニティにおいて道徳的生活がどのようなものかについて、より豊かで文化的に明確なイメージをつかんでもらうために、対象となる何人かの話を取り上げることにする。そのなかで、彼らの道徳的コミュニティについて、そしてわれわれの社会的同調と自己犠牲をする寛大さといった能力が更新世後期にどのように発達した可能性があるかについても、さらなる考えを打ち出していこう。

ずるをして肉をせしめたセフーが彼のグループに辱められた様子を生々しく綴ったコリン・ターンブルの記述については、すでに本書で見てきた(1)。しかしこのムブーティ・ピグミーは、真の意味ではLPA狩猟採集社会と見なせない。彼らにはバンツー族という農耕部族の取引相手――明らかに更新世ではありえない――が存在し、両者で野生動物の肉と栽培穀物とを定期的に交換しているからだ。私がターンブルの文章を引用することにしたのは、ピグミーの道徳的コミュニティの働きにかんして、彼の描写が実にすばらしかったためである。

社会学の大祖であるエミール・デュルケーム(2)は、みずから野外調査をおこなうことはなく、個人としての先住民に言及することもほとんどなかった。それでも彼は、世論による圧制について語った際、こうした小さな道徳的コミュニティにおける社会生活や社会統制の集団的側面をとらえていたにちがいない。世論はえてして恐怖に満ちた社会的同調を生み出すものだが、それは親密でともすれば攻撃的になりかねない狩猟採集民の集団の暮らしには付きものである。デュルケーム(3)は野外調査をするかわりに、オーストラリアのアボリジニについて書かれた初期の古典的な民族誌をよく読み、そこから知見を得た。デュルケームの著作に対する批判の大半は、彼が小さな社会とそのまとまりに対して抱く「機能主義」のイメージはひどく「美化」されている――確かに争いをあまり重視していない(4)――というものであって、民族誌や社会力学の解釈が間違っているというものではない。

基本的に、私自身の狩猟採集民にかんする知見もデュルケームと同様、疑似体験による。私がみずから研究した純然たる狩猟採集民は野生のチンパンジーだけであり、彼らは進化の分析には大いに役立つが、明らかに道徳的生活を欠いている。しかし一九六〇年代、私が野外調査をおこなった、隔離され文字をもたないナヴァホ族は、狩猟採集をおこなっていた祖先から数世代しか経っていなかった。彼らは平等主義的な世界観を非常に強くもちつづけており(5)、寛大さと、けちへの非難とが顕著に見られ、それらを重視していた。より伝統的な牧畜民のナヴァホ族も私は調査しており、彼らは「純然たる」狩猟採集民でなかったにしても、少なくとも半移動性の生活を営む平等主義者だった。

私がモンテネグロの孤立した山あいの地で数年間一緒に暮らしたセルビア準部族の牧畜・農耕民は、民族誌的に明らかにまるで異なるタイプだったが、[6]前に見たとおり、彼らの間接互恵のシステムは狩猟採集民のそれとかなり似かよっており、一世紀半にわたり、主に独裁的な部族「国家」の支配下にあったあとでさえ、平等主義の精神はなお顕著に見られた。また、北部モラチャ族の小さな集落で二年間過ごしたことも、現地語を話しながらきわめて小さな「デュルケーム的な」道徳的コミュニティで長期間暮らす経験となり、こうしたバックグラウンドも非常に貴重なものだった。

ふたつのすばらしい見本

かりに私が、ただひとつの社会を選んで、すべてのLPA狩猟採集社会の道徳的生活を例証しなければならないとしたら、民族誌的に最も優れた記述がなされている社会にせざるをえないだろう。とはいっても、カラハリ砂漠に住むクン族やコー族やグイ族などのブッシュマンか、中央カナダでイヌイット語を話すネツリック族とウトゥク族のペアか、どちらを選ぼうかとずいぶん迷うはずだ。[7]これらふた組の文化については、道徳的生活の描写が実にすばらしい民族誌が存在し、幸いにも私はどちらかを選ぶ必要はない。本章では両方を利用することにしよう。

この豊富な民族誌について、少し前置きをしておかなければなるまい。おしゃべりなクン族にかんしては、作家のエリザベス・マーシャル・トーマスや、[8]本職の人類学者であるリチャード・リー、ポリー・ウィースナー、パット・ドレイパーなど、多くの人によって生き生きと描写がなされてきた。そのひとりである人類学者のマージョリー・ショスタックは、ニサ――クン族の女性で、一夫一妻ではない変わった結婚生活を送っていたので、彼女の話はやや特異である――の生涯を記録した。[9]ニサは寛大さや分配の問題にもかなり関心があるようだった。というのも、ショスタックに話をするとき、彼女はしばしば非常にけちであるように見えるだけでなく、同時に他人には寛大さを求めるように見えるからである。

このあと見るように、食べ物をめぐる嫉妬の感情は、ニサが無理やり断乳させられたときにひどくなったのかもしれない。その可能性を認めるなら、ニサは喧嘩っ早いものの、彼女が属するクン族の文化においては決して不道徳な者ではない。そして彼女の語る生涯は、やや特異だとしても、ブッシュマンの生活が覗ける窓としてたぐいまれなものであり、本章と第10章における質的な分析をよく補ってくれる。

中央カナダのネツリック・エスキモーには、人類学の素養があったデンマークの探検家クヌート・ラスムッセンによって接触直後に調査されたことに加え、伝統的な移動生活をやめたときにアーセン・バリクシによって再調査されているという大きな利点がある。[10] 民族誌学者のバリクシは、アザラシの狩人であるこのネツリック族について、非常にすばらしく、いまや有名になっている一連の記録映像も撮影した。さらに、ネツリック族のそばでバック川流域に住むウトゥク・イヌイット語族については、私の旧友ジーン・ブリッグズが調査している。[11] 彼女は、ちょうど私が大学院で研究を始めていた一九六〇年代に、マサチューセッツを出て北極圏へ向かった。彼女を養子に迎え入れたのは、攻撃的だが用心深いイヌティアクという男の家族だった。ウトゥク族の感情や道徳にかんする彼女の詳細な記述は驚くべきものだ。同様に驚くべきことは、やがて彼女自身が道徳的危機の真っただ中に陥ったという事実である。ブリッグズは著書『決して怒らない』のなかで、ウトゥク族のメンバーから数か月仲間外れにされていた様子を詳しく述べている。のちにこれはユニークな視点から——すなわち、感情の自制にかんするウトゥク族の掟を大きく破った、異文化から来た神経過敏な「逸脱者」の視点から――先住民の社会統制を垣間見せてくれることになる。

ブリッグズの科学的な関心の的は仲間外れではなく、もちろん彼女自身が仲間外れになることでもなく、子どもがいかにして社会化するのかという点にあった。彼女はウトゥク族に加え、その後はるか北東のカンバーランド湾近辺に暮らす別のイヌイット語族も研究した[12]。その研究では、イヌイットの社会がどのようにして幼い子どもを大事に育て、仮想の状況において残酷でストレスのかかる選択を迫る道徳的なジレンマまで利用しながら子どもに集団のルールや価値観を内面化させるのかについて、見事な考えが提示されている。

私がまったく異なるカラハリ砂漠のブッシュマンと北極圏のイヌイット語族を一緒に扱うことにした理由は、もうひとつある。それは、これらの豊富な民族誌が、明らかに環境が大きく異なっていても、狩猟採集民の道徳的生活に広く見られる共通点を見事に示してくれるからだ。具体的に言うと、ブッシュマンは高温で厳しい乾季もある環境で暮らしており、狩猟が栄養面で（そして文化の面でも）きわめて重要ではあるが、カロリーの大部分を植物から得ている。一方イヌイットは、草食性の獲物の胃のなかにある植物を少しは摂取できるとしても、主に季節ごとの魚に加え、アザラシの脂肪とカリブーの肉（脂肪のほうが好まれる）を食べざるをえない。この違いは実に大きい。しかし、このあとわかるように、道徳的感情、集団による制裁の方式、争いを抑える行動は、多くの点でかなり似ている。これらはすべて進化した良心をもつことから始まり、それが価値観の内面化をうながし、高潔な善――そして恥ずべき悪――の観点から、自分と他人のことを考えさせるようになるのだ。

内面化を論証する

文化の価値観やルールを身につけるプロセスはとらえにくく、たいてい観察者にはほとんど見えない――だがそれでも重要であることに変わりはない。個人における社会的なルールの内面化を考えるにあたり、ここで何人かの名前を再び挙げて見直す必要がある。ひとりは社会学者のタルコット・パーソンズで、[13]彼は社会を平衡状態にあるシステムとして機能的に描写しながら、デュルケームに倣い、個人を文化やその集団のルールと深くほぼ無意識的に結びついているものと見なした。パーソンズは、個人における価値観の内面化を、社会集団を文化的に持続させるうえで重要な要素と考えた。

もうひとりは、著名な経済学者ハーバート・サイモンだ。基本的に、彼の見方によれば、文化的に「従順」であるということは、個人が文化の勧めるどんな行動もすぐにとれること、また実際にとることを意味する。第3章で見たように、サイモンは、文化の習得に生まれつき長けていれば、その個人は適応性が高いので、利他行動を実際に「援助」するはずだという考えを思いついた。[14]経済学者のハーバート・ギンタスは、遺伝子と文化の相互作用を実証する現代の進化経済学のアプローチによって、こうした概念を発展させており、[15]サイモンの便乗モデルを道徳の内面化と直接結びつけた。

要するに、パーソンズもサイモンも、ある非常に基本的な良心の機能、つまりルールと価値観を個人的に身につけることについて論じている。そしてこのことが人間の遵法的傾向につながるのだが、これについては、古くは生物学者のC・H・ウォディントンが、比較的最近では心理学者のドナルド・T・キャンベルが論じている。[16]道徳化された社会生活を持続させるために、これほど重要なものはなく、子どもはこうしたルールを幼いころに学びはじめる。

ＬＰＡ狩猟採集社会における道徳の内面化の性質を描写するにあたって、ここでは狩猟採集民のルールの内面化を示す、間接的ではあるがかなり示唆に富む証拠から始めることにしよう。現場の民族誌学者は、目にする主要な大人の社会面・生活面の傾向を記述するだけで手一杯なので、こうしたことはふつう考えもしない。子育てはこのすべての起点となり、ありがたいことに、狩猟採集民を調査する民族誌学者の少なくとも数人は、子どもと道徳的社会化のプロセスに注目していた。さらに幸いにも、そのなかでも抜きん出たふたりが、たまたまブッシュマンとイヌイット語族の子どもをそれぞれ調査しており、内面化の細部にまで注意を向けていた。

ＬＰＡ狩猟採集民の道徳的社会化にかんしては、ブリッグズによるエスキモーの子どもを対象とした長期にわたる徹底的な研究と、パット・ドレイパーによるブッシュマンの調査から、主に知見が得られている。しかし実験環境においては、現代社会における子どもの道徳の発達は、実を言うと過去数十年にわたりさまざまな学者によって徹底的に調査されており[17]、心理学者のジェローム・ケイガンによる先駆的な研究に続いて大きな成果を上げている[18]。そして、実験で調べられた現代の子どもの反応は生来のものなので、狩猟採集民の子どもにも当てはまる。われわれはみな、同じ遺伝子をもっているからだ。

当然、大人になってもさらなる内面化が起きると、多くの学者は考えている。もっとも、キャンベルが初期の文明に共通して見られると論じた、利他行動を支持する道徳的な説諭からも、それが人類に普遍的なものだと言えそうだが[19]。私はすでに、ＬＰＡ狩猟採集民について、そのような大人のレベルでの説諭を統計的に立証しているが、ここでは、道徳の内面化を示す、もっと直接的で個人的な証拠が役に立つはずだ。

大人にかんして、私の知るかぎり最良の証拠は、内面化を基本的に当たり前と見なすような、よくある民族誌の総括からでなく、人類学者のエレナー・リーコックが先住民の活動に積極的に参加した経験から得られたものだ[20]。北米のクリー族は、調査される前から毛皮の交易をよくおこなっていたため、LPA狩猟採集民と見なされることはあまりないが、これから引用する話を読むと、私には典型的なLPA狩猟採集民のように思える。またこの話は、野外でひとりきりになる狩人のあいだで、なぜ深く内面化された利他的な施しがおこなわれるかについて、大きな手がかりを与えてくれる。

リーコックがインフォーマントのトマスと一緒に狩猟の旅に出たとき、遠くまで行ったところで、ひどく腹をすかせた顔見知り程度のふたりの男に出会った。トマスはこの知り合いに、小麦粉とラードをすべて与えた。ここに引用するリーコックの記述を見ると、トマスが英語をかなり話せたことがわかる。

この行動のせいで、彼は予定より早く交易場所に戻らねばならず、毛皮獣の捕れる数が減ることになった。私は、彼にいくらかでも苛立ちや渋る気持ちがあるのか、あるいは少なくとも、いつかそのうちに見返りを得る期待があるのかを知ろうと探りを入れた。このとき、きわめて珍しいことにトマスは私に腹を立て、激しい怒りを押し殺しながら、「まあ考えてみろ、小麦粉やラードをあいつらにあげなかったら――心が死んでしまう」と言った。この出来事自体よりも意味深いのは、彼のきっぱりとした口調と、彼の行動について質問をした私が非情だと考えていたことだった[21]。

心が「死ぬ」と言及しているのは、深い内面化がなされていることを示唆している。また、ただの知り合いに対して寛大だったことから、寛大さが家族以外に向けられていたと考えられる。ハザァベ族における同様の事例については、ジェイムズ・スティーヴンソンという冒険好きなニューヨークの景観設計家による報告がある。タンザニア北部で長期にわたりハザァベ族と狩りをしている彼によれば、あるとき腹をすかせた見知らぬ者同士が、狩猟中に遠くの茂みのなかで出会い、ここでもやはり、かなりコストを強いる分かち合いが自然におこなわれ、それが深く身についているようだったという。(22) ハザァベ族は、じっさいLPA狩猟採集民である。私が民族誌学者でない者によって公にされたこの逸話をもち出しているのは、この逸話がリーコックの話と一致するうえに、通常こうした話が一般的な民族誌に収録されることはないからである。入っていたらいいと思うのだが。

大人になってからの価値観の内面化を直接示す証拠がほかにないかと、ますます充実しつつある私の分類データベースを調べてみたが、これらふたつのきわめて意味深長な寛大さを示す逸話に匹敵するものは、何も見つからなかった。しかし二〇世紀になった直後、フィンランドの社会学者エドワード・ウェスターマークは道徳的感情を慎重に分析し、世界の民族誌を巧みに利用しながら、(23) 内面化という言葉こそ用いなかったが内面化を論じた。彼は、所属する部族集団の習慣に感情的に深く共鳴する人々から なる、定住型の部族社会から数多くの例を示しており、LPA狩猟採集集団からも一例を挙げているのでここに引用しよう。「あるときハウイット氏は若いオーストラリア先住民と、イニシエーション〔集団や社会に入ったりそのなかで成長したりするなかで経験する通過儀礼〕のあいだに禁じられている食べ物の話をしていて、こう言った。『でも、お腹がすいているときにメスのオポッサムを捕まえたとしたら、君は年配者がそこにいなければ食べてしまわないか』。すると若者は答えた。『そんなことはできない。それは正しいことじゃないだろう』。そして彼は、自分たちの習慣を無視するのは悪いことだというほかに、何も理由を挙げられなかった(24)」

この三つの逸話は少なくとも示唆に富んでいる。それどころか、リーコックとスティーヴンソンの話には信憑性が感じられ、血縁以外への寛大さがクリー族とハザァベ族に深く根づいていることが、私には納得のいくように語られている。私にこうした判断を下す資格があるのは、数百、いや数千時間をかけて、狩猟採集民について他人が書いた民族誌を読んできたからであり、また、ナヴァホ族やセルビア人といった協力する小集団で今なお暮らしている非狩猟採集民と過ごした時間があるからでもある。私が見てきた数百にのぼる民族誌の報告のすべてに、こうした意味深長な事例報告が含まれていたらよかったのにと思うばかりだ。

ハウイットの逸話は寛大さとは関係がないが、私の民族誌的な直感から、彼は必ずしもそこで起こっていることのすべてをつかんでいるわけではないことがわかる。文化の強制者（年配者）がいないときに、若者が重要な食べ物のタブーを破ることに対しては、非常に有効だと思われる別の規制要因が存在する。これまで見てきたように、超自然的な制裁がLPA狩猟採集民のあいだでは広く信じられている。禁じられているオポッサムをひそかに食べたら、そうした存在に気づかれてしまうだろう、もしも気づかれたら自分——あるいは集団全体——が何か恐ろしい処罰を受けるかもしれない、と彼らは考えるのだ。超自然的存在による制裁を信じることは、ルールの内面化に役立つのである。

もちろん、まったく違う種類の証拠として、集団レベルで普遍的に分配する傾向が、大きな獲物については習慣化していることが挙げられる。人々がこうした分配を習慣的におこない、実際に争うことがほとんどないのは、必要な価値観やルールを内面化しているからにほかならない。しかも、最も多くの獲物を仕留めた狩人さえ、このシステムに喜んで参加しているらしい——ごくまれにいかさまがおこなわれることもあるが、基本的に自分の仕留めた獲物をあまりためらわずに渡すようなのだ。さらに顕著な証拠は、負傷したり体が不自由になったりしたメンバーが、困っている人は助けなければならないという集団の道徳規範によって、血縁関係にないメンバーから肉をもらって助けられていることだ。第11章で見るように、こうした状況に応じた援助は、ある程度、過去にとった寛大な行動にもとづいて与えられる。

総じて、内面化の効果はなかなかとらえにくいようで、肉の分配にかかわるほかの動機によるものと区別するのは相当難しい。ほかの動機として、たとえばけちに見えることに対する不安があるが、これは、評判に対する懸念や、極端な場合には処罰への恐怖にもとづいている。じっさい、クリー族のわな猟師トマスは、もし腹をすかせたふたりを見捨てたら、ふたりが彼の知る人々に「悪口」を言い、その結果、それなりに寛大な人物という評判が損なわれてしまうのだと間違いなくわかっていた。一方で、彼が犠牲を払って寛大に振る舞えば、ふたりは自分たちのキャンプへ戻ったときにその話をする可能性が高いし、好意的なうわさが流れることで、彼自身のキャンプのなかでも株が上がるかもしれない。しかし、こうした「社会的に得策である」という個人的な考えでは、彼があれほど真剣に心が「死ぬ」と言ったことは説明できない。彼は間違いなく、自分の文化における分配にかんする価値観を身につけていたばかりか、利己的に振る舞うことなど考えられないほどそれを深く内面化していたのだ。

内面化を伴う感情の深さは、いち早くブッシュマンを調査した学者のひとり、パット・ドレイパーも力説している。ドレイパーは、恥ずかしい思いをしたクン族の若い女性について語っており、その話は、恥の感情が価値観やルールの内面化とどうかかわっているかを理解するのに役立つ。

ある個人がなんらかの規範に抵触し、仲間の反感を買った場合、その人は西洋の観察者には極端に思えるような反応を示す。そのうえ、批判者たちの憤懣に対する違反者の態度を見れば、その人が社会規範を十分に内面化していることがうかがえる。たとえば、ヌーカという名の十七歳ぐらいの未婚の少女が、父親を侮辱したことがあった。この社会では、十七歳でまだ独身なのは行き遅れであり、父親は結婚相手にふさわしい男について、彼女や親族とよく話していた。彼女は反抗し、名前の挙がった年上の男性には興味を示さなかった（彼女はキャンプのなかにいる同年代の若者たちと楽しく戯れていたが、彼らは立派な夫になるには若すぎると判断されたのだ）。そして生意気な態度で父親をののしった。父親は彼女を叱りつけ、すぐにほかの者も一斉に憤慨の声をあげた。

ヌーカは激怒していたが、みんなに怒鳴られて恥ずかしくなり、こんな反応を示した。毛布をひっつかんでどたどたとキャンプを飛び出し、小屋の集まりから六〇メートルあまり離れてぽつんと一本立つ木へ向かったのだ。その木陰で彼女は、毛布を頭からかぶってすっぽりと体を覆ったまま、一日じゅう座っていた。これはブッシュマンが完全にすねたときの態度である。彼女は怒っていたが、引きこもる身振りを除けば、それ以上怒りを発することはなかった。だが怒りを押し殺すのに、かなり自分で犠牲を払っていた。その日の気温は日陰で四〇度を超えていたからだ——毛布なしでも。[25]

子どもを道徳的判断ができるように育てる

私が道徳的社会化に興味をもったのは研究者になりたてのころで、専門家としてのキャリアの初期には、人類学的悲劇とでも呼べそうなものに巻き込まれてしまった。狩猟採集民と違って定住していて文字をもたない「部族」の人々については、子どもの道徳的社会化が、部族や農耕民にかんする初期の少数の民族誌で注目されてきた。[26] 民族誌学者が政治的に微妙な異国で現地調査をおこなおうとすると、ある種の不運に見舞われることがあるが、私はそうした不運さえなければこの研究に貢献していたはずなのだ。

一九七二年、私は博士論文を書き上げたのだが、論文を書くために、道徳概念の手がかりとなる二五六個の言葉について、一万以上の定義を収集した。それらは、現地調査をしたときにセルビア人の友人と北部モンテネグロ人から聞き出したものだ。[27] 一九七五年には再びモンテネグロに戻り、さまざまな年齢の子どもに対して同様のインタビューをおこない、こうした道徳概念が部分的あるいは完全に表現される段階を調査しようとした。だがあいにく、私がそこへ戻ったとたん、アメリカの大きな大学から来ていた研究者が、旧ユーゴスラビアの別の場所で研究の特権をひどく濫用していると告発されたせいで、私はモンテネグロでこの現地調査を始めるのを禁じられてしまったのだ。これは実にショックな出来事だったが、結果的に私は野生のチンパンジーの調査へと関心の的を移した。この決断を後悔したことはないが、それでも人格形成期のセルビア人の良心と、価値観やルールの内面化について、どんなことがわかっただろうかと今でも知りたくなる。

どこのLPA狩猟採集民も、行動のルールについてはきわめて道義的であり、このことは、彼らが根本的な価値観を内面化していることを一般的によく示している。しかし、ヌーカはいったいどのようにしてあれほどの道徳的感性をもつカラハリ砂漠の民へと成長したのだろうか？　われわれ自身の文化で育つ子どもを調査対象とする研究者が、[28] いつどのようにしてルールが内面化され、良心が形成されだすのかを実験によって証明するときには、道徳的生活の普遍的な側面をうまく覗けていると思う。これは実験で証明するよりも民族誌で証明するほうがはるかに難しいのである。

アメリカの場合、子どもは二歳ぐらいになると、鏡に映る姿を自分と認識しだすだけでなく、きまりが悪くて顔を赤らめたり、恥辱を感じたりするようになる。[29] こうしたパターンが、困っている他者を助けるという、同年代かそれより早く現れる傾向と合わさることで、[30] われわれは非常によく発達を遂げて、血縁以外に対しても寛大かつ道徳的になるのだ——しかるべき文化的環境が存在するかぎり。こうした生得的な発達の時期があることは明白なので、LPA狩猟採集民にも同様の発達の能力があるにちがいない。

しかし、子どもが道徳的に社会化されるプロセスには、文化による違いも多少はあると考えられる。この点で、イヌイットの道徳的社会化を研究するにあたり、ブリッグズの役目は几帳面な記述者であって、実験者ではなかった。そして彼女による特筆すべき発見は、イヌイットが子どもに対し、その後の人生で直面するであろう重大な道徳的問題について、非常に早くからわざわざ考えさせるという事実だった。それどころか、彼らはこうしたことをかなり頻繁におこない、しかもストレスをかけていじめることによって、われわれから見るとかなり残酷にそれをおこなうのだ。

彼らがしているのは、仮想の道徳的ジレンマをいやというほど突きつけることであり、その意地の悪さは、ハーヴァード大学の哲学者らがMRIでモニターしながら大人の反応を調べる実験で提示したジレンマに匹敵する。その実験では、ふたつの対照的な「暴走トロッコのジレンマ」が提示されるのだが、両者のジレンマで生じる心理的ストレスの程度は異なる。つまり、トロッコの行く手にいる五人を救おうとするときに、トロッコを止めるために太った男をわざと橋から突き落として死なせるべきかどうかというジレンマと、ただ転轍機を切り換えてトロッコを別の線路に導き、その行く手にいるひとりを犠牲にするかどうかというジレンマとで、画面上で異なる脳領域が光るのだ。[31] これに対し、ブリッグズが調べたジレンマはまったく自然な状況のもので、彼女の研究論文のひとつは、『君の小さな弟を殺したらどうだい？ カナダのイヌイットのキャンプにおける平和の力学』と題されている。[32] 子どもを、反社会的感情も含めたみずからの感情とショッキングな形で向き合わせることは、広い北極圏のさまざまな場所でおこなわれているので、これはある地域だけの例外ではない。ブリッグズはこう述べている。

こうしたゲームは短い会話の形をとり、自然発生的だがかなり定型的で、ひとりの子どもと、ひとりか複数の人間（性別に関係なく、年上の子どもでも大人でもいい）とのあいだでなされる。ときには年配者が子どもを、お決まりのやり方でいじめることもある。「おまえの［ここにいない］パパはどこにいる？」「おまえはだれの子だ？」「自分がかわいいと勘違いしていないか？」「俺の子にしてやろうか？」「おまえの老いぼれた汚らわしいママをぶってやろうか？」またあるときには、子どもをそそのかして、卑しい行動をとらせようとする。「キャンディーをもっていることは妹には内緒にしておけ。最後のひとつだから自分で食べろ」。このような会話のゲームがたくさんおこなわれる。いつでもだれでもやっていて、小さな子どもとのやりとりはきわめて高い割合でこの形をとる。なにより興味深いのは、イヌイットでは、集団同士の接触がないのでゲームの種類は少なく、その形態も世代を越えて変わらないということだ。……葛藤を子どもにわかりやすくすることで、危機感や、最終的には価値観へのこだわりも生み出される。(33)

価値観へのこだわりとは内面化を意味し、ブリッグズは、このように行動の価値観やルールが感情をもとに内面化されることによって、イヌイットの子どもが大人になったときに社会生活に順応する準備が整えられるさまを明らかにしている。

こうしたふざけ半分のメッセージはすべて、きわめて鮮明で、個人的で、かつ誇張された形で伝えられる。その結果、子どもは容易に、自分に突きつけられた問題を矛盾した思いによって理解したり、誤った行動を選べば致命的な結果を招くことに感情で気づいたり、「反感」を抱けば例示された制裁を自分自身が受ける羽目になりかねないと感じたりできるようになる。確かに、あるレベルではメッセージの媒体は単なるゲームであり、ひいては実生活でわれわれを悩ませる矛盾に対処するためのカタルシスでしかない。だが同時に、別のレベルでは、本当にゲームかどうかについて疑いも生じ、この、ゲームではないかもしれないという危険性——結果として生じる恐怖——によって、子どもは、自分が制裁を受けかねないとは感じない場合よりも、懸命に順応しようとするにちがいないのである。(34)

ブリッグズの見解では、内面化とは結局、対立する感情の相互作用なのだという。

さらに、彼らを取り巻く脅威のせいで、価値観自体が感情の詰まったものになる。「おまえのシャツが欲しいから死んでくれないか?」と言われた子どもは、シャツと、それをもっていることをより重視しはじめ、また一方で、与えることに高い価値を置くようにもなるだろう。もっていたいものをただで人にやるのは難しいからだ。そして、子どもが——シャツでもほかの何かでも——人にやったら、受け取った者も、それを作るのは難しいことを知っているので、その贈り物を重視するようになる。同様に、「君の小さな弟を殺したらどうだい?」と言われた子どもは、愛情とともに気づかされる嫌悪感を打ち消すために、弟をより強く愛するようになり、愛することをさらに重視するようになるだろう。(35)

この実地調査による分析は、常識からわかるものと一致する。われわれがおこなう社会的な選択の多くについては、人間は矛盾した感情をもつようにできているのだ[36]。かたや、自分の役に立つような自己中心的で利己的な傾向がつねにあり、かたや、利他的あるいは寛大になる衝動がある。利他行動と同情は仲間から高く評価されるので、後者もわれわれの適応度を高める。良心の助けを借りれば、このようなジレンマを社会的に受け入れられるやり方で解決できるのであり、イヌイットの親は、わが子の良心を意図的に「訓練」することで、道徳的に社会化された大人に育てているように見える。ブリッグズがカンバーランド湾沿岸で調査したイヌイットの場合、とくにそうだった。

子どもに対し、意地の悪い仮想のジレンマを意図的にストレスをかけて経験させることは、移動性の狩猟採集民のあいだで普遍的に見られるわけではないが、のちほどニサの例でわかるとおり、日常生活において実際に道徳的ジレンマは生じ、カラハリ砂漠の子どもも巻き込まれるのだ。また、ブリッグズがのちにおこなったきわめて詳細な事例研究[37]では、北極地方の東部〔ここではイヌイットの住む地域なので北米の北東部のこと〕に住むチャビー・マータという三歳のイヌイットの子どもを、六か月かけて徹底的に観察している。この辺鄙な集落では、道徳を教えるための「いじめ」は、日常的かつ頻繁に見られる社会化の側面であり、ウトゥク族で見られる以上にそうだった。

このように十分に的を絞った研究は、ほかのLPA狩猟採集民では不足しているが、それは狩猟採集民の幼少期が完全に無視されていたからではない。近年、大部の学術的な編著『狩猟採集民の幼少期[38]』が世に出て、さまざまな研究が紹介された。だが、一世紀にわたり道徳的社会化がひどく無視されたあげく、最近になっても関心の対象は、子どもが狩猟採集を始める年齢や、授乳と断乳の普遍的な傾向、親の代理を務める者、母親の効用、子どもの遊び、子どもの思い描く死といった領域にある。これらはすべて有用で興味深いテーマだが、道徳的発達の段階や、あるいはもっと具体的に言って、ルールや価値観の内面化については、いまだに深く調べられてはいない。

人類学者であり医師でもあるメルヴィン・コナーは、さらにボリュームのある『幼少期の発達』[39]を最近著しており、早くからクン・ブッシュマンを調査していたかなり大きな学者集団の一員として、手に入るかぎりの狩猟採集民の情報を利用している。彼は、ジャン・ピアジェのおこなった、スイスの子どもがルールを理解する際に経る段階を対象とした先駆的な研究を検討し、体罰についても考察した。彼の結論は、一般に平等主義の人々は体罰を用いることがきわめて少ないのに対し、序列を作ったり戦争をおこなったりする人々は体罰をよく用いる、というものだった。前者は間違いなくLPA狩猟採集民に当てはまる。彼らはいつでも平等主義なのだから。彼らのおかげで、集団間で戦争レベルの争いをすることは、少なくとも最近の完新世においてはほとんどなかったようだ。そのため、とりわけ平等主義の傾向の強い狩猟採集民の子どもがルールを内面化する場合、鞭を常用したり激しく使ったりはせず、たいていは優しく毅然とした指導によってなされる。

十分なデータがないので、狩猟採集民の育児のいくつかの面は、文化によってかなり異なると想定すべきだ。本章でのちほど、クン族の親が断乳の問題に現にどのように対処しているかを見ていく。しかし同時に私が強調したいのは、大人による子どもの社会化が、先述の生得的な道徳的発達の段階と、それによって可能となるルールの内面化に、いつでもうまく合わせて調整されているということだ。

では、あらゆるLPA狩猟採集民のあいだでどのようにルールが内面化されるのかについて、いくつか経験的な推測をしよう。第一に、子どもは保護者とやりとりをするうちに、ある行動は許され、ある行動は許されないことを自然と理解するようになる。体罰は必要ないかもしれないが、クン族についてこのあと見るように、説得や脅しや辱めがうまくいかない場合は体罰が用いられる。第二に、保護者は、子どもの学ぶ準備が整うのに合わせて指導し、ルールや価値観を意図的に教え込むのかもしれない。そして、幼児は非常に早い時期に、困っている人を自発的に助ける傾向を発達させるので、理論上、寛大に分かち合うことを幼児に教えると、かなり幼いころから大きな成果が現れる可能性がある。しかし、われわれ先進世界の文化では――利他的な視点取得によって自発的な援助という単純な行為をもたらす、生まれながらの準備がこのように早くできていても――コナーによれば、社会的に見て子どもは三歳で自分の持ち物をしまい込むようになり、五歳になってようやく分配する傾向が強く出てくるという[40]。そのタイミングが狩猟採集民によって異なるかどうか確かめるのも、興味深いだろう。彼らはとくに日常生活において幅広く分配する必要があるので、社会化の仕方がわれわれと違っても不思議はない。

ニサの過酷な状況

イヌイット全般に、いじめて道徳を突きつける方式が見られるが、重要な点でそれに近いのが、現実にニサが直面した優先順位《トリアージ》づけの問題である。ニサは、カラハリ砂漠に暮らす、乳児期をとうに過ぎた子どもだ。下のきょうだいの誕生が近づくにつれ、ニサが必死に断乳を拒もうとする様子はなんとも壮絶で、クン・ブッシュマンが子どもをどのように社会統制へ導くのか――また、行動のルールがその文化においてどのように内面化されるのか――にかんして大きな手がかりを与えてくれると思う。そしてその結果、ついにニサは母親によってさらに大きなジレンマに直面させられることになったのである。

まだ乳飲み子だったニサは、断乳が始まっても頑固に嫌がったので、結果的に将来のきょうだいにひどく矛盾した感情を抱いているように見えた(41)。

母さんのお腹の中にクムサがいたときのことを憶えてるよ。わたしはまだ小さかったんで、母さんにたずねた。「お母ちゃんのお腹の中にいる赤ちゃんのことだけど……生まれてくるとき、赤ちゃんはお母ちゃんのおへそから出てくるの？　赤ちゃんがどんどんどんどん大きくなったら、お父ちゃんがナイフでお母ちゃんのお腹を切って、わたしの小さいきょうだいを取り出すの？」って。母さんは、「そうやって生まれてくるんじゃないよ。赤ちゃんはここから産まれてくるの」といって、自分の性器を指さした。そして、「赤ちゃんが生まれたら、運んでやってもいいよ」といったんで、わたしは「うん、そうさせて」といった。

それから少しして、「わたしにおっぱい飲ませてくれないの？」とたずねたら、母さんが、「おまえはもうおっぱいは飲めないの。もしも飲んだら死んでしまうよ」といった。わたしは母さんのそばを離れて、ほかのところへ行って、しばらくひとりで遊んだ。帰ってきてからもう一度おっぱいを飲みたいといったけど、どうしても飲ませてくれなかった。母さんはドゥチャの根をすりつぶしてべとべとにしたのを乳首に塗りつけた。わたしはそれをなめて、「にがいよ」といった。〔『ニサ――カラハリの女の物語り』（麻生九美訳、リブロポート）より引用。以下、すべて同書より引用〕

まさにここで、体罰が登場する。

クムサが母さんのお腹の中にいたとき、わたしは泣いてばかりいた。おっぱいが飲みたくてたまらなくてね！　一度、みんなから離れてブッシュの中で暮らしてたときは、特別にすごかった。ずっと泣きっぱなしでね。父さんに、「死ぬまでぶん殴ってやるぞ」っていわれたのはあのときだったよ。わたしが涙をぼろぼろこぼしながら、わんわん泣いてたんでね。わたしをつかまえた父さんは大きな枝を持ってた。でも、殴らなかった。わたしをおびえさせようとしただけだったんだよ。わたしは、「お母ちゃん、助けて！　お母ちゃん！　来て！　助けて！」って泣き叫んだ。母さんがやってきていった。「だめだよ、ガウ、あんたは男じゃないの。あんたがぶったら、ニサは病気になる。ひどい病気になるよ。さあ、放してやって。ぶたなきゃならないんなら、わたしがぶつから。わたしの腕にはニサを病気にするだけの力はないけど、あんたの腕には、男の腕には、そういう力があるんだから」って。

わたしはやっとのことで泣き止んだけど、喉が痛くてね。涙のせいで喉を痛めてしまったんだ。別のときには、父さんにブッシュへ連れて行かれて、置き去りにされたよ。わたしらはある村を離れて別の村へ行くとこで、途中で寝ることになってね。夜になったとたん、わたしは泣き出して、泣いて、泣いて、泣いて、泣いた。父さんにぶたれて、それでも泣き止まなくてね。たぶん一晩中、泣いてたんじゃないかな。でもとうとう父さんが目をさまして、「ハイエナに食ってもらうように、おまえをブッシュに連れてって、置き去りにするぞ。おまえは一体どういう子供なんだ。きょうだいのおっぱいを飲んだら、おまえは死ぬんだぞ！」っていった。父さんはわたしをつかまえるとキャンプを出て、ブッシュの中にわたしを下ろした。そして、「ハイエナ！　ここに肉があるぞ……ハイエナ！　この肉を食え！」と叫んでから、踵を返して村へ戻って行ったんだ。

父さんが行ってしまったんで、それはもう怖くてね！　泣きながら走り出して、父さんを追い越してしまったよ。泣きながら母さんのところへ駆けもどって、母さんにくっついて横になった。夜もハイエナも怖かったから、おとなしく横になってたよ。帰ってきた父さんが、「今日こそはほんとにうんこをさせてやるからな！*　母さんのお腹が大きいのがわからないのか。それなのにまだおっぱいが飲みたいだと？」といったんで、わたしはまた泣き出して、泣いて、泣いて、泣き続けた。しばらくしてからまた静かになって、横になったら、父さんが、「よし、おとなしく寝てるんだぞ。明日、ホロホロチョウをつかまえてやるからな」といった。〔＊　引用元原著の原注によれば、クン族の言葉でおどしに使う慣用表現〕

ニサの父親はこれでうまくいくように願ったが、そうはいかなかった。「つぎの日、父さんは狩猟に行って、ホロホロチョウを仕留めてきた。帰ってきた父さんはわたしのためにホロホロチョウを料理してくれて、わたしは食べて、食べて、食べた。でも食べ終わってしまうと、またしても母さんの乳首が欲しいっていったんだ。父さんは皮ひもをつかんで、わたしをぶちはじめた。『ニサ、おまえには分別がないのか。まだわからないのか。母さんのおっぱいには触るな！』って。それで、わたしはまた泣き出した」(42)

その直後の出来事は、イヌイットが仮想的な状況を用いて、子どもにストレスのかかる大きな道徳的ジレンマについて考えさせる手ほどきを連想させる。ただしニサのジレンマは、決してただの仮想的な状況ではない。母親は下の子を産んだ直後に嬰児殺しをもくろみ、幼いニサをかばうどころか、まともに巻き込んでしまった。

母さんのお腹はすごく大きくなった。陣痛がはじまったのは夜で、夜明けまで続いた。その朝、みんなは採集に行った。母さんとわたしは残った。しばらくいっしょに座ってたけど、わたしはほかの子供たちと遊びに行った。そのあと戻ってきて、母さんがわたしのために割っておいてくれた木の実を食べた。母さんは立ち上がって、用意をはじめた。わたしが、「お母ちゃん、井戸へ行こうよ。喉が乾いた」というと、「うんうん、わたしはこれからモンゴンゴの実を少し集めてこようと思うんだよ」といわれた。わたしはほかの子供たちに、「わたしも行くからね」っていってから、母さんと出かけた。ほかにはおとなはひとりもいなかったんでね。

少し歩いてから、母さんは大きなネフンの木の根元に座り込んで、寄りかかった。そして小さなクムサが生まれた。最初のうち、わたしはただそこにつっ立ってたんだけど、しばらくしてから座りこんで、じっと見つめた。「こんなふうにして産まれるわけ？　あんなふうに座ってると、あそこから赤ちゃんが出てくるわけ？　わたしもあんなふうにして産まれたのかなあ？」と思ったよ。あのとき、いくらかでも理解したんだろうかねえ。

多くの狩猟採集民で嬰児殺しは習慣的におこなわれており、この行為を道徳的にすませるべく、赤ん坊を人間であると見なす前に速やかに始末する。この点で、ニサはおそろしく驚くことになる。

生まれてきた弟はそこに寝てて、泣いてた。わたしは弟にあいさつした。「ホー、ホー、わたしのちびちゃんの弟！　ホー、ホー、わたしにはちっちゃい弟ができたんだ！　いつかいっしょに遊ぼうね」って。でも母さんは、「この子をどう思う？　どうしてそんなふうに話しかけてるんだい？　さあ、立ち上がって、村へ戻って、わたしの掘り棒を持ってきて」といった。「何を掘るつもりなの?」と訊くと、「穴だよ。この赤ん坊を埋められるように、穴を掘るんだ。そうしたらニサ、おまえはもう一度おっぱいを飲めるよ」といわれた。わたしはいやだといったよ。「わたしのちびちゃんの弟を? わたしのちっちゃな弟を? お母ちゃん、この子はわたしの弟なんだよ! 抱き上げて村へ連れて帰って。わたし、おっぱいなんか飲みたくない!」って。それから、「お父ちゃんが帰ってきたら話すもん!」っていった。そしたら母さんが、「おまえは話しっこないよ。さあ、走って村へ行って、わたしの掘り棒を持ってきて。おまえがもう一度おっぱいを飲めるように、この子を埋めるんだから。おまえは痩せすぎてるよ」っていう。わたしは行きたくなかったんで、泣き出した。そこに座ったまんま、涙をぼろぼろこぼして、泣いて、泣いた。でも母さんは、行けっていう。わたしの骨を強くしたいんだって。だからわたしは立ち上がって、村へ戻った。泣きながらね。

ニサは現実のジレンマに巻き込まれ、そのジレンマから守られることもなく、いまや弟との絆を感じていた。

村へ戻ったときもまだ泣いてた。うちの小屋に入って、母さんの掘り棒をつかんだ。母さんの妹が木の実が採れるしげみから帰ってきたところだった。叔母さんは集めてきたモンゴンゴの実を自分の小屋のそばに小山にしてから座りこんで、それからその実を煎りはじめた。そしてわたしを見つけて、「何があったの? あんたの母さんはどこ?」といったんで、「あっちのネフンの木のとこ。ふたりでいっしょに行ったとこ。お母ちゃんがたったいま、赤ちゃんを産んだとこだよ。村へ戻って、掘り棒を持ってこいっていわれたんだ。そしたらお母ちゃんは……赤ちゃんを埋めることができるからって！　ひどいよう！」といって、わたしはまた泣き出した。それから、「赤ちゃんにあいさつして、わたしのちびちゃんの弟って呼んだら、お母ちゃんは、そんなことというなって。お母ちゃんがやりたがってるのは悪いことだよ……だからわたしは泣いてるの。さあ、お母ちゃんにこの掘り棒を持ってかなくちゃ！」っていった。

　母さんの妹は、「ああ……あんたたちときたら！　そんなことをいうなんて、たしかにチュコは悪い女だ。それに村の外で赤ん坊とふたりきりだなんて！　男の子だろうが女の子だろうが、赤ん坊は育てなくちゃ」といった。わたしは「そうだよ、ちっちゃな男の子なんだ。お腹の一番下のとこに、ちっちゃなおちんちんがちょこんとついてたもん」と答えた。母さんの妹は、「それじゃまちがいない！　さあ行こう！　母さんのとこへ行って、話をしよう！　母さんのとこへ行ったら、わたしが赤ちゃんのへその緒を切って、村へ連れて帰る」っていった。

　わたしは掘り棒をその場に置いて、ふたりで母さんがまだ座りこんでわたしを待っているところへ駆けて行った。たぶん、母さんはもう気を変えてたんだね。だってわたしにこういったんだから。「ニサ、おまえがあんなに泣いたから、この子を育てることにしたよ。連れて帰る」って。

　叔母さんはわたしの母さんの横に寝ているクムサ*の上にかがみこんでこういった。「チュコ、あんたは自分の顔をずたずたにしようとしたのかい？　こんなに立派な赤ちゃんを産んだのに、ニサに掘り棒を持ってこさせようとしたなんて。こんなに立派な赤ちゃんを埋めたかったの？　あんたの父さんはあんたを養って、生かしてくれた。あんたがこの子を埋めたら、この子の父さんは絶対にあんたを殺したはずだよ。こんなにすばらしい立派な赤ん坊を殺したいと思ったなんて、あんたは正気を失ってたにちがいないよ」って。

叔母さんはへその緒を切って、体を拭ってやってから、自分のカロスに赤ん坊を入れて、村へ連れ帰った。母さんもすぐに立ち上がって、ついてきた。妹のことばに恥ずかしい思いをしてたよ。母さんはついに口を開いた。「あんたにはわからないの？　ニサはまだ小さいんだ。ニサが飲むおっぱいがないなんて、わたしはうれしくないの。体も弱いし。ニサの骨が強くなるといいと思ってさ」って。でも叔母さんはこういった。「この話を聞いたら、ガウにぶたれるよ。つぎからつぎへとこんなに立派に子供を産むおとなの女は、そんなまねはしないもんだ」って。村へ戻ると、母さんは赤ん坊を受け取って、横になった。〔＊引用元原著の原注によれば、クン族の言葉で人生をだめにするという意味〕

ブッシュマンなどの狩猟採集民は、イヌイットとは違い、仮想の道徳的ジレンマを意図的に利用して幼い子どもを社会化するようなことはないようだ。しかし、こうした親密な集団では隠しごとがほとんどできないので、そこに暮らす子どももやはり、深刻な現実の道徳的ジレンマに、直接的にも間接的にも感情のうえで巻き込まれやすい。これは、子どもに自分のグループの価値観を内面化させ、その価値観を日々の状況に当てはめさせるための、普遍的な手段となっているのではなかろうか。また、「仮想的状況」を用いたイヌイットのいじめはどれも、この自然な学習プロセスを巧みに操作して増強する見事な（だがストレスの大きい）方法にすぎないとも思う。

このあと、ニサがまだ競争心をもっておっぱいを欲しがりつづけた様子が、彼女の従うべきルールという観点から扱われているが、彼女は矛盾した感情を変わらずもちつづけていたようだ。

クムサが生まれてから、わたしはときどきひとりで遊んだ。大きなカロスにくるまって横になって、「ああ、わたしはひとりぼっちで遊んでる子供だ。ひとりで行けるところがあるかなあ」とよく思ったものだったよ。それから起き上がって、「お母ちゃん、小さい弟をお母ちゃんのカロスから出して、わたしと遊ばせてよ」というんだ。でも、母さんが弟をカロスから出してくれるといつも、わたしは弟をぶって泣かせた。弟はまだ小さな赤ん坊だったのに、ぶったんだよ。そうすると母さんはきまって、「おまえはまだおっぱいが飲みたいんだ。でも飲ませるつもりはないからね。クムサが飲みたがったら飲ませる。でも、おまえが飲みたいといったら、いつでもわたしはこの手で乳房を隠すからね。そうしたらおまえも恥ずかしいと思うだろう」といった。

ここで明らかに羞恥心について述べられており、それはつまり、母親が行動のルールを道徳的感情と結びつけていることを意味する。このことがニサの道徳的社会化に役立っているのは間違いない。より広く狩猟採集民全般で見ると、幼い子どもがルールを内面化するのは、自分や他者の具体的な行為を親が許すか許さないかについて、かなり直感的ではあるが、敏感に気づくことから始まる場合が多いようだ。その後、子どもに対し、いかに振る舞うべきかを巧みに口頭で教えたり、不適切なことや恥ずべきことに言及したりするようになる。

ニサの不満を中心とした自伝的文体に惑わされてはならない。まさにブリッグズが示したとおり、最終的にニサは、きょうだいとの競争心という道徳的ジレンマに立ち向かい、家族への寛大さをうながすように内面化した価値観に照らして、このジレンマを解消することができたのだ。それどころか、大人になった彼女と弟のクムサは、大変仲が良かった。しかし、彼女が直面した子どもらしいジレンマは仮想でなく現実のものだったし、そのおかげで彼女は、みずからの矛盾した感情から生じる問題を克服して、ついには社会的に許されるような振る舞いができるようになったようだ。これは、身内びいきの寛大さと利他的な寛大さの両方が公然とあからさまに称賛される社会で起きた出来事であり、ニサがこうした価値観を内面化したとき、ほとんどトラウマになりそうな経験を乗り越えるのにこれが役立った可能性が高い。

あらゆる狩猟採集社会は、こうした学習体験を、子どもが巻き込まれる現実の状況だけでなく、子どもがただ目にするだけの状況でも提供しているのだと私は思う。ブリッグズが調査したカンバーランド湾沿岸のイヌイットは、これを偶然に任せずにみずからおこなっていた。そしてこの習慣は北極地方に広く見られるようだ。子どもは、人生にありがちなストレスの大きい道徳的ジレンマを、多くは仮想的な状況で、集団の価値観を内面化した大人になるための訓練の場として、意図的に経験させられるのである。

遺伝子と文化の共進化

生まれながらの傾向と文化とを別物として扱う習慣は、ダーウィンやそれ以前にさえさかのぼるもので、分析の役に立つ。しかし、人類学者のウィリアム・ダーラム[43]が見事に例証したように、乳糖耐性から近親相姦の禁止[44]にまで至るさまざまな特質は、両方が組み合わさって生じたものとするほうがよく理解できる。近親相姦にかんする彼のきわめて詳細な研究は、次の章で本格的に取り上げることにする。

ＬＰＡ狩猟採集民による文化の習得プロセスを説明するものとして、平等主義の行動様式がある。それが非常に長く続いたために、やがて道徳的コミュニティが作り上げる有用な文化的習慣と、そうした習慣を非常に習得しやすくする有用な遺伝的素因とが、絶えず改良を加えながら一致を見せていった。これは容易に想像がつく――人間の場合、行動の遺伝子自体についてはまだほとんどわかっていないとしても。したがって、私の研究した五〇の狩猟採集社会のあいだで普遍的な行動が見つかればつねに、そうした行動に（完全に「確実」とはとうてい言えなくても）相当の遺伝的に準備された素地があるのではないかと問うても妥当だと言えよう。[45]

ひとつの経験則によると、ある行動が普遍的で、しかもそれが「原初のチンパンジー属」を再現した先祖にまでさかのぼり、個人にとっての適応上のメリットを論理的に説明できるなら、遺伝子によってかなりよく準備されている可能性が高い。これは幼少期の言語の獲得に対しても当てはまり、子どもにおいて見られる道徳的発達にも、やはり決まった段階が存在する。古くからの素因には、少なくとも、子どもが母親を行動のモデルとして利用することに加え、原始的な自己認識の能力や、生まれながらの支配と服従の傾向、支配されることに対する強い憤りが含まれる。たとえば、公園で遊ぶ現代の子どものように、われわれは序列を形成することだけでなく、強者の支配に抵抗して服従者の連合に積極的に加わることも容易に学び、新参者をいじめもする。私にも身に覚えがある。

ルールに従うことの習得は話が別で、人間の成長がある段階に達すると容易に習得できるようになる。これもまた「原初のチンパンジー属」にも当てはまる。それから、人間には前に述べたような道徳的な準備の段階がある。この段階は、子どもにきまり悪さや恥ずかしさで顔を赤らめる準備をさせ、のちに子ども同士の遊びを通じて複雑な行動のルールを習得するのにも役立つ。メルヴィン・コナーは、ピアジェが調べたとおり、[46]きわめて重要なルールの習得が子どもの遊びによってもたらされると考えており、そうした遊びは普遍的のようだ。それどころか、私が観察した若い類人猿もたくさんの時間、格闘ごっこをして過ごし、自分の攻撃性をどのように表現し抑制すればよいかを学ぶ。また母親は、乱暴にふざけすぎてはいけないといった「ルール」を子どもに課す。

具体的な遊びやルールは文化によって大きく異なるが、人間の子どもの遊びには必ずルールがある。そしてわれわれは、幼少時の公園での経験から、遊びは学習するものなので、子どもが新参者にルールを教え、初心者やうっかりルールを破った者に対してわざわざ指導するということを知っている。

私は華奢な体の小学一年生だったころ、(その競技については何も知らない)母親に連れられて、マサチューセッツ州ケンブリッジの芝生の広場へ行き、ある男の子の父親の指導で日曜朝にいつもやっていたアメリカン・フットボールの試合に参加した。私はアメフトなど聞いたこともなく、ルールもまったく教わらぬまま、ひと目見て、この競技の目的は、入り乱れる人のなかに突っ込み、相手を倒し、ボールを手に入れることだと思った。こうして参加することになった私は、最初のプレーが終わって、試合が止まっているときに相手からボールを奪う反則を犯した。私はやんわりと試合から外されたのだが、それでものけ者として扱われていることははっきり感じていた。喧嘩腰で仲間外れにされたとは言わないまでも、排除されていたのは事実だ。自分が、ほかのだれもが従っているルールをひどく破った社会的な逸脱者だということにいきなり気づいたあの感覚は、今日に至るまで脳裏を離れない。数年後にはちゃんとルールを覚え、アメフトが大好きになったけれども。

子どもは遊びのなかで、支配や服従の傾向を利用したり、政治的同盟を作ったりする手だてについて、多くのことを学ぶ。自分の権力を強化するためにそのような行動をとることもあるが、いかさまや乱暴といった形の逸脱行為を罰するために連合を形成することもある。したがって、遊びは子どもの集団を、大人の行動のルールに対応するような学習体験を提供する小さな道徳的コミュニティへと変える。ルールの内面化は、幼少期で終わらないようだ。ここまで長々と論じてきたとおり、大人は言葉によって積極的かつ普遍的に利他行動を増幅させており、これもほとんど同じ生得的な傾向による。その結果、寛大であるようにうながす幼少期の教えが強化され、また、盗みやいかさまや乱暴といった行動の処罰に参加することによっても強化される。

セフーが、仲間に罵られながらふだんどおり焚き火のそばへ座りに行ったとき、彼に立ち向かったムブーティ族の狩人たちは、このいかさま師にいつもの場所を使わせなかったが、そうする意味をきちんと理解していた。彼らは集団による処罰に加担するメンバーの役割を果たしており、肉を公平に分配するルールが人々の心に深く刻み込まれていたため、いかさまをされたことに対する感情はとくに強かった。セフーがおこなった「肉のいかさま」は、メンバー全員が十分に習得し、正しさを強く信じている分配の倫理に背くものだったので、結果として、集団で組織的に恥をかかせ、実際に追放のおどしもすることになったのである。

このたぐいの経験では、遺伝的に準備された素地と文化的なインプットとを切り分けるのはかなり難しい。このふたつは密接に絡み合っているからだ。しかし、文化の手袋は遺伝の手とぴったり合っているため、社会選択は、何世代も、いや何万年にもわたり、集団の社会生活と遺伝子プールの両方に着実に影響を及ぼすことができた。

第9章　道徳的多数派《モラル・マジョリティ》の働き

うわさ話による圧制

道徳性は集団にかかわる問題だが、個人が率先して社会的圧力をかけることも多く、それがうまくいかない場合は、逸脱者にもっと強い制裁を加えるようになる。この過程に欠かせないのがおしゃべりであり、うわさ話は特別な種類のおしゃべりだ。本章ではうわさ話についてたくさん語っていこう。言語とうわさ話のおかげで、狩猟採集集団は、普遍的で、よく考え抜かれた、きわめてネガティブな「世論」を表明しやすくなるからだ。このことは、文字をもたない小集団とともに暮らす人類学者によって、たびたび言及されている。

うわさ話は、われわれにも狩猟採集民にもおおむね印象が悪い。もっとも、世論では「うわさされる人」の欠点ばかりでなく、良い性質が注目されることもあるが。こうした「おしゃべり」の大半は、実のところネガティブな目的をもっている――ジョン・ハヴィランドがマヤ族の農村でおこなった、実に多様な下品なうわさ話の言語研究によって、人類学的に実証されているとおり(1)。好むと好まざるとにかかわらず、ユカタン半島ではこのうわさ話によって、人々の社会的評判が形成されている。そのため彼らは警戒したほうがいい。うわさ話は世論の法廷としての役目を果たすからだ。とはいえ、特殊なタイプの法廷なので、被告人が告訴を受けて立つことはなく、自分を弁護するすべがない場合も多い。

これと同じネガティブな評判は、狩猟集団にも見られる。世論という批判的な法廷が関心を向けるのは、公平で公正な尋問をすることではなく、人々が隠そうとするものを知ることだ。人類学者のポリー・ウィースナーは、カラハリ砂漠のブッシュマンが個人の罪にかんして語ることがらを、集団による社会的圧力や処罰の兆しになるものだと考え、詳細に調査した。[2] 狩猟採集民のうわさ話は、ハヴィランドが調査した農民のうわさ話や、私がモンテネグロで毎日大変な関心をもって——実を言うと大いに楽しみながら——聞いた、セルビアの部族のうわさ話に似ている。

ウィースナーが三〇年以上にわたり調査したクン族の人々は、問題がもちあがり、集団で行動をとる必要が生じそうなときに、集中的にうわさ話をする。彼女が異例の長期にわたって集めたデータには話の内容が記録されており、言うまでもなく一番話題になった社会問題は「大物ぶった」振る舞いで、ウィースナーによれば二九件あった。どんな平等主義の社会でも大物ぶった振る舞いは、社会をおびやかす大問題をもたらす。第4章で見たように、過度に支配的な行動が、他者の個人的な自主性をひどくおびやかす場合、「死刑」につながる可能性がある。そして、大物ぶった振る舞いの徴候がそこそこあるだけでも、平等主義の狩猟採集民におけるうわさ話の輪のいたるところで、間違いなく強い関心を呼ぶ。そうした行動は早めに食い止めるのが一番だからだ。

それ以外にクン族を刺激して「うわさ話」をさせ、場合によってはその後に集団行動を起こさせる問題を挙げれば、発生する頻度の順に、(1)けちや欲張りや怠惰の傾向、(2)トラブルメーカーが起こすめごと、（3）政治的論争や土地利用をめぐる言い争い、（4）だれかが人付き合いをなくして反社会的になること、がある。さらにまた、不適切な性行動なども問題となる。上位ふたつの問題――大物ぶった振る舞いと、けちや欲張りや怠惰の傾向――はどちらも、寛大で善良な人々につけ込むという点で、ただ乗りの企てと見なせる。それゆえ、ウィースナーの研究は、LPA集団がただ乗り行動を抑えることについて私が前に述べた話を見事に裏づけているのだ。

情報を集めることで、社会的な逸脱者が特定され、人々は団結してその逸脱者に対処できるようになる。安全にできる内密のうわさ話がなければ、恐ろしい乱暴者が相手の場合、フリーライダーの抑圧はあまりうまくいかないだろう。団結した集団のみが安心できる安全な集団となり、そうした政治的団結は意見の一致を見ることから生まれるからだ。さらに、つねにコミュニケーションをとっている集団では、だれが泥棒でだれが嘘つきのいかさま師であるかが、すぐに確定できる。したがって、効果的な処罰による社会選択がおこなえるのは、集団の善良な人々が信頼できる状況で内密に意見をやりとりできるからなのである。

ポリー・ウィースナーはこれまで三〇年にわたりクン・ブッシュマンのもとを訪れているので、平均して年に一度ほど、大物ぶった振る舞いがあまりにひどくて、うわさ話が集団行動に発展しかねない深刻な出来事が起こっていることになる。フリーライダーの抑圧にかんしては、これはふたつのことを意味する。第一に、乱暴をするフリーライダーは、自分の集団から牙《きば》をむかれる可能性があるということだ。そのおかげで、ひどい結果になる前に、彼らに行動を矯正したりやめたりする機会が与えられる。そして第二に、同じ反社会的傾向を隠しもっている者は、前例から学んで、一部の男の狩人が自然にとりがちな、強引で尊大な行動を思いとどまれるということである。進化的良心をもっていれば、そのために必要な予測が容易にできるのだ。

このように、乱暴なただ乗りをする傾向が並外れて強い者は、集団によって抑えられることが多いので、「死刑」などの決定的な制裁を受けて生殖上の損失が深刻になるほどの問題を起こさずにすむのである。しかし集団行動が矯正につながるとしても、矯正された逸脱者は、一時的にのけ者にされているのでなんらかの犠牲を払っていることになるし、将来評判が悪くなるおそれもある。乱暴なフリーライダー予備軍であっても、有害な結果をもたらす遺伝子の持ち主でなければ、進化的良心が効果を発揮するので、最初の段階でうまく自制し、人々をおびえさせることなく、まずまずの評判を保つことができる。

すでに見たように、ジーン・ブリッグズを養子にしたイヌイットの威圧的な父親イヌティアクは、この方面で明らかに問題を抱えていたが、自分を強大に見せようとする激しやすい性格を抑制することができた。政治的なトラブルに陥らないように、彼のようなきわめて我の強い人間は、ほかの仲間が自分のことを注意深く観察し、ひそかに情報交換をして、攻撃的な傾向を抑制できるかどうかを確かめていることを知っておかなければならない。

それゆえ、乱暴な行動をしやすい者にはさまざまな結果が待ち受けている。ある者は殺されるにちがいないし、多くの者は嘲笑われたり注意されたりすることによって矯正されるはずだ。しかし、たいていの人は、抑制を保つことのできる良心をもち合わせており、実際に保てるので、集団による制裁の出番はない。この状況で欠かせないのが、うわさ話に気づき、それを恐れることだ。他人がひそかにするおしゃべりは、乱暴者やいかさま師などの逸脱者に重大な社会的結果をもたらしうるからである。しかも、集団のだれもがうわさ話に関与しているので、メンバー全員が、こうした内密の会話によって自分も制裁の対象になりかねないことをよく理解している。

うわさ話はこっそりしても必ずしも安全とは限らない。うわさ話をする人は、やはり発言の内容に注意すべきである。ネガティブな発言が他言されたり立ち聞きされたりすれば、その人自身にとっても集団全体にとっても厄介な事態になりかねないのだから（このように秘密が漏れたことによって、アーロン・バーとアレグザンダー・ハミルトンの悪名高き決闘も引き起こされた〔一八〇四年にニューヨーク州知事選に出馬したバーに対し、犬猿の仲であったハミルトンが示した侮辱的な見解をある新聞がすっぱ抜いたことに端を発するとされる〕）。うわさ話は個人の評判をひどく傷つけることがある――そして周知のとおり、いったん悪いうわさが立てば、すぐに広まる。狩猟採集社会にかんする調査で、私は実際に、北極地方で根っからのうわさ好きの女性が集団に殺された事例を見つけている。これはおそらく、悪意のある彼女の話が、深刻で無用な争いを引き起こしたためなのだろう(3)。

うわさ話だけで私は一冊の本が書けそうだ。文化人類学者ならだれでも知っているとおり、調査対象の集団におけるうわさ話のネットワークに入れるようになるまでは、その社会で実際に起こっていることを理解する機会はほとんどない。うわさ話を聞き出すことは、一九六〇年代半ばにモンテネグロのセルビア人に対しておこなった現地調査のひとつの要素だったし、私と妻はいったん仲間に入ると楽しくてしかたなかった。ついに部族の問題や人々の道徳的評判について「本当の話」が聞けるようになったからだけでなく、このような親密で信頼を置いた会話ができる段階に達したことで、調査対象として選んだ人々にある程度きちんと受け入れられたと感じたからでもある。われわれは友達になった。そして信頼し合う友達同士は、ごく自然にうわさ話をする。

われわれが暮らしていた緊密なネットワークのできた集落では、こうした「おしゃべり」の大多数が、逸脱行動の疑われる者にネガティブな意味で集中していることは、あまりにも明らかだった。[4] また、デュルケームを思い出すが、集落に暮らすほぼ全員が、自分には隠すべきことがらがあると感じており、他人に自分のことを話題にされ、性急に悪い——あるいは正しい——結論を出されることによって、社会的影響を受けるのを恐れているようにも見えた。この恐怖には現実味がある。こうした内密のおしゃべりには必ず、社会による熱心な「探偵仕事」が含まれるので、そのせいで評判を落としかねないからだ。その結果、人々は真実を見抜けるのでうわさ話を好む一方、他人もきっと自分のことをこっそり話題にしているはずだと腹を立てもする。

　私と妻が調査した部族には、本名は明かさないがプレプリツァリツァと呼ばれていた男がいた。呼び名の文字どおりの意味は「同じことを何度も話す者」で、あるいは「連続うわさ人《シリアル・ゴシッパー》」と言ったほうがいいかもしれない。この五〇歳の男は部族の規範を逸脱していた。それは、彼が見るからに楽しそうに、他人のあれこれを詮索したり悪いうわさを広めたりしたからではなく、その際に信頼できる口の堅い親友からなる小さくて用心深い内密のネットワークにうわさをとどめておかなかったからである。それどころか彼は、かなり大規模な夜の集会で満座の人を前に、その場にいない人たちの情報を、まるでふたりきりで話すときのように言いふらしはじめた。この男に対して措置を講じるという話は出なかったが、彼は心底嫌われたうえに、彼自身も、他人の評判を公然と貶める、思慮を欠くうわさ好きだとうわさされるようになった。この生涯にわたる行動で評判は著しく傷ついたものの、「スヴェトザル」(仮名)は実際に反発した仲間にやられることはなかった。それはきっと、彼のとりとめのない話によって、集落に大きな混乱をきたすことがなかったためにちがいない。事実、ひどい悪意があったというより、社会の仕組みに疎かったためにとった行動だったようだ。

通常のうわさ話は、間接的な社会統制をもたらすものとして機能する。またうわさ話には、多くの人をひどく怖がらせて、発覚しかねない逸脱行為を思いとどまらせるだけでなく、ほかにも社会的なメリットがある。うわさしているうちに、とくに有用な情報が広まり、ついには集団の合意が形成されるのだ。そのため、たとえば初めは容疑者がほかに何人かいても、次第に一番泥棒の疑いの濃い者が浮かび上がる。私はこれを、調査していた辺鄙なセルビアの部族の集落で目撃した。その犯人捜しは、数か月にわたり執拗なまでに続いた。

集団に話を戻そう。深刻な問題がもちあがった場合、集団が共有するルールと、実際に起きた具体的な事例にかんする合意とを組み合わせることによって、集団はセフーのような逸脱者に対し、全員一致の意見で非難できるようになる——あるいは少なくとも、おおむねまとまった道徳的多数派《モラル・マジョリティ》となって非難でき、逸脱者の近親者はどちらの側に立つかを選べる。このように目的がただひとつであることが肝要だ。合意が形成されないまま行動を起こした場合、本来なら集団による効果的な制裁になりえたことが、両方の側が道徳的な正しさを主張する、ただの派閥争いになってしまう可能性があるのだから。これによって集団の社会機構は明らかにダメージを受けるが、集団の名においてひどく逸脱的な行動をやめさせることができれば、機構は大いに改善されることになる。

なんらかの記号言語を身につけた人がひそかに情報交換をして、威圧的な逸脱者や見つけにくい逸脱者を皆で組織的に突き止めて対処するようになると、略奪を防ぐのが容易になり、略奪者がその報いを受けることも多くなった。それ以来ずっと、親密なうわさ話のネットワークと結びつくことは間違いなく個人にとって適応上有利だった。さらに、親がうわさ話をするのを子どもが耳にすると、子どもの発達中の良心に、価値観やルールや適切な行動にかんする的確な情報が提供される。すると言語は、道徳の進化や価値観の内面化において、ひょっとしたら不可欠とまでは言えないにしても、重要な役割を果たしてきたことになる。アルファの支配に逆らう場合、少なくとも道徳とは無縁の「原初のチンパンジー属」は、ボディーランゲージや、記号表現でない発声や、社会的状況を鋭く読むことによって、政治的な合意を見出すことができた。

この能力は、フランス・ドゥ・ヴァールが説明した集団による制裁の事例にはっきり表れている。彼は、飼育下にあるチンパンジーのグループ内で、雌のあげる抗議の声が全員の合意に達し、アルファ雄が「乱暴な振る舞いを続ければ身体への攻撃を受けることになる」と知るさまを教えてくれた。これは、うわさをされるのとは違う。「意見の共有」によって発せられた感情的な叫びは、まるっきり公然とおこなわれているうえに、記号的な表現がいっさいないからだ。しかし全体の状況によって、社会的判断や敵意が共有されているという点でコミュニケーションには明白な意味が与えられており、そこには乱暴者への反逆行為が成功した過去の経験も加わっている。思うに、少なくとも類人猿に見られる、こうした集団化した怒りのコミュニケーションがもつ機能には、人間がうわさ話をする場合と基本的な共通点がいくつかあるのではなかろうか——道徳的な合意が、明確な共通の価値観やルールをもとに、同じように社会統制をもたらすのなら。

初期の人類が、記号による内密のコミュニケーションをまったく図れなかったとしたら、今日われわれの知るような道徳的コミュニティのようなものが、なんであれ発達できたとは考えにくい。確固たる世論が、個人のリスクや争いなしに、きわめて特異な記号によってひそかに形成できるとなれば、それはとくに危険な乱暴者に対抗するための強力な社会的手段となる。そして、行動すべきときが来れば、この手段が的確に使用できるのだ。

ところで、すでに述べたとおり、社会が現代化しても、うわさ話の力は衰えずに保たれている。これには、狩猟採集民の文化的習慣がただ習慣として保たれたという以上のことが必要に思える。それどころか、少なくとも四万五〇〇〇年かけて、他人の行動について陰口をたたきあうことによって個人の適応度が高められていったあと、仲間内でひそかにに社会的評価を下す「おしゃべり」が、道徳的に振舞うように進化したわれわれの能力の一環となったと思われる。ルールの内面化もきっと同じように進化したのだろう。このように、うわさ話をすることは、かつて先祖の役に立ったように、今日のわれわれにも役に立っている。

私は、うわさ話にかかわる一個の遺伝子があるとか、役に立つ陰口に特化した脳領域——「モジュール」とも呼ばれる——があるとか言っているのではない。私が提言したいのは、こうした行動は古くからのもので、しかも生まれながらにしてかなり準備が整っているらしいということだ。それは、優れたうわさ話のネットワークをもつ人が、深刻なトラブルに巻き込まれない点と、どの社会的な略奪者を警戒すべきかがよくわかる点において、確実に優位に立てるからにほかならない。うわさ話は日常生活に役立つ興味深い情報を生み出すほか、適応度を高めもする。だからこそ、この行為は広まって持続する。さらにまた、だからこそ、現代の非常に多くの女性は（そしてだれもが思うよりずっと多くの男性も）——自分がなぜいとも簡単に虜になるのかよくわからぬまま——メロドラマを見るのだ。

逸脱者を疎外する

大きな獲物を分け合う必要性は、人々が集団で暮らすひとつの理由である。だが、理由はほかにもある。人間は本来社交的なので、こうした移動性の民は、単に仲間付き合いを楽しむだけの理由でも集まる。そうすれば、捕食者から身を守りやすくもなるのだ。さらに、集団は人々を資源に結びつけてくれる。ふたつの集団がよく使う天然資源について互いに相手の利用権を認めれば、双方の生活の効率が高まることになる。こうした要因はすべて、二〇〜三〇人というかなり小さな集団の場合や、目的がある程度一致している場合に有利に働く。

集団は見事に協力するので、われわれはメンバーがとても仲良く暮らしていると思いがちだ。しかし、一般にこうした数十人は一緒にキャンプをし、物理的に近くに住み、大型動物の狩人として生きるために運命を共有しているが、それでも一部の家族同士がほかの家族より近くに固まって住むようになったりする。これは物理的な空間の話だが、彼らはまた、さまざまなやり方で人と社会的に「距離を置く」――つまり疎外する。

社会的疎外の理論は、互いを「アウトサイダー（よそ者）」と見なす現代の民族諸集団にかんする研究に端を発しているが、私はこの理論を押し広げて、インサイダー（集団内の者）がほかのインサイダーをアウトサイダーと見なす場合まで含めることにする。[5] 集団内の派閥といえば、セフーは、自分と親しい仲間からなる小集団が、ほかのピグミーのメンバーから隔てられていると抗議したし、現に彼らはそのとおりに隔たった場所に住まいを建てていた。カラハリ砂漠のブッシュマンは、小屋の出入り口の向きを、社会的な近さや遠さに従って決める。[6] また、ブリッグズ[7]が報告したウトゥク族の家族は、小さな集団のなかでほかのメンバーから空間的に距離を置かれていた。その理由は主に、家族のなかに、性格にひどく問題のあるニキという女性がいたからだ。彼女は、ただ乗りをして寛大さに欠け、人付き合いが下手で、おおむね感情が不安定なのでほかのウトゥク族に疎まれた。ニキの家族そのものは離れた場所にキャンプしているだけだったが、ニキ本人はある程度仲間外れにまでされていた。

集団全体による積極的な社会的疎外の対象となるのは、その逸脱行為によってほかのメンバーを困らせたり、怒らせたり、おびやかしたりする者であり、予測できる反応の大半はすでに説明した。どれも最初は、集団のメンバーから日々の挨拶をそっけなくされるなど、ふだんのコミュニケーションを減らす冷淡な態度から始まる。このように寡黙になることは、ふたりだけの対立でも起きる。二者間の対立をエスカレートさせないための一手は、単に互いに話をしないということなのだ。集団のだれもが挨拶や会話を控えだすと、逸脱者が共同作業に加わる機会が減る。一方で、こうした社会的隔離はストレスの大きな要因となる——できるかできないかはともかく、別の集団に移ることにしないかぎり。

仲間外れはかなり頻繁におこなわれ、LPA狩猟採集民のあいだで普遍的なのは確かだが、いくらかでも具体的に報告されることは珍しい。だから、二〇人ほどの隔絶されたイヌイットのキャンプでジーン・ブリッグズ自身が仲間外れにされたという話を読めるのは、幸運なことだ。そもそもの始まりが何だったのかはわからない。ウトゥク族は、決定的な出来事が起こるずっと前から、ジーンの感情表現に気分を害していたからだ。たとえば、イグルー〔雪や氷のかたまりを積み上げて作るイヌイットの家〕の屋根が解け、半解けの雪がタイプライターの上に落ちてくると、何か（ナイフなど）を投げて怒りを表現する癖が彼女にはあった——その行動を見たウトゥク族は、次はだれかを殺すのではないかと思っておびえたのだ。[8] ジーンの生まれたニューイングランドの文化では、この行動はもちろん一時的な苛立ちを示すものにすぎない。

次に紹介するのは、大幅に切り詰めてはいるが、拙著『森のなかの序列』で紹介した、かわいそうだがきわめて参考になるジーンのつらい体験の説明である。イヌティアクは、ひどく我の強い性格をもつ男で、集団の非公式な首長でもある。

水上飛行機でやってきたツアーの数人が、ウトゥク族から、かなり壊れやすくて代わりのない二艘の魚捕り用カヌーを借りようとしていた。ウトゥク族はこうした搾取に腹を立てていたが、白人からいくらかその見返りがあるのでどんな要求も黙って飲むのだった。彼らが腹を立てていることを内々に聞いていたブリッグズは、白人たちがウトゥク族のカヌーを一艘だめにし、それでも残る最後の一艘を使いたがったときに、積極的に介入するという間違いを犯した。彼女が、ウトゥク族の暮らしにカヌーが大事であることを熱くなりながら説明すると、ガイドは、カヌーの持ち主が貸さないというのなら、なしですますと答えた。イヌティアクは、ブリッグズのせいで困ったことになって、最後のカヌーを使わせることを認めた。ブリッグズは、双方への怒りを隠しきれず、その場から大股で歩き去って、自分のテントのなかで泣いた。自分の行動で、ついにみんなの堪忍袋の緒が切れたとは気づきもせずに……。

この出来事のあとも、ウトゥク族の人々は、彼女のほうから近づいていったときには、この騒々しい訪問者に対して誠意をもって寛大に振る舞った——しかし、彼らのほうから訪ねてくる回数はめっきり減り、来てもすぐに立ち去ってしまうことに彼女は気づいた。やがて彼らは、それとなく彼女の訪問を拒みだした。彼女がニキのように仲間外れにされていることが明白になったのだ——だが疎遠にしているあいだ、ウトゥク族が彼女を積極的に社会復帰させようとしていることもわかった。事実、彼女が一時的に自分の感情を抑えたり、感情的におこなうネガティブな言動を避けたりできると、彼らは前向きな対応をしだした。問題は、ブリッグズがその状況で求められているとおぼしき完全な落ち着きを保てなかった点にあった。彼女は疎外されて傷つき、気落ちして苛立ちをあらわにすると、さらに疎外される羽目になった。

仲間外れのきっかけになったあからさまな敵意のようなものを、ウトゥク族は制裁を加える際に極力表さないようにしていた。ブリッグズは、訪問者もほとんどないまま基本的にひとりでテントのなかで過ごし、またごくわずかな者の訪問さえ、以前の豊かな社会生活に比べると形だけのものになった。人々は決して失礼な態度をとったわけではなく、単に社会的な距離をたっぷりとっていたにすぎない。運よく、こうした処遇が数か月続いてから、第三者がウトゥク族に、なぜブリッグズが白人にカヌーを使わせまいとしたのかをいくらかわからせた。彼女の怒りが自分たちのためを思ってのもので、自分たちの幸福のことなどいっさい気にかけない無遠慮な男たちに対するものだったとわかると、彼らはようやく、とても注意深く築いて維持していた社会的障壁を取り除いた。(9)

ジーンは、ペンシルヴェニア州ランカスター郡で暮らすアーミッシュに見られるような、あからさまな敵意を示してあらゆる社会的交流を遮断するという意味での共同絶交《シャニング》をされていたわけではなかった。(10)だが、自分の文化から何千キロメートルも離れた場所で、控えめながらも敵意をもって社会的に拒絶されるという状況は、なかなか想像を絶する。仲間外れにかかわる人々は、自分たちが感情的な苦痛を与えているのを知っていて、それをかなり巧みにおこなう傾向がある——たいていは、積極的に社会復帰を許そうとしているからだ。これこそ仲間外れや全面的な共同絶交のすばらしいところである。どちらも必ずしも永久のものではないのだから。追放ならば、永久と言える。

ジーンは著書『決して怒らない』のなかで、社会的疎外というこの行為を、潜在的な凶暴性のある感情をウトゥク族が恐れたという観点から解釈した。彼ら自身はそんな感情をとても注意深く抑制している。しかし、別の要素も考えられるので、付け加えておこう。彼女は集団の判断に逆らったとき、平等主義の集団全体の判断をひとりで下そうとする人物だと受け止められた可能性もある。合意を形成する集団では、こうした行為はいっさい許されない。確かにジーンは、あまりにも率直に怒りを表に出しすぎた。ウトゥク族の目には、彼女が大物のように振る舞い、勝手に出しゃばってグループ全体を代表して話した結果、グループの意向を無視したとも映ったのかもしれない。ジーンが払った代償は、数か月のあいだ、ふだんの社会的接触を丁重ながらもきっぱりと拒まれるというものだった。

社会科学者は通常、そのような疎外を分類する際に、段階的に激しさを増す言葉を使い、順に、仲間外れ、共同絶交、集団からの一時的な追放、永久追放とするが、実際には「死刑」を、社会的疎外の真に究極の手段と見なすことができる[11]。もちろん、集団内で不必要に命を奪うことは、道徳的に厳しく禁じられているが、集団が命じる「死刑」はそうではない。そして民族誌的な調査の範囲は不十分でも、こうした処罰はほかに打つ手がないときの最後の手段として、どの集団の社会にもほぼ確実に潜在的に存在すると思う。したがって、社会的疎外は、通常は矯正を目指して巧みにおこなわれるが、ここまで見たように最終手段にもなりうるのだ。

「社会的に醜悪」な行為

肉のいかさまのようなあからさまに悪い行為と違って、道徳的に逸脱した行為のなかには、集団の全員の利益を直接おびやかさないように見えるものもあるが、それでも集団が死に至らしめる暴力でそれに応じることもある。専門用語を使わずに言えば、それは社会的に醜悪な行為だからだ。近親相姦はそのように見なされることが多いが、この社会的犯罪の定義は文化によってかなり異なる。この違いをもたらす要因は、ひとつには、その社会における過去の近親婚の結果が、どの程度はっきり認識されているかという点なのだろう。

進化人類学者のウィリアム・ダーラムは、六〇の社会を標本として近親相姦を調査した。大半は部族だが、狩猟採集民もいくらか含まれていた。そしてほぼ半数の標本には、過去のある時点で新生児の異常が見とがめられ、近親交配と関連づけられるようになったために、なんらかの形で近親相姦がタブーになったことをうかがわせる証拠があった。[12] それに加え、一般に人間が嫌悪感を抱く可能性の大きさは、こうした強い道義的反応と関係しているのではないかとも考えられた。[13] それでも私は、たとえば「母と息子の近親相姦に対して、生まれつききわめて明確な恐怖をおぼえるだろう」と言うことに、どうしてもためらいを感じる――こうした行為はなにより強く禁止されているようであっても。

きょうだいの近親相姦はふつうひどく忌み嫌われるが、初期の文明では王族（など）できょうだいの結婚が社会的に認められていたという例が、まれにだが記録されている。とくに部族社会では、いとこ同士の結婚は完全に認められ、望まれ、しっかり制度化されていることも多い。それゆえ、世界の社会をすべて調べたら、親子の配偶は必ず「違法」であるとしても、近親相姦のタブーの適用範囲には多少のばらつきがある。

話が複雑になるが、さらにウェスターマーク効果[14]が存在する。これは、きょうだいのように育てられた子どもたちは、血縁かどうかに関係なく、性的抑制が発達して互いに魅力を感じなくなり、その結果、生殖の可能性が大幅に減ると考える仮説だ。この効果は統計的に調査されており[15]、同様の効果は、乱婚の類人猿でも、母親と息子、きょうだい同士といった社会的に親密な関係に対して見られ、どちらも自然に抑制されている。[16] しかし、このように発達した抑制が人間に働いているとしても、父親と娘の近親相姦に対しては、それほど強くは働いていないらしい。というのも、現代のアメリカの社会では、それが目につくほどの割合で起きているらしいからで、アパラチア地方がよく例として挙がる。[17] 一方で、現代の社会はかつての集団の暮らしよりもはるかに多くのプライバシーを与えてくれている。

ダーラムは、それぞれの集団ごとに規定された近親相姦に対する措置として、仲間外れ、身体への攻撃、さらには「死刑」といった積極的な制裁が科されていることを明らかにした。頻度は低いものの、超自然的な制裁が社会統制の役目を果たすこともあった。たとえば、目に見えない想像上の存在のせいで子どもが異常をもって生まれてくるという恐怖などがそれに当たるだろう。一部の文化では、こうした恐ろしい想像上の存在が、個人が近親相姦の罪を犯した場合に集団全体を罰すると考えられているため、集団のメンバーは近親相姦を全員にとっての深刻な脅威と感じ、結果的に非常に厳しく罰することになる。

近親相姦にまつわる謎がどうあれ、怒った道徳的多数派が醜悪な行為を罰するのには、ふたつの根拠があるように思われる。ひとつは、この逸脱行為のせいでグループのメンバー全員が、現実的にも超自然的にも明白な危険に直面するというものだ。もうひとつは、この行動は相当に常軌を逸していると見られるため、道徳的に嫌悪感を抱かれるというものだ。その点で、近親相姦とひどい「肉のいかさま」とは、かなり似ているかもしれない。どちらもこのふたつの基準を満たしうるからだ。

錯乱した逸脱者を殺す

道徳的な悪事がなくとも、集団が逸脱者を殺害しようと積極的に判断することがある。まれなケースだが、自分の行動が他人に被害を与えていることをまったく理解できない者に、集団で対処しなければならないことがあるのだ。そうした結論に至るのはたいてい、メンバーが自分の身に危険が及ぶと感じるからだ――暴力的な本性から殺人をしかねない精神異常者に対するときと同じだ。エスキモーにもブッシュマンにも実例がある。ここでは、バリクシによるイヌイットの事例報告を紹介しよう。

ほどなく、アルナクタルクは自分のイグルーに戻ったにちがいない。その夜、彼は妻のカコルティングネルクの腹を刺した。彼女は子どもを背負って逃げ、メインキャンプに着くと、何があったのかを話した。

みんなは彼がまた大切なだれかを刺すのではないかと怖くなり、どうすべきかを話し合った。家族で話し合いがおこなわれた結果、アルナクタルクは危険な人間になったので殺すべきだということになった。ココンワツィアルク〔兄弟のひとり〕は自分が裁きを下すと言い、ほかの者はそれに同意した。年老いた父親アオラジュトは裁きを下せないことになっていた。アルナクタルクは実の息子だからである。しかし、ココンワツィアルクがなんらかの理由で裁きを下さない場合は、次に年長のアブロセルジュアルクが志願しておこなうことになる。決定のあと、ココンワツィアルクが身内以外の者に知らせた。彼らも怖がっていたからだ。全員が、ほかに選択肢はないことを認めた。

それからキャンプは解散し、アオラジュトと、ココンワツィアルク、アブロセルジュアルク、ネルロンガジョク、イギウクラクは、アルナクタルクのイグルーに向かい、クリミツィアルクはほかの者と女子どもを連れて別の道を進み、岸辺にある新しいキャンプを目指した。アルナクタルクのもとに到着すると、彼が外に立っていたので、ココンワツィアルクは「おまえはもう物がよくわかっていない（自分の心の抑制を失っている）から、俺がおまえを『やっつける』ことにする」と言った。そして、彼の心臓を狙って射抜いた。その後、彼らは岸辺へ移動してほかの者と合流した。アルナクタルクの墓は、ウィラーシュテット湖の向こうの端にある。(18)

これは、グループが合意して血縁者が執行人となるという、ネツリック族の委任処刑の悲しい事例だ。しかし、この処刑は道徳によるものというより、むしろ非常手段と言える。逸脱者はみずからのおこないを理解していなかったからである。クン・ブッシュマンの民族誌報告にも、非常に詳細な事例があるので、本章でのちほど紹介しよう。ただしその事例では、殺人者が「精神異常」と見なされていたかどうかについてややあいまいなところがあったし、処刑は大混乱に陥った。

長い期間のうちには、どの集団の社会にも、殺人を犯しかねない錯乱した者が登場する可能性がある。そして当然だが、こうした社会はどれも集団内の殺人を強く禁じているが、メンバーは処刑によって問題を解決しなければならなくなる。婴児殺しやよく見られる双子殺しと同様、道徳的な悪事が問われているわけではないので、これは「死刑」ではない。それでも、イヌイットの処刑は家族に任されたという点で、また集団の全員に対する深刻な脅威があるゆえにコミュニティ主導の支持のもとで実行されたという点で、「死刑」と共通点があるように思われる。

正気だが矯正の見込みのない利己的な乱暴者が、仲間によって殺される場合も、社会的・政治的な力学は同じだ――ただし、道徳的要素が加味される。表Iから、このような処刑は精神異常者を殺すよりもはるかに多いらしいとわかっているので、LPA社会において普遍的なものと考えることができる。こうした集団をどれでも長期間観察すれば、仲間を支配することに熱中する向こう見ずな男がまず確実に現れ、彼に対処しなければならなくなる。そして、ときには彼を殺すことが唯一の解決策となる。

調停は大変

科学者は、狩猟採集民の暴力のレベルを、われわれの遺伝的性質を教えてくれる手がかりととらえる傾向が強い。そして当然だが、気に入った狩猟採集民の例がたまたま暴力的でなければ、うまい具合に、自分たちが嫌な人間性でなく良い人間性をもっているにちがいないと考えがちである。ブッシュマンにかんする初期の研究は、『ハームレス・ピープル』（荒井喬・辻井忠男訳、海鳴社）という本に結実している。著者のエリザベス・マーシャル・トーマスは、喧嘩好きなクン族が身近にある毒矢をつねに気にしていることに気づいていたが、殺人はめったになかったと書いている[19]――当時、彼らのあいだで殺人のあった割合はニューヨークやロサンゼルスと同じぐらいではあったのだが。

トーマスは、クン族の特徴を、「グループの意見に敏感で、熱心に争いを解決しようとする」と的確にとらえている。事実、小さな争いがあると、彼らは夜通し憑かれたように踊りまくることも多く、そうして集団全体で踊って歌い、彼らが重んじる社会的調和を取り戻す。しかし、すでに見たとおり、深刻な争いと殺人発生率については、トーマスの情報も、民族誌に科学的手法を採り入れた多数の研究者による情報と同じく、ひどく不十分と言える[20]。

その後ようやく、リチャード・リーがついにクン族のインフォーマント数人を説き伏せ、殺人について正直に話してもらったところ、ブッシュマンが人殺しをするという事実が漏れ出てきた。また、価値観の対立を許さないので、殺人の発生率がきわめて高いことも明らかになった。彼らは気が短いうえに、かなり大型の哺乳類を仕留めるのに長けていたからだ。トーマスらが調査を始めたのはちょうど国家がブッシュマンの争いを厳しく禁止しはじめたころだったが、のちにリーは民族歴史学を活用することによって、皆が用心して声にはしないがよく覚えている昔の争いについて、ブッシュマンの伝統的な社会機構を形成する重要な要素として書き記すことができた[21]。

あらゆる狩猟採集社会と同様、クン族にも個人間のもめごとを表現するローカルな文化様式がある。最初は、深刻になるおそれのあるささいな口論だ。この段階では敵意のある冗談に限られ、陽気なそぶりで緊張を和らげようとする。次の段階では、口論が白熱するにつれ、怒りの激しいほうが見せかけのユーモアを捨て、暴力沙汰になる可能性が増す。次に「ザ」と呼ばれる性的侮辱の応酬がなされるようになると、これは暴力の一歩手前の危険な状態だ。男にとっての究極の性的侮辱は「死んで包皮が剥けろ」であり〔ブッシュマンには割礼の習慣がない〕、女にとっては「死んでヴァギナがだめになってしまえ」である[22]。これらの体の部分の露出は、クン族にとって恥ずかしいことなので、こうした「言葉による露出」にも辱めの意味合いが含まれ、そんな侮辱は正反対のふたつの結果を招きかねない。ひとつは、かなり意外かもしれないが、自殺である――おそらく怒りが内側へ向かうのだろう。もうひとつは、予想がつくとおり、侮辱した相手に報復して暴力を振るうことであり、これは相手に大きな危害を及ぼしかねない。

男はつねに毒矢をもち歩いているので、言葉による争いが「ザ」の段階に達すると、いきなり攻撃されて命を奪われてもおかしくない状況になる。こうしたことが起こると、集団は分裂しやすくなる。攻撃に続いて殺人が起きるだろうと全員わかっているからだ。そして、ネツリック族をはじめとするあらゆる狩猟採集民と同様、報復を理由にさらなる殺人が起きやすくなるようだ[23]。したがって、どのLPA狩猟採集民のあいだでも、相手から離れることは争いを解決する最善策となる。彼らは移動生活をしているうえに、どの集団で暮らすかについては自由に選べるため、物理的に離れることはとても効果的な戦略になるのだ。[24]

農地に縛られている部族民の場合は、荷物をまとめて移動するとなると、はるかに犠牲が大きくなる。そしてこうした定住性の平等主義者は、自分たちの首長にある程度限られた権限を与えることが多いので、首長の特権で争いを解決するほうが効果的になる。クン族は非常に熱心な平等主義者なのでこういうことは起こらず、権限はないものの尊敬されている「平和愛好者」が、「ザ」の段階の争いが物理的な暴力になったときに介入してやめさせようとすると、その人自身が殺される可能性が高い、とリーは述べている。[25]

多くのLPA狩猟採集民とは違い、クン族はしじゅう肉のことでもめるようだ。こう聞くと、同情による寛大さ、「平等な」肉の分配、喜んで分かち合うこと、争いの回避など、ここまで私がしてきたすべての主張に疑問を感じるかもしれない。しかし、クン族ではこんなことが起こる。大型動物の肉は、まず集団の主要な人々に分けられ、次に彼らがそれをさらに分けて、大小の家族集団に配る。そのころには、肉は慣習によって、集団の所有物から個人の所有物へと変化している。[26] この先の分配をおこなうかどうかは自由だが、期待や要望はあるので、その過程で肉を次々と要求されたり、けちだと非難されたりもする。それでも基本的に、集団全体が肉を手に入れるし、このシステムは概して十分に理解され、高く評価されている。

肉をめぐる深刻な口論はほとんどない。[27] 殺人に至った争いの事例としてリーが報告したのはひとつだけだ。その原因は不貞だが、争いの引き金を引いたのは、肉をめぐる意見の不一致だった。とはいえ、狩猟採集民があからさまに肉をめぐって争うことは、それほど頻繁には見られない――クン族のような一部の社会では、口喧嘩が絶えないにしても。パット・ドレイパーは、ときに口論も起こるブッシュマンの分配方式を、次のように明快に説明している。

クン族では言葉による攻撃がよく見られる。実は、所有物がほぼいつでも公平に分配されるのは、もたざる者が声高に要求するからなのだ。では彼らは、皆で仲良く暮らし、全員で喜んで分かち合っているのだろうか？　必ずしもそうではない。だがどんな文化でも、その意味を解釈しようとすると、必ずやこの種のあいまいさにはまり込むのだ。あるレベルから分析すると、所有物が循環し、富の不平等がなく、平和な関係が集団内部でも集団同士の交際でも築かれていることがわかる。ところが別のレベルから見れば……社会で絶え間なく小競り合いが続いていることがわかる。たいていは穏やかだが、ときには激しく本気でやりあったりもする。[28]

イヌイットの争いは、ブッシュマンと同じぐらい徹底的に研究されてきた。リーがしたように協力的な年配のインフォーマントに話を聞くことによって、また初期の探検家の報告を利用することによって、ヘールト・ファン・デン・ステイーンホーヴェンは、中央カナダにおける過去の殺人のパターンについて、信頼できる説明を編み出した。[29]アーセン・バリクシは、これらの資料を有効に利用し、イヌイットが激しい争いにどのように対処するのかを詳しく述べている。また、彼らの対処法はカラハリ砂漠でおこなわれている方法とはかなり異なっているが、同じように段階的に激しさを増す社会的な仕組みを用いて、くすぶる対立やあからさまな争いを解決している。

小さな集団では、争いはストレスになるとともに、場合によっては経済的なコストも高くつく。イヌイットの社会でも、ブッシュマンの社会でも、争いは容易に死につながる。どちらの社会も、怒れる男同士の深刻な喧嘩に介入し、ただちにそれをやめさせられるだけの権限をもつリーダーの登場を許さないからだ（大型動物を仕留める狩猟採集民の男は、非常に威力のある狩りの武器をもっていることを思い出してほしい）。バリクシは次のように書いている。

ネツリック族には、かなり明確に形式化された調停の方法が数多くある。一般に彼らは争いを公にして明確なやり方で解決するので、その意味では積極的な調停方法だと言える。そんな調停の方法には、拳での殴り合いや、太鼓による決闘、承認による死刑がある。

どんな男でも、理由のいかんを問わず、ほかの男に拳での殴り合いを挑むことができる。通常は、ふたりとも上半身裸になって、喧嘩を挑んだ者が最初に一発殴られる。一度に殴るのは一発だけで、こめかみや肩を狙い、殴られるほうは立ったまま防御をしない。これを交互に繰り返し、戦いはどちらか一方がうんざりして降参するまで続く。これで喧嘩は収まるらしい。というのも、あるインフォーマントがこう言っていたからだ。「戦いが終わると、すべてが終わる。それまでふたりで戦ってなどいなかったみたいにね」

……歌の決闘は、ふたりの男が互いに抱くどんな恨みをも解決する、儀式化された手段である。歌は、決闘する両者の妻がひそかに作って覚えておく。準備ができると、グループの全員が儀式用のイグルーに集まり、最後に使いの者が決闘する両者を呼んでくる。太鼓で踊る場合と同様、それぞれの妻が夫のための歌を代わりばんこに歌い、夫は床の中央で踊りながら太鼓をたたき、それをコミュニティのみんなが見物する。観衆はそのパフォーマンスに大いに興味を示し、太鼓の打ち手が相手を打ち負かそうとして、近親相姦や獣姦、殺人、強欲さ、不貞、狩りの失敗、妻の尻に敷かれていること、男らしい強さがないことなど、さまざまに悪口を言うのを見て、盛んにからかったり笑ったりする。決闘する者はもてるかぎりの機転と才能を駆使して、集まった人の支持を得ようとする……。

このように歌の決闘は、決闘する個々の人間にとって間違いなくカタルシスとしての価値があり、まさにその意味において、争いは「解決」される。ときには、決闘する一方あるいは双方が、歌の決闘が終わっても憎しみを感じつづけていることもある。そんな場合は戦いを再開することが多いが、今度は殴り合いをする。これで確実に問題は解決する。[30]

どちらの文化でも殺人は頻繁に起こるので、外の世界と接触する以前のＬＰＡ狩猟採集民のあいだでは、このような決まったやり方で争い、解決するというのがかなり一般的だったと考えられる。その意味で、イヌイットにかんする最高のデータのいくつかは、彼らが外部と接触した直後に初期の探検家が集めたものだが、当時彼らはこうした問題についてあまり話したがらなかった。五〇の社会からなるデータベースに収録されたそれ以外の社会については、すでに見たとおり、民族誌で報告されている「死刑」の数はしばしば実際よりひどく少なく、記述がない民族誌も多い――ブッシュマンについても、リーが過去にさかのぼって突破口を開かなかったら、そのようになっていただろう。

思うに、先史時代、この種の社会では死に至る争いが深刻な問題となっていたのではなかろうか――地域ごとの条件や文化的伝統の違いは確実に殺人の発生率に影響を及ぼしてはいたのだろうが。たとえば、ネツリック族では（年老いた親を養えるのは、狩人となる息子だから）女児殺しの割合が高いので、男のなかには妻を得るのに苦労する者もおり、そのため別の男を殺してその妻を奪う傾向もあった。[31] これが殺人の発生率を上げているが、ほかにも、性格が合わないとか、我の強い狩人が喧嘩っ早いという理由で、男殺しが起きた。ブッシュマンの場合、妻になる女はそれほど不足していなかったが、求婚をめぐる喧嘩や、もっと多くは不貞をめぐる喧嘩が、しばしば殺人に至る争いの原因となった。[32]

殺人の込み入った事例

殺人はもとより醜悪な行為と考えられている。それなのに、イヌイットの男が妻を奪うだけのために同じ集団にいる別の男を殺しても、たいていの場合、これに対して道徳的な怒りに駆られた集団が共同で何か措置を講じる可能性は低い。集団のメンバーは、殺された者の近親者の男が復讐する可能性が高いことも、ふつうは殺人者とその家族がすぐに村を去ることも知っている。[33]もしも殺人者が臆面もなくとどまったら、命で償う羽目になるからだ。

したがって、初犯の殺人者が恐れるべきは、血縁者による復讐殺人であって、集団全体による「死刑」ではない。これはLPA狩猟採集民全般に当てはまるようだ——すべてのデータを集めることはできないとしても。この報復の傾向と、それによって人々が殺人を犯さないようにする傾向は、広く見受けられる。[34]激しい喪失感と悲しみに、根深い復讐の傾向が加わるのだから、[35]殺された近親者の男（まれに女）のために殺人が起きても当然だと私は思う。

殺人はもちろん許されないにしても、初犯の場合はたいてい、集団の全員が脅威を感じることはないようだ。しかし、ふたり以上を殺して連続殺人犯になると、集団の全員が、確率の上では自分が被害に遭うかもしれないという直接的な脅威を感じるようになるので、集団行動に駆り立てられやすくなる。

第4章と第7章で見たように、集団が全員で一緒におこなう積極的な処刑は、かなりまれにしか報告されていない。詳細が記述されたものとなるとさらに数が減るが、幸いにも、リチャード・リーによる、クン・ブッシュマンの殺人に特化した研究がある。[36] クン族が狩りに使う矢の先には、カラハリ砂漠にすむ甲虫の一種からとれる毒が塗られている。この毒矢に当たれば、キリンほど大きな動物も数日後には倒れ、人間ならずっと早く死ぬ――傷が浅く、すぐに切開して毒を吸い出さないかぎり。こうした狩猟採集民は、子どもの手の届かない所に矢を置くように注意を払い、子どもの喧嘩が白熱して死を招くことのないようにしている。また、複数の大人の男が本気で喧嘩をしていると、見かけた者はすぐにそれを止めようとする。カッとなった男が弓をつかんで相手を射るとか、毒矢を握って相手を刺すとかして、死に至らしめるおそれがあるからだ。

リーの徹底的な聞き込みによる記録は、本書で説明してきた統計的な傾向に民族誌的な深みをいくらか与えてくれる。そしてまた、血縁者に処刑を委ねるほうが、集団全員で攻撃するよりもたいてい好まれる理由も明らかにしてくれている――どちらの方策でも、血縁の男による報復は回避できるのだが。忘れないでほしいが、ここで話しているのは、脅威となる連続殺人犯を抹殺することであり、しかもその犯人は、狩人として大型哺乳類を仕留めるのに長けており、すでに人間の命を奪っているうえに、この集団は毒矢を使用しているので、犯人は瀕死になっても他人を傷つけるおそれがある。

リーは、移動生活をするクン族が一九二〇年代から一九五〇年代にかけて暮らしていた四つの地域を網羅する系統立った調査をおこなっている。彼の事例報告には、発端となる殺人、それに対する血縁者による復讐殺人、集団が後押しする連続殺人犯の処刑、すでに「ザ」の段階の激しさになっていた喧嘩を止めようとした善意の人が巻き込まれて殺されたことなどが含まれる。その四〇年間に、集団があまり分布していなかった地域で合計二二件の殺人があり、いくつかのケースでは報復の連鎖が続いたため、人々は落ち着きを失っていた。改めて強調するが、リーの強みは、ボツワナ政府があらゆる殺人犯を投獄するようになる以前に殺人や殺人者の処刑にかかわったことのある複数のインフォーマントから信頼を得ていたことだった。

ボツワナ政府の盛んな働きかけが始まると、移動性のクン族の小さなキャンプから殺人の発生率が表に現れることはなくなった。これは、外部の世界との接触後に狩猟採集民が処刑について話したがらなくなったという、前に述べた話を裏づけている。そうした外部の組織的権力を知ったせいで、彼ら平等主義者には多大な影響が及ぼされる。たとえ彼らが、集団のなかでは平等に力を分け合い、ふだんは自分たち自身で逸脱者に決定を下しているとしても。

次に紹介する話は、クン族の人々がリーにそうした情報を快く打ち明けてくれるようになってから、リーが聞き込みをおこない、内容を相手にもチェックしてもらった記録にもとづいている。ここで語られているのは手際の悪い処刑で、最初は毒矢が使われている。リーの指摘によれば、ブッシュマンは狩りでは一流の弓矢の使い手でも、喧嘩になると、毒矢で狙う腕はせいぜい二流止まりだ。このうえなく詳細なこの記述によると、当初はあるメンバーに委ねられた処刑だったらしいものが、最終的にコミュニティ全体による殺人に発展している。その大変な混乱ぶりを見ると、狩猟採集民が通常処刑をおこなう場合、それをうまく血縁者に委ね、逸脱者を待ち伏せて速やかに殺すわけが容易に理解できる。

集団による殺害にかんするなにより過激な話は、一九四〇年代の……ふたりの男を死に至らしめた悪名高い殺人者、トウィの死にかかわるものだ。多くの仲間は、彼を殺すべきだと判断した。インフォーマントは、トウィの弟トマである。

兄貴は、(ドゥダ地区にある) ンオカウの南西で殺された。……トウィは人を殺しすぎたから槍と矢で殺す、とみんなは言ったんだ。トウィはそれまでにふたり殺していて、死んだその日にも女をひとり刺して、男をひとり殺した。

トウィを最初に襲ったのは、クサシェだった。キャンプの近くで待ち伏せて、トウィの尻に毒矢を射ったんだ。ふたりは取っ組み合いになって、トウィがクサシェを倒してナイフに手を伸ばしたとき、クサシェの女房のお袋がトウィの後ろからつかみかかり、クサシェに向かって「逃げて！　この男は皆殺しにするよ！」と叫んだ。そこでクサシェは逃げた。

トウィは尻に刺さった矢を抜くと、自分の小屋へ戻って座り込んだ。すると数人が集まってきて、トウィのために切開して毒を吸い出してやろうとした。トウィは「この毒で俺は死ぬ。小便がしたい」と言った。でも小便などせずに、みんなをだまし、槍をつかんで振りまわし、クシェという女の口を刺して、頬を切り裂いた。クシェの旦那のンエイシが助けに来ると、トウィは彼もだまして、身をかわしたンエイシの背中を毒矢で射ったんだ。それでンエイシは倒れた。

今度こそはみんな避難して、別の男たちがトウィに矢を放った。みんなトウィが死ぬべきだと思ったから、もうだれも助けに行かなかった。それでもまだ、何人かを追いかけてトウィは矢を放っていたけど、もうだれにも当たらなかった。

それからトウィは、集落に戻ってその真ん中に座った。ほかの連中は集落のへりまでこっそり戻り、じっと隠れていた。するとトウィはこう叫んだんだ。「おい、おまえらまだ俺を怖がってるのか？もう俺はおしまいだ。これ以上息もできない。こっちへ来て、俺を殺せ。武器が怖いのか？　ほら、手の届かないところに置くぞ。触らないから。殺しに来い」

そこでみんなは、トウィがヤマアラシのようになるまで毒矢を放った。トウィは地べたにのびた。

男も女もみんな近づいていって、もう死んでいるのに槍で刺した。

そのあとトウィを埋め終わると、また喧嘩が起こるんじゃないかと心配したみんなは、別れて散り散りになった。

コメント。この非常に生々しい記述は、その行為の劇的な状況をいくぶん明らかにしている。殺人者が矢を大量に受けてヤマアラシのようになったという状況は、組織化されていない非序列的な社会における、集団行動と共同責任の力を見事に描写している。私は、死んだトウィの母親や父親や女きょうだいと、トウィに殺された者の血縁者に聞き込みをおこなった。全員が彼を危険な人物だと感じていた。もしかすると、彼は精神異常者だったのかもしれない。(37)

興味深いことに、トウィに殺されたのは、積極的に処刑の口火を切った男ではなく、彼のそばにいた妻を傷つけられた傍観者の男だった。

「共同の」処刑に欠陥があるとすれば、これがそうだった。だから、通常は近親者がその仕事を委ねられる。男の近親者による処刑は、これまでの章で見てきたような、泥棒やいかさま師、精神異常でない逸脱者に加え、悪意に満ちたわがままなシャーマン（呪術師）など、圧制的な乱暴者に対しておこなわれる。第7章の表Ⅳによれば、一〇あるLPA狩猟採集民の標本のうち六つの社会で、ひとりのメンバーが積極的に処刑人の役割を果たしたと報告されている。したがってこの方法は、現代の狩猟採集民のあいだで主流であり、四万五〇〇〇年前にもかなり一般的だったと考えていいだろう。

この究極の形の社会的疎外は、社会的な問題の巧みな解決法となる。狩猟採集社会がそんな究極の社会的疎外をおこなうのは、だれかを殺す必要がある特殊な状況に限られるからだ。セフーのように比較的素直な逸脱者の場合、人々はその人を矯正するほうに賭けてみる。しかし、相手が連続殺人犯の場合は、今日人を殺した者はおそらく明日も殺すだろうから、彼らに対処する確実な方法はひとつしかないと考えるのである。

このような場合、社会的に排除しなければならないのはたいてい男で、そうした男はふだん仲間の役に立っている狩人でもある。狩人を失うと、明らかに現実的な不利益が生じてしまうので、集団のメンバーは、その狩人が殺人を犯す前に争いを止めたり、何かほかの方法で当面の問題が解決できそうな場合は「死刑」を控えたりする。

集団の機能をかき乱す行動をとる逸脱者の処遇については、そうしたジレンマの解決に「同情」が大きな役割を果たすので、矯正を選ぶ可能性が高くなる。人を思いやる気持ちがあると、社会的な絆のある正常な人間を手際よく処刑するのが難しくなるのだ。したがって殺人に対する世界中の処方箋には、同情が組み込まれている。どの狩猟採集社会もそうだし、一般的な人間社会ではもっと広く見られる——ただし、「殺人」の定義は地域によって異なる場合もある。また同情があるために、「死刑」が唯一の解決策でないかぎり、ほとんどの道徳的多数派はその実施を渋ることになる。

こうした小規模の道徳的多数派は、狩猟社会で機能するかぎり、社会的な問題に対してかなり一貫した対処法をとっている。多くの逸脱者は、今回たまたま過ちを犯しただけで、矯正可能な人間だと見なされる。だからセフーのような逸脱者に対しては、仲間外れや辱めがなされるのだ。手に負えない乱暴者、連続殺人犯、極端なまでに利己的か悪意に満ちただめなシャーマンなど、集団の大半もしくは全員の命や幸福や道徳的感性をひどくおびやかす者の場合は、殺されるか追放される。

すでに見たとおり、「死刑」は逸脱者の生殖の成功に深刻な影響を及ぼし、「死刑」の処罰を下す側は生殖において優位に立つので、自然選択の観点から処刑はずっとおこなわれていた。ひどい乱暴者を殺すと、平等主義の集団では、概してだれもが資源の分け前にあずかれる。同じことは、常習的に肉のいかさまをする者や大泥棒に対してもなされる。善良な民と逸脱者との争いはゼロサムゲームとなる場合が多いので、処刑は、コミュニティにかんするかぎり、うまく効果を上げる——しかし、集団の経済に貢献している軽度の逸脱者を矯正する場合も、同じ効果がある。

これまでの章では、ただ乗りする乱暴者やいかさま師の「死刑」が、われわれの道徳の起源のシナリオで重要な役割を果たしてきた。最初のシナリオでは、良心による善悪の観念に価値観の内面化を加えて、エデンの園をもち出さずに道徳の起源を説明している。厳しい社会統制の結果として良心を獲得するには、自制ができない者を物理的に排除するだけでなく、軽度の社会的逸脱者の適応度を低下させる軽めの制裁をすることも必要だったようなのである。

良心が効果的に進化を遂げると、集団による厳しい処罰の脅威が、フリーライダーの起こす略奪的行動を抑え込むうえで大きな役割を果たし、これがまたまったく別の効果も与えた。良心の進化により、人間に見られる、控えめだが社会的に重要な利他行動が遺伝的に進化する道が開かれ、良心の働きや社会生活の全体的な傾向に、より高いレベルの寛大さがもたらされたのだ。

良心と利他行動の両方が進化できたのは、人類の祖先が、連合を形成するように前適応していたおかげで、社会問題を解決するために大きな集団となって行動できるようになっていたからだ。最初にそうしたのは、単なる「政治的な」多数派だったが、いったん良心が整えば、彼らは「道徳的な」多数派となった。

道徳的多数派のもとでの暮らし

集団のメンバーの考えでは、社会的制裁は「集団」によって下されるものだ。集団の全体が本当に合意に達したかどうかや、道徳的多数派がその意志を実行する際に、少数の人――たいていは逸脱者の血縁者――が中立的な立場をとっているか否かは関係ない。また、ひとりかごく少数の人が積極的に集団を代表して制裁を実行するかどうかもほとんど関係ない。重要なのは、彼らが自分の後ろ盾は集団――道徳的多数派――だと認識していることなのだ。そうでないと、制裁は単なる派閥争いになり、全員の社会生活の質が低下し、前に見たように、集団を分裂させてしまうだろう。

適度によくまとまった道徳的多数派は、平等主義的な集団の社会生活が存続するために欠かせない。なぜなら、個人個人の調停者には激しい争いを収める権限はほとんど認められていないからだし、あまりにも恐ろしくて、助けや後ろ盾なしにはとても対処できない逸脱者もいるからでもある。警官も裁判官も陪審員もおらず、往々にしてひとりの常任の首長さえ認めない小さな集団の人々は、こうした力関係を理解している。

集団の大多数のメンバーをひどく苛立たせたりおびやかしたりしている逸脱者が、強い道徳的な支持のある規範に反してもいる場合、確実に災難を招くことになる。集団がどんな反応を示そうとするかは、そうした制裁を――逸脱者の立場であれ、制裁者の立場であれ――経験したことのある大人なら、十分容易に予測できる。そして、ただうわさ話に加わるだけで、集団の世論とはたいていだれかを叩こうとするものだと絶えず気づかせてくれる。こうした批判的なコミュニティが、人間の社会生活の素地を道徳的なものとしているのであり、それは何千世代も続く決まったやり方でおこなわれている。

第10章　更新世の「良い時期」と「悪い時期」と「危機」

人間の本性と柔軟さ

文化には盲目的な習慣という部分もあるが、人々による問題解決という面もある。社会生活のかなり多くは、コミュニティが求めるニーズや目的を踏まえて柔軟に築き上げられるのだから、ローカルな環境が変われば、人々がそこでのニーズを満たすべく洞察力を働かせて意図的に慣行を変えても、なんら不思議はないはずだ。

ではここで、文化の点ですでに現代人と同じだった私たちの祖先が、急激に変化する先史時代の環境――心地よいこともあれば、気まぐれで油断ならないこともあっただろう――に対処した際、いったいどれだけ道徳的に柔軟だったかを考えよう。そしてこの柔軟さが、人間が進化させてきた構造的に矛盾をはらんだ社会的本性にどう結びつくのかも見ていこう。矛盾をはらんだというのは、ときにエゴイズムが身内びいきとぶつかることもあれば、エゴイズムあるいは身内びいきが、血縁以外に寛大になる傾向と衝突することもあるからだ。ここからは食料の分配をテーマとする。食料が十分あるいは余分にあるときから、乏しいあるいは完全な飢餓のときまで、多様な状況における分配について検討しよう。

分配にどのような違いが出るか

すでに見てきたように、ブッシュマンや、ネツリック族や、私が調べたほかの四八のLPA集団などの人々は、平時に肉を分配する第一段階で、さまざまな慣習に従って大きな獲物の肉を――少なくとも分配されるまでは――基本的に全員の所有物と認めるような態度をとる。このように大きな肉を集団のものとする慣行は、たいてい世論の圧力によって維持されるが、必要とあれば、特定の個人やその家族を利するような独占を防ぐために、物理的な暴力が用いられることもある。

社会的な圧力と積極的な制裁が組み合わさると、利己的だったり過度に身内びいきだったりする狩人が自己の権力を拡大しようとする傾向を、かなりうまく抑え込める――とくに、その狩人が獲物をたくさん仕留めてうぬぼれているときには。このゼロサムゲームの直接の勝者は、その狩人以外のメンバー全員だが、根底には、大きな獲物にかんしては集団はひとつの大きな協力し合うチームとなるという考えがある。

この傾向は、大きな獲物が仕留めにくく、いつ手に入るのかなかなか予想がつかないが、それでもきわめて効果的に集団が存続できるほどたっぷり入手できるような平時に当てはまる。その結果生じるのが、これまで長々と論じてきた、文化的に習慣化された効率的な肉の分配のシステムだ。しかしいつでも平時なわけではなく、そのことを更新世には嫌というほど思い知らされたにちがいない。なにしろ、ときどき人に優しさを見せる環境が一気に悪化して、「極度」という形容がふさわしい恐ろしい飢餓をもたらすことも多かったのだから。

良い時期における分配のあれこれ

だがまずは、食料が豊富というまれな時期にどう分配するかを問わなければならない。季節性の資源がきわめて集中的にたっぷり手に入るときには、協力する集団は、肉を分配する通常のシステムでは手に負えなくなるほど大人数になる。中央カナダのはるか北方に住むネツリック族は、毎年そうなる可能性があるので、ここで、アザラシの肉の分け前を平均化する彼らの見事なシステムを詳しく見てみよう。このシステムには、アレグザンダーの考えた間接互恵をかなり奇抜で大規模にしたものが備わっている。冬にだけ、かなりの数の小集団が、数か月アザラシを食べて楽に暮らそうと海氷の上に集まってくる。そうした集まりは、六〇～八〇人を超えることもある。たくさんの呼吸孔〔アザラシが呼吸するための、海氷にあいた穴〕からおこなうアザラシ狩りは、あまり成功が当てにならないので、ネツリック族は、見事な肉の分配のシステムを作り上げている。[1] それによって、これまで小さなふつうサイズの集団を例にして見てきたのと同様に、家族ごとの肉の分け前のばらつきが減らせるのだ。

アザラシの体を大きく七つに分けた肉の部位表を想像すると、このシステムの基本原理が見えてくる。狩りに参加したどの狩人がアザラシを仕留めても、肉を分け合うパートナーが体の部位ごとに決まっている。たとえば、ひれ足はいつも、ひれ足のパートナーに渡す。そしてもらった狩人は、自分が運よくアザラシを仕留めたとき、同じようにひれ足でお返しをする。[2] このようなシステムなら、だれもがいつでもいくらかはアザラシの肉を食べられる。狩人が七人というのは、三〇人ほどの通常の集団で、肉を獲得し、分け合うのにちょうどいいぐらいの数である。

もちろん、六〇人で一頭のアザラシを分けようとするのはあまり合理的でない。だが、ネツリック族のすべての家族がそれぞれ単独で狩りをしていたら、どうなるだろう？　熟練した狩人とその血縁者でも、ちょっと運が悪いと、ある月にはアザラシを二頭仕留めたのに、次の月には一頭も仕留められないということになるかもしれない。そのため、この「肉の保険」のシステムは、肉を分け合う七人のパートナー全員が、少ないにしてもそれなりも量の肉や脂肪をかなり定期的に食べ、時期によるばらつきを減らすことを、確率の点で保証しているのだ。このシステムのパートナーはすべて非血縁者となる。イヌイットの血縁者は、拡大家族のなかで自動的に食べ物を分け合うので、肉の摂取量を調節するシステムは必要ない。[3]

ありあまるほどの食料に恵まれたときには、まったく異なるタイプの文化的柔軟さが現れる。人々が通常の規模の集団で暮らしていて、思いがけず大量の食料が手に入ったら、血縁でない家族間での公平な分配はすっかり姿を消すこともある。別のイヌイットの集団が、川幅の狭いところを渡るカリブーの大きな群れの行く手を阻み、大量に仕留めたときがそうだった。[4]それほどたくさん肉があると、肉がときどき手に入る程度の状況に戻るまでは、分配に意味がなくなる。やがてそういう状況に戻った時点で、通常のばらつき低減のシステムが再び働き、家族間の肉の摂取量は効果的に平均化される。

言い争う分配

一方、その正反対にあたるのが、獲物に遭遇する機会がめったになくなったときだ。だが、狩猟採集民が極度の飢餓に直面するとどうなるかを検討する前に、動機の問題をもう少し明らかにしておく必要がある。分配のパターンに影響する基本的な動機は複雑になりがちだ。というのも、これまでに見たように、複数の動機が混ざり合っている可能性が高いからである。ひとつには寛大な動機による分配があり、これは、単に社会的な結びつきのある他者の必要とするものを察知し、同情して理解したという理由からおこなわれる。この場合の他者は、非常に親しい人のこともあれば、ただの知り合いのこともあり、ときには同じ人類の一員にすぎないことさえある。深く内面化された、分配への義務感からおこなう分配もある。それから、恥辱を避け、評判を上げるための分配もあれば、将来利益を得る資格を手に入れるための分配もある。以下の議論は、この複雑に絡み合った動機がそれぞれに果たす役割だけでなく、狩猟採集民の寛大さの限界をも明らかにするうえで役立つだろう。

二〇～三〇人の繁栄している集団で、通常のLPAタイプの肉の分配がおこなわれたらどうなるかを、改めて考えてみよう。ひとたび分配されると、肉が私有物になることはわかっている。すると、家族のなかでの分配は、多少の嫉妬や口喧嘩はあるにしても基本的には無条件でおこなわれるが、家族以外の他者に与えるかどうかは任意の選択になる。また、一般にけちは快く思われず、寛大さが奨励されることもわかっている。さらに、私有物となった肉の分け前を血縁でない家族に任意に分け与える場合があることもわかっている――もっとも、エゴイズムや身内びいきの傾向が根底にあり、血縁以外への寛大さを好む傾向の邪魔をするので、こうした分配をするときに矛盾した感情による葛藤を感じることも多いようだが。

まれに、そうした葛藤がもとで、肉をめぐる深刻な社会的対立が生じることがある。たとえば、正当と思われる要求がきっぱりと拒まれたときや、内輪での見返りを期待しているのに、相手が自発的に与えないときだ。このような問題は、イヌイットでも(5)、カラハリ砂漠のブッシュマンでも(6)記録されており、ブリッグズが調査したウトゥク族の集団で厄介なほどけちな性格だったニキという女性は、出し惜しみをしたために半ば仲間外れにされていた(7)。確かにそうした問題は、LPA狩猟採集民全般に見ることができる。しかし、このような家族間の内輪での肉の分配に絡んで、真に深刻な喧嘩——集団を分裂させるおそれのある喧嘩——がきわめてまれにしか起きないことも事実なのである。

狩猟採集民による肉の分配を「容認される盗み」になぞらえる見方は、すでに検討した。「容認される盗み」はチンパンジーの行動をモデル化したもので、このやや「ひねくれた」モデルは、人間の分配にまつわる一部の事実にうまく当てはまるように見える。まず、決して大多数ではないが一部のLPA狩猟採集民の社会では、分配が始まる最初の「共有化」の段階で、お決まりのように絶えず「もっと肉が欲しい」という要求が出てくる(8)。このような状況が、やがては「しきたりに照らせば不当だ」という直接的・間接的な非難となり、その根底にある敵意が脅威だと見なされると、肉が分配されるのかもしれない。しかし、言い争うスタイルで分配する集団でも、大きな肉は必ず分け合うから、だれもがいくらかの肉を定期的に得られるし、そういう口論をしていても一緒に食べる喜びはあるので、やはり深刻な喧嘩はきわめてまれにしか起きない。

こうした言い争うスタイルの分配は、激しさの点ではそれぞれ大きく異なるものの、どれも皆、これまでに述べてきた血縁以外への寛大さを賛美する普遍的な言明と同じだと見なせるだろう。結局どれも、血縁以外に対して寛大に振る舞うという他者の比較的控えめな傾向を「引き出す」、文化的に日常化した方法となり、言い争う者はただそれに従って「引き出そう」としているだけで、皆に迷惑をかけて集団を分裂させるような戦いがしたくてたまらないわけではないのだ。

そのように血縁以外への寛大さが意図的に増幅される現象は、文句を言って寛大さをうながすときや、これまで長々と論じてきたような、寛大になれという明確な要求を集団が示すときにははっきり見られる(9)だけでなく、分配のルールを大きく破るずるい狩人や卑劣な泥棒を罰するときにも、やや間接的だが見受けられる。どれもこのように巧みなやり方でなされるところを見ると、この貴重な物資の分配はかなりの葛藤にさいなまれながらなし遂げられていることがうかがえる。

ここでひとつ得られる重要なメッセージは、遺伝的性向のレベルで利他行動は明らかにエゴイズムや身内びいきに勝てないにしても、利他行動をうながす思いやりや寛大さといった感情は、基本的に食料をめぐる個体競争を抑えるので、争いの可能性を減らすということだ。要するに、人間の寛大さは協力を進めるための潤滑油となるのであり、人々はこれを直感的に理解しているのだと思う。だから寛大な傾向を絶えず引き出そうとしているのだ。その結果は、だれにとっても良いものとなる。食料が豊富もしくは十分なときには、このおかげで人々はかなり効率よく協力できる。ときにはここまで見てきたようないざこざもあるが、協力することに喜びも感じられるのだ。したがって、血縁でない者に寛大であるようにうながす今日のさまざまなネガティブおよびポジティブな圧力は、すでに現代人と同じような文化を有していた人類が四万五〇〇〇年前に――そしておそらくはそれ以前にも――運用していた分配システムでも、きわめて重要な構成要素だったにちがいない。

今日、クン族もネツリック族も家族のなかで日常的に肉を分け合い、どちらの文化もときどき飢えを経験する。だが、クン族の文化は世界でもとりわけ言い争いの多い文化のひとつのようだ。共有化した肉を最初に集団レベルで分け合うときだけでなく、その後私物となった肉を別の家族に要求されたときにも言い争いがよく起こる。これにかんしては、クン族は概してとてもおしゃべりなので、ひょっとしたら個人間の争いが白熱しやすいのかもしれないということに触れておくべきだろう――ほかのLPA狩猟採集民全般とまったく同じように寛大さを賛美し、なんとか争いを減らそうと努力してはいるのだが。

また、言い争うスタイルをとってはいても、パット・ドレイパーが報告したとおり、クン族の分配はかなり効果的におこなわれているらしいということも語っておくべきだろう。クン族やオーストラリアの一部のアボリジニ(10)など、よく言い争うスタイルで分配するひとにぎりの部族の特徴と言えそうなのは、みずからの矛盾した感情や、肉が公平に分けられるのかという懸念を隠そうとしないことだ——イヌイットなど多くの狩猟採集民は隠そうとしているようなのに。私が思うに、言い争いの多い文化は、公平な分配に対する一般的な不安を公に示しているにすぎず、その不安が一般的なのは、エゴイズムと身内びいきが人間の利他行動を容易に打ち負かしかねないからなのだ。

いかにして寛大な感情が協力をうながすのか

人間の本性を考えるにあたり、私の主張はこうだ。きわめて重要なのは、間接的に見返りがある肉の分配システムを作って維持させるような、寛大な感情が根底にあることだ。しかし、そうした利他的傾向はもともとかなり弱いので、過度の争いを起こさずに協力による利益を得るつもりなら、狩猟採集民の分配制度は文化の面から絶えず積極的にサポートする必要がある。するとある意味で、生来の寛大な傾向だけでは不十分なのだ。文化のレベルでこの仕事をなし遂げるためには、集団による非難や積極的な制裁を受けるという絶え間なく続く深刻な脅威が必要になる。それは、非血縁者間の間接互恵システムを過度の争いなしに働かせるのにひと役買っているのだ。大きな集団で暮らすとそれなりに得で、深刻な争いは集団を分裂させるということにただ気づくだけでも、やはり役に立つ。さらにまた、寛大さをうながす積極的な説諭もすべて役に立つし、ときには敵意のこもった不平不満の声もそうなのである。

人間の本性の良いほうの側面を引き出そうとするこうした行為がすべて必要なら、こんな疑問が生じるかもしれない。そのような分配が実際に寛大な感情に主にもとづくものならば、それは感情の面でどの程度「偽りがない」のだろう？　これはきっと、分ける者の性格、分配のなされる状況、分ける者ともらう者との絆の強さ、血縁者がかかわっているかどうかによって異なる。だが平時に人は確かに分かち合うし、それもかなり効率的におこなう。そしてこれは完新世では通常のパターンだ。しかし、気候がとても気まぐれで、しばしば苛酷になり、非常に危険になることもあった更新世後期にはどうだっただろう？

極度の欠乏が分配をやめさせる

エゴイズムと、身内びいきと、それ以上の寛大さとがおのおの果たす役割を考えるとき、食料が真に欠乏した場合に何が起こるかはとても興味深い。知っておいてもらいたいが、大きな獲物がめったに手に入らなくなり、かりに見つけても獲物がひどく痩せ衰えているとき、そんな状況をもたらした気候条件の下ではたいてい、植物や小さな獲物を食べてなんとか生き延びるチャンスも減っている。

もちろん北極圏では、そのような菜食に頼る戦略はそもそも存在しない。そこでは冷凍が主な貯蔵手段となるが、これを使うのにも障害がある。たとえば、食欲旺盛なオオカミや力の強いクマなどの肉食動物は、肉の上に石が置いてあっても、そうした貯蔵場所を襲撃できる。貯蔵場所を深くするとしても、永久凍土を掘るという労力の面の問題がある。ネツリック族のような人々は、余った肉を冷凍しておくこともあるが、この先わかるように、おそろしく厳しい冬を乗り切るには、これは十分とは言えない。

考古学者のローレンス・キーリーは、北米の四〇の狩猟採集社会を調査し[11]、食料の欠乏にかんする情報を入手することができた。その四分の一は、私がLPA集団と呼んでいるもの（ほとんどがイヌイット）だった。人が餓死するほどの飢餓を頻繁に経験する社会は一三あり、そこにはネツリック族のようなカナダの内陸部に住むイヌイット語族や、太平洋岸北西部の内陸の北方針葉樹林《タイガ》に住む多くのアサバスカ語族――毛皮の取引をする非LPA狩猟採集民――が含まれていた。ときおり飢餓に陥るのは、毛皮の取引をする別の一二の非LPA集団で、内陸の亜寒帯林において狩猟採集をおこなっていた。飢餓をまったく経験しない一五の社会は、ほとんどがカリフォルニアで定住生活をしていた。なおキーリーは、グレートプレーンズ〔ロッキー山脈東方のアメリカからカナダにまたがる大草原地帯〕で馬に乗って狩りをする人々は標本に含めなかった。

　調査の結果わかったのは、しっかり安定した生活のできる地域もあれば、存在する資源の量が時によって大きく変動するため、飢餓に陥る年がある地域もあるということだ。そして興味深いことに、飢餓を経験しない集団はカリフォルニアにおり、そこでは資源が非常に豊富で地理的に集中しているので、ほとんどの狩猟採集民は通常の移動性集団より大きな集団で暮らすことができ、基本的に常設の集落にとどまり、家族で食料を貯蔵できる。今から一万五〇〇〇年以上前には、これは基本的な移動性の生活様式から逸脱したものだったにちがいない。もっともそんな逸脱したことをする者は当時も存在していただろうが。

　北米では、飢えは乾燥した不安定な環境のグレートベースンに住む人々も襲っていた。この地域の状況は、同じような食料不足が知られているカラハリ砂漠やオーストラリア内陸部の砂漠地帯のあちこちに匹敵する。[12] しかし、狩猟採集民の飢餓にかんする主な報告が、北極地方の中央および東部と、亜寒帯の北方針葉樹林から寄せられているのは、決して偶然ではない。これらの地域では、肉が調達できないとき、植物（もしくは小さな獲物や昆虫）がほとんど代わりにならないからだ。

飢餓が迫ると、分配の慣習はふたつの段階を経て崩壊するようだ。この結論に至るうえで、私は狩猟採集民にかんするやや乏しいデータ[13]だけでなく、農耕部族にかんする、もっと豊富な情報も念頭に置いている。彼らは同じように小さな集団で暮らし、干ばつが起きれば[14]長期的に食料を貯蔵していても飢えに直面することがある。飢餓が近づいても、集団に属しているさまざまな家族は、食料が豊富なときと同じように植物や小さな獲物を身内で分け合う行為を続けるかもしれない。しかし、大きな獲物の消費は次の三つの理由で減っていくはずだ。獲物が乏しくなるし、腹をすかせた狩人には狩りをするエネルギーが以前ほどないし、獲物を仕留めても、痩せ衰えた大型哺乳類では得られる肉が非常に少ないからである。そのうえ、入手できる量の変動が大きくなると、統計学的に考えても、集団レベルで分配する意味がなくなりはじめる。

このように栄養状態が悪化していくと、決まって身内びいきの傾向が、血縁以外と分かち合う利他的傾向を完全に打ち負かすようになる。そして欠乏が飢餓に発展すると、次に起こる事態が決して愉快でないことは、少し考えただけでわかる。家族内でも根底にあるエゴイズムが身内びいきの傾向を打ち負かしはじめ、血縁の強い核家族のなかでさえ分かち合うことが激減しかねないのだ。極端な場合には、家族内の共食いすら起こることがあり、その主な例は北極圏に見られる[16]。だが、人間はエゴイズムの傾向が非常に強く、身内びいきの傾向はそこそこ強く、利他的傾向は比較的弱いことを考えると、ほかのどこでも、狩猟採集民は切迫した餓死の危機に直面すれば、ほぼ同じ行動をとるものと予想できる。

更新世のアフリカで食料に窮乏したのは、代わりに食べる植物がなかったからではなく、断続的にいきなりひどい干ばつが起こったためであり、これが植物にも動物にも影響したのだろう。苦境は現代よりはるかに頻繁に、繰り返し訪れたにちがいない。食料を分かち合う機会に非常に柔軟に対応できれば、それはこうした地域的な気候変動に対処するうえで大きな適応上のメリットをもたらしたはずだ。そんな気候変動のせいで、五〇年も経たないうちに、豊かな環境が危険なほど資源不足になったり、あるいはさらにひどい状態になったりしたにちがいない。

かなり昔、ユストゥス・フォン・リービッヒという農学者が、環境にかんする「最少量の法則」〔植物の生長速度や収量は、必要とされる栄養素のうち与えられた量が最も少ないものによって決まるという説〕を公表した。[17] これは、自然選択が遺伝子プールに及ぼす影響は、なんらかの資源がひどく欠乏していて制約を与えるときのほうが、平時よりも圧倒的に大きいことを示唆している。たとえば極北では、雪や氷のおかげで水はあり、植物はほとんど存在していないので、哺乳類や魚が人間にとっての制約因子となる。一方カラハリ砂漠では、水がどれだけ手に入るかが、主な制約因子となるだろう。

ではこの知見を、先史時代に人間は生存者の総数が激減するほどの窮地を経験していたらしい[18]という事実と結びつけてみよう。食料となる植物と動物の両方が短期的に不足すると、その地域の集団が絶滅する可能性はきわめて高かったし、[19] 先史時代に少なくとも一度は、種《しゅ》全体の絶滅が現実となりかねなかった。[20] そのような状況では、ここまで語ってきたように、さまざまな形できわめて柔軟に食物を分かち合うという利点が、集団や家族や個人に大きな差をもたらしたのかもしれない。いつ、どのように分配するかについて、彼らは葛藤にさいなまれて決断を下すことが多かったのだから。

更新世後期に、文化がすでに現代的になり、われわれと同じような道徳的感性をもっていた人類が、優先順位をつけて対処せざるをえない極端で苛酷な状況にどれだけ頻繁に直面したかを考えると、ひどく胸が痛む。彼らは、利他行動によってであれ、身内びいきによってであれ、他者を助けることをよしとする道徳的価値観を深く内面化していたが、家族やときには自分自身の生存のために、幾度もそれを二の次にせざるをえなかった。切羽詰まると、集団レベルの分配はほとんどなくなった。つまり、飢えると集団全体では協力しなくなり、たいてい家族や個人が選択の単位となったのである。そのうちに、家族レベルの協力さえ破綻をきたした。ある程度の状況では、親が乏しい食料を子どもと、あるいは親同士つまり父母のあいだで分かち合うことが生殖のうえで有利に働いたかもしれないが、もっと差し迫った状況になると、逆に分かち合わないほうが生存の点で理にかなったにちがいない。そうなれば、個人が選択の単位となる。カナダ中央部のネツリック族がこれまでに直面した究極のジレンマは、共食いまでするかどうかというものだった。ある事例で[21]、自分の子どもを食べた親たちは、その行為を次のように正当化していた。子どもに食べさせるために親がみずから命を絶ったとしても、野生の獲物が元どおりに戻ったときに、子どもはまだ狩りで暮らしていけないだろう。しかし、親が子どもを食べて生き延びれば、少なくとも新たに子をもうけて血筋を残すことはできる、というのである。

ここでまた、人間の良心と、その柔軟さがもたらす適応性に話を戻そう。良心が強すぎたら、先述のようなストレスの大きい適応の手段は考えられなくなる。ところが、良心が柔軟なので、人は道徳的なルールをどの程度守るかを、直面している状況に合わせて調節することができた。そして利他的な共感がエゴイズムや身内びいきに打ち負かされたときに、どうやら究極の状況で必要な行動がとれたらしい。

飢えが激しくなり、摂取できる肉の量のばらつきがひどくなるにつれ、強固な良心ではなく柔軟な良心のおかげで、どのようにして状況に応じた対応がとれるようになったのだろうか。私の考えを示そう。まず、同じ集団内の非血縁者と状況に応じて食料を分かち合うことは直接的なコストがあまりにも高そうだし、理屈にも合わなくなった。いつか将来に相手から見返りが得られる可能性があるとしても、その人がそれまでに死んでしまうかもしれないからだ。次に、家族のなかの分配が破綻しだすと、さらに優先順位を厳しくつけるようになったはずなので、ひどい飢えのせいでエゴイズムを優先する決断を下すようになり、それによって生来強く、文化的にも支持されていた身内びいきの衝動が打ち負かされたのだろう。エゴイズムが究極の勝利を収めたのは、そばにある人間の死体を口にする共食いが生じたときで、さらに進むと、狩猟採集する体力のなくなった人々が、他人を自分で殺して食べるようになったにちがいない[22]。

食料の分配という一般的な問題に対するこの解決策をひととおり眺めると、エゴイズムと身内びいきと利他行動のあいだに相互作用があることは明々白々だ。また、近親者にも非近親者にも寛大に振る舞うことは文化によって重視されるが、実際には絶対にそうするまでには至らないことも明らかである。どうやら文化的な価値観は、飢餓を前にすると完全なエゴイズムをも許してしまうようだ。家族内の共食いという手段に訴えたイヌイットが、あとで社会的に罰せられなかったらしいことからも、そう考えられる[23]。

矛盾した感情をはらむ分配

ここでまた、日ごろ集団で暮らすことさえできない現代の一部の狩猟採集民に目を向けよう。彼らはいい、日常的に食料難にきわめて近い状況で暮らしているため、複数の家族が強く依存し合って暮らす通常の集団生活は、長いあいだほとんど失われている。獲物が乏しく、昆虫やトカゲが重要な栄養源となる、ほとんど不毛のオーストラリアの半砂漠地帯で、そうした状況がやむをえず発生している。同様に、北米の北西部の乾燥したグレートベースンでもわずかなシカぐらいしか手に入らないので、ショショーニ族の家族集団は、タンパク質や脂質を摂るのに、ひどく収穫が当てにならない松の実やほとんどいないウサギに頼らざるをえない。[24] そうした状況でも家族のなかではまだ分け合うことができ、散在する複数の家族は、会えるときに会って、もう少し大きな規模で交際する（そして肉を分配する）こともできる。松の実が大量に採れれば、最大で一年間、定住性の集団を形成することさえできるようだ。[25] しかし、栄養を得ることがなにより大切なので、本来なら大いに好まれるはずの集団レベルの社会生活も、たいていほとんど消え失せてしまう。

人間は仲間を作るのが好きなので、社会的な好みとして、家族だけでなく集団で暮らしたがるが、すでに見たとおり、狩猟採集民は順応できる。つまり、更新世にかろうじて生きられる程度まで追いつめられると、生存のために順応して、家族がばらばらに散らばり、当座の窮地をなんとかしのいでいたのだろう。家族に比べて集団は、周囲にある限られた食料をすばやく使い切ってしまうから、生存の確率がはるかに下がるのである。

一〇年以上前、考古学者のリック・ポッツは、更新世の気候の不安定さを示す驚くべき新情報を目にして、環境に適応する柔軟さこそ、人間が生き延びるうえで重要な鍵を握っていたはずだという結論を下した。[26] それが重要だったからこそ、人間の脳は目覚ましく大型化した——主として、激しい環境の変化が頻繁にあり、それに知性で対処する必要があったために、脳は大型化したと考えたのである。ここで私は、ポッツの仮説とリービッヒの法則を、生来矛盾した感情をもつ人間の本性にかんする仮説や食料難に対する人間の道徳的に柔軟な対処法と結びつけて、ひとつの説を提唱しようと思う。それは、人類の遺伝的進化における重要な断続（ときおり見られる急速な進化）は、人々がとても飢えていた——そして一部の人間は生き延びられなかった——ときに生じたにちがいないというものだ。

先史時代の苦難の時期に、私が本書で説明しているような生物学的要素と文化的要素がすべて混ざり合い、人間が血縁者の小集団で――あるいは個人単独で――なんとか生き延びるための、驚くほど柔軟な対応が生み出された。かくして、血縁者の小集団や個人は選択の単位としてきわめて適切なものとなったが、複数の家族からなる集団は、守るべき資源をめぐる激しい争いがないかぎり、その時期には不必要になった。一方、資源が十分にあるときは、柔軟に対応するという同じ行動上の素質のおかげで、人間は集団を形成して大いに繁栄できるようになり、次の危機が訪れるまで次第に数を増していった。

もちろん、環境に適応できる柔軟さというこの利点は、もっと最近の、環境がはるかに安定した――そしてたいていはより快適で予測のつく――完新世にも役立ってきた。しかし更新世には頻繁に危機に見舞われたので、環境に適応できる柔軟さがはるかに重要で、ずっと頻繁に役立ったのは間違いない。地域全体が「ぎりぎりの状態（周辺化）」になり、人々は極度の飢えに対処しながら、文化によって強化された寛大さを抑え込む必要があったからだ。

ときどき私は、かつてかなり頻繁に起きていた資源の欠乏と、それに対して古今の狩猟採集民が示している柔軟な対応とが、十分に科学的に分析されてきたのだろうかと疑問に思う。人類学者が民族誌を書くとき、ひとつの文化を総合的に記述するという気の遠くなるような仕事をするので、[27]ふつうは「標準的な」社会生活や食料の分配を描写することになり、めったに起こらない偶発的な緊急事態は、比較的年配の人々が覚えているとしても、あまり考慮に入れられない。おまけに、一時的な極度の食料難やその社会的影響を示す考古学的証拠は、もとよりかなり乏しい。これらの理由から、民族誌の報告の大部分を占める、環境が良いときの記述だけを見て、貴重で栄養面でも重要な品物である大型動物の肉を日常的に分配する今日の狩猟採集民を、理想化してはならない。

環境が良いときでさえ、やる気満々でほぼ自動的に寛大になって獲物を分け合うわけではない。血縁以外となら、なおさらだ。私はすでに、根底にある矛盾した感情が実際に表面化する場合があることを明らかにした。そして、親切な利他行動が社会的な力を発揮するのは、絶えず寛大さを求め、寛大さを賛美し、ひどくけちな人を批判したり社会的に罰したりすることにより、この力が文化的に高められたときだけだと強調した。もちろん、アウトサイダー（よそ者）がすべての向社会的なメッセージを見て、調査対象の人々は生来とても寛大かつ協力的だと解釈することもあるだろうし、黄金律の文言はそれを反映しているように見えるかもしれない。一方で、狩猟採集民の分配のシステムはとても脆いので、絶えずしっかりと補強することが必要だとも考えられる。

この「葛藤」は困難な戦いというほどではない。こうした人々は、幼いころから利他的な寛大さをうながす文化的価値観を内面化しているので、向社会的なメッセージに自然に応える。肉の分配にかんしてクン族が唱える不平のように、これまで述べてきたようなさまざまもめごとがあるからといって、この事実を軽視してはいけない。クン族の不平は、エゴイズムや身内びいきを強く表現してよいという文化的伝統のなかではごく当たり前のものなのだ。クン族よりはるかに言い争わないように見えるネツリック族のほうが、きっと世界のLPA狩猟採集民の標準に近いだろうが、[28] 自分の分け前をよこせと繰り返し催促することはないとしても、肉を公平に分配するという難しい仕事を任されている者は男も女もしっかり監視されているし、分配がうまくいかなかったときの憤慨が激しいことは確かだ。貴重であまり豊富ではない大型動物を分配しなければならない集団なら、必ずそうなるだろう。そしてクン族にかんしては、自分の分け前が少ないんじゃないかと人々が気を揉むことはあるにしても、分配システムはきわめて効率よく働いている。それはなぜなのかについては、彼らが良い考えを提供してくれるのではなかろうか。

ニサ

人間の遺伝的本性と、寛大さを増幅するこうした文化的傾向との相互作用を論じるにあたり、ここで再び個人的な例を詳しく見てみたい。すでに見たとおり、クン族はきっと、今日の一般的なLPA狩猟採集民のなかで最も不平の多い部類に属するにちがいない(29)。これに関連して、クン族の女性ニサが自分の生涯を語った話は、分配などについてクン族がどのように感じているのかを、さらに具体的に教えてくれるだろう。彼女の言葉によって、われわれは本人になったかのようにひとりのブッシュマンの心に入り、根底にある心理的なストレスをじかに考えることができるはずだ。

ニサは、見るからに矛盾した感情を抱えながら食料を分かち合っているようで、幼いころからそうだった。もちろん、このような問題について彼女が最初に記憶しているのは、母親が妊娠したので断乳させられたときのものだ。狩猟採集民では、ふつう子どもが三、四歳になるまで授乳を続ける。授乳には排卵を抑える傾向があるので、これが出産の間隔を長くする。とても小さな子どもをふたり抱えて動くのは家族にとって大きな負担となるので、出産の間隔があくのは移動生活をする者にとって好都合となる。私の推測を言わせてもらえば、われわれの文化で乳離れを覚えている人はほとんどいないだろう。だが、母親のぬくもりと乳をいきなり奪われたとき、ニサはすでに三、四歳だったので、記憶に刻みつけられる真のトラウマとなったようだ。これが原因で、彼女は年下のきょうだいが生まれる前にも生まれたあとにも、親に禁じられた行動をとった。

マージョリー・ショスタックのすばらしい報告には、他人がけちなことに腹を立てた記憶が、子ども時代のものも大人になってからのものもふんだんに記されている——ニサの場合、泣いたり怒ったりして反撃しようとした。実のところ、ニサがやたらに寛大になった話がひとつだけあるのを除いて、彼女の記憶に残っている行動のパターンをブッシュマンすべてに一般化したなら、いったいどうやって分配が成立しているのかと訝しく思うはずだ。

これは、たったひとりの語った本人の生涯を対象とした場合に調査者が陥る落とし穴であり、そのほかに、われわれ自身の自民族中心主義的反応にも注意しなければならない。記録した民族誌学者の考察が付されていなければ、私はそんな報告を信頼しなかっただろう。じっさいショスタックは、ブッシュマンのほかの子どもも同じような問題を抱えていると述べている。「クンの経済は『共有』の上に成り立っているから、子供たちは幼児のころからいろいろなものを分かちあうよう仕向けられる。子供が最初に習うことばのなかに、『ナ（それをわたしにください）』と『イフン（これを取りなさい）』がある。だが、子供にとっては『分かちあい』ということを覚えるのはなかなかつらい。うらんでいたり、きらいなだれかにも分けてあげるよう求められた場合はとくにそうだ。だから、食べ物や所有物をほかのひとにあげたり、あげるのを見合わせたりすることは、愛を表現するのと同様に、怒り、嫉妬、うらみなどを表現する強力な手段なのかもしれない[30]」〔『ニサ――カラハリの女の物語り』（麻生九美訳、リブロポート）より引用。以下、すべて同書より引用〕

食べ物にかんしてニサが実際に見せた嫉妬は標準の範囲に十分収まるかもしれないが、過去に取り上げられたり争ったりしたのを、彼女はずいぶんよく覚えているようだ。ショスタックはこう続ける。「『欲しいものがあっても無分別に取ってはいけない』ということを覚えるのもむずかしい。クンの子供が腹をすかせることはめったにない。ときどき食べ物がとぼしくなることもあるが、そのときでさえ、子供は優先的な扱いを受けるからだ。食べ物をむだにしたり、だめにしてしまった場合の罰として食べ物が与えられないこともあるが、そういう罰はあくまで一時的なものだ。にもかかわらず、子供のときに食べ物を『盗んだ』おぼえがあるおとなは多い。そういうエピソードは、食べ物が手に入る喜びと同じように、食べ物が手に入るかどうかわからないという、すべてのクンに共通した不安を反映している。このふたつの感情は、すでに子供のころからあるのだ(31)」

ニサの語ることがらには、食べ物にまつわる話が頻繁に登場する(32)。

母さんのお腹の中にクムサがいたとき、わたしは泣いてばっかりいたんだよ。しばらく泣いてて、それから静かになって、座りこんで、いつもの食べ物を食べたものだった。甘いニンとか、チョンとか、ハルの球根とかね。こういうのは雨期の食べ物なんだよ。

ある日、食べ終わってお腹がいっぱいになったんで、「お母ちゃん、ちょっとだけおっぱい飲ませてくれない？　おねがい、おっぱいちょうだい」っていったら、母さんが大声を上げた。「母さん！　おっぱいはだめなの！　ゲロみたいですごくいやな臭いがするんだから。飲めないんだよ。もし飲んだら、ゲエッ……ゲエッ……ってなって、ゲロが出るよ」ってね。「いやだ、ゲロなんか。おっぱいが飲みたいだけなのに」っていったんだけど、母さんはだめだっていって、「明日、父さんがトビウサギの罠をかけてくれるよ。おまえひとりで食べるようにね」っていった。そのことばを聞いて、わたしはまた幸せなきもちになった。

つぎの日、父さんはトビウサギをつかまえた。父さんがトビウサギを持って帰ってくるのを見て、わたしは叫んだ。「ホー、ホー、お父ちゃんだ！　ホー、ホー、お父ちゃんが帰ってきた！　お父ちゃんがトビウサギをつかまえた。お父ちゃんが肉を持って帰ってくる！　さあ食べよ、お母ちゃんには一口もあげないもんね」ってね。父さんが料理してくれて、できあがったんで、わたしは食べて、食べて、食べた。そして母さんに、「お母ちゃんはケチでおっぱいをくれなかったから、わたしもケチをしてこの肉をあげないよ。お母ちゃんは自分のおっぱいはそんなにいいもんだと思ってんの？いいもんじゃないもんね。ひどいもんなんだから」っていった。そしたら母さんが、「ニサ、わたしのいうことをよく聞きなさい。このおっぱいはもうおまえにはいいものじゃないんだよ」っていった。それでわたしは、「本気でいってんだもん！　もうおっぱいなんかいらないもんね！　おっぱいの代わりに肉を食べるもん。お母ちゃんのおっぱいなんか、もう関係ないもんね。お父ちゃんとダウがとってきてくれる肉を食べるんだから」っていったんだ。

あるときには、ニサは、兄のダウが仕留めたダイカー〔小型のレイヨウ〕の肉を母親に分けるのを拒んでいる。

皮をはいでしまうと、兄さんは脚をくれた。わたしはその脚を真っ赤な燠火の中に突っこんで焼いた。それから兄さんが肉もくれたんで、それも燠火の中に入れた。肉が焼けると、わたしは食べて、食べて、食べた。母さんが少しちょうだいといったけど、いやだといった。「お母ちゃんはおっぱいをケチらなかったっけ？　わたし、おっぱい飲みたいっていったっけ？　この肉はわたしひとりで食べるんだもんね。お母ちゃんには一口だってあげないよ！」ってね。母さんは、「おまえが飲みたがってるおっぱいは、おまえの弟のものなんだよ。どうしてまだおっぱいが飲みたいの？」といった。わたしは、「兄ちゃんがこのダイカーを殺したんだ。お母ちゃんには絶対に一口もあげない。お母ちゃんのじゃないんだもん。わたしが食べるように、残りの肉は兄ちゃんが細長く切って、吊して干し肉にしてくれるんだから。お母ちゃんはわたしにおっぱいを飲ませてくれなかった。お母ちゃんの息子が飲めるようにって。それなのに、お母ちゃんに肉をあげなきゃいけないっていうの?」

次のくだりでは、嫉妬に駆られたニサが母親の乳をこっそり飲んでいる。するとついに、父親が体罰を加えるぞとおどして叱りつける。

また別の日に、母さんがクムサといっしょに寝てたんで、わたしはそうっとふたりのところへ行った。そしてクムサを母さんから離して、小屋の反対側に寝かせてから、戻ってって母さんの横に寝たんだ。そして母さんが眠っているあいだに、乳首を口に含んで、おっぱいを飲みはじめた。飲んで、飲んで、飲んだ。母さんは、飲んでるのは小さい弟だと思ったのかもしれないけど、クムサはわたしが寝かせたとこにいるから、そのあいだにわたしはクムサのおっぱいを盗んだんだよ。すごくいい気分で、もうお腹いっぱいになりはじめたとき、母さんが目をさましてね。母さんはわたしを見て叫んだ。「どこ……いいなさい……おまえ、クムサをどうしたんだい? クムサはどこ?」って。とたんにクムサが泣きだした。わたしは、「あそこだよ」っていった。

母さんはわたしをつかんで、手荒く押しのけた。わたしはそこに横になったまま泣いた。母さんはクムサのところに行って抱き上げて、自分の横に寝かせた。そして、わたしの性器に毒づいて、わたしに恥ずかしい思いをさせた〔第9章にもあるように、性器のことを引き合いに出すのはクンの一般的な侮辱で、からかうときにも怒りを示すときにも使われる〕。「頭がおかしくなったのかい? 大きな性器のニサ。いったいどうしたの。クムサを抱きあげて、ほかの場所に移してから、横になっておっぱいを飲むなんて、頭がおかしくなったんだ。大きい性器のニサ！　おまえは気が狂ったにちがいない！　おっぱいを飲んでるのはクムサだと思ってたよ！」っていってね。そこに寝ころがったまんま、わたしは泣いてた。しばらくしてから、「おっぱいはもう飲んじゃったもん。お腹いっぱいね。今度は赤ん坊に飲ませてやんなよ。さあ、飲ませてやんなよ。わたしは遊びに行くから」っていって立ち上がると、わたしは遊びに行った。……

あとになって父さんがブッシュから帰ってきたんで、母さんがいった。「あんたの娘はどういう心を持ち主なのか、あんたにはわかる？　さあ、あの子をぶって。あの子が何をやったか聞いてから、ぶって。あんたの娘はもう少しでクムサを殺すとこだったんだよ！　こんなに小さい小さい赤ん坊を、あの子はわたしから引き離して、ほかのところへ落としたんだ。わたしはクムサを抱いて横になってるうちに眠ってしまったの。そしたらあの子がクムサを連れてって、ひとりで寝かせた。そして自分は戻ってきて、横になって、おっぱいを飲みはじめたんだ。さあ、あんたの娘をぶって！」

わたしは嘘をついた。「ええっ？　お母ちゃんは嘘ついてる！　お父ちゃん、わたしおっぱいなんか飲まなかったよ。クムサを連れてって、ひとりになんかしなかったもん。ほんとだってば。そんなことしなかった。お母ちゃんはわたしをだまそうとしてるんだ。お母ちゃんは嘘ついてる。おっぱいなんか飲まなかった。もうおっぱいなんか飲みたいとも思ってないんだもん」っていった。父さんは、「もう一度いまの話を耳にしたら、おまえをぶつからな！　二度とそういうことはするな！」といった。「うん、クムサはわたしのちっちゃな弟だもんね。そうでしょ？　弟なんだ。ちっちゃな赤ん坊の弟だし、わたしはクムサを愛してるもん。二度としないよ。クムサはぜんぶ飲んでもいいんだ。お父ちゃん、お父ちゃんがいなくても、絶対お母ちゃんのおっぱいは盗まないよ。お母ちゃんのおっぱいはわたしの弟のものなんだ」とわたしはいった。父さんは、「そうだぞ、おれの娘。でも、今度、母さんのおっぱいを飲もうとしたら、ぶつぞ。ほんとに痛いぞ」といった。わたしはこういった。「ええと、これからは、お父ちゃんについてどこへでも行く。お父ちゃんがブッシュに行くときは、わたしもいっしょに行く。ふたりでトビウサギをつかまえて、お父ちゃんはホロホロチョウを罠でつかまえて、つかまえたものはみんなわたしにくれるんだ」って。

その後、ニサは子どもらしい拙い盗みをする。彼女は食べることに執着するため、分配にかんするローカルな倫理観に反する問題を起こしつづける。私の調査でもわかったように、その倫理観で重視されるのは、血縁に対しても血縁以外に対しても寛大に人と分かち合うことだ。そして血縁者のなかで、彼女の「逸脱した」傾向は、とくに母親によって厳しく対処される。

これから話すのも、食べ物を盗んだときの話なんだけどね。たまにしか盗まなかったけどさ。何にも盗まないで、遊んでるだけで、何もいたずらしない日もあったよ。でもそれ以外の日は、みんなが出かけて村に残されると、よくみんなのものを盗んだり荒したりした。わたしをどなりつけたり、ぶったりするとき、「おまえはいろんなものを壊す」って、みんなはそういった。「おまえには分別がない」っていわれたよ。

食べ物なら何でも盗んだ。甘いニンでも、ハルの球根でも。モンゴンゴの木の実を盗んだこともある。「わたしにはひとつもくれないんだもん。でも盗んだらぶたれるだろうな」って思ったよ。母さんが採集に出かける前に、食べ物を皮袋に入れて、小屋の中の高い枝にぶらさげてったことがあってね。ハルの球根だとすれば、母さんは袋に入れる前に皮をむいておいたはずだった。

でも袋の中身が何であっても、母さんが出かけてしまったらすぐに盗むつもりだったんだ。いままで見たこともない大きな球根がいくつも入ってたよ。わたしはそれを盗んで、袋を枝に戻して、どこかに座って食べようと思った。帰ってきた母さんは、「ああ！　ニサはここにいて、球根をひとつ残らず盗んだんだ！」っていって、わたしをぶって、どなった。「盗むのは止めなさい！　こんなに何度も盗むなんて、どうしたっていうの。ものを盗るのは止めなさい！　どうしてそんなに食べ物のことで頭がいっぱいなの？」って。

ある日は、みんなが出かけてからすぐ、母さんが袋をぶらさげておいた木に登って、球根をいくつか盗んで、袋をもとの場所に戻してから、球根を臼に入れて水といっしょにつぶしてね。べとべとになったのを鍋に入れて料理して、煮えてから食べて、盗んだ分をすっかり平らげちまったんだよ。

また別のときには、ハルの球根をいくつか盗んで、自分の横に置いてゆっくり食べてたとき、帰ってきた母さんにつかまっちまってね。母さんはわたしの体をつかんで、ぶった。そして、「ニサ、盗んじゃいけないったら！　ハルを食べたいのはおまえだけなのかい？　おまえひとりであれをぜんぶ食べることになってるんだって、本気でそう思ってたのかい？」っていった。わたしは返事もしないで泣き出した。母さんは残りのハルを焼いて、家族のみんなで食べた。わたしはその場に座って泣いてた。母さんは、「ああ、この子は分別がないんだから。あれだけあったハルをぜんぶ平らげてしまうなんて。皮をむいて、袋に入れておいたハルを。この子には分別ってものが全然ないんだろうか？」といった。わたしは泣きながら、「お母ちゃん、そんなふうにいわないで」といった。母さんはわたしをぶちたがったけれど、父さんがそうはさせなかった。

また別のときに、母さんと父さんと兄さんといっしょに採集に出かけたときにも盗んだことがあるよ。しばらくしてから「お母ちゃん、ハルをちょっとちょうだい」というと、母さんが、「皮をむかなくちゃ。皮をむいたらすぐに村に帰って食べるんだよ」といった。わたしも村へ持って帰るハルを掘ったけど、自分が掘ったのはぜんぶ食べてしまってね。……そのあと、わたしは木陰に座った。みんなは近く採集してた。みんながかなり遠くへ行ってしまうとすぐ、わたしはハルでいっぱいの袋がぶらさげてある木に登って、球根を盗んだ。


この子どもらしい反社会的な食べまくりの行動が、体罰をもたらす。


「ニサ、ハルを食べたね！　何ていいわけする気なんだ？」といったんで、「ちがうよ、盗んだりしなかったよ」というと、母さんが、「痛い思いをするのがいやなんだろう。ぶたれるのが怖いんだね？」というんで、「ちがう、ハルなんか食べなかったもん」といったら、母さんが、「おまえは食べた。まちがいなく食べたんだ。二度とそういうまねをするんじゃないよ！　どうして盗んでばっかりいるのよ」といった。

そしたら兄さんがこういったの。「母さん、今日はこいつをこらしめるなよ。母さんはもう必要以上にこいつをぶってるんだから。ほっとけばいいよ。ぼくらにはわかってるんだ。こいつはハルを盗まなかったっていった。それじゃ、だれが食べたんだ？　ここにはほかにだれがいる？」って。

わたしは泣きだした。母さんは折った枝でわたしをぶった。「盗んじゃいけないってば！　わからないの！　盗んじゃいけないっていうのに、おまえはいうことをきかない。耳が聞こえないのかい？」っていった。わたしはこういった。「お母ちゃんのせいで、いままでずうっといやなきもちだったんだ。わたし、おばあちゃんのとこへ行く。……おばあちゃんが行くとこへいっしょに行って、おばあちゃんが眠るとこでいっしょに寝る。おばあちゃんがハルを掘りに行ったら、持って帰ってきたのを食べるもん」

だが結局、高齢であまり採集できない祖母には、ニサの世話は無理だった。そして、食べ物を羨むか、なかなか欲求を満たせないといった、ニサの明らかにひどい問題は、大人になっても続いたようだ。いいいい、もしかしたら、同じクン・ブッシュマンの仲間の標準より少し長く続いたのかもしれない。それでも、おおまかに見てニサは標準的なようで、彼女の行動は、ブッシュマンが根本的にもっている食べ物にかんする不安と、大人のブッシュマンの感情の表し方をかなりよく反映している。実際にしばしば食料難を経験するブッシュマンは、大人になってからも、他者からの分配が期待できない場合には騒々しく怒るからだ。

興味深いことに、聞き取りのなかでニサは自分の寛大さを決して強調しようとしない。ニサの語り方からは、大人になってからもこうした子どもじみた傾向が続いていたように思える。しかし、このようにショスタックとかなり個人的に交わされ録音された会話で絶えず不平をこぼしていたとしても、それがニサの社会生活の本当のありさまをどの程度正確に表しているのかは、判断が難しい。たとえば、大人になってからのニサは、実は夫から、彼女自身が寛大すぎると不平を言われている。この寛大な一面は、ショスタックとニサが、ニサの夫のボについて話しているときに、まるでよくあることのひとつであるかのように、ついでにさらりと登場する。ショスタックはこう切り出している。

「それで、あなたたちの心は、おたがいに相手のことを思っているの?」とわたしはたずねた。

「ああ、わたしらの心は愛し合ってるし、おたがいの相手のことを思ってるよ」

けんかはする?

「めったにしないね。けんかをするときは、ふつうは食べ物のことでね。わたしがあんまり大勢のひとたちに食べ物をあげちまうときだね。そうすると、『何やってんだ、みんなに食べ物をあげちまって。ほかの連中はおれたちに食べ物をくれるか? 食べ物があるときには、おれたちだけで食べるべきだ』っていわれるんだ。でもわたしは『あんたはいろんなことについてどなるのが好きなだけだよ』っていってやる。そうすると、『それはおまえが悪いからだ。ひとを見れば食べ物をくれてやって、また別の男を見れば、また食べ物をくれてやるのは悪いやつだぞ。わからないのか、食べ物があるときは、それはおまえとおまえの子供のものだし、あの子は食べて、腹いっぱいになれるんだぞ。おまえは、最後には何にも持ってない女みたいになるぞ』っていうんだよ」

そういうのは重要なけんかなのだろうか。

「いいや、全然どうってことないよ。わたしらはちょっとだけけんかして、けんかしたことは放っておいて、また愛し合うんだ[33]」

先住民が自分の生涯を語ったやや特異な話が、進化の研究に役立つのだろうか? 自分のことを良く見せるように話すというのも事実を歪める要因のひとつだろうが、実のところニサは、あまりそんなことをしていないように見える。ひょっとしたら、ショスタックがニサにとって信頼できる親友だからかもしれない。こういう個人的な話をたくさん集めると役に立ちそうだ。そうすれば、ブッシュマンの人格のパターンに見られる中心的傾向を見つけやすくなるし、同じＬＰＡ社会でも人々がめったに飢えることのない集団や、肉の分配にかんして他者にあまり文句を言わない集団からも、こうした話をたくさん集めて比較すると、非常に興味深いだろう。それでも、マージョリー・ショスタックが、労をいとわずにニサの個人的な話を聞き出して記録してくれたのはありがたい。そこから得られる手がかりは重要だからだ。

適応

実を言うと、ニサの矛盾した感情は、一般的なブッシュマンにありがちな矛盾した感情を反映しているようにも見える。まず、こうした人々は、長い乾季には極度の食料難を日常的に経験するし、局所的な小規模の干ばつが起こると、飢え死にしないように長距離の移動を余儀なくされることもある[34]という事実を考えてほしい。それから、先述したようにたいして利他的ではない遺伝的本性と、道徳的に柔軟に対応する良心とをもつがゆえに、根底には必ず葛藤があることも考えてもらおう。彼らやネツリック族などのＬＰＡ狩猟採集民が思いついた社会的な解決策は、現代的な文化をもつようになった人類が、環境変化の激しい更新世後期をいかにして乗り切り、完新世の豊穣な地（多くの「ぎりぎりの（周辺化した）」環境も一応はかなり安定していたものになっていた）へと到達できたのかについて、実にたくさんのことを教えてくれる。

子ども時代の学習経験が完了し、血縁に寛大であることをよしとする身内びいきの価値観が内面化されたとしても、極度の飢えと結びついたときには、強い利己的な衝動が完全に消えるわけではないだろう。非血縁者に寛大になることを習得させる生物学的性向は、さらに弱い。だから集団レベルでの分配のシステムは、平時には道徳的信念によってしっかり補強されているものの、飢餓が迫ると、システム全体が崩壊しはじめるのだ。

別の言い方をすれば、これは柔軟さだ。こうした狩猟採集民が築いた社会的体系は、競合する動機の優先度からだけでなく、さまざまな環境条件からも影響を受ける。そして肉の分配のような制度は、集団レベルでの間接互恵のシステムをとると有益なのはいつで、そんなシステムにかかわるのをやめるべきなのはいつかという現実的な問題を反映している。血縁以外に対して寛大であろうとする、自然選択がわれわれに与えた動機は比較的限られたものである事実を考えると、人間がこんなにも分かち合っているのは驚きだと思うこともある。こうしたささやかだが非常に重要な利他的傾向を文化の力で増幅するということが、そうした分配の制度をどうしたら維持できるかという疑問に対するおおよその答えになるだろう。そしてわれわれは、言語を使って文化的に行為を強化するというシステムを最初に発達させた、社会的に高度な精神を称えなければならない。

そのような精神をもつ人々は、その土地土地で確立した分配のシステムを日常的に理解しており、それが有益な場合に持続的にうまく働かせようとする。平時にはこれが生活水準を大きく向上させてくれるからだ。もちろん、物資がきわめて豊富で、集団レベルの分配のシステムが不要なときには、それに適応した結果、かなり異なる反応を示す。さらに、極度の食料難に陥ったときには、寛大どころかひどく残酷な決断を下すことになる。もっとも、それでも人々は同情による心痛を味わい、道徳的に妥協しなければならないことをつらく感じるかもしれないが。

賢いので柔軟になれる

本章では、家族間でふだん協力的な寛大さが示されることと、その大きな障害となりうるもの――エゴイズムや身内びいきの形で存在する――を探ってきた。更新世後期には、人間は比較的弱い利他的性向しかもっていないのに、しばしば協力的に振る舞うようになったが、それを可能にしたのが「道徳的であること」だった。そのためには、良心にもとづく内面化が必要だった。大人になったニサが、信頼できる関係で個人的に語ったとき、マージョリー・ショスタックに終始恨みがましく不平を言ってはいたが、どうやら過度に寛大になることもできたらしいのは、こうした価値観の内面化のおかげなのだ。もうひとつ重要なのは、ここまで私がたびたび触れた、血縁以外への寛大さを意図的に社会が強化することだった。血縁以外に分け与える行為は、道義的なメンバーに賞賛された。彼らはけちを軽蔑した――そして、通常の間接互恵システムが機能しているときに、乱暴者やいかさま師が乏しい資源を大量に奪おうとすると、そうしたひどいフリーライダーを罰することもいとわなかった。

認知能力も大切だった。現代的な文化をもつようになった祖先が人々の寛大さを強化し、ひどいフリーライダーを抑え込んだとき、彼らには自分たちが社会的に何をしているのかがきちんとわかっていたようだからだ。社会性肉食動物の生存戦略にある程度従いながら、直面した特別な危機に対処する際に、この文化に根差した「社会工学」的な能力のおかげで、彼らは効率的な肉の分配のシステムを生み出すことができた。そのシステムは、資源が十分にあるときにはきわめてよく機能し、十分とは言えないが極度の食料難ではないときにも、そこそこうまく機能していたのではないかと思う。

戦略的な決断を下すこの能力のおかげで、飢えたネツリック族のような人々は、食料がひどく欠乏して、長期的な間接互恵システムに頼っていては命がおびやかされるようなときに、通常の分配のしきたりをやめてしまうこともできた。そのときには、そうしたシステムを維持させていた、集団による社会統制も消え失せてしまうのだ。一方、家族内の協力はいっそう重要になった——ただしこれも極度の飢餓にならなければの話で、そうなってしまった場合、本来なら処罰に値するほどひどい社会的行為も、どうやら道義的な仲間に「理解された」ようなのである。

われわれのなかで競合する本能の「合議」[35]の場で折り合いをつけていたのは進化的良心であり、これは、理にかなっているときには分配を完全にやめさせさえした。個人の良心と同様、集団の道徳的信念も柔軟だった。たとえば、ひどく困窮し、仲間を食べなければ自分が死ぬしかない状況で不幸にも共食いをした者を罰しようとはしなかった。したがって、更新世後期の人類にとって、自分がしてもらいたいことを血縁以外の者にする行為は、(完新世には多くの場所でたいていそうだったように)生存に問題のないときにはかなりうまく機能していた。しかし、環境の変動が激しい更新世にはたびたび、現代のわれわれと同じ文化をもつようになっていた人類が、肉や植物や水の危機的な不足に直面して必死に生き延びようとしたときには、かなりの度合いの柔軟さが必要となった。

今日でも、人間の寛大さが示される範囲はかなり調節可能だ。そういうふうに進化できていなければ、われわれはもっと前に滅びていてもおかしくなかったからだ。食べ物が欲しければスーパーへ行くアメリカ人には、ニサの食にまつわる不安は異常に思えるかもしれない。だがそれは、周期的に襲う食料難に敏感な文化が表れたものなのである。

更新世には、環境は気まぐれに良くもなれば悪くもなり、とうてい耐えられないほどになることも多かったので、人はどこに住んでいようと、今よりはるかにひどい危機に、間違いなく頻繁に遭遇していた。今日のＬＰＡ狩猟採集民が、更新世を生き抜かねばならなかった狩猟採集民のように、良い時期と悪い時期がたびたび唐突に入れ替わっては持続するという状況に対処しなければならないことはめったにない。だが、そうした太古の人類を生き長らえさせた人間の複合的な能力は、われわれではなく彼らが進化させたものだ。自分に対し、血縁者に対し、あるいは社会的な絆で結ばれた非血縁者に対して寛大になるという、われわれが今ももっている調節可能な能力は、さまざまなものが混じり合った複合的なものであり、それが太古の人類に更新世後期を生き抜かせた。またそれが遺伝子プールに受け継がれているために、われわれは今日、彼らとほぼ同じ複合的な動機を抱いている。

第11章 「評判による選択」説を検証する

評判による選択

腕の立つ狩人が、大半は血縁でない集団の全体に食料を供給するために多大なエネルギーを費やし、日々リスクを冒しているのはなぜか？ これを知るうえで、アレグザンダーの「評判による選択」説にはかなりの説得力があるようだ。第一に、アレグザンダーが示唆するとおり、協力的な分配者は、その善行のおかげで良いメンバーとして高い評判を得ているが、利己的な乱暴者や、同じぐらい利己的ないかさま師や泥棒には、逆のことが言える。また第二に、私が言い添えたとおり、フリーライダーの抑圧は、大きな選択の力として働く。つまり、ひどく問題のある悪者は、集団から容赦ない処罰を受けることもあるため、適応度がいっそう低下するのである。そうした積極的な処罰は、長きにわたってルールを破りつづけたときの対応として下される場合が多いことを覚えておこう。したがって、ネガティブな評判による選好もかかわっているのだ。

基本的に、「評判による選択」のモデルは、きわめて魅力的な（あるいはきわめて魅力のない）他者の社会的な特徴に対して、人間の内心——および意識的な計算——がどう反応するかに注目しているが、利他的な寛大さが対象のときには、これは複雑な問題となりかねない。たとえばニサの場合、彼女は寛大すぎるといって、じっさい夫に批判されていた。これについて研究者仲間のポリー・ウィースナーに尋ねたところ、一般に食料を分配する際に寛大すぎるブッシュマンは、資源を「無駄にしている」からまずいパートナーと見なされるのだと教えてくれた（われわれの文化でそれに近いたとえをするなら、自分は気前よくしなければいけないと思い込み、バーに行くとだれかれ構わずしょっちゅう酒をおごって家の金を浪費するお偉いさん、といったところだろう）。その一方、本当にけちだと評判の人は、ブッシュマンの社会では心底嫌われる。このように、ブッシュマンの評判から言えば、利他行動をしすぎるとパートナーの不評を買い、しなさすぎると集団全体から悪評を受けかねない。

より良い協力関係につながる対人的な魅力を分析する際には、「利他行動」とは別に、寛大さにつながる同情といった感情についても考えなければならない。本書では、「利他行動」という言葉は、遺伝子頻度に影響を及ぼすがゆえに善行の尺度として使われているにすぎないからだ。問題は、何かを与える行為の根底に寛大な気持ちがあるという直接的な証拠が、民族誌にはめったに見られないことだ。狩猟採集民がおしなべて、他者の窮状に同情をもって応える傾向を強める黄金律に従って物事を考えているとしても、これは事実だ。同情という因子は確かに民族誌からはとらえにくい。だが私の考えでは、これはきわめて重要だ(1)。そして幸い、評判にもたらす影響によって同情を評価した組織的な実地調査がひとつあり、また結婚相手の選び方にかんする別の研究には、他者に共感するパートナーには社会的なメリットがあることが強く示されている。

アチェを対象とした重要な調査

「評判による選択」説は、アレグザンダーがブッシュマンのような人々を念頭に置いて考案したものだが、研究の進んでいるブッシュマンにかんしても、同情による寛大さと、その社会的影響に直接焦点を当てた調査はおこなわれていない。しかし幸い、そうした結果に言及しているすばらしい組織的な調査がひとつ、南米に住む今なお平等主義のアチェという狩猟採集民を対象におこなわれている。最近は、キリスト教の伝道団と絆を結んだり、いくらか園芸をしたりといった適応も見せているが、アチェは今もかなりの程度、狩猟採集を続けている。その共同研究は、寛大であるという評判を得ることの影響に焦点を当てているが、アレグザンダーが提唱した間接互恵の仮説にも、共感にもとづく供与に対してここでわれわれが抱いている関心にも、それはぴったり合致している。実を言うと、アレグザンダーの説については触れられていないのだが、これはひょっとしたら、アチェを調査した人類学者が、血縁選択や互恵的利他行動やコストリー・シグナリングといった、もっと単純なモデルで取り組むのを好んだためかもしれない。それでも、提示されたデータは明らかに「評判による選択」の説の見事な検証となるものであり、結果はその説の正しさを示していた。

このよくできた研究は、ふたつの因子に的を絞るところから始まっている。ひとつは調査対象とした人々の生活がどれだけ生産的かということで、もうひとつは彼らがふだん自分の食料をどれだけ気前よく分配しているかだ。目的は、熱帯に住む狩猟採集民の生活に付きものの危険に一時的に襲われたとき、集団の仲間がその人にどの程度食料を援助するかを調べることである。そうした危険には、短期的な病気にかかる、虫やヘビに咬まれる、怪我をする、事故に遭うなどがあり、どれも個人の生存に大きな影響を及ぼしかねない。そうした苦難を経験する可能性はかなり高いので、このような問題はアチェの生活の一部であると予想される。

ここでこの研究による科学的仮説を紹介しよう。これは本書で提唱している理論にとっても非常に重要なので、略さずに引用する。「食料の貯蔵のない状況で、一時的に自由に動けなくなった人がいる場合、健康な人々は、寛大だという評判の高い人や生産性の高い人に食料や援助を与える傾向がある、とわれわれは考える(2)」

この綿密な調査は、以下の四つの定型化した「タイプ」にもとづいておこなわれた。

1　慈善家——非常に寛大なだけでなく、きわめて生産性が高いので、総じて彼らの善行は広範に及ぶ。

2　善意はある者——とても寛大だが、きわめて生産性が低いので、明らかに向社会的な意図はもちながら、与えるものはかなり限られている。

3　欲張り——生産性は高いが、けちなので与えるものは比較的少ない。

4　役立たず——生産性がおそろしく低いうえに、けちでもある(3)。

調査では、アチェのある標本集団から、だれかが自由に動けなくなったときの話を慎重に聞き取り、また日常の分配の行動を直接観察して評価した。その結果、彼らにどの程度の生産性があるのか、ふだんどのぐらいの食料を他者に分け与えているか、自分が十分に食料を得られないときに、どれだけの援助を受けたかを定量化することができた。

結果は、寛大という評判は間違いなく利益をもたらすことを示している。当然かもしれないが、非常に寛大な「慈善家」が、困ったときに一番よく援助を受けていた。だが興味深いことに、態度はとても寛大な「善意はある者」が、与えるものはほとんどなくても、二番目に多く援助されていた。その次に援助されるのは、けちだが少なくともけちになる理由がある「役立たず」で、最下位は、たくさんもっているのに非常にけちな「欲張り」だった。この事実は、人は寛大だという評判のある人と協力したがり、けちで知られている人とは協力したがらないという、アレグザンダーの仮説とぴったり合致している。こうした知見から、他者が困っているのを理解して同情できることが、社会的に重要であるとも言える。

調査対象とした「自由に動けなくなった期間」は短かった。だが、アチェは食料を貯蔵しないため、食料の調達は急を要し、たとえ数日でも自由に動けなくなった者が生殖の面で成功するには、他者からの援助が重要となる。(4) つまり、四つのタイプのどの人間も、自由に動けなくなるとすぐに助けが必要になったのである。この状況では、他者に共感するふたつのタイプ——生産性の高い「慈善家」と、生産性のはるかに劣る「善意はある者」——の適応度は、同情して助けに来た人の数の点でも、与えられた援助の量の点でも、ふたつの利己的なタイプを大きくしのいでいた。

この興味深い調査から、「セーフティーネット」となる援助が突然必要になる不慮の事態には、もてる資源の量と、寛大になったり利己的になったりする動機の両方が、その先住民なりに考慮されることがわかる。さらに、この重要で一時的な援助が、助けを必要とする者の評判に応じて、たっぷり与えられる場合もあれば、はるかに少ししか与えられない場合もあることがわかる。「欲張り」のほうが、生産性ははるかに劣るが同情する心のある「善意はある者」より、日ごろ実際には多くの食料を他者に与えていたとしても、自由に動けなくなったときには後者のほうが多くの援助を受けている事実を考えよう。ここに成り立つ「寛大さはそれ自体が理由で報われる」という仮説は、コストリー・シグナリングすなわち「誇示」の仮説[5]とは対照的だ。後者は基本的に、最も腕の立つ狩人が、配偶者を獲得する機会に最も恵まれると予測するが、寛大さを生殖の成功にかかわる因子に含めていないのである。

アチェの行動様式からは多くを学べる。それが示しているように、寛大であると困ったときに報われるのは、ひとつには、他者に与えてきたものの量のおかげだ。[6]だがまた、それまで苦しいときにも日常的に他者を援助していたことを人々が知ると、非常時に受ける援助が増えるからでもある。これは、他者の困窮を理解して対応する能力のおかげでかなり寛大になり、それが評判による選択と絡んで、人類の進化に影響を与えてきたという可能性を示唆している。

更新世タイプの証拠

民族誌の常識に従えば、LPAの人々が、配偶者や、仕事のパートナーや、取引相手や、集団内で特別な援助をするに値するメンバーを選ぶ際には、その社会の一般的な価値観——明らかに寛大さを支持し、けちを強く非難する価値観——を指針としている。しかし残念ながら、この作業仮説を検証するうえで、そのテーマに絞り込んだアチェの調査に匹敵するほどきちんとした研究はほかになく、またアチェは「LPA」のカテゴリーに完全には当てはまらない。

先にこの問題を検討した際、私がまず拠りどころにしたのはロバート・ケリーの『狩猟採集の多様性』であり、これは狩猟採集民の社会生態学的行動をまとめた、これまでで最も包括的な概論だ。ケリーは狩猟採集生活に伴う種々の危険は認めているが、先ほど見たアチェを対象とした研究と違って、セーフティーネットのメリットを具体的かつ定量的に分析してはいない。ケリーの主張は、「多くの狩猟採集民のあいだで、分かち合わないと実際に反感を招くのは、ひとつには当事者の片方が食料や贈り物をもらえないからだが、分かち合わないことが、もらえなかった人に強い象徴的なメッセージを送るからでもある」[7]というものなのである。

アチェにかんする調査は、これを裏づけている。困ったときに一番助けてもらえないのが、ふだん多くをもっているのに少ししか分け与えない「欲張り」だったからだ。その調査結果は、心理学的な意味合いを加えてポジティブに言い換えることもできる。同情による寛大さ、なかでも比較的コストの高い寛大さは、向社会的な指向をもつ仲間から最もよく利益を得るのである。ところがケリーは、人々のあいだで寛大さが認知され、またその性向が重要であるということは認めていても、基本的に分かち合う行動様式は食料の要望や要求をもたらすさまざまに絡み合った義理から生じるととらえている。これは確かに本当だ。しかしアチェにかんする調査は、これに加え、分かち合いには段階があること、寛大さやけちな心をはっきり示すと、それが人々によって大いに考慮され、「評判による選択」の際に良い結果や悪い結果をもたらしたりすることも教えてくれる。

この知見は、どのLPA狩猟採集民の集団にも当てはまるはずだと私は思う。アチェは、一般的な分配と、とくに助けが必要な人への分配との両方をよしとする基本的な伝統的価値観を共有しつづけているからだ。黄金律の教えによって一部の人は他の人よりはるかに寛大になるし、また黄金律は、そうした人を集団のメンバーがどうとらえるかということにも影響を及ぼす。こんなふうにして評判は作られていくのだ。

タンザニアのハザァベ族での結婚相手の選び方

アレグザンダーは、寛大な人間が好まれるはずだという前提のもとで、評判による選択が、結婚相手の選択を通じて利他行動を支えるのに役立っているのだろうと力説している。人類学者のフランク・マーロウは、LPA狩猟採集民の要件を満たすハザァベ族の八五人に対し、自分の配偶者に望む特徴を尋ね、彼らが自分の言葉で答えられるように、自由回答式でその調査をおこなった(8)。そして、何十年もハザァベ族の研究に携わってきた経験をもとに、彼にとって民族誌的に妥当なカテゴリーに回答を分類した。

ハザァベ族の結婚は、親の祝福を求めはするが、親が正式に決めるものではないので、本人に選ぶ余地がかなりある。表Ⅵはマーロウが「分類」した回答を示したものであり、ハザァベ族が高い価値を置く一般的な人格特性(9)として、寛大さを示していると思われる答えに、私が印(＊)をつけた。

ではマーロウの調査結果を紹介しよう。ここで彼は、配偶者選びの条件として得た有効な答えのすべてを七つのカテゴリーにまとめている。最も多くの回答者が、望ましい配偶者の特徴として「性格」(一六件)を挙げており、「外見」(一一件)、「狩猟採集の技能」(九件)、「忠実さ」(六件)も目立つ。「性格」のなかでは、「子ども思い」という答えには身内びいきの寛大さがはっきり表れているが、その一方で「良い性格」「親切」「気が合う」「気だてがいい」「理解がある」「善人」「いい人」という答えには、利他的な寛大さの意味が込められている可能性もありそうだ。「狩猟採集の技能」のなかでは、星印をつけた答えはすべて寛大さを強く示唆しており、結婚相手が生活にどれだけ役立つかと関係している。さらに「忠実さ」のなかでは、「評判が良い」という答えに寛大さが表れているかもしれない。も

性格	外見	狩猟採集の技能	忠実さ	生殖能力	知性	若さ
*良い性格	自分より背が低い	*良い狩人	ほかの人を望まない	子どもが作れる	知的	若い
*親切	細身	*食料が得られる	家にいてくれる	子どもを作ったことがある	考える	
ぶたない	体つきが良い	*働き者	評判が良い	将来子どもを作れる	頭が良い	
*気が合う	大柄	*水を汲んでくる	自分を好いてくれる	子だくさん		
*気だてがいい	胸が大きい	*薪をもってくる	家のことを気にかける			
*理解がある	容姿が良い	*食べさせてくれる	自分だけを望んでくれる			
優しい	歯が健康	歩きまわれる				
のんびりしている	性器が良い	*仕事を手伝える				
話がわかる・喧嘩しない	見た目が良い	*料理をする				
*善人	セクシー					
*いい人	顔が良い					
*子ども思い						
ひどいことを言わない						
一緒に暮らせる						
罪を犯さない						
心が望む人						
＊寛大さと関係していそうな特徴						

（Marlowe 2004 をもとに改変）

表Ⅵ　ハザァベ族が将来の配偶者に求める重要な特徴として挙げたもの

っとも、これは性的な評判が中心のようだが。

自由回答式の調査を利用する長所は、民族誌学者が現地の人になじみのないカテゴリーを押しつけて、データを歪ませるおそれがない点にある。逆に短所は、現地の人にとってわかりきったことは言わずにすまされてしまう可能性があることだ。マーロウが「寛大」を選択肢に含めて提示していたら、どの狩猟採集民の倫理観にとってもとても大きな美徳なので、頻繁に選ばれたのではないかと思う[10]。それでも実のところ、ひとつの重要な社会的選好において、寛大であるという評判がいかに大きな影響を及ぼすかについて少なくとも大きな手がかりを与えてくれるという点で、この調査は大半の民族誌よりもはるかに優れている。

アフリカの例がもうひとつ、マージョリー・ショスタックの報告に見られる。そこには、クン族が娘の結婚相手の候補をどう評価するかを言い表す、こんなくだりがある。「義理の息子を選ぶについて、両親はまず相手の年齢を考える。娘よりもあまりにも年上の男は好ましくない。さらに、すでに結婚していて二番目の妻をさがしている男よりも、未婚の男のほうがいいから、結婚歴も考慮に入れる。狩猟の腕や、家族の生活に責任を負う意志についても検討する。協調的で、気前がよく、攻撃的でない性格であることとも大事だ[11]」

ここでは寛大さについて直接語った言葉が報告されているが、娘の（そして自分たちの）幸福を求めるクン族の親たちがよしとする基準は、ハザァベ族の男女が個々に配偶者を探すときによしとする基準とかなり一致している。ＬＰＡ狩猟採集民について私が分類したデータは、配偶者などのパートナーとして付き合う相手を選ぶときの顕著な好みを示していないが、この関連のないふたつのアフリカの集団に見られる好みは、多くの民族誌学者がこの問題に触れていなくても、普遍的なものだと私は思う。

やや間接的な証拠

共感にもとづく利他行動を大いに助けるものが、評判による選択だと確実に主張するには、かなりの調査がさらに必要となるだろうし、私なら何よりもまずアチェの調査の再現性を確認したいところだ。だが残念ながら、二〇一二年現在、多くのメンバーが今でも経済的に独立した狩猟採集生活をしている、ハザァベ族のようなLPA狩猟採集民は、ほんのわずかしか残っていない。

アチェを対象とした予備調査が示唆しているのは、結局、狩猟採集民の分配を説明するには、利己的に見返りを期待する互恵的利他行動や、腹は立つが容認される（肉の）盗み、非常に腕の立つ狩人によるコストリー・シグナリング、グループ選択の効果といったものの組み合わせだけではまるで足りないということだ。これらのモデルは確かに有用だが、そのうちいくつかは、分配や援助の行動を、純粋に経済的な私利の追求と見なしているようで、それは民族誌を見るかぎり直感に反している。人間による分配とその進化を完全に理解するには、文化のなかで明らかにされる寛大さと、同情による寛大さにもとづく社会的評判とが果たす役割を、もっと直接的に方程式に組み込まなければならない。

ひとまず、現代的な文化をもつようになった人類である自分たち自身について、われわれが知っていることから考えてもいい。われわれは示唆に富む重要な行動パターンを繰り返し、地球の反対側にいる貧しい子どもたちへの援助を求めるテレビの呼びかけによく応じている。しかも匿名でそうするのだから、動機は寛大さ以外に考えられない。クリー族の狩人トマスやハザァベ族の小集団のことを考えてもいいだろう。どちらも、ひどく困っている人と分かち合わないことなど考えられない――助ける相手が別の集団のメンバーなので、寛大さを示したところで不測の事態に見返りが得られる可能性はきわめて低いのだが、そんな場合でも分かち合うのだ。こうした例はあくまで「逸話」かもしれないが、体系的な情報がないときには、逸話も有力な手がかりになることがある。

ひとつ重要なのは、アチェの場合、大切なのは「考え」、いやもっと正確に言えば「感情」のようだということだ。これは、狩猟採集民のあいだで、分かち合いは過去の恩義や物質的利益を意識することで強くうながされるわけではないとか、利己的な個人の利益は、人々を「保険」のために間接互恵のシステムに参加させる動機として重要ではないといった話ではない。私が言いたいのは、同情という感情にもとづく寛大さも全体のプロセスに大きく寄与しているということと、そのような感情の反応が、意図的にしっかりと内面化された向社会的な価値観――分配のシステムがこれほどうまく機能するのを助けている価値観――にぴったり合っているということなのである。

このことから考えれば、黄金律は、互恵関係が生じるように、人から人へただ物資を受け渡すだけの話ではなく、さらなる寛大さを生むことのできる寛大な精神を育《はぐく》ませるためのものでもある。そして、そうした教えが普遍的に存在することについては、ふたつの説明ができる。ひとつは、その教えに直接的な意味で社会的関係をより良いものにする効力がある、と人々が信じているからという説明だ。もうひとつは、その教えが、もっと一般的な意味で間接互恵のシステムの潤滑油の役目を果たすため、システムがだれにとってもより円滑に機能し、長期にわたり深刻な争いが起こりにくくなって、結果的に集団の繁栄を助けるからという説明である。この二番目の効果が行為者にはっきり意識されているという確信はないが、狩猟採集民が社会の調和そのものを高く評価しているのは間違いない[12]。

私が提唱しているのは、共感と互恵性を組み合わせて困っている人を援助するという行為を科学的に測るのは難しいとしても、これは人間の協力の基礎であり、決して確実な見返りにもとづくものではないという考えだ。ネツリック族特有のアザラシ分配のシステムは、状況に応じて見返りを与える実に的確な仕組みと間接互恵にもとづくシステムを組み合わせるという点で、この考えにかなり近いかもしれない。しかし、ネツリック族が作り出した見事なネットワーク型システムは、どうやら特殊な社会的・生態学的状況の産物のようで、すぐそばに住み、文化も近いウトゥク族には、そうしたやり方は見られない。

ネツリック族が数か月のあいだ六〇人以上の集団を形成しているときに、アザラシの一頭一頭を集団全体で分けようとはしないことは、ここで強調しておいていいだろう。そんなとき、彼らは七人の狩人からなる小さなネットワークを作る。これは、三〇人の集団（狩人がやはりほぼ同じ七人ぐらいになる）の場合と同じ規模の、食料のばらつきを低減するシステムとなる。一般にLPA集団の分配システムでは、最初にどんなふうに肉を配るかについては、あまりはっきりと定まっていない。集団規模のシステムでは、だれが何を提供し、だれが何を受け取るかは状況次第だと、全員が理解し受け入れていることが前提になっているのだ。一時的に困っている人への特別な援助も同様だが、その援助は、評判が寛大かけちかによってかなり大きく左右されるようだ――大きな獲物を仕留めた場合には、基本的に高い地位にある者がかなりの分け前を得ることもあるが。

アチェを対象とした研究で調査したセーフティーネット型の分配は、明らかに評判にもとづいており、そのような場合、集団での暮らしは、寛大かけちかによって評判が決まる社会的な舞台となる。本書で何度か触れた進化経済学におけるゲーム理論の実験は、かなりよくこれを実証している。これからパートナーを得ようとする人が、寛大な傾向のある人物に気づけば、その人と互恵的で協力的なパートナーの関係が築けるのだ。

評判による選択が利他行動を支える

最近『サイエンス』誌に公表された研究でおこなわれたように、(13) 地理的に分散した数十の狩猟採集社会を詳しく調べ、そのうちLPA狩猟採集民のカテゴリーに当てはまる三分の一の社会にだけ注目すると、集団のサイズや構成にいくつか強い中心的傾向が見られる。それらは、本書で展開している理論にとって興味深い傾向だ。

ひとつは、同じ集団にともに住む血縁者はわずかだという傾向である。すると、そうした集団は血縁者の一団とはほど遠いことになる。だから私は、更新世後期までに人間が進化させた集団規模の協力システムを説明するのに、第3章で述べた便乗による「波及」の要素が非常に大きくないかぎり、血縁選択のモデルはあまり適切ではないと言っているのだ。また、人が集団から集団へ移っていくというのもこういう移動性集団の特徴で、こうして仲間内の血縁者の密集度が下がれば、多分に機械的に働く遺伝子レベルのグループ選択の威力は弱まる。(14) それでも、そうしたグループ選択の寄与は大きそうだと私は思う。

さらに考慮すべきは、かつてのLPA狩猟採集民のあいだで、今日と同様、ほぼ一夫一妻型の結婚が一般的だったと思われることだ。双方向のプロセスとして評判による選択が働けば、生存のためだけでなく生殖や子育てのためにも、より寛大な協力者同士が結婚しがちだったはずだ。これは、何ページか前に見たハザァベ族の調査結果にもはっきりとうかがえるが、クン族の場合はさらに明確となる。したがって、これらのメカニズム――評判による選択、互恵的利他行動、血縁選択、遺伝子レベルのグループ選択――のすべてを一緒にモデル化する必要がある。第3章では主にこれらの働きを調べたが、どのモデルもたいていほかのモデルとはほぼ独立に機能しうる。[15]

血縁内で見られる強い寛大さは身内びいきによって説明できるので、モデルには血縁選択を加えなければならない。また、血縁以外への寛大さが血縁内での寛大さと重要な点で似ているという、ジョージ・ウィリアムズの考えも念頭に置く必要がある。それどころか、進化論の観点から言えば、身内びいきは、利他行動が進化において生じるための前適応の役割を果たしていたのかもしれない。

ハザァベ族の調査は、利他行動が結婚相手を選ぶ際の望ましい特徴であることを非常に強く示唆しているが、どのみちこうした平等主義の集団の人間は、他者が同情心をもち、食べ物にかんして寛大で、勤勉で、信頼に足るかどうか――意地悪、けち、怠慢、とてもずるいというのとは反対の特徴――に細かく注意を払う。[16] そして、えてしてそれに応じてパートナーを選んでいる。[17] これは、集団のメンバーにも当てはまるだろうし、集団内のセーフティーネットにも、結婚相手の決定にも、集団内の家族間で結婚以外に日常生活でおこなう協力にも、さらには、セーフティーネットを遠くまで広げたり取引の機会を作ったりするためにほかの集団の人間と協力する際にも、当てはまるだろう。[18] 並外れた寛大さ――もしくは顕著なまでのその欠如――が、これらの人間関係のすべてで重要な要素となりうる。

善良で寛大な性格であることは重要だが、重要なのは決してそれだけではない。この種のパートナーを選ぶ際には、今結ばれている血縁の絆や、現在もしくは過去の姻戚関係など、純粋に構造上の制約がいろいろある。だが、人は血縁者や姻戚の暮らす集団に加わる可能性が最も高いにしても、生産性がひどく低いか非常にけちか、あるいはその両方である親戚よりも、アチェやクン族がよしとしていた性格特性と一致する、より寛大だったり生産性が高かったりする親戚のほうを選ぼうとするだろう。遺伝子選択の見地からは、利他的な人のほうが、血縁者とも非血縁者ともうまく協力できそうだ。そして、利他的な人同士が互いを選べば、適応度の点で双方の利益になるだろう。

理論の観点からわれわれが本書で関心を寄せてきたのは、他者やその困窮への同情にもとづく寛大さだった（狩猟採集民の協力にかんする、かなり調査しにくい側面ではあるが）。寛大な行動が「利他行動」の定義を満たせば必ず、当然の結果として適応度の低下を招くとしても、同情による寛大さの基礎は、一定の基準が満たされればゲノムのレベルで維持されうる。ひとつの基準は、利他行動の不利益が第3章で論じた五つのメカニズムのうち少なくともひとつの作用によって、どうにかして埋め合わされなければならないというものだ。五つのメカニズムとは、ふたつの便乗のモデル、一度かぎりの相利共生のモデルと長期にわたる互恵的利他行動のモデル、評判による選択のモデルである。こうしたモデルのいくつかでもグループ選択のモデルでも、フリーライダーの抑圧がおこなわれていなければならない。

ＬＰＡ狩猟採集民の場合、埋め合わせの基準は、主に評判による利益という形で満たされていると思う。そのため、多くはないが十分に実証され、社会的に重要でもある彼らの利他行動を説明するのに役立つメカニズムとして、私がフリーライダーの抑圧と併せて挙げた候補は、評判による選択だった。このふたつの社会選択のメカニズムをこうして優先的に考えるのにはわけがある。それは、評判をベースとした社会選択が、まさに人間の好みにもとづく選択プロセスであるがゆえに、特別な力をもちそうだからだ。するとダーウィンが提唱した性選択に似ていることになるが、狩猟採集民での効力について言えば、評判による選択は、実のところ性選択を上回っているかもしれない。

相互作用

進化研究で数理的アプローチに長けた人が、本書で論じてきたメカニズムのすべてを組み合わせてモデル化し、過去四万五〇〇〇年以上にわたり人間の遺伝子プールに利他的な遺伝子を維持するのにそれぞれが寄与したと思われる度合いを比較考量できたら、それは有益なことだろう。しかし私がここで提示している作業仮説によれば、「評判による選択」のモデルがとくに有力なようだ。なぜならそれは、このタイプの社会選択が明確な一貫した好みでおこなわれるばかりか、双方向で選び合うプロセスになるからである。ハザァベ族やクン族がみずからの好みに従って配偶者となるパートナー、さらに言えば協力するパートナーを選ぶ際、彼らの選好行動は、「寛大で公正な協力者が自分と同じように利他的である他者をうまく選び、それにより双方の適応度が高まる」という結果をもたらすことになる。[19]同情する利他的な者が（それに加えて働き者や信頼できる者も）、自分と同じように社会的に好ましい他者とペアになりやすければ、[20]逆にあまり好ましくない人同士もペアになりやすいわけで、そうなると効果的な協力ができないという不利益をこうむる。当然だが、好ましい者同士のペアのほうが、優れた協力体制の成果を手にするし、ただ乗りの被害にも遭いにくいので有利になる。

これは、繁殖の成功率を高める優れた遺伝子をもったきらびやかな雄を、地味な雌が一方的に選ぶクジャクのパターンとは大きく異なる。雌雄双方が魅力的な尾羽を生やして、みずからの適応度を宣伝しているようなものなのだ。だから、雄は最高の尾羽をもつ雌を選びながら、みずからも同じ基準で選ばれる。そうだとしたら、双方が同時に高い適応度を誇示し合ってそれを選ぶのだから、非常に強いと広く認められている性選択の威力がいっそう強くなるだろう。[21]

遺伝学者のロナルド・フィッシャーは、ダーウィンの性選択の理論に魅了され、そうした選好のもたらす選択が「誇大な」形質を生み出しうることにも興味をそそられ、コストの高いクジャクの尾羽について、抜け目のない雌の好みと、遺伝子の優秀さを示す雄のサインとの相互作用がエスカレートした結果起こる「ランナウェイ選択」の観点から説明できるのではないかと考えた[22]。選ばれる形質と選ぶ者の双方が方程式の両辺に組み込まれていれば、その効果はいっそう強まると思う。この仮説の検証には数理的なモデルの作成が有効だろうが、どう見てもそれは文化人類学者たる私の得意とするところではない。

リチャード・D・アレグザンダーは、「評判による選択」に内在する選好行動のこの双方向性を考えて、「性選択」と「互恵性による選択」（一般読者にわかりやすいように、私は後者に対してもっと説明的な「評判による選択」という言葉を使っている）を区別している。

性選択は、ランナウェイ選択の顕著なタイプである。相互作用をするペアによる共同の子作りがそのプロセスを加速させるからだ。……しかし、ランナウェイ選択の決定的な特徴は加速ではなく、……相反する適応形質のあいだで無数の折り合いをつけて一個の生物を生み出し維持するときに通常見られるよりも……適応の枠をはるかに超えたところまで行く傾向が……このプロセスにあることだ。

ランナウェイ選択に見られるこの一面は、互恵性による選択にこそ当てはまるかもしれない。性選択と違い、互恵性による選択では、当事者の双方が、極端な形質を選ぶばかりか披露までする傾向をもつことがあるのだ。社会選択では……個体は選ぶ者と選ばれる者の両方の役割を果たしうる[23]。

もちろん、アレグザンダーが、互恵性による選択が選び取る形質は「適応の枠をはるかに超える」と言ったときに意味しているのは、コストの高い利他的な形質は、このタイプの選択に支えられているのかもしれないということだ。本来なら個体にとって不適応に見えるのに、明らかに評判による相互の選好と関係しているほかの形質も同様である。これは、人間の利他行動を説明する仮説としては、今のところ最高のものかもしれない。ただし、本書で繰り返し強調してきた、きわめて効果的なタイプのフリーライダーの抑圧と組み合わせればの話だと私は思う。

フリーライダーはなぜ消え去っていないのか?

トリヴァースは、道義的な攻撃性をもつ集団が、いかさま師とわかった者を厳しく罰するのではないかと述べた点では正しかった。だが私は、初期の人間や、もっと前の「原初のチンパンジー属」の場合、主にただ乗りをしていたのは利己的な乱暴者で、彼らは自分の遺伝子に有利に働く一方、利己的でも強くもない犠牲者の遺伝子には不利になるような競争行為によってただ乗りしていたのではないかと言った。

第4章では、五〇のLPA社会においてこうした乱暴者が、泥棒やいかさま師や、おそらくは性犯罪者よりも、はるかに頻繁に処刑されているらしいことを明らかにした。このことは、乱暴者の利己的な攻撃が彼らの集団にとって深刻な問題だったこと——そしてまた、こうした強いフリーライダーは、みずからの適応度を低下させるという点で高価な代償を払っていたこと——を意味している。さらに、太古の人間が平等主義の社会を築こうとしていたときに、当初は乱暴者の抑制に役立つ良心がなかったため、身体的な処罰をするタイプの社会選択が、きっと今日よりはるかに強力に働いていたにちがいないということも明らかにした。

このように、初期の段階におけるフリーライダーの抑圧は、実のところ手厳しいものだったようなので、利己的な衝動に駆られやすいアルファのタイプ、つまりリスクを冒しがちな者は、かなり頻繁に厳しい処罰を受けていたと考えて差し支えないだろう。やがて良心が進化して、彼らを自制させ、そういうひどい結果になるのを避けさせたのだ。乱暴を働く（あるいはいかさまをする）タイプのフリーライダーが罰せられるような行為を自制できるようになってくると、生殖上の不利益をこうむるケースはどんどん減っていっただろう。そのため、より効果的に自制できれば、「彼らの遺伝子が完全になくなったはずだ」と考える理由はないし、「なくなりかけた」とさえも言えないだろう。

ＬＰＡ集団がきわめて平等な社会だとしても、競争がないわけではないことを忘れてはならない。男は狩りの腕を競うし、男も女も配偶者を求めて競い合う。それどころか、平等主義自体が、少数の強者と、結束してそれに対抗する服従者とのあいだの競争の上に成り立っている。したがって、みずからの競争する傾向を社会的に受容される方向へ導きながら、その傾向のせいで適応度を低下させる処罰を科されそうな場合には、それを表に出さないように抑え込めれば、利己的に競争する傾向も適応度を大いに高めることができるのだ。

攻撃的な行動を戦略上控える態度は、イヌティアクの例によく表れている。彼の場合、進化的良心がよく働き、自意識を高めることによって、自分の陥っている社会的な窮地に直感的に気づき、己の攻撃的な反応の多くを戦略的に抑えることができた。ウトゥク族の仲間をひどく恐れさせるような――そして場合によっては極端な行動をとらせるような――攻撃的な反応を示すことはなかったのである。

独裁的支配に走りがちな男がみな、その横暴な傾向をそんなにうまく抑えられるわけではない。事実、北欧の探検隊は、グリーンランドであるエスキモーの集団に初めて接触したとき、ひどく圧制的なシャーマンが仲間を次々に殺しており、仲間からとても丁重に扱われていることに気づいた。[24]探検隊はその圧制者が殺されないうちにその土地を離れたので目撃の報告はないが、彼がどうにかして始末されたのはほぼ間違いないだろう。カラハリ砂漠でクン族が似たような処刑をしたり、ほかのイヌイットの集団がそうした男を殺したりすることについては、すでに見たとおりだ。

第7章の表Ⅳは、その手の処刑がかなり広くおこなわれていることを示している。だが、独裁者になりそうな者がうまく自制しようがしまいが、彼らが実際に、利他的な人などを長期的に大いに利用できるフリーライダーとなれる可能性はかなり小さい。イヌティアクのように、ただ乗りするのをためらうか、クン・ブッシュマンの攻撃的な男トゥウィのように、攻撃的なただ乗りを積極的にしすぎて殺されるかのどちらかなのだ。

これは、もう少し強調すべき理論的に重要な問題に結びつく。ジョージ・ウィリアムズは、フリーライダーと利他的な者との関係を数理的に表したとき、フリーライダーは利他的な者を利用し、それによって彼らの遺伝子を不利にするように（進化の過程で）デザインされていると想定していた。[25] そうなると、利他的な遺伝子はその遺伝子プールに定着できない。かりに利他的な遺伝子が新たに突然変異で出現するとしても、すぐにフリーライダーの変異遺伝子が現れ、それらを駆逐してしまうはずだ。

だが、適応度の点で効果的になるように行動の傾向を導くきわめて巧みな手段として、ここに良心をもち込むと、このシナリオはがらりと変わる。ただ乗りの傾向が強い人間でも、実にうまく自制を働かせれば、略奪的な傾向がしっかり抑えられるので、時が経っても適応度は下がらなかっただろう。それどころか、その攻撃性を社会的に受け入れられる形で示せば、この傾向は彼らの適応度を高めたにちがいない。

だから、ただ乗り遺伝子と利他的な遺伝子はどちらも同じ遺伝子プールによく現れ、共存していられたのだと私は思う。乱暴なただ乗りへ向かわせる遺伝子は、適応に役立つ競争心をもたらすので、有用だったのかもしれない。一方、利他行動へ向かわせる遺伝子は、利他行動の不利益が、評判による利益や、これまで論じてきたほかの相殺メカニズムによって埋め合わされていたために有用だったのではないか。

この有用な自制は、完璧ではなかった。今日の集団にも、まだときおり乱暴者やいかさま師を見かける。彼らがただ乗りをしやすいのは、罰を受けずにすむだろうという無謀な楽観的思考が道を誤らせたり、(26)支配や欺きが強迫観念に駆られたものだったり、良心によるフィードバックが不完全だったりするからだ。また、社会的な問題をより多く、より頻繁に起こすのは、乱暴者の行動だったこともすでに見てきた。もう一度数で考えよう。第4章の表Ⅰでは、乱暴者の行動(「集団に対する脅威」)が、報告された処刑の大半を占めていた。第7章の表Ⅲでは、社会的略奪の逸脱行動で最も頻繁に報告されているものは、脅威を与える者による支配的行為(一〇の社会で四六一件)である一方、ずるをするいかさま行為は、中心的傾向として注目に値するものの、言及されているのは調査した一〇社会の半分のみで、四二件だけだった。このように、ずるをするフリーライダーは、一九七一年にトリヴァースの研究によって有名になって以来、学問の世界で中心的に扱われてきたにしても、人間の実社会では、主なただ乗り行為は政治的な力をもつ利己的な支配者によってなされている。その犠牲者には、同等の力をもちながらはるかに利己的な傾向が弱い寛大な利他主義者だけでなく、他者を支配する欲求や能力がそれほどない者ならだれでも含まれているようだ。

攻撃的なまでに利己的な行動は、LPA狩猟採集民のあいだで今日なお広く見受けられる問題であり、個々に異なる利己的な攻撃性を今でもわれわれがもっているのは明らかだ。そのような性向を授かった人間が社会的抑制を受けることなく自由にそれを示したら、公正で寛大さに導かれる間接互恵のシステムは、まったく機能しないだろう。人間の協力にかんして言えば、幸いにも、こうした利己的な攻撃性は、内からも外からも驚くほど制御されやすかった。人間の心の内からは、進化的良心が必要な自制をもたらした一方、外からは、主に集団による制裁が、自制できない（あるいはしようとしない）支配者やいかさま師に対処してくれたのだ。

進化の経緯

ここで、これまでに本書で述べてきたことの多くを要約する意味で――そして、道徳の起源の自然史をもっと歴史にもとづいたものにするという約束を果たす意味でも――祖先での始まりから、その歴史的経緯を述べておきたい。まず最初に、「原初のチンパンジー」属」におけるおそらくは非常に原始的な「利他指数」は、今日のボノボやチンパンジーから推定されるのと同じぐらい低かった。しかし、彼らの同情にもとづく先天的な利他行動の度合いをわれわれのものと比較する場合、そうした類人猿には、集団で黄金律を使って協力関係を増幅させるという手段がないことを忘れてはならない。

行動を再現してみると、この祖先には、（道義性とは無縁の）集団による社会統制の能力が、初歩的ではあるが顕著に存在していたこともわかる。この能力はもっぱら、すぐに性向がばれて怒りを買うタイプのフリーライダー（利己的で競争心が強く、他者を利用する乱暴者）に対して発揮されていた。すると、基本的に祖先の社会秩序はまだかなり序列的だったとしても、一部の攻撃的な個体による利己的な行動は抑制できたことになる。この祖先は、自己認識の能力は相当もっていたが、進化的良心をもたなかった。そのため彼らの自制は、報復への恐怖と服従の能力のみにもとづいていた。

道徳の進化の次なる段階が、いかに唐突に始まったのかは定かではない。だが、同じように反序列的な社会統制がエスカレートし、強い個体がご都合主義的なただ乗りによる支配をしようとすると、得するよりもむしろ大きな犠牲を払う場合のほうが多くなるほどになっていた可能性はある。これが、自制の能力が高いと有利になるような遺伝子選択に結びついたのかもしれない。そしてこの自制には、新しい要因も含まれていた。服従者の連合から報復される恐怖も引き続き乱暴な行動を抑えていたが、私が考えるに、原始的な良心が発達すると、今度はルールが内面化され、その結果、個体の行動を集団の好みに敏感に合わせられるようになったのではなかろうか。

ルールに感情的に共鳴する能力が、社会的行動の全体のパターンに――ひいては選択の結果に――大きく影響しはじめたのはいつなのかを見積もることはできない。比較的大きな脳をもっていたホモ・エレクトゥスのころというのは、少なくとも可能性として考えられる。しかし私は、そのような社会選択がかなり決定的になったのは、二五万年前、さらに大きな脳をもつ初期のホモ・サピエンスが、登場してかなりあとになって、大型の有蹄哺乳類の狩りを始め、その肉に頼るようになったころでなければならない、という立場をとっている。集団内の人々が本当に効率よく狩りをするには、きっとかなり平等に肉を分け合う必要があったはずで、気候の変化で地域の環境が厳しくなったとき、この効率の良さは集団や地域のレベルで生存にとって不可欠だったのではないか。すでに見たとおり、徹底的な制裁を下した場合にもうひとつ考えられる結果は、そうして力を奪われたアルファは集団の女たちを生殖面で支配するのが難しくなったということだ。これが一夫一妻制(単婚)の誕生や発展に道を開いたとしても不思議はない。

真に強い良心の進化が始まったと思われる時期として、私は今から二五万年前を採用しているが、新たな事実が見つかれば、この説も修正を迫られるかもしれない。初期の人類のなかに四〇万年前に労働集約型の狩りに頼っていた者がいるとわかれば、その時期も今から二五万年前ではなく四〇万年前になるだろう。どこかでホモ・エレクトゥスの新しい遺跡が見つかり、一〇〇万年前に大型有蹄類の組織的な狩りがおこなわれていたことがわかれば、また同様に一〇〇万年前になるが、その進化に関与した脳ははるかに小さかったはずだ。しかし、こうした説を唱えたとしても、初期のホモ・サピエンスが今から四〇万年前から二〇万年前までのあいだに、肉を切り分ける者が大勢からひとりに変わったという事実と折り合いをつけるのが難しい。

こうした時系列はどれも確実とは言えないが、歴史的経緯にかんする私の理論によれば、道徳の進化の第一段階で進化的良心が生まれ、人間がひとたび道徳的になると、ふたつの新しいパターンが発展できるようになった。ひとつは、利他的な者に有利な「評判による選択」で、もうひとつは、道徳を語ることによるフリーライダーの抑圧であり、これは乱暴者だけでなく泥棒やいかさま師も標的になっただろう。その時点で、利他的な者同士がペアになりはじめたという説も立てられる。そして進化する良心の助けもあり、より高度な戦略をもつ社会統制によって、人々は、集団のルールや願望に比較的敏感な逸脱者を、傷つけたり殺したり追放したりせずに、矯正することができるようになったのだ。

新たな証拠が見つからないかぎり、人間が現代的な文化をもつようになったころには、人間の道徳的生活は、基本的に今日のLPA狩猟採集民が——さらに言えばわれわれ自身が——知っている形に完成していたと言える。その時点でわれわれは、徳の観念も恥ずべき罪の観念ももっており、人間の寛大さの重要性を十分に理解していたから、当時は人口密度が低かった地球の全体に常識的な黄金律が広まった。われわれは、みずからにたっぷりあった利己性を重要な点で克服した種族なのだ。もっともこの克服には、絶えず警戒し、ここまで述べてきたようなかなり積極的な刺激を与える必要があったのだが。

第12章　道徳の進化

「道徳の起源」はいったいどんなものか？

　これまで見てきたように、始まりについて興味をもつことはあまりにも人間らしい行為だ。それどころか、なぜかわれわれの脳はそう思うようにできていたらしい。道徳の重要な問題にかんして、人はだれしも、「自分たちはいかにしてほかの動物とまるで違うようになったのか」と考えるようだからだ。だれの心にも存在する直感的な哲学者は、「なぜかずっと存在していたにちがいない」と思うのでなく、ただ自然に「物事はどう始まったのだろうか」と考える。そして道徳の領域で人間が見つけ出してきた答えは、控えめに言っても実にさまざまで、また魅力的でもあり、面白いことも多い。

　聖書に結びつけて物事を考えがちな人にとって、道徳の起源と聞いて思い起こすのは、アダムとイヴが、すぐに手の届くほど低い枝に生《な》っている、誘惑に駆られる禁断の知恵の実をじっと見ているところかもしれない。あるいは、そのふたりが堕落して、秘めやかなものとなった性器を、近くのイチジクの木からむしり取った葉で恥ずかしげに隠しているというイメージかもしれない――多くのルネッサンスの絵画に見られるように。ところが、この物語が書かれるよりはるか昔から、世界じゅうで似たような神話が口承されており、人々の似たような興味を満足させていた。

人類学者が自信をもって言えるのは、今日、民族誌の報告があるほぼすべての文字をもたない社会において、人々は起源――世界の起源であれ、人間の起源であれ、道徳の起源であれ――をめぐる疑問について深く考えるだろうし、話術の才能の持ち主に、記憶を頼りに起源の物語を語らせるだろう、ということだ。その証拠となっているのが、とても想像力豊かで具体的なナヴァホ族の神話であり、「イチャア」にかんするひとつの話だけとっても、人間が初期に蛾のようなものから発達を遂げたことのみならず、近親相姦のタブーの道徳的起源と、それが生じた経緯についても語られていた。この話は、ナヴァホ族の優れた神話作者スリム・カーリーが一九三〇年代に語ったものだ。

もちろん、人々が起源に寄せるこうした普遍的な関心はＬＰＡ狩猟採集民にも見られるので、この「焚き火を囲んで」語る神話をたどるアプローチは、はるか昔にまでさかのぼれると言っていい。エデンの園の物語、道徳の起源に対するダーウィンの個人的な関心、そして本書を書くこと自体が、四万五〇〇〇年以上前のアフリカの新石器時代に人類が文化的に前適応していたから生まれたのだと言えるだろう。そして、好奇に満ちあふれ、問題を解決しようとする同じ心が、今日われわれにもまったく同じ問いかけをさせ、作家たちに道徳の起源にかかわる一般向けの本を書かせてきたのだ（そのうち、数々のサイエンスライターの著書についてはこれから論じるつもりだ）。

こうした初期の言い伝えによる神話の数々からうかがえるのは、最初の人間がいた――それから道徳が生まれた――というのは、でっち上げられた作り話にすぎないということだ。やがて生じた本格的な宗教の信仰についても同じことが言える。それゆえわれわれは、アダムとイヴを、かつて神話のなかに忽然と現れた人物のうち、おそらく最も印象的なふたりであると考える。一方、自然選択説からは、これとはかなり異なる解釈がもたらされる。生物学的な進化は、その前に獲得したものの上に、徐々に構築されていくプロセスだからだ――たとえ断続的ではあっても。

絶えず遺伝子変異が生じているという事実は、先例のない目新しいものが存在することを少なくとも示唆しているが、変異遺伝子とランダムな遺伝的浮動〔遺伝子プールが、自然選択に関係なく偶然によって変動すること〕は、ダーウィンの提唱したプロセス全体に自然が素材を提供する手だてにすぎず、そうしたプロセスは、基本的には完全に盲目的に、きわめてゆっくりと時間をかけて進み、その前に生じたものの上に築かれていく。エルンスト・マイアーのような生物学者から見れば、この今なお進行中のプロセスは、本質的に動的であると同時に連続的でもある。(1) それでも、なんらかの進化的事象がわれわれの常識に照らして目新しく重要であるとき、われわれは確かに起源について考えがちである。このことは一八五九年、ダーウィンが初めての著書に『種の起源』というタイトルをつけたときにも当てはまった。この非凡な博物学者は、明らかに道徳の起源についても深く考えていた。彼自身の科学的推論の基準が高かったので、『人間の進化と性淘汰』で暫定的な歴史的順序を提示することすら自分に許さなかったけれども。

このように、「道徳の起源」はわれわれの科学用語のなかでも由緒正しいものだが、この起源は前適応にもとづいているはずなので、神話作者の「でっち上げた」考えは除外しなければならないということは、心にとどめておかなければならない。変異遺伝子が重要だったのは間違いないが、基本的に自然はいつでも、古い構成要素を新しい要素と組み合わせ、そうしてできたものをさらに新しい要素と組み合わせたがるものだ。これが、マイアーの言った連続性をもたらしている。

道徳の起源となるものは、羞恥心を含む良心をわれわれにもたらした自然選択によって、何千世代もかけて徐々に生じたのではないかと私は述べた。ほかの選択の事象と同様、これには前適応だけでなく、きっと大きな環境変化も関与していたにちがいない。私の説によれば、恥を感じる良心を生み出した直接の要因は、処罰による社会選択なので、実際には道徳の起源を作り上げるのを助けた環境がふたつあると考えられるのだが、それは第6章で提案した三つの時系列的な仮説のどれが有効かによって決まる。

ふたつのうち間接的なほうは、変わりやすい自然環境だ。これは、狩りの対象となる、おいしくて栄養のある大型の有蹄動物を提供するとともに、本格的な狩猟用の武器を作るための材料や、食料として採集する植物、飲み水、雨風から守る手だてのほか、おそらくはなんらかの薬草と、ときにはストレスのかかる期間ももたらした。しかし、もっと直接の選択圧をもたらしたのは、社会的環境だったし、この社会的なニッチ（適所）は、ある程度人間自身によって生み出された。[2] 最初の処罰するタイプの社会選択はわれわれに良心を与えてくれたが、フリーライダーをきわめて効果的に抑圧することによって、のちに現在のわれわれが有しているほど強い利他的な形質を進化させることができたのである。

道徳はいつ生まれたのか？

道徳の起源を具体的に明らかにすることにかんしては、哲学者のメアリー・ミッジリーが、五年前に『倫理的な霊長類』でかなり悲観的見方を示している。

われわれが本当に知りたいと思うのは、われわれの遠い祖先が、いつどのようにして実際に良心に煩わされるようになったのか、どのようにして自分で自由に選択できることに気づいたのか、そしてどのようにして道徳への関心を発達させ、現在のようにあらゆる人間社会に及ぶまでに至ったのか、ということかもしれない。だがこの未知のプロセスについては、ほんのわずかな、じれったくて仕方ないほどの示唆しか得られそうにないし、それも役に立つのと同じぐらいたやすく、われわれの判断を誤らせるものばかりだ。判断を誤らせるというのは、ただ数が乏しいためだけでなく、遠い昔の話だからでもある。われわれがどうにかしてある決定的な瞬間に彼らの話を盗み聞くことができ、言語——あるいは原始的な言語——がわかったとしても、われわれに想像もつかないほど未知の状況なので、理解できる見込みはほとんどないだろう。そのため、この空白はほかの歴史的空白と同様、間接的な証拠や前後の出来事、ほかの種との念入りな比較によって、できるかぎり埋めるしかないのだ。(3)

道徳の起源を進化の歴史で再現することについて、私はミッジリーよりも少しばかり楽観的にちがいないが、これまでの一〇年間、チンパンジーやボノボやLPA狩猟採集民にかんするデータに没頭して過ごし、彼女が求めるような比較や関連づけをたくさんしようとしてきた。それからまた、彼女が認めている障害にも気づいていて、そのため原始的な良心について、その存在を認める以上のことを語ろうとはしてこなかった。

それと同時に、私は考古学者が見つけ出していることを見逃さないようにも注意してきた。すでに紹介したメアリー・スタイナーによるふたつの研究は、本書が支持するいくつかのもっと具体的な理論にとって欠かせないものだったし、それらの理論もやはりこの一〇年のうちに発表されている。それによれば、人類は二五万年前に本格的に大型の獲物を狩るようになり、獲物の肉の解体の仕方も変わった。それは社会に大きな影響を与えたと考えられる。そこで私はこう考えた。こうしたさまざまな間接的証拠が統合できれば、そして相対的な妥当性が、仮説全体の検証に用いる科学的基準となれば、われわれが——そしてわれわれだけが——道徳的な存在となった経緯のより完全な理解へ向けて、少なくとも大きな取っ掛かりが得られるだろう、と。

私は道徳の起源を、太古の人類の重要な政治的移行に結びつけた。序列のなかで生きる種から、熱心な平等主義となった種への移行である。私が提唱した理論は、次のように簡潔に表現できる——この平等主義というきわめて決定的な「ブランド」をしっかりと定着させたのは、政治的にまとまった集団が、怒りを買うアルファ雄の行動を「禁止」させ、処罰を与える能力だった。その影響力は甚大だった。これにより、自制が進化的に奨励され、ほとんど人間特有のやり方でフリーライダーの抑圧も始まったからだ。

現在の証拠からは、大型の有蹄類を追いかけはじめたばかりの人類が、ひょっとしたらまだ祖先の類人猿とほぼ同じぐらい序列的だったのか、あるいは、平等主義への移行がすでにかなり進んでいたのかは特定できない。もっと個々の自主性を求めたり、繁殖のために雌にもっと近づきたがっている下位の雄の存在を別にすれば、早くからあったほかの要因として考えられるのは、どんな獲物の肉を手に入れて解体するときにも——大型動物だけでなく、もちろん、「原初のチンパンジー属」が狩っていたような小型の獲物の場合でも——より効率的に分配したいという欲求だったかもしれない(4)。

太古のシナリオがどうあれ、全体として平等主義へ向かうこの政治的移行はかなり速く進んだと思われるし、人類が積極的に獲物を追う狩人となりつつあったときに平等主義は決定的になり、文化的に制度化されたのではないか、と私は考えた。十分な栄養を確保するには、ばらつきの低減がとても重要だったので、人類はかなりの数の狩猟者がいる集団で暮らさなければならなかった。また、そこそこ大きいが巨大ではない獲物を仕留めて、どうにかそれを効率よく分配する必要があった。狩りのチームの全員が獲物を追うのに大量のエネルギーを日々投じていたからだ。こうした仮説には、なんらかの明確な経験的裏づけ――および、なんらかの一般的妥当性――があると思う。だが、その判断は読者に委ねたい。

そうした平等主義の発達を、脳のサイズにかんするありのままの考古学的な証拠に合わせてみてもいい。少なくとも論理的には、脳が大きいほど、自主性を好む下位の者たちが効果的に団結し、肉――あるいは雌――を得るうえで高い地位の支配者に対する競争力を上げることができたはずだからだ。それでも、いつ脳が社会的に十分に強力なものとなって、明確で安定した平等主義の秩序を生み出せたのかは、まったくわからない。

すでに私の考えとして、原初のホモ・サピエンスは、労働集約型の狩りが始まった二五万年前には完全に平等主義になっていたとも考えられると述べた。それが事実なら、話はすっかり変わり、完全な平等主義が狩りへの道を開いたのであり、その逆ではないという理論を立てられるだろう。だが、道徳の起源にとって、このことは重要ではない。むしろ重要なのは、初期の平等主義の秩序をもたらした強力な社会統制が、われわれ人間の良心を進化へ導いたということなのである。

私が仮説のなかで最も自信をもっているのは、二五万年前よりあと、原初の人類集団では、効率的な肉の分配が明らかに必要で、アルファ雄に対して今日と同じような、徹底的で、効果的で、総合的な抑圧をすることによって、多大な利益が得られたというところだ。これは、ひどく攻撃的なフリーライダーを抑圧することになっただろうし、きっとそうしたフリーライダーには、アルファになる強い傾向をもつ多くの人だけでなく、盗みやいかさまのような反社会的気質をもつ人も含まれていただろう。そうした気質もまた、効率よく平等に肉を分配するのをひどく邪魔したはずだ。そのような行動はどれも、複数の家族からなる集団のメンバーの怒りを買ったにちがいない。彼らは好物の食料を熱心に分かち合っただろうし、破滅的ではないにせよ、周期的に食料難に直面していたので、そうした分配が非常に重要になったはずだ。

平等主義への移行らしきものが始まったころ、生来の支配者を自分に挑みかかる集団に従わせた第一の原始的な（祖先の）心理メカニズムは、攻撃されるという恐怖だっただろう。そしてたいていは、怒れる集団と抑制の利かない支配者との物理的な衝突が今日よりはるかに頻繁にあって、良心に有利となる社会選択を強くうながしたと思われる。

この良心は、ルールの内面化にもとづく自制がより効率的になるにしたがい、進化を遂げたのだろうし、メアリー・ミッジリーやあなたや私にもわかる程度にまで良心が発達すると、脳に変化をもたらしたにちがいない。このプロセスには、少なくとも一〇〇〇世代を要したようだ――かなり残酷なことが多かったと思われる初期の社会選択が、どれだけ強く働いていたかによって多少は異なるけれども。一〇〇〇世代では二万五〇〇〇年ほどにしかならないので、もっと妥当な数はきっと二〇〇〇～四〇〇〇世代（五万～一〇万年）だが、すでに見たとおり、われわれの三つのシナリオのどれに従っても、最大で八〇〇〇世代までは可能だと考えられる。

現代の良心に近いものが生まれた時点で、これに恥ずかしさで赤面する反応と、ルールに感情的に共鳴する能力が含まれていれば、まさしく道徳の起源ということになるかもしれない。比較対照とすべきは、オオカミや家畜化されたイヌ、あるいはボノボやチンパンジーに見られる恐怖によって服従する自制だ。ひとたびわれわれが完全な道徳観念を獲得すると、そこには社会的に魅力のある美徳と恥ずべき悪徳についての考えが組み込まれ、それに従って仲間のうわさ話をしたり、道徳的な自我の意識をもったりして、獲得する前との差は歴然となった。

次に述べる仮説は、本書の前半で展開した三つの暫定的なシナリオのどれとも矛盾しない。第一に、集団が怒って処罰をすることによる社会選択が、まずこの身体的に進化を遂げた良心をもたらした。そして第二に、その際、ただ乗りする乱暴者や反社会的衝動を自制できなかった者はみずからの「罪」の報いを遺伝的に受ける羽目になり、その後、それと同じような、とうとう道徳性をもつまでになった要因が、フリーライダー予備軍の行動を強く抑圧しつづけた。またそのことで、利他的な形質が遺伝的に進化することもはるかに容易になった。道徳の進化におけるこの第二の段階は、遅くとも二〇万年前あたりには始まっていたようだが、あくまで推測である。すると、利他主義者はただ乗りから守られるだけでなく、ほかの利他主義者と結婚もするので、利他的形質に遺伝的に有利に働く選択圧は非常に強力になり、それから数千世代が過ぎたときには、人間は現代と同じぐらい利他的になった。したがって、およそ一五万年前、身体構造のうえで現代人と同じになっていたアフリカの人類が、文化の点でも同じになりかけていたと仮定できるとしたら、そのころにはわれわれは道徳的な存在となりかけており、遠い祖先よりもはるかに利他的になろうとしていたのだろう。

このシナリオは全体としてどれほど「正しい」のか？

これが現時点の情報でまとめ上げられる道徳の起源の物語であり、かつて語られたどんな話とも根本的に異なる。この話をするにあたり、私は科学者としてかなり大胆なことをしたかもしれない。そうしたのは、この問題が人間的見地からとても重要であり、本質的にとても魅力的でもあったからだ。それでもこの話がしにくいのは、私がここで展開した多くの側面をもつ全体論的なシナリオを科学的基準（明確な「反証」も含まれる）をもとに検証することが容易ではないからである。

もちろん、それを構成している仮説の多くは容易に確かめられる。たとえば、祖先の行動が節約の原理をもとに再現されたり、四万五〇〇〇年前に現代人と同じ文化をもつようになった狩猟採集民の行動が再現されたりしている。これとは別のアプローチのできる領域がほかにもたくさんある。道徳性の定義そのものや、羞恥心の意識や、私が用いている進化的良心のかなり広い定義などがそうだ。それでも、本書で提示した道徳の起源の理論をまとまったひとつのものとして考えれば、これを検証する最善の方法は、道徳の進化にかんするほかの理論と比べて全般的な妥当性を判断することとなる。[5]

ダーウィン以後に唱えられた道徳の起源の理論

道徳の起源が関与する科学の領域は広い。これほど大きくて比較的探究されていないテーマなら、それも当然だ。しかしここでの私の興味は、社会学者のハーバート・スペンサーや、トマス・ハクスリー、そのほかもっと最近の人々によって議論されてきたような進化倫理学にまでは及ばない。[6]本書が視野に入れているのは、羞恥心や美徳、血縁以外への寛大さ、道義的な集団による社会統制といったものが、進化の過程で発達する際に働いたメカニズムだ。そして私が目標としたのは、道徳の起源にかんするきちんと歴史にもとづく自然史を、ディテールに十分注意を払って記すことだった。そこには道徳が生まれる前のことと、生まれたあとに人類の社会生活に起きたことが含まれる。

道徳の起源というテーマにかんして、ある興味深い展開をもたらしたのは、一世紀以上前に発表されたフリードリヒ・ニーチェの『道徳の系譜』（木場深定訳、岩波書店ほか）[7]である。この有名な著作家は、ダーウィンの説に従って進化論の色合いを強く帯びた、いわば哲学者版の道徳の起源を提示した。彼の考える起源のシナリオはずいぶん空想的ではあったが、具体的で、私のものと同じようにかなり政治的だった。しかし、基本的にその議論は、いかにして道徳が生まれたかについてよりも、むしろ力や、無抵抗の弱さ、反キリスト教といった問題についてのものだった。力というテーマはある意味で、ニーチェの著作と本書で私がおこなっていることとを結びつけているが、狩猟採集民の平等主義の良さは、強者を抑制するために力を合わせることで、弱者が強くなるという点なのだ。

考古学の専門書として、ジェイムズ・ブレステッドの『良心のあけぼの』は、タイトルからして大いに期待できそうに思われるが、(8) そこに示された考えは、道徳の進化について手がかりを得るには古代エジプト人だけに目を向けなければならないというもののようだ。ダーウィンはこれに賛同しなかっただろうし、私も同意しかねる。だが、ダーウィンは、フィンランドの社会学者エドワード・ウェスターマークの記念碑的著書『道徳観念の起源と発達』(9) なら完全に認めるはずだ、と私は確信している。その本はブレステッドの本より早く、ダーウィンの死の二五年後に出版された。

ウェスターマークの見事な分析は、当時入手できた文字をもたない文化の民族誌をふんだんに利用しており、道徳的感情（利他行動を含む）、良心、「死刑」など、私がここで注目した話題もいくつか扱っている。示唆に富んでおり、全体的にすばらしい本なのだが、今日、この興味深い研究は主として、第9章で触れた近親相姦にかんするほとんど思いつきの仮説のために知られている。(10) この説得力に富む総合的な理論は、感情に焦点を当てた今日の進化心理学の先駆けとして、またほかにも多くの理由で高い評価に値する。しかしウェスターマークは、自分のおこなった進化の分析に強い歴史的要素をもち込んでダーウィンの一般的なアプローチに従うようなことはしなかった。第一、当時彼の手に入る情報では、それはかなり難しかっただろう。

私は、道徳の起源を完全に説明するには歴史的要素が欠かせないし、ダーウィンが良心を「副産物」のように提示するしかなかったのは、必要な情報を手にしていなかったからにほかならない、という考えに従ってきた。今日、私以外の多くの学者は、主にこれまたダーウィンに由来する「適応性のあるデザイン」という歴史と無関係な視点から、道徳の起源の問題を積極的に検討している。しかし、考古学から得られる知識が大幅に向上しているのに、また高い信頼性をもって祖先の行動を再現できるようになってきているのに、この歴史的要素がそれほどまでに無視されていることは不思議に思える。

ひょっとしたらその一因は、良心の問題に取り組むにあたり、ダーウィンがひとつの先例を作っており、忠実なダーウィニズム信奉者として彼の研究に敬意を抱いている科学者は、そうした問題で歴史的分析をするのは論外と見なしたことにあるのかもしれない。一方で、もうひとつ不思議なのは、好奇心豊かなダーウィンは学問に境界がないことを知っていたのに、現代の学者は専門の蛸壺に入ってしまいやすいということである。

エドワード・O・ウィルソンは、学際的な名著『社会生物学』（坂上昭一ほか訳、新思索社）を、人間の社会進化についての暫定的な歴史的分析で締めくくっている。利他行動が焦点になるという意味で、そこには道徳の問題が含まれていた。[11]ところが数年後、道徳性をはるかに直接的に扱った著書『人間の本性について』（岸由二訳、筑摩書房）では、彼はこの歴史的要素をそれ以上追求していない。[12]ウィルソンの著したこの後者が、マット・リドレーやロバート・ライト、ジェイムズ・Q・ウィルソン、あるいはマイケル・シャーマーなどの有名な一般書の基準を作ったのだと私は思う。

リドレーのポピュラーサイエンス『徳の起源』（岸由二監修、古川奈々子訳、翔泳社）は、血縁選択や互恵的利他行動といったモデルにしがみついている点で、本質的に社会生物学の論文だ。[13] ロバート・ライトの『モラル・アニマル』（小川敏子訳、講談社）[14] と同様、リドレーの本では基本的に歴史的要素をまったく掘り下げていない。同じことがジェイムズ・Q・ウィルソンの『道徳観念』[15] にも言え、こちらはもっと人道主義的に書かれているが、もっと専門的な進化心理学の学術書と同じく、ダーウィンによる自然史の記し方と比べれば、やはり歴史と無関係だ。似ているがもっと幅広い理論を展開するマイケル・シャーマーの『善悪の科学』[16] は、ある意味で社会生物学の伝統を抜け出している。グループ選択の理論をある程度真剣に考慮しており、エルンスト・マイアーとデイヴィッド・スローン・ウィルソンからも支持されている。[17] だがこれもまた、本質的に歴史と無関係だ。マーク・ハウザーの『道徳心』[18] もやはり本質的に歴史と無関係で、こちらは道徳の起源に対して言語学的なアプローチをしている。

　哲学者のレナード・カッツが編纂した『道徳性の進化的起源』と題したもっと専門的な書籍[19] では、この分野に現在見られる多様な科学的議論から選び出された好例が、四つの長い章に挙げられている。私はすでに、ジェシカ・フラックと霊長類学者のフランス・ドゥ・ヴァールによる最初の小論について触れた。ふたりは、道徳の進化の主な構成要素として共感について論じていたが、[20] 私は同じ効果に対してもっと専門的な用語の「前適応」を用いた。彼らによる構成要素のアプローチは、歴史的な進化のアプローチとうまく結びついており、私はふたりの論文を読んだ結果、本書で人間の同情（彼らはそれを共感と呼んでいる）を大いに強調してきたのである。

　カッツの本では、その次に私の書いた人類学の章が続き、[21] 道徳的行動の自然選択という観点から先史時代における社会的制裁と争いの解決の役割を取り上げ、ここで私が展開したフリーライダーの抑圧にかんする理論が示唆されている。三番目の章では、哲学者のエリオット・ソーバーと生物学者のデイヴィッド・スローン・ウィルソンが、『他人にせよ』[22]でおこなった議論を続け、道徳の進化における重要な要因としてグループ選択を確立し、その理論的範囲を広げようとしている[23]（『他人にせよ』では、進化論が多く語られ、民族誌が一部で見事に利用されているが、やはり歴史的なプロセスそのものはあまり重視されていない）。最後の章では、進化哲学者のブライアン・スカームズ[24]が、関連する数理モデルの作成にしっかり取り組んでいるが、その特質上歴史と無関係で、ゲーム理論と適応性のあるデザインの観点から道徳を説明しようとしている[25]。

人間の本性の問題

道徳の進化における人間の本性の側面を対象とした現代の研究は、大多数がこの最後のスカームズによるアプローチに近い。そうしたモデルを検証するために、たいてい一次データは実験室で生み出される。通常は子どもか大学生が被験者となり、実験結果は進化論的なデザインの基準に照らして検証される。この解析方法は（すでに述べたとおり）ダーウィンに直接由来するものだ。チューリヒ大学のエルンスト・フェールなど、多くの進化心理学者や進化経済学者がこの種の研究をおこない、道徳の分野では、進化心理学の全般的な色合いが、デニス・クレブスによる論文のタイトル「ヒトという種における道徳的気質の進化」[26]にある程度表れている。それでも全体的に見れば、総合的な自然史ではなく、デザインへのアプローチなのである。

増えゆく進化経済学者たちのなかでは、当初ロバート・トリヴァースを触発したタイプのゲーム理論を練り上げたものが、人間の寛大さ、われわれの公平さの感覚、処罰の利用、処罰に加わらない者の処罰といった道徳にかかわる行動を調べるために用いられている[27]。さらにロバート・フランクは、とりわけ著書『オデッセウスの鎖』（大坪庸介・山岸俊男訳、サイエンス社）で、良心と道徳的感情を進化の面から理解するのに大きく貢献している。[28]

最近の興味深い論争に、私の支持する平等主義の理論とつながるものがある。この論争にかかわっているのは、こうした実験で被験者が「不公平な」申し出をする者を罰しようとするとき、それは報復しなければならないという悪意（さもなければ怒り）が動機なのか、それとも不平等への嫌悪の表れなのか、という問題だ。[29] その後の実験によれば、子どもは七〜八歳になるころには、この後者の感情にもとづいて行動しているようだ――これは、反序列的な感情が人間の本性の重要で進化を遂げた構成要素だという主張を裏づけるのに役立つ。

サミュエル・ボウルズやハーバート・ギンタスといった進化経済学者は、「強い互恵性」を通して社会統制の影響を探った。[30] そしてボウルズはまた、集団同士の戦いに重点を置きながら、更新世後期にグループ選択が利他的な形質を支持するように強く働いた可能性も探り、[31] 先史時代の戦争が、当時の狩猟採集民の集団間に見られた大きな遺伝的差異とあいまって、グループ選択に有利に働く大きな力を生み出した可能性があるのではないかと述べている。[32] 私がとりわけ重視してきたフリーライダーに対する道義的な抑圧を考慮に入れれば、それによって利他的な形質の進化を説明するマルチレベルの重要な方策が得られるかもしれない。

歴史の問題

現代の考古学者と古人類学者は、人類とその物質文明の長期にわたる物理的進化を歴史的に説明するというすばらしい仕事をおこなっており、歴史的な視点から説明するという基本的な研究方法は、直接ダーウィンから手がかりを得たものだ。彼らはまた、先史時代の文化の進化にかんする認知的な面も研究し、良い成果を上げている。[33] ところが、われわれの進化の道徳面の説明となると、今しがた挙げた学者たちも、ダーウィン自身が好んで使ったはずの歴史的なアプローチをすぐには採用しなかった。

多くの人にとって、私が道徳の自然史をより歴史的に記すことに関心をもっているのは、かなり古くさいか、非現実的にさえ見えるかもしれない。だが私の狙いは、道徳の起源についてできるだけ完全なシナリオを提供することであり、そのために内容豊富で全体論的なアプローチによる進化の分析を採用することにした。ダーウィンが、データを使えたときには必ず利用して良い結果を出した方法である。私はもっと良いデータを望むこともできたかもしれないが、本書では多くの仮説を提供することにした。将来、より良いデータが入手できるようになるにしたがい、多くの分野で道徳の起源を探究する際にこれらの仮説が役立つかもしれない。現在の作業仮説のいくつかが最終的に修正されたり、さらにはより妥当と思われる理論に取って代わられたりしても、それはそれでかまわない。

人間の真社会性は、人間に特有のものなのか？

これまでの章から、道徳が生まれるには、われわれの行動面でいくつか根本的な変化が必要だったことは、十分にはっきりしている。だがわれわれの祖先の類人猿は、羞恥心の感情を欠いてはいたが、少なくとも「ルール」を課す能力を――個人として、また集団としても――他者から課せられたルールに応じるときにさえもっていた。われわれがもつ高潔な善と恥ずべき悪の観念は、利他的な寛大さに対する普遍的で象徴的に語られる愛とともに、われわれの存在を際立たせているのだ。

道徳の起源にかんして論じるとき、私は類人猿から現生人類にかけての相同な連続性にとくに注目してきたが、そこにはまぎれもなく「目新しい」と言えそうなものも存在していた。記号言語（そのおかげでこれほど特殊な形でうわさ話ができる）は、そうした進歩のひとつだ。恥ずかしさで顔を赤らめることも、この意味で進化における大きな異常《アノマリー》と言える。(34) そうした赤面は、他者に送るとなんらかの形で発信者の適応度を高めるようなシグナルだったのだろうか？　あるいは、社会的な危険を招いていることを自分に知らせる手だてとして進化を遂げたのだろうか？　いつか、何かもっと根拠のある推測ができるようになることを願いたい。

社会的な反応としての羞恥心と、それに伴う身体的反応としての赤面は、どちらも自意識と密接にかかわっており、人間に特有のものに思える。同じことは、深く感じる善悪の観念とともに、行為にかんする集団のルールを内面化する能力についても言える——この能力は、道徳的に価値があるかないかを判断する個人的な感覚にもとづいたものだ。われわれ人間の程度の利他行動と協力では、さまざまな生物のなかでユニークと言うほどではないかもしれないが、ほかにどんな動物が、羞恥心を知ることによって、あるいは美徳の意識を発達させることによって、われわれのレベルに達しているだろうか？　また、協力の社会的な役割を十分に理解しているために、みずからの利他行動を意図的に増幅する動物がほかにいるだろうか？

長年問題にされてきた利他行動のパラドックスについて言えば、血縁以外に対する「道徳化された」寛大さは、確かに哺乳類のなかではわれわれのほかには見られない。すでに紹介した、グループ選択によって血縁にもとづく真社会性のコロニーで暮らす、興味深い哺乳類も含めてそうだ。(35) たとえば極端に協力性が高いハダカデバネズミは、齧歯類でありながらアリのような社会組織を作るので、実のところわれわれの自己犠牲的な寛大さをたやすくしのぐこともできる。しかし、その根底をなすメカニズムはわれわれのものとはまったく異なるようで、道徳性が介在しないことは明らかだ。もちろん、このことはアリやミツバチやスズメバチなどの社会性昆虫にも当てはまる。[36] 彼らも「無私無欲で」社会に尽くすという点ではわれわれをしのぐかもしれないが、相同性を探すとひどくがっかりさせられる。基本的に、それらの行動には、内面化した良心やうわさ話、集団による社会的な圧力、羞恥心による赤面、あるいは道徳的に怒った集団が道義的におこなう「死刑」といったものは何も存在しないのだ。

とはいえ、人間の協力する能力がどこまで実際に発揮できるかを考えると、ミツバチの巣がすぐに思い浮かぶのは確かだ。エジプト人などのピラミッドを建造した人々——あるいは、田舎のフッター派のコミュニティやヒッピーのコミューン（生活共同体）、さらに言えばナチスの国防軍の最も献身的（かつ冷酷）な精鋭部隊——を考えてみるだけで、共通点が見つかる。[37] それでも、社会性昆虫は目を引く類似性を示すだけだ。そのことから、自然選択は複数のやり方で集団的指向をもつ種を偶然作り出すことがわかる。

こうした真社会性のコロニーで暮らす動物を「原初のチンパンジー属」と比較すれば、このわれわれの祖先である類人猿は、グループレベルでの協力では見劣りする。そうした協力は主に、同じ種の乱暴者を袋だたきにしたり、集団で近隣をおびやかしたりすることに限られていたからだ。それでも、道徳の起源と人間の協力方式の進化にかんするかぎり、有用な構成要素を築き上げたのは、この社会性が限られていた祖先の類人猿だったのである。

種々の真社会性動物に比べ協力性のはるかに低い「原初のチンパンジー属」は、われわれと次のような相同性を示す。与えられた情報から再現してみると、彼らは自意識、視点取得、支配と服従といった能力だけでなく、反序列的で支配へ対抗する連合を形成する能力ももっていた。それに加え、母親は共感をもとに子どもを社会化し、文化の学習のモデルを提供した[38]。これはすばらしくも偶発的に起きた一連の前適応であり、そのすべては構成要素として道徳の進化にとって重要で、決定的でさえあったと私は考える。

それでも、こうした祖先の類人猿は、主に日常的に自分たちの縄張りを守る場合、ときにはアルファを抑えつける場合、あるいはひょっとしたら捕食者に襲いかかる場合にも、集団全体として協力した[39]。「原初のチンパンジー属」と同じく、今日のチンパンジーとボノボも決してピラミッドを作りそうにないし、組織をなして公正で基本的に平等なやり方で肉を分配しそうにもない――「原初のチンパンジー属」は、われわれヒトも含めた三つの種の共通祖先であるにもかかわらず。そして、本書の初めのほうで紹介した深遠な進化の疑問は、まだ残っている。このチンパンジー属の二種には、われわれとまったく同じだけ、良心を発達させる――少なくとも、羞恥心にもとづく善悪の感情のようなものを発達させる――時間（およそ六〇〇万年）があったのだ。なぜわれわれだけ発達させられたのだろうか――三種に共通する原始的な特質がいろいろあったのに。第5章の分析が正しければ（そして私が現生の類人猿を好意的に解釈しようと尽くさなかったことは認めるが）、彼らはわれわれとは近くない。また本書の分析全体から考えても、そうだろうと思われる。類人猿の集団の社会統制は、非常に限られたもののままだったので、恐怖にもとづく自制の反応で十分に役目が果たせていたからだ。

洗練された意図の影響

エゴイズム、身内びいき、利他主義という、われわれの遺伝的性質が提供しようとする三つの根本的な（そして競合する）「利益」を考えるなら[40]、基本的にまずエゴイズムが大いに有利になり、次いで身内びいきが有利となるだろう、と私は強調してきた。個人の利益も血縁者の利益も、われわれの遺伝的素質が単純に選ぶものであり[41]、それらが強力なのは疑いない。私がこれを繰り返し強調してきたのは、きわめて基本的なことで、この見方に異を唱える進化生物学者はどこにもいないと思うからだ。それにまた、われわれ人間のまだかなり謎めいている「利他指数」があって、これはダーウィン以来ずっと、とりわけここ半世紀あまりは、さらなる説明を強く求められている。

たとえ現時点では、血縁以外への寛大さにかかわる遺伝子など、機能面でかなり特定された人間の行動の遺伝子は何ひとつ突き止められそうにないとしても、総合的に見て、血縁以外に寛大であることをうながすこの先天的傾向は、ほかのものと比べるとかなり弱いはずだと私は提案してきたし、議論の余地はないと思う。ところが、ソーバーとウィルソンの著作によれば、日常的な状況で、このかなり弱い利他性は文化によって大きく増幅されて発現しうるというのである。社会的調和や黄金律のようなものを信じる社会的コミュニティによって、そうした利他性が積極的かつ意図的に強化されれば、そうなるというのだ[42]。

さらに強調しなくてはいけないのは、なんらかの洞察にもとづいてそのように表現型が増幅される場合、この意図的な働きかけは、特定の方向をめざす遺伝子選択のプロセスに「集中」しがちになる。とくに、社会生活を向上させる利他主義者が必ず好まれる一方、けちな人や破壊的行動をとる人はいつでも嫌われるのだ[43]。この意図的な働きかけを可能にしているのが、われわれの大きな脳であり、ある意味でこの意図性が、なんらかの目的へ向かう要素を社会選択の——またそれゆえ自然選択の——プロセスにもち込んでいる。寛大さをうながすと、利他的な遺伝子が評判によって選択されやすくなる一方、やりたい放題にただ乗りをする乱暴者やいかさま師を処罰すると、彼らのもつ利己的で攻撃的な遺伝子には不利に働く。つまり、利他主義者は政治的に団結しているかぎり有利となり、そのため彼らの遺伝子も遺伝子プールに多く存在するようになるのである。

処罰による社会選択と向社会性を重視する社会選択を指向する人間の好みは、遺伝子による束縛が比較的ゆるく(44)、またいくつかの選択肢から柔軟な選択をするので、さまざまな方向に任意の結果をもたらす。たとえば飢えに直面したとき、人間だけが、生と死と家族の存続にかんする社会的ジレンマを考え、目の前の選択肢から意識的に選ぶことができる。また人間の集団だけが、ひどく凝り固まった乱暴者を矯正させてみようか、それとも、その兄弟に介入してもらい、殺してくれるようにこっそり頼もうかというジレンマについて話し合うことができる。意図に高い知性が組み合わさって、違いをもたらしているのだ。

私はこうした考えを提示しているが、生物学者はふつう、進化のプロセスを「目的論」に結びつけるような言葉の使用を認めない。彼らの考えでは、そして私の考えでも、自然選択は定義上、基本的に盲目でなければならず、決して「導かれて」はならない。ところが、狩猟採集民の好みが遺伝子プールに影響を及ぼす場合、まったく意図的というわけではないにしても、自分たちに直接関係する社会的方策を決定し実施しようとする場合には、彼らはたいてい自分がしていることがきちんとわかっている。その証拠となるのは、LPA狩猟採集民がやはり記号を使って利他行動を増幅しようとすることだ。その結果、「評判による選択」は、遺伝子プールの形成にひと役買っている。人間がもつこの強い社会的な選り好みは、それだけでどんな進化論者にも何かしら真剣に思考すべきことを与えてくれる。

われわれ人間の文化的な能力全般と、幼少期に学ぶべく遺伝的に準備されている具体的な能力の多く——言語の獲得、困っている人を助けること、不平等を嫌うことなど——は、どちらも人間の社会を決まった方向へ進ませ、しかも進化の長い時間にわたり一貫してそうさせるという非凡な能力をわれわれに与えている。LPA狩猟採集民の集団で、日常の文化における優先事項と言葉で相手を動かす行動とを観察すれば、彼らは利他的な傾向を引き出すことと、協力の結果を保証することをかなり重視していることがわかる。生来の助ける傾向は、子育ての最中にもあとにも強化される。LPA狩猟採集民は、そうした強化をするときに自分が何をしているか、かなりよく理解しているのだと私は確信している。

文化が生物のしくみと密接に絡み合っているとしたら、どうすれば文化における「目的指向の」要素をうまく除外して、文化が遺伝子プールに及ぼしうる影響を問うことができるのだろう？　私が標本とした五〇の社会の狩猟採集民は、ルールに従って肉を分配するように要求したり、寛大さを積極的に奨励したり、ひどいフリーライダーを厳しく罰したり、争いに火がつく前に懸命に対処しようとしたりして、先述のような利他的な傾向をかなり日常的に引き出している。仲間の行動が犠牲者を出しそうな――あるいは争いを引き起こしそうな――ときに、彼らはしばしば先手を取って、自己の権力の拡大を目論んだり人を騙したりする行動をやめさせるのだ。

処罰による社会選択をこのように戦略的に用いると、ひどい圧制者、人を騙す逸脱者などの反社会的なほど利己的な人を除けば、だれもが子孫をよく残せるようになる。そして私は、そこでゼロサムゲームがなされていると述べた。たとえば肉の独り占めをやめさせると、欲張りの逸脱者は損をするが、ほかの全員は得をする。したがって、グループ全体の連携に加わり、少数のアルファ雄がレイヨウやシマウマなど、そこそこのサイズの獲物の肉を独占しないようにしたり、全員でおおよそ平等に分け合うように取りはからったりすることは、だれの遺伝子にとっても良いこととなる。

理論上重要な点は、文化にもとづくそうした意図的な働きかけが、自然選択の要素であると同時に、その産物でもあるということだ。すると、この働きかけの影響は、集団の日常生活が向社会的になるように方向づけるだけにとどまらなくなった。その影響が、われわれの遺伝子プールをも同じように向社会的になるようにうながしたからだ。思うに、われわれのすばらしい脳が、何千世代もかけてこうしたすべてを可能にしてきたのであり、まったく意図せずに得られたひとつの重要な副産物が、われわれを最初の道徳的な種《しゅ》にした良心なのである。もうひとつの副産物は、血縁以外に寛大な行動をとるというわれわれの特異な性向だった。それは、さまざまなメカニズムによって進化を遂げてきたものであり、人間はよりよく協力するために、それを意図的に増幅させてきたのではなかろうか。

寛大さの適応性

血縁以外に寛大になろうとする傾向は当然、生来の利己性や身内びいきと衝突する――そうした傾向は、われわれが経験してきた実にさまざまな文化的習慣によって増幅されており、社会選択によって適応度を高めるものとなるにしても。数万年から数十万年にもわたり、これら三つが日々の生活のなかでバランスをとって現れるおかげでわれわれの得意な「協力」が可能になった。そして狩猟採集民の全般的な肉の分配のパターンを見ると、われわれのもつ十分に増幅された生来の寛大さの衝動は、個人や家族や集団全体に非常に有益でありつづけた、協力的な狩猟と分配のシステムの潤滑剤と見なすことができる。

生殖の成功という観点から見れば、この協力的なシステムは、私が「平時」と呼ぶ時期にはすばらしくうまく機能していた――肉の分配が公平でないとしじゅう文句を言う、いつでも喧嘩好きなブッシュマンや、前に触れたオーストラリアの一部のアボリジニのような集団でさえ。重要なのは、どのLPA

狩猟採集民も大きな獲物を仕留めた直後にその肉を分配すること、彼らが同じようなやり方で分配すること、そして肉がいくら貴重であっても、彼らはめったに肉をめぐって深刻な衝突を起こさないことだ。これが彼らの通常のやり方であり、都合の悪い要求がなされても、社会的圧力をかけて分配のシステムを全員のために維持しようとするのである。

このような協力をすることでわれわれの祖先はとても有名であり、その協力は平時に、肉の供給が十分なとき——あるいは少なくともひどく不足してはいないとき——になされている。だが私はすでに、人間の協力について、同じぐらい重要だが語られてこなかった話も紹介した。われわれの種はいつも平時に暮らしていたわけではない。決してそんなことはなかったのだ。前にも述べたとおり、ひどい食料難の状況では、血縁以外に寛大になろうとする傾向は失われていき、身内びいきの協力さえ打ち捨てられることもある。

そうした柔軟さが見事なほどわれわれの種に役立ったのは、不測の事態に陥ったときに、利他的な肉の分配を平時の「景気のよいとき」のモードで続けようとすると、飢えて争いに追い込まれた地域集団が絶滅しかねない場合だろう。ひとたび集団の平等化された分配システムが放棄され、分配が身内びいきのレベルに落ちると、それによって少なくとも少数の幸運な、あるいは非常に巧みな家族は、もっと良い状況になるまで、またはより見込みの良さそうな別の地域への移住が果たせるまで、自分たちだけで協力して生き延びられたかもしれない。さらに厳しい状況になると、前に述べたように、今度はエゴイズムにもとづいて行動する個人のレベルでも、同じ議論が成り立つようになる。

リービッヒの法則が強く働きはじめ、すでに制限されている人間の寛大さの質がひどく損なわれると、概してそれに合わせて自分の反応を調整できる人は適応度を高められる。したがって、よく協力する集団や家族に溶け込むことは適応的な行為だが、後退する戦略をとって利己的になることも、それが唯一の活路なら適応的な行為となる。しかし適応の助けになったのはまちがいないだろうが、太古の厳しい時代にわれわれの種を存続させていた道徳的な人々にとって、感情的ストレスが非常に大きかったことは明らかだ。

極度の飢餓に襲われて抜き差しならない状況に陥ったときにこそ、われわれが議論してきた人間の本性にひそむ三つの傾向の役割分担は、最も正確に評価できると私は思う。これによってわかるのは、食料が十分に供給されているときには協力がかなりよく効果を上げるということと、われわれに生来備わっている血縁以外への寛大さはかなりささやかなものでも、文化がうまく強化するために——そして、寛大さがさらなる寛大さを生み出せるために——実のところ大きな役割を果たしうるということだ。その結果得られたのが、協力するという効率的な——だが崩れやすい——能力で、これはかなり柔軟であるという長所をもっている。だから今日、われわれは狩猟集団としてだけでなく、部族や首長制社会としても、あるいは個々の国家としても、効果的に協力することができる。これが今日のグローバルな国際社会にも有効かどうかは、また別の問題かもしれない。この問題についてはエピローグで手短に触れよう。

思考実験

人間が自分たちの社会を形成し、自分たちの遺伝子プールそのものに影響を及ぼす向社会的な選択をおこなえたというだけの理由で、われわれの種はこの方向へ向かうように進化してきたと言えるのだろうか？　私はそうは思わない。まず考えてほしいのは、更新世後期がおよそ一万二〇〇〇年前に本格的に終了へ向かいはじめるのでなく、あと五万年続いていたとしたら、そしてまた農耕が発明されていなかったとしたら、何が起こっただろうかということだ。そうしてさらに二〇〇〇世代にわたり、限られた仲間だけで（そしてほとんど当てにならないことが多い）狩猟採集を続けたなら、われわれの遺伝的進化は現在とは異なるものになっていたかもしれない。社会組織が今よりもスムーズに機能したり、道徳的な反応がやや違ったものになったり、寛大さにもとづく利他行動というささやかだが重要な才能が高まったり、あるいは、ありそうにないことだがその才能が消え失せたりさえもしていた可能性がある。

すると、現在生まれもっている道徳の能力は、結局のところまだ進化が作りかけている途上のものにすぎないのかもしれない――たとえそれが、非常に多くの点で、個人の生殖の成功に役立ち、環境が過酷になったときに切り抜けさせてくれるという、進化における重要な役目を果たしているように見えても。もし本当にわれわれの道徳の能力が今なお変化の途上にあるとしたら、われわれこそが道徳的な動物だとする自己像はあまり適切ではないとも思われる。そうした自己像は当然、何か自己満足した「完成品」と達観したような色合いを帯びるからだ。それでも進化人類学者たる私の仕事は、ありのままに語ることであり、これについてわれわれはただ推測するしかない。

良心の進化が、二五万年前を端緒とする「平等主義の革命」によって唐突に始まったとすれば、この進化はまだ続いているのかもしれない。ずっと昔に権力を憎み自立を愛するホモ・エレクトゥスや、雌にもっとうまく近づきたいと思っていたかもしれない原初のホモ・サピエンスによって、良心の進化がはるかに緩やかに始まっていたとしたら、われわれの道徳の進化はもっと遺伝的に安定したものになっていた可能性が高い――今から四万五〇〇〇年前に、最適化された良心と最適化された「利他指数」が平衡に達していたと考えられるからだ。この真偽を確かめる手だては見つからないかもしれないが、考えをめぐらすのは楽しい。

更新世に幾度も生じた過酷な状況についての科学的研究は、さらなる発見が続きそうなので、おそらくまだ完成に至ってはいない。[45] それでも言えるのは、われわれは真に危険な時期をかろうじて切り抜けたのだろう、ということだ。そのとき比較的少数の人間がレフュージ（避難所）にとどまって生きのびた一方、同じ地域の仲間は何十万人も死に絶えた。[46] 人間のもつ、進化する柔軟な道徳の能力は、この状況で重要な役割を担ったのかもしれないし、このような危機一髪の事態がときどきあったとすれば、条件に応じた調整があれこれできたおかげで、こうした柔軟な社会的能力が、種のレベルでわれわれを生き残らせるという仕事をかろうじてなし遂げたというのも納得できる。

明らかに言えそうなのは、不安定な更新世がさらに五万年続いていたら、そのまぎれもない不運の日々のあいだに、われわれはすっかり死に絶えてしまっていたおそれもあるということだ。苛酷な逆境のときには「だれもが自分のために」という対応をしても、ほんのひと握りの人間さえ生き延びられないかもしれないのだから。だが一方で、こうした激しく変動する選択圧がかけつづけられたら、そのあいだに、対処するための何かもっと良い（あるいは違う）メカニズムを発達させられたかもしれない。こうしたことがわれわれの道徳の能力にどんな影響を与えた可能性があるのかを語るのは難しいが、その選択圧が道徳の柔軟さを好んだであろうことは間違いない。

基本的に、われわれの種の進化の「運命」は運次第だった——細部まで取り仕切る神の手がそのプロセスを守って監視していた、とあなたが思っていれば別だが。私はそうは思っていない。私は生物進化の原理にかんするかぎり、心から偶然を信じている。あなたが人間は見守られた「特別」な存在だと感じていたければ、この見方はほとんど慰めにならない。もちろん、私が主張してきたように、われわれ自身による知的な意図は、人間が生まれつき道徳的になるのを遺伝的に助けてきたのかもしれないが、われわれは決して遺伝的にそうなることを意図したわけではなかった。また、更新世を乗り切れるように自分たちを設計したわけでもない。とはいえ、われわれはなかなか賢かったから、環境がまずまずのときには状況に応じて肉の分配システムを絶えず微調整したり、本当にせっぱ詰まったときにはそのシステムを放棄したりすることができたのだと思う。

こうしたすべてから言えるのは、現在のわれわれの道徳的能力や環境危機に対処する能力が、完成品でもなければ、生物学的に啓発された意図の産物だとも考えられないということだ。われわれは、偶然が流れを決める進化の舞台で道徳的本性をもつに至ったのだ――われわれの直接の意図的な働きかけが、そのプロセスに向社会的な方向性をもたせたとはいっても。じっさい、この更新世が長引くという仮定を進化にまつわる空想として打ち捨て、われわれの生きている現在の完新世を考えれば、人間の道徳の能力は遺伝子のレベルで確かに進化しつづけている。それは、いくつかの重要な環境上の制約が変化したためであり、都市に住む人間にとっては間違いなく、私がこれを書いている今もさらに変化しつつある。

道徳の進化にかんする将来の仮説

私は、四万五〇〇〇年前、現代人と同じ文化をもつようになっていた集団の社会が、われわれの遺伝子プールを形成するのにひと役買っていたと仮定した。人々は、祖先がしていたのとまったく同じように、評判の良い人を好み、攻撃的なフリーライダーを罰していたからだ。当時の社会的状況は、通常四〜七家族が協力的な集団をなしており、その集団は平等主義に徹するあまり、だれかひとりに取り仕切らせようとはしなかった。今日の、巨大で、高度に組織化され、社会的・政治的な面で序列のある現代社会では、社会的逸脱に絡む問題の発生の仕方が当時と異なるし、対処の仕方も違う。現代では、高度に中央集権化された法と秩序のシステムによって対処されるからだ。そのため私が述べたとおり、この進化の物語は必ずしも終わってはいない。それどころか、進化の道筋は変化しつつあるようだ。

一例を挙げよう。刑事や電子化されたデータバンクが存在してもなお、社会病質者がこの広い匿名社会で見つからずにいることは多く、彼らの恐ろしい遺伝的痕跡は理論の上では増加している可能性がある。現代の連続レイプ犯を考えるだけでもいいだろう。もし彼らが親密な狩猟集団のなかにいたら、自分が容易に特定される――そして実際問題として、そうした行動を表に出すべきでない、さもないとすぐに殺される――とわかってしまうにちがいない。今日では、見つからなければ、そうした者は理論的には大きな遺伝的利益が得られる(多くの先進諸国では、妊娠中絶によってこの利益を減らす傾向があるにしても)。やがて数千世代を経るうちに、そんな利益が足し合わさっていくかもしれない――実にありがたいことに、こうした良心に欠けるモンスターの少なくとも一部は、だれとも付き合えないので、われわれの遺伝子プールに跡を残せないけれども。ほかにも、今はまだうかがい知ることのできない多くの点で、われわれの進化の道筋は緩やかに変化している可能性があると考えられる。現代の状況では、選択のシナリオが変化しているからだ。

現時点では具体的な「道徳の遺伝子」をひとつも特定できてはいないが、現在確かに、将来の研究のための基本的なゲノム情報は手に入っている。数世代後の将来には、利己的な行動や、身内びいきの行動や、利他的な行動をうながす遺伝的なメカニズムのほか、同情による寛大さや、支配と服従や、道徳性にかかわるさまざまな社会的に意味のある行動(羞恥の反応など)をもたらす遺伝的メカニズムが、一部は突き止められているかもしれない。そしてひょっとしたら、赤面しやすくする社会的性向のおおもとを明らかにしたり、そうした性向がどのように進化を遂げたのかについて、何か手がかりを見つけ出したりさえできるかもしれない。楽観的に思えるかもしれないが、一九五〇年の楽観主義者はそうやって、二重らせんの暗号《コード》がまもなく解読されると予言したのである。

将来のある時点で、そのときのゲノムと今われわれがもっているゲノムを比べることもできるだろうが、それが非常に遠い将来でなければ、ほとんどわかることはあるまい――遺伝子選択がわれわれの思うよりはるかに速く進むのなら話は別だが。社会的な面で起こりうるタイプやレベルの選択をすべて考慮すれば、それも不可能ではなくなる。そうした選択には、双方向のランナウェイ効果による社会選択、血縁選択、血縁者と錯誤することによる「便乗」、互恵的利他行動と相利共生、グループ選択、サイモンの考えた従順さにもとづく選択といったものがある。どれも、われわれを血縁にも血縁以外にも寛大にさせたり、道徳的に振る舞わせたりする形質を安定化させ、さらに進化させるのに貢献している可能性がある。

現在のゲノムを先史時代のゲノムと比べることもできるだろう――ホモ・エレクトゥスと、初期のホモ・サピエンスと、現代人と同じ身体構造になっていた人類について、必要なDNAを取り出せるならば。すでにそうした機会はいくつか提供されているので、この新しい情報をすべて用いれば、いくつか新しい種類の問いを立てたり、本書で私が取り組んでいる問いに答えたりできるかもしれない。たとえば良心の進化が始まった時点が突き止められたり、いつどうやって道徳的な苦痛のしるしとして赤面という反応が獲得されたのかについて、手がかりが得られたりするかもしれないのだ。社会的行動の遺伝子は間違いなく非常に複雑であるけれども、そうした遺伝子の研究を切り開ける、新たなワトソンやクリックが必要なのである。

新しい重要な研究成果によって、進化の問題を形にするこれまでにない手だてが得られるだろう。本書で検討した仮説の多くが、より直接的に検証可能になったり、科学哲学者のカール・ポパーが用いた有名な言葉どおりの意味で反証可能になったりさえするだろう。[47] だが最終的にポパーが、厳密な反証手段にかんするかぎり、進化論の検証は特殊なケースだと結論したということは、強調しておかなくてはならない。基本的に、「進化のシナリオを作るゲーム」に対して科学のルールはより寛容であるべきで、だからこそ私は、何度も「相対的な妥当性」について言及してきたのだ。またこれは、「大型動物の狩りが平等主義を必然的にもたらした」といった暫定的だが具体的なシナリオを、あえて私が提示した理由でもある。

さしあたり、私が頼った方法と情報は十分であるにちがいないし、本書で生み出したさまざまな理論は、作業仮説としてどれだけ妥当かによって、また、私が描き出したもっと大きなイメージにどれだけよく当てはまるかによって、主に評価できるにちがいない。そうした評価は容易ではないので、科学者のなかには、降参したいと思う人も、あるいは、私が自分の考えを適当にごまかして大きな「なぜなぜ物語」に仕立て上げているのではないかと言う人さえいるかもしれない。それでも、道徳の起源の問題はきわめて重要なので、頑張っていちかばちかでも作業仮説を立てることには価値があると思う。そのような作業仮説を組み合わせれば、将来、より良い作業仮説ができるきっかけになるかもしれない。

そうしたシナリオは、部分的に誤りがあっても、将来もっと満足のいく科学的な説明につながるはずだ、というのが私の信条だ。そして私は、本書で提示したダーウィン的な進化のシナリオが、ダーウィン自身の物語を超えて進歩したものだと確信している。一四〇年も前の一八七一年にダーウィンは、良心とは人間の知能と共感が必然的に生み出した副産物であるらしいと考え、血縁以外への寛大さを説明する手だてとしてもっぱらグループ選択に注目していた。

われわれの良心とその働きは、確かに知能や同情と結びついているが、本書で伝えたいのは、相対的な妥当性にもとづいて仮説を立てられる形で、実際に良心がひとりでに進化を遂げたということだ。そのような理論は、先史時代における自然環境の変化を考慮するだけでなく、向社会的な人間の選択もかなり重視することで構築できる。向社会的な選択が、われわれの社会的環境を（ときにはひどいやり方で）形成し、それがまたわれわれの遺伝子プールを形成させてもきたのだから。

私はこの最終章を書きながら、これまでのページで提示してきた科学的な答えが、この先また一四〇年が過ぎたあとにどれだけの説得力をもっているだろうかと考えていた。ここでの私の物語がいずれ、ダーウィンの物語と同じく、不完全だが決して間違ってはいない――そして検討を続ける価値がある――と見なされていることを願うばかりだ。

エピローグ　人類の道徳の未来

本書では、人間の起源に対する――なかでも道徳の起源に対する――古くからの関心に取り組んできたし、その意味でこれは純粋な科学と呼べる。この章では簡単に補足として、少なくとも部分的には知ることのできる未来について進化論的な分析をおこない、道徳的な国際社会について、近い将来の現実的な見通しがどんなものになるかを考えてみようと思う。

ここで考えるのは、人間の遺伝子プールの未来ではなく、本質的には更新世の人間の本性であるものが、われわれの文明化した道徳の未来にどのような影響を与えるかである。将来、われわれが現在送っている道徳的生活の文化的な面は、少なくともひとつ、大きな問題に直面することになる。この問題は、えてして危険なほど不安定だった更新世の環境変動に起因するものではなく、ある程度はわれわれ自身が招いたものなのだ。それは、ひとつの大きな道徳的コミュニティとしての――つまり、協力をうながし逸脱行動を抑え込むデュルケーム型の社会としての――地球全体の未来の展開と関係している。

これまで一万二〇〇〇年にわたり、人間は社会的コミュニティの規模を、小さな集団から農耕部族、首長制社会、国家へと拡大し、これらすべてのレベルでおおむね成功を収めてきた。しかも、破壊的な内紛がはびこって自滅しないように物事を解決することにかけては、かなりの成功を収めた。今日こうした混乱がどんどん進んだら、そのような国は失敗国家と呼ばれる。しかし、大半の国は決して失敗国家ではない。しっかりした法制度を築き、制度として法と秩序に取り組んでいるおかげで、かなりうまく機能しているからだ——法制度は数千年前には存在し、黒い石板に刻まれたメソポタミアのハンムラビ法典や、それ以前にまでさかのぼることができる。

いくつかの重要な機能上の意味において、強く中央集権化された国家も、これまで長々と論じてきた、自己規制をする狩猟採集民の集団タイプの道徳的コミュニティによく似ている。それは事実だが、小さな集団は中央集権化された権力を感じさせるものをひどく嫌う。その一方、国家の市民は、深刻な内紛や場合によっては内戦を避けるために、なんらかの権力が必要なことも知っている。

国家と同じく、集団も争いをできるだけ避けようとする。それどころか、怒りをはらむ緊張状態や社会の分裂を嫌うことは、人間であることの重要な要素だ。しかし、争いを処理する手段には違いがある。集団は、国家と同様、社会による圧力と調停に大いに頼っているが、最終的には距離を置いて避けるという手段に頼ることができる。集団が分かれるか、もしくは争っている片方が別の場所へ移るかすれば、争いは終わるのだ。国家の場合は事情がかなり異なる。国のなかで争っている派閥は、もちろん場所を移ることができない。だから、結局のところ国家の安定は、中央集権化された強制力にもとづく必要があるのだ。この力があれば、社会を分裂させる逸脱を抑制し、必要なら介入して内紛の芽を摘むことができる。それと反対に集団は、説得や調停や距離を置く忌避でかなりうまくすませられる。

この惑星に存在する国々からなる、多様な文化をもつグローバルな社会全体の話となると、国際的な社会統制と紛争解決の真に効果的な手段はまだ見つかっていない。[1] それどころか、国家間や国内でいつでも起きている比較的小さな戦争の数には衝撃を覚える。さらにひどいことに、真に重大な戦争が起きるおそれもつねにある。この重大な戦争とは、今日の基準では核戦争を意味し、世界のあらゆる国の人の健康と暮らしに影響を及ぼしかねない。したがって、国際社会というグローバルなまとまりにかんして言えば、この意味で政治的に大いに不安定な状態にある。

われわれが現実におこなってきたのは、ひとつの実効的な国の政府のような世界政府を丹念に構想することだった。だがそれでいて、戦争と平和という真に重要な問題を解決する段階になると、内部から妨害されやすいことも確かだった。私の頭に浮かんでいるのは、言うまでもなく、事実上無力な国連総会であり、安全保障理事会における大国の絶対的な拒否権だ。するとある重要な意味で、われわれが考え出した世界規模の道徳システムは、かなり頻繁に、とくに大国が絡む深刻な意見の対立がある場合、逸脱行為を働く国家が全世界にとって危険な存在となっても、そうした国家を制裁したり争いに介入したりする実効性に欠けているのである。

決して強力とは言えないこの「世界政府」のせいで、われわれは世界規模の深刻な政治的難題に直面している。その難題は、局地的な大量虐殺や通常の戦争から、核拡散が進む恐怖、テロリストが細菌兵器や化学兵器、さらには核兵器をも使用する脅威、未来に生じる予想だにできぬ問題に至るまで、実にさまざまだ。しかも、すでに経験したものよりさらにひどい原発事故によって、地球が放射能で汚染されたり、核兵器をもつ国同士での全面核戦争によって、利用可能な環境がほとんど破壊されたりするおそれは確実に存在し、われわれはそれらの問題にも直面しつづけている。これらはそのなかでもとくに明らかになっている問題にすぎない。

LPA狩猟採集集団とは違い、国々からなる世界は決して経済面で平等主義ではない。冷戦が終わったとき、核を使うおそれもあるテロリズムを相手にした中世十字軍のようなグローバルな戦いが、これほどすぐに冷戦に取って代わると予言した賢者はいなかった——どちらの緊張状態も、根底には主に持てる者に対する持たざる者の怒りがあった。妬みによる争いが将来起こるとしたら、その原因はこれまでと同様に予想しがたく、さらに発覚しにくいものになるだろう。しかし確実に見込まれるのは、超大国の衝突である。中国が経済力と軍事力を増す一方で、アメリカがもしかして衰退するようなことになれば、衝突が起こりかねない。すると、新たな一触即発の「冷戦」に直面するかもしれない。効果のある国際的な抑制手段がなく、双方が核の大量破壊兵器を同じようにたくさん保有しているため、この冷戦はそれ自体の予測のつかない力学によって動かされやすくなるだろう。

この先、グローバルな道徳性とグローバルな社会統制を注意深く見守っていかなければならない。他者にひどいダメージを与える手段が、より巧妙になり、より多様になり、より手に入りやすくなり、より普及すると、そしていつでも分裂している「国際社会」が、明白な脅威の多くを阻止するうえで強い力をもっているとはいえない状態が続くと、世界の法と秩序のシステムがますます危うくなるように思われるからだ。戦争で人が殺される率が、統計上は一九四五年以降急激に減っているとしても、それは間違いない。[2] ひとつの明らかな問題は、(狩猟採集集団を思い出すが) この巨大な国際社会が、いかなる有効な超国家機構——成功を収めている一国の中央集権化した政府が国民に対しておこなうことを、国家集団に対しておこなえるような、権限の強い超国家機構——も決して作ろうとはしないことだ。[3]

われわれの世界は、きっと大きすぎ、多様すぎて、危険すぎるのだ。だから、必要に応じてすぐに道徳的コミュニティとして団結でき、しかも人々がふつうは一方の味方をせず、必要なら相手を避けるという手段に訴えられるような、よくまとまった平等主義の集団でうまくいきそうなやり方では、うまく営みを続けていくことができない。基本的な問題として、われわれが地球規模で直面しているのは、大変な規模と数の政治的ユニットが関係していることと、一部の国家間に根深い文化の違いが見られることだ。さらに、人間の政治的本性に直接由来する基本的な問題もある。集団のなかの個々の狩人と同じく、こうした国々も、あまりにも自分たちの主権にうるさいので、国際法を徹底させて平和を保証できる――また必要なら主権を侵害してでもそれをおこなえる――だけの強さを備えた、信頼に足る世界政府をもつ巨大な超国家を築くことができない。

最も望ましくなさそうなものは、完全武装した国々がひとつの大きな失敗国家のように振る舞う世界だが、その危険性が少なくともおぼろげに現れている。一九四九年に調印されたジュネーブ条約の（通常の）戦争における「人道」にかんする規定があるおかげで、幸いにもグローバルなコミュニティにはまったく法がないわけではない。それでも、法を支援するのに必要な、総合的で制度化された中央集権的な指揮統制は生まれていない。だが、われわれが本当に取り組むべきふたつのことは、道徳観念を発達させて共有することと、ほとんどの人が国家としていくつかのこと（基本的人権、貧困や病気が望ましくないこと、自主的な決定の必要性など）に合意するようにすることなのだ。

もうひとつの希望の兆しは、われわれが何十万年もかけて進化した結果、みずからの社会を理解し、そうした社会を機能させる種になったということである。反社会的な逸脱を抑制し、利他的な寛大さを示す者に社会的な見返りを与え、さもなければ社会組織を「刺激」して、われわれにより役立つものにすることによって、社会を機能させてきたのだ。これまでの章で、このことを十二分に明らかにした。

そのうえ、狩猟採集集団だけでなく、のちにもっと複雑な社会でも、われわれは国のセーフティーネットを作って個人の災難に「保険をかけ」たり、少なくともときには、ヒトラーや、クウェートに侵攻したサダム・フセインなど、始末に負えず、貪欲で、社会を崩壊させるような逸脱者に脅威を感じた場合に、ひとつにまとまった道徳的多数派として振る舞ったりしている。さらにまた、内紛に対処して、その危害を抑制するように懸命に努めてきたし、じっさいに世界の国々は他国の争いを調停しようともしている。

先史時代や現代の人類の生活に見られる、こうした重要で有用な役割のすべては、深刻な資金不足に陥り、故意に骨抜きにされている国連で芽生えようとしている。だが国連は、核を保有する五大国の意見がたまたま一致した場合――そして、しぶしぶ金を出そうとする場合――に、こうしたことを効果的かつ着実におこなう立場となれるにすぎない。われわれが望むべきは、いつかはなんとかして、このようなよく進化した潜在能力がはるかに効果的に発揮されることによって、核保有国を多く含む国々が安定した国際社会を形成するのを助けるということであり、そうした社会は将来さらに大きな道徳的コミュニティとなるはずだ。

ひょっとしたら、現在および将来の大国が考慮すべき過去の教訓は、権力の利用だけでなく寛大さの拡大も社会的成功のための戦略になりうるということ、また時として寛大なアプローチは、リスクがあるにしても、長い目で見れば立派に報われるということかもしれない。たとえば第二次世界大戦後、アメリカが推進した有名で大規模なマーシャル・プランは、寛大な（そして政治的に有効な）措置で、争いのない繁栄したヨーロッパを築くのを助けた一方、世界のほかの地域への多少なりとも利他的な対外援助も、相当たくさんおこなった。当時のアメリカは、他国の善意を受けるに値する裕福で寛大な国家

と見なされ、それは、きわめて生産性が高く、きわめて寛大でもあって、自分が困ったときにはたっぷ

り助けてもらえたあのアチェの「慈善家」に似ていた。しかし今世紀のアメリカは、この先例にならう

意志も予算ももち合わせておらず、評判も落ちている。経済面の寛大さが、力頼みのまずい政策――二

度目のイラク攻撃――によって著しくかすんでしまったからである。この攻撃は、世界の目には、他国

の主権を侵害しており、世界の道徳的多数派による合意にもとづいていないように映った。これは、乱

暴者が平和主義の狩猟集団のなかでいばり散らすのと似ており、世界におけるアメリカの立場は悪化した。

狩猟採集民の小さな集団ではだれもが同じ文化を共有しており、重要なことに、寛大さにもとづく協力的な間接互恵のシステムは、道徳的コミュニティとしての集団がおこなうあらゆる行為の根底にある、個人的な信頼感にもとづいている。そのうえ、人々が平和主義者であるというのは、彼らの政治的・経済的な分け前がおおよそ均等であることを意味している。自民族中心主義で宗教によって分断された国々からなる巨大で競合の激しいコミュニティの場合は、持てる者と持たざる者のあいだに非常に大きな（そしてたいていは拡大している）差があるため、小さな集団の場合と同様のことをなし遂げるにははるかに大きな困難を伴う。

狩猟採集集団のようにグローバルな国際社会も、中央集権化された指揮統制のシステムをどうしても信用したがらないのなら、更新世に狩猟をしていた祖先が見せていたのと同程度の洞察力と現実的な善意とをもって、この困難にどうにかして対処できることを願わなければならない。更新世の祖先は、狩人としてうまく暮らしたければ、競合する利害をひとつにまとめて協力する必要があることに気づいていたし、権力をもつ首長がいない状態でそれをおこなっていた。これはひとつの希望の兆しだ。楽観的

な見方ができるもうひとつの根本的な理由は、進化が与えてくれた同情と寛大さの能力にある。このような感情を快く注げる相手は、わが子や親族、さらには友人や社会的に親しい隣人だ。また、はるかに遠い関係だが文化的な絆を感じる相手や、ときには見ず知らずの他人にまでそうした感情を注ぐことができる。

私は前に、きわめて一般的かつ重要な意味で、人間の狩猟採集社会において寛大さとそれがもたらす利他行動は協力を円滑に進めさせるのではないかと述べた。しかし今日の国際社会においては、協力の範囲が遠くへ広がるほど、協力の向く先は予測できなくなる。世界の国々は、ある日、自然災害に見舞われた見知らぬ人々に援助の手を差し伸べたかと思えば、その翌日に、この同じ「コミュニティ」のメンバーが、同胞に対して大量虐殺をおこなったり、「ゲリラ」（被害者の側から見ればテロリスト）によるひどい攻撃を裏で支えたり、気に入らない政府をひそかにあるいは公然と転覆させようとしたりする。われわれが同情したり利他行動をしたりする能力はかなりささやかなものなので、「原初のチンパンジー属」から受け継いだ向社会的でない心理的傾向によって、容易に覆い隠されてしまうのである。

われわれ現代人と狩猟採集をしていた祖先との共通点は、争いやすいというところにある。祖先の集団が争いやすい理由は、十分に中央集権化された権力を生み出そうとしないので、とくに集団のなかで比較的強力なメンバーが争いを起こしたときに、それを解決する有効な「権威ある」手段が使えないからである。まったく同じことが、国際社会にも言える。安全保障理事会の拒否権と、騒がしいのに政治的には無力な国連総会とが、一緒になってそうさせているのだ。大きな国だけでなく小さな国も考慮に入れれば、世界規模の「コミュニティ」では常時も驚くほど多くの戦争が起こっており、さらに核兵器にまつわる深刻な判断ミスの脅威も加えれば、この星はまことに危険な場所となる。困ったことに、こうした恐ろしい脅威が半世紀以上も続き、われわれはその危険に慣れてきている。そうして慣れが無策をもたらす。

破壊的な行動に対処する際、狩猟採集集団はかなり積極的になれる。彼らが容易に道徳的コミュニティにまとまるのは、道徳的になるように生物学的にも文化的にも進化を遂げたからだ。そのうえ、道徳的コミュニティで暮らすと、うわさ話をする人々の集まる場がすぐに設けられ、直面している脅威について合意し、集団のなかにいる逸脱者に対処することができる。危険な逸脱者への恐れが高まると、彼らは社会的疎外を強め、真に深刻な脅威の場合は、忌避や仲間外れや追放でもうまくいかなければ、ごく内密に（かつきっぱりと）逸脱者を殺すことで合意する。

国際社会も、ある程度同じようなことをしようとする。相手を操作するために公式に排斥したり、時には積極策として封鎖したりといったことが、ならず者国家の矯正を目的として試みられるからだ。しかし、横断的な同盟のせいで、国際的な「仲間外れ」を効果的におこなうのは難しいことが多く、さらに厳しい措置となると合意に達するのはきわめて困難となる。おまけに、拒否権があるので核を保有する五大国は身勝手にも制裁を受けない――そして困ったことに、核保有国も含め、自分の同盟国を支援しやすくもある。

狩猟採集集団は、真に深刻な社会問題を解決するために、逸脱者を殺すことがある。だが国家を相手にする場合、「死刑」に相当することはとうていできない――独裁者を倒す場合を除いて。とはいえ、ある国の独裁者が別の国にとっては役に立つ味方であることは珍しくなく、いずれにせよ国連は国造りにはかかわっていない。根本的な問題は、処罰する力を備えた実在する普遍的な中央集権化した権力が、全体にとって潜在的な脅威と見なせることだ。そしてこうした政治の舞台で大きな主権を握る乱暴者

〈二〇世紀半ばに形成された核クラブ〔核兵器保有諸国の別称〕〉は、大半の相手を政治的に負かしながら、拒否権で自分たちが負けないようにしている。するといろいろな意味で、狩猟採集集団の人間は、逸脱行為――とくに深刻な逸脱行為――を抑制したり阻止したりする際、われわれの今日暮らす国際社会における文化的・宗教的に多様な国々よりも、はるかに多くの手段をもっていたわけだ。

小さな集団の人間には、真に大きな利点がいくつかある。同じ文化を共有していること。同じ言語を話していること。互いを個人的に知っていること。一緒にうわさ話をして、信頼を築けること。そして、その地域で争いがひどくなったときに、必要ならすぐに集団を離れられる場合が多いことも、彼らは知っている。文化の多様な国々からなる世界は、そこから出て行くことができないので、まったく別の話になる。国々は場所を動けないので、不和を何かほかのやり方で解決できなければ、戦争をせざるをえない。

世界の世論というものは確かに存在する。どの国の外相も、このことをよく承知している。つねにそれに応じた演技をするからだ。その意味で、国際社会は、実のところLPA狩猟採集民の道徳的コミュニティを大きくしたものによく似ている。冷戦時代、国連総会を舞台にして「アメリカ対ソ連ショー」という大芝居が演じられていた。しかし、残りの国々――群れのアルファのようなふたつの超大国によって危険にさらされていた国々――には、世論を利用してきちんとその二国を抑制する手だてはなかった。この国際的な道徳の舞台は、今もときどき役に立っており、何かを築く土台となっている。だが、こうしたきちんとした国際的な場がなくても、世界の道徳的な意見はまとまるだろう。それは、われわれが道徳的な種だから――そしてテレビが存在するから――にほかならない。

地球規模の未来にかんして大きな問題となるのは、国際社会全体への脅威がより複雑になり、いっそう予測がつきにくくなり、ひょっとしたらはるかに危険になるかもしれない場合、その難局にうまく対処できるかどうかだ。単純明快な二国間の核による力の均衡も、当初は非常に恐ろしいものだったが、われわれが二〇世紀後半をそれとともに過ごすうちに、日常の現実のひとつにすぎなくなった。これはひとつには、双方とも多くの人口を抱えており、緊張関係が進んで歯止めが利かなくなったら莫大な社会基盤を失ってしまうからだった。そうだとしても、キューバ危機が本当の危機だったことを歴史は教えてくれている。あのとき両国の指導者は道徳的ではあったが、度胸比べをおこない、争いと無関係な国々に計り知れない破壊をもたらすおそれがあった。今でも、その結末を思い描こうとするとあまりに恐ろしいので、リアルに思い浮かべるのが難しい。

すでに危険な状態だった核による力の均衡が、インド、パキスタン、北朝鮮も役者に加わって、さらに危険なものとなった。さらに厄介なことに、本書を執筆している時点で、イランが核をもつイスラエルとの戦争に備えているようだ。これらすべてを考え合わせると、国家間に危険と不信がひそむ状況がひどく悪化して、世界のより効果的な統治システムを段階的に築くことができなくなるかもしれない——なんらかの出来事（完全な破滅ではなく）が警告となって、世界の国々を行動に駆り立てないかぎり。

じっさい、おぞましい話だが、世界統治を進展させ、世界の安全を保障する触媒となりうるのは、なんと限定的な地球規模の災害かもしれない。たとえば、この星の大気をひどく汚染するが、世界の人口や経済はおおかた損なわれないような、小規模の核戦争を考えよう。悲惨な第二次世界大戦によって、ヨーロッパの人々が不戦の教訓を得たとすれば、もしかすると小規模の（そして均等に破壊する）核戦争によって、国際社会全体が刺激を受け、かつての戦後と同様の、だがもっと信頼できる連合が生まれる可能性もある。

これはなんとも寒々とした予測である。しかし現実的に考えて、国家の主権が侵害されないまま、核の拡散に直面してより信頼できる国際社会が作られることになれば、それは望みうる最善の結果なのかもしれない。一方、自由貿易によって、少なくとも経済の分野で相互依存が増す。またすでに見たとおり、経済面の相互依存は、LPA狩猟採集民が効率性の優れた道徳的コミュニティを形成して大きな獲物の分配を管理するうえで、重要な要素だった。この意味で、社会的触媒の役割を果たす現代の自由貿易は、祖先の狩猟採集民がおこなっていた肉の分配と機能上近いと言えるのではなかろうか。生計を立てるという基本的なところで相互に大きく依存している人々は、争いの解決がうまくなりやすい。しかも、間接互恵にもとづく相互扶助が全員に役立つ状況では、信頼して寛大になれば実に大きな利益が得られるということを学びやすいのである。

また明るい面を見れば、われわれは皆、向社会性へと方向づけられた基本的な道徳的能力を共有しており、この能力は人間に本来備わっている。これによって少なくとも、セーフティーネットが必要な場合に遠くの他人に援助の手を差し伸べることができ、世界の政治指導者——通常の良心をもつ者——が、むごたらしい危害を及ぼす戦争を始める前に考えなおすことも望める。根底にある他人への同情の感覚はいつでも争いを打ち消す力として働き、自分たちを「ひとつ」と感じるようなコミュニティでは、これまでに見たとおり、この向社会的な感情がより大きな善のために組織的かつ効果的に増幅される。これは人々に良心があるからにほかならない。

このようにして人類は、集団のなかでうまくやっていくことができ、更新世を切り抜けられた。そしてこのメカニズムは、生活の場が農耕部族から、首長制社会や王国、初期の文明、現代の国家へと移り変わっても、有効に働きつづけた。今ではとうとう、世界という国際社会で暮らしているが、この共同体はせいぜいできかけと言ったところだ——最悪の場合、超大規模な失敗国家になるおそれがある。小集団から国家まで、人は皆、いくつか重要な点で似た道徳的コミュニティを作り上げている。たとえば、こうしたどの社会政治的なレベルにおいても他者を判断する世論が存在し、争いを処理しようとする努力がなされ、内輪のルールや法が合意を見ており、犯罪行為は処罰に値すると考えられている。

進化心理学者の観点からスティーブン・ピンカーは、戦争で人の殺される率が、核兵器の使用が道徳的にタブーとなったと同時にしばらくは激減していることを示した。[4] この「平和のおまけ効果」が生じた理由の一部は、「核兵器を用いる戦争が起きれば、どちらの側も勝利することはない」という単純な恐怖であるのは間違いないが、そうした道徳的要素はきわめて重要であり、それが顕著に見られるのが世界規模の道徳的コミュニティだ。それははっきり組織されないまま、目的を果たそうとしている。

ほぼ一世紀前に（まったく力のない）国際連盟を作ろうとした事実は、一九二〇年代でさえ、世界の中枢に道徳にもとづくなんらかの指揮統制を置く必要性がはっきりしていたことを示している。今日われわれは、もう少し力のある国際連合によって、大規模な通常戦争（犠牲はとても大きいが生き残ることは可能だ）が繰り返されていた現実と引き換えに、完全な破滅のリスクを手にしてしまったようにも見える。したがって、少なくとも保険数理的な意味で、今日ではいちかばちかのリスクの度合いがさらに高まっているのだ。

では、進化の歴史からなんらかの方法で「予測できる」範囲で、世界の将来はどうなる可能性があるだろうか？　ひとつの推測は、善良で寛大なひとつの超大国が全世界を支配し、極端に強く支配することなく政治的秩序を与えるのではないかというものだ。アメリカは、ソ連崩壊後にこうした状況を享受した。ところが、ひどく攻撃的な独裁者に支配された多くの主権国家のひとつにすぎなかったイラクへ、二度目の侵攻をおこなったことで、アメリカは、道徳的に受け入れられる利他的な役柄でいられなくなった。この行為によって、好戦的なブッシュ政権の保守派のエリートは、気弱な民主党のいた議会の承諾も得て、その後何年も、国家の財産のみならず政治的・道徳的資本をも浪費したのである。

興味深いことに、アメリカがイラクに（対イランの）恒久的な軍事基地を置かないことにしたとき、良心的に撤退する前に安定した国家を築く道義的責任があると感じたからだった。そのためアメリカは、国家の主権にかんする国際社会の道徳規範に反して侵攻したと非難されてきた一方、イラクがすっかり「崩壊した」あとに、少なくともなお国造りのために多額の出費をしつづけていることについては、ほとんど評価されていない。

アメリカは第二次世界大戦の直後、しばらくは繁栄をもたらす善良な役割を果たしていたが、すぐに冷戦により、世界じゅうで軍事同盟と代理戦争を主導することに没頭するうちに、その寛大なイメージが薄らいでいき、朝鮮半島だけでなくベトナムにも、醜い復讐心とともに大きな通常戦争が戻ってきた。他国への手助けについては、アメリカの外交政策を動かしているのは常に自己本位な政治的主張であり、対外援助の大部分は、しばしば世界の大きな争いを存続させている、国際的に物議をかもしている政権を支えることに費やされている。往々にして、このために民主主義を理想的なものとして奨励するメッセージが希薄になり、アメリカの評判は各地で落ちている。世界の世論という点では、道徳という形なき重要なもので大局をとらえなかったせいで、アメリカは政治的にみずからを傷つけてしまった可能性が高いし、おそらく力に頼りすぎ、国家としての寛大さにはほとんど頼っていなかったのだろう。

距離を置いて物事を見ようとする進化人類学者として、私は本質的な政治問題にいつでも注目している。われわれのために遺伝子を進化させてくれたLPA集団は、徹底的に平等主義だった。この政治的平等のために彼らは、中央集権化された指揮統制の助けを借りずにやっていかなければならないという代償を払った――それがあれば、社会的な問題や争いが手に負えなくなった場合に集団がばらばらになるのを防げるはずなのだが。狩猟集団は、個々の狩人に戦闘にかかわる主権を与えることで、政治的に中央集権化せずにうまくやっている。国際社会では、国家の主権の尊重によって同じことがおこなわれる。とはいえ、狩猟集団の人々がおおむね経済的に平等なのに対し、国々からなる世界はそんなふうに平等主義ではない。この経済的不平等は、国際的な争いを引き起こす特別な原動力と見なすことができるし、それはまた、より効果的な国際秩序の形成を妨げている。

少なくとも、競合し、経済格差のある核保有国のあいだに見られる恐ろしい力の均衡によって、通常型の非常に大きな戦争は終焉を迎えたのかもしれない。しかし、この道徳に支えられた恐怖の均衡に内在する危険は、技術的なミスも人的なミスも起こりやすいために、核兵器をもつ国の数だけ増すにちがいない。そしてこの世界の秩序は、自民族中心主義的な憎しみが手に負えなくなると、ひどく崩壊しやすくなる。ここで思い浮かぶのは、インドとパキスタン、そして近い将来ではイランとイスラエルだ。場合によっては、それらの核兵器の備蓄は、合わせて使えばこの星全体の環境をきわめて深刻におびやかすほどの量になるだろう。争いが白熱すると、核攻撃の「タブー」はないがしろにされかねない――キューバ危機でまさにそのおそれがあったように。

われわれが暮らすこのきわめて政治的な世界で核の拡散が続く理由は、核をもった国の戦力が強化されるためだけでなく、世界の舞台では核戦力の増大とともに政治的「敬意」が急上昇するためでもあるようだ。すでにそうした敬意を払われている五つの核保有国が核拡散はやめよと説き、弱い国に国際的地位を向上させる権利を認めようとしないのは実に偽善的だと指摘しておきたい。

力の均衡を保つことも、リチャード・ランガムがチンパンジーについて語ったとおり、祖先からの形質だ。[5] それならば、どこか一国による真に本格的な世界支配は起こりそうにない。世界を支配しそうな国があっても――核攻撃に対する防衛システムが、見た目どおりに当てにならない状態が続くかぎりは――壊滅的な攻撃を受けやすいからである。したがって、主要核保有国間の政治力学は、十分な武器をもつ狩人からなる、政治的・経済的に平等主義の集団におけるものと似ている。一部の狩人がほかの狩人よりはるかに強いとしても、そうした狩人は、互いに人を殺せる武器をもっていること――および待ち伏せの可能性――に留意せざるをえない。[6] 実を言うと核兵器は、これと似た現代版の政治的平等主義のようなものを生み出したのだが、これは不安定に拡大する核クラブの国々にしか当てはまらない。

もし世界が核による限定的な惨禍に見舞われたら、ショックを受けながら生き残った国々は、恐怖のあまり争いをやめ、それぞれの自治を弱めて、より安全な世界秩序を作り出す方向にさらなる手段を講じるのではないかと予想できる。そして必然的に、政治的に中央集権化された、規律正しい多民族国家を手本にするはずで、すでにそうしたものとしてあるのは、アメリカの上院にもなぞらえられる国連総会だ――国連に力がないのは別にして。そのほかに国連安全保障理事会もあり、これは絶対的な権力こそ失われているが、アメリカの下院のような役目を果たすことができ、強力な国々に特別な代表権を与えている。核攻撃のような恐ろしい事態を引き起こすことは決してないように願わなければならないが、万が一の場合の一般的なモデルを少なくともわれわれはもっていることになる。

別の可能性として、何か非常に差し迫った外部からの脅威によって、意見を異にする国々がまとまることもありえる。だが厄介な彗星の衝突が予想されるといった事態でもないかぎり、そんな脅威は考えにくい。このまさかの空想の事態では、すべての核保有国が、地球を救うために兵器を使うように駆り立てられるだろう。ほかにも世界の国々を最高にうまくまとめられそうな脅威が、純粋にSFの領域にある。それは別の惑星から来て征服をもくろむ異星人の帝国だ。対立する雄のチンパンジー同士が、パトロール中によそ者を攻撃する際、争いを棚上げにするのとまったく同じように、世界の国々もそのような状況では団結するだろうし、非常に重大な政治的脅威が現実に生じればそうするかもしれない、というのは十分予想できる。

はるかに現実味があるのは、地球規模の飢餓をもたらす気候変動が、しばらくのあいだわれわれを団結させる可能性だ。しかし、本当に切羽詰まれば、万策尽きて社会的に「ばらばらになる」狩猟集団と同じ道をたどるかもしれず、そうなればどの国も自分の面倒だけ見て、飢えた隣国を恐れることになる。ひょっとしたら新たな疫病が、病気の性質によっては協力をうながし、その際に敵同士も仲間になるように仕向けるかもしれない。このように、われわれを団結させると思われる「外部からの脅威」はほかにもある。しかし、なにより恐ろしい脅威は核兵器による絶滅の脅威だと思うし、今のところ私の考えでは、首長のいない平等主義の狩猟採集民による政治システムと、独裁的だが実質上は中央集権化されていないチンパンジーのシステムとを取り混ぜたものに積極的に頼って、真に効力のあるグローバルな道徳的コミュニティは形成せずに、われわれはこうした脅威を阻止してきたのだ。

もしかすると、最も期待をかけるべきは、自由貿易のおかげで繁栄している世界経済のシステムなのかもしれない。前に述べたとおり、このシステムによって生まれた相互依存のせいで、深刻な争いがこれまでにない形で大きな犠牲をもたらすことになるからだ。もうひとつポジティブな因子となり、十分に言及する価値があるものは、グローバルな通信メディアである。いずれグローバルなテレビ放送と、とくにインターネットが、世界の文化をかなり均質化すれば、国家間の信頼に不利に働いて争いを助長しがちな文化的・宗教的多様性がいくらか打ち壊されるかもしれない。また同時に、黄金律をはじめとする世界の宗教に共通する要素は、より大きな道徳的コミュニティを生み出すかもしれない。一方、現代の通信手段も組織化された宗教も、われわれをひとつにするだけでなく、引き離すこともある。どちらも自民族中心主義に結びついてよそ者嫌いを助長することがあるからだ。

　グローバルなコミュニティとしての人類の未来を少なくとも予測しようとするうえで、さらにもうひとつ重要な因子となるのは、人間の政治的な精神にほかならない。それがもたらす能力によって、平等主義の狩猟集団という形で、初期の優れた道徳的コミュニティが生み出された——中央集権化した権力を必要とせずに。忌避すれば深刻な争いを解決できたのだから、必要なかったのも当然だ。その後、政治が発達するなかで、そうした政治的・道徳的な精神が、必要に応じて指揮統制を生み出してはそれを受け入れてきた。この指揮統制は、はるかに大きな定住性社会が発展するにつれ、社会を動かすのに必要な中央集権的な役割が果たせるようになった。ここでも、われわれの名高い社会的・政治的な柔軟さが働き、国家レベルに至るまでその仕事を見事にこなしたのである。

　柔軟さがあるということは、われわれは進化によって平等を愛するようにだけデザインされているわけではないことを意味する。じっさい、人間の本性からすれば、かつてリーダーを総じて排除したのと同じぐらい、リーダーに従うこともできるようだ。基本となる政治的傾向は、すでに「原初のチンパンジー属」に存在していた。彼らには序列があって、攻撃的で欲張りなアルファ雄が力ずくの介入をして争いを鎮めていた——またそのために、恨まれもすれば感謝されもした。ほかならぬこの本性のせいで、われわれは、上から力を行使されることに対して矛盾した感情を抱くようになった。そしてまた、リーダーをかなりうまく抑制するだけでなく、指揮統制をきちんと評価するのもうまい。混乱を避けるために有用だとか必要だとか考える場合や、あるいは指揮系統に寛大なイメージがある場合にはきちんと評価するのだ。この柔軟さは今後も役立つだろう。ちょうど、四万五〇〇〇年以上も前、大きな獲物を狩るために、中央集権的な統治を犠牲にした過激な平等主義が一般に好まれた、危険に満ちた更新世後期の環境で役立ったのと同じように。

不当な支配を恐れる民主主義国家は、政府の権力を抑制し均衡を保つことによって、この矛盾した感情を法律の上で解決する。グローバルな問題は、信頼に足る抑制と均衡がまだ作り出されていないことである。そのうえ、世界はあまりにも大きすぎるため——また、おそらくは多様すぎるため——善良で真に信頼できる「カリスマ」が現れて、皆の信用を得ないかぎり、ひとりのリーダーの意見に同意することはできそうにない。恐ろしいほど対立していたバルカン諸国でも、カリスマ性のあるチトーによって数十年は統一されたし、崇敬されたジョージ・ワシントンは、ばらばらだったひと握りの英国の植民地をまとめ、なんとかうまくスタートを切った——バルカン諸国と同様、その後内戦が起きたが。だが、対立と争いの歴史をもつ、競合するばらばらな国々のあいだで信頼を生み出すよりも、少なくとも理論上は機能するような、形式上の世界政府を思い浮かべるほうが、はるかに容易なのである。

前に言ったように、われわれが現実に生きるための拠りどころにする国際的なシステムは、小さな集団の社会——いばり散らされるのを嫌う社会——と、チンパンジーのコミュニティ——そこでは大物が、無理やり主導権を握って資源を独り占めする一方、効果的で公平な調停者の役割も果たす——とを取り混ぜたもののようだ。私が強調したいのは、地球規模では、最高の支配者としての役割を果たす者はだれであれ、争いを公平に調停して鎮めるように期待されるということだ。半世紀以上にわたり、超大国アメリカを絶えず悩ませてきた大問題は、周囲といざこざを起こしながら領土を拡大しているイスラエルを熱心に支持するというみずから選んだ役割だった。このせいで、イスラエルとパレスチナの調停においで、アメリカが実効的な役割を果たすのはきわめて難しい状況が続いている。残念ながら、二〇一〇年代をなんとか進みだしている今、この争いが、今日の世界の争いの多くを突き動かす政治的原動力となっている。

そんな国際社会のなかに、われわれは存在している。矛盾した感情をもつわれわれの本性によって、少なくとも他人への利他的な共感が生まれる。このことは、しかるべき状況では全人類に拡張できそうだ。そして、われわれのもつ道徳観念は、国家レベルできわめて大規模な利益共同体を作る際に大いに役立つ。そうした共同体は、(アメリカの連邦共和制のように)なんとかもちこたえることもあるが、(ソ連のように)崩壊することもある。道徳的に見れば、われわれは多くの状況で、個々の国を善悪によって判断するようなひとつの世界規模の共同体として振る舞う。また、その司法権は普遍的に認められてはいないが、国際的に機能している法廷もある。これらは、本格的で拘束力のある政治同盟のようなものではないにせよ、公益のためにある程度限定的に統合されることを示す重要な徴候と言える。

一方で、それなりに大きくて十分に武装していることの多い主権国家もたくさんある。こうした主権国家が自民族中心主義――および、時として露骨なよそ者嫌い――に陥り、同盟内で激しく張り合って不信が渦巻くような世界情勢を生み出すこともある。さらに、われわれは道徳にもとづくイデオロギーに感化されやすく、そのなかには国際協力に有害なものもあれば、現在の核使用のタブーのようにきわめて有益なものもある。幸いにも、寛大さをうながすイデオロギーは、われわれの本性や文化に深く根差している。黄金律は、四万五〇〇〇年以上前から人類に普遍的な概念であり、現在もそうでありつづけている。こうしたイデオロギーは、世界秩序の構築をうながすうえで、大いに役立つとも考えられる。それによって、信頼や相互依存が増し、多少なりとも競争や危険が減るかもしれない。

過去から未来が予測できるように思えても、未来の出来事をグローバルなレベルで予測することは、その性質上不可能である。統計的に見て、最近の歴史的過去からわかるのは、戦争による死と破壊は減少していくだろうということだ。しかしそれは、究極のリスクが減少していることにもなるのだろうか？　はるかに遠い進化上の過去は、異なる予測の手段を与えてくれる。この場合、人間の本性が多くの拠りどころを与えるだけでなく、多くの恐怖も与えることがわかりそうだ。未来の問題を解決するには、取り組むべきことがらの基本的要素を知ることが重要だと思う。そしてまた、今後、国際社会とLPA集団との大きな共通点が、先述のいくつかの顕著な違いと同様、考えるための重要な材料を提供してくれるのではないかと思う。

これまでの章で道徳の起源を探りながら、われわれは途方もない旅をしてきた。ひょっとしたら、更新世後期にかんして得た知識から、この旅を続けると直面するグローバルな問題のことがもう少しわかるかもしれない。われわれの道徳的能力は、こうした未来へと引き継がれていくだろうし、より危険の少ないグローバルな道徳的コミュニティを作り出す方向へ進めるようになった場合に、必ず使うことになるのは、やはり道徳的本性なのだ。原初の人間が、そしてのちに現代人と同じ文化をもつようになった人間が更新世後期に進化させてくれた、あの本性である。これとかなり見事なわれわれの政治的創意とを合わせれば、人類には希望を抱ける何か立派な理由があるのではないだろうか。

謝辞

本書は、過去三〇年にわたる研究のうえで関心をもったさまざまなことがらについてまとめたものだ。分析の土台を築く仕事は、ジョン・サイモン・グッゲンハイム財団、サンタフェ高等研究所、アメリカ人文科学基金の協力のもと、、またジョン・テンプルトン財団、ハリー・フランク・グッゲンハイム財団、L・S・B・リーキー財団から補助金を受けておこなった。

ゴンベ渓流研究センターには、タンザニアの霊長類にかんする野外調査を支援してくれたことに対し、感謝したい。また、本書の執筆にあたり重要な役割を果たした過去の研究で助けてくれた、ジェーン・エアーズ、ナイジェル・バラデール、ドナルド・ブラック、デボラ・ボーム、マイケル・ボーム、サミュエル・ボウルズ、サラ・ブロスナン、ローズ・アン・カイオラ、ジェイムズ・フランシス・ドイル、キャロル・エンバー、ディーン・フォーク、ジェイ・ファイアーマン、ジェシカ・フラック、ロジャー・ファウツ、ダグラス・フライ、ハーバート・ギンタス、マイケル・ガーヴェン、ジョナサン・ハイト、クリスティン・ハワード、ヒリー・カプラン、レイモンド・C・ケリー、ブルース・クナウフト、デイヴィッド・クラカウアー、ドン・ラム、フランク・マーロウ、マイケル・マガイア、スティーヴン・モリッシー、マーティン・マラー、ルイス・オビエド、ジョン・プライス、カール・レクテンヴァルト、ピート・リチャーソン、アリス・シュレーゲル、ジェフリー・シュロス、ドロン・シュルツィナー、クレイグ・スタンフォード、メアリー・スタイナー、ジョナサン・ターナー、フランス・ドゥ・ヴァール、ニコラス・ウェイド、ポール・ウェイソン、メアリー・ジェーン・ウェスト＝エバーハード、アンディ・ホワイテン、ポリー・ウィースナー、デイヴィッド・S・ウィルソン、リチャード・ランガムにも謝意を表する。

これよりも最近では、現段階の原稿に詳細なコメントをしてくれたことに対し、サミュエル・ボウルズ、ジーン・ブリッグズ、ジェシカ・フラック、ハーバート・ギンタス、ジョナサン・ハイト、キム・ヒル、ジム・ホップグッド、メル・コナー、ディアドラ・ムレーン、ランドルフ・ネッセ、ジュディ・ヴィネガー、ポリー・ウィースナー、フランス・ドゥ・ヴァールに感謝しなければならない。そしてまた、リチャード・ランガムには、「自己家畜化」の例として、先史時代の「死刑」が遺伝子プールに影響していることの重要性を力説していた刊行前書籍の原稿を見せてくれたことに対し、礼を申し述べたい。

ベーシック・ブックスでは、T・J・ケラハー、ティッセ・タカギ、コリン・トレーシーなど、優秀な編集スタッフに、手助けしてくれたことについて感謝したい。

狩猟採集民の研究を手伝ってくれたクリスティン・ハワードの仕事は申し分なかったし、私の娘のジェニファー・モリッシーには、索引を作成してくれたことに感謝する。動物行動学の調査手法を私に教えてくれたジェーン・グドールには、特別な感謝を捧げなければならない。さらに、エージェントのディアドラ・ムレーンには、本書執筆の企画の成功へ向けて大いに支援してくれた点で、また同僚のドン・ラムには、この企画を数年間にわたり激励してくれた点で、ここに礼を述べる。

最後に、故人であるふたりの師に敬意を捧げなければならない。ひとりは人類学者のポール・J・ボハナンで、彼は文化人類学者として霊長類学を手がけるように私をうながしてくれた。もうひとりは心理学者のドナルド・T・キャンベルで、本書は彼に捧げる。彼こそが、言語人類学をやめて進化論者になることを私に提案してくれたのである。

解説

道徳の進化をめぐるユニークな理論

長谷川眞理子

本書の著者であるクリストファー・ボームは、もともと文化人類学者で、旧ユーゴスラビアの民族における社会的葛藤解決の研究を行っていたが、ひょんなことから、野生のチンパンジーの行動の研究に転じた。タンザニアのゴンベ国立公園は、ジェーン・グドールが野生チンパンジーの長期研究を続けている場所として有名だが、ボームはそこで、チンパンジーという私たちヒトにもっとも近縁な動物の行動を研究することにより、彼らとヒトとを比べるチャンスを得た。このことは、私たちヒトを理解する上で、非常に貴重な経験である。

かく言う私自身、かつてタンザニアで野生チンパンジーの研究に従事したことがある。現在はヒトの心理と行動の研究へと方向転換したが、私たちヒトについて考える上で、チンパンジーを知っているということは、またとないアイデアの宝庫となる。自分がヒトだからと言って、ヒトという生物を理解しているとは言えない。この地球上でもっとも最近まで私たちと共通祖先をともにしてきた動物がどんな存在なのかを知り、その上で、ヒトを客観的、科学的に研究して初めて見えてくるヒトの特徴は、いくつもあるのだ。

チンパンジーその他さまざまな動物との比較研究により、ますます明らかになってきたヒトの特徴の一つは、他のどんな動物にも見られないほど利他性が高いということだ。利他行動とは、自らの適応度を下げても他者の適応度を上げる行動であり、それが進化するというのはパラドクスである。なぜなら、利他行動は、定義上、その行動をとる個体の遺伝子の拡散を妨げるからだ。しかし、ヒト以外の動物にも利他行動的なものは見られるし、ヒトには確かに利他行動が充ち満ちている。そこで、どのような条件下でならば利他行動が進化するのか、これまで膨大な量の研究がなされてきた。血縁淘汰、群淘汰、互恵的利他行動の進化などのシナリオがそれである。

しかし、私たちヒトにおける利他性は、どうも、他の動物の研究例や、そこで用いられる理論的枠組にはおさまらないような気がする。それは私たちが「道徳観」を持ち、「良心」を持っていることを自分でよく知っており、それが、たとえば互恵的利他行動などの進化的理論で十分満足に説明されるという気がしないからだ。ボームは、その違和感を克服するために、ヒトで固有に起こった進化について深く考察している。そこが、利他行動の進化に関する他の多くの書と本書との違いだろう。

みんなが利他行動をとれば、それぞれが他者に対してメリットをもたらすので、めぐりめぐってみんなが利益を得るはずだ。しかし、そんなユートピアは簡単に訪れない。利他行動の進化を不安定なものにする最大の要素は、「自分は他者からの恩恵を受けるが、自分では他者に何も与えない」裏切り者の存在である。そして、そんな裏切り者は利他者よりも利益を得るので、必ず出現し、利他者をさしおいて増えていくことができる。

それをどのようにして防止できるかについても、実に多くの研究があるが、ボームの論点でユニークなのは、その「裏切り者」の種類である。トリヴァースを初めとしてこれまでの研究者はたいてい、「裏切り者」とは、利他者のふりをしてこっそり利益をかすめとる騙し屋だと想定してきた。しかし、ボームは、そうではなく、力の誇示によって他者を制圧してみんなが得るべき利益を自分で独り占めする暴君こそが、非常に重大な脅威の裏切り者だと論じる。それは、彼自身や他の人類学者による研究が明らかにした、狩猟採集民の社会は基本的に平等主義だという知見と、チンパンジーは序列社会ではあるが、暴君はやがて下位の個体の連合によって消されるという知見から導かれたものだ。

狩猟採集社会が平等主義であることは、よく知られている。彼らは、狩猟が上手でみんなに獲物を持ってくることができる人物が威張って鼻にかけることを嫌う。そういう兆候が見えると、みんなで制裁を加える。そうして、狩猟の技術に個人差があっても、それが階級的差異を生み出したり、暴君を生み出したりしないように工夫しているのだ。こうして平等秩序を維持することも、まさに裏切り者の排除である。こういう観点から裏切り者の排除を論じた研究者はあまりなく、慧眼であると言えよう。

また、ヒトの特徴である高度な学習能力のおかげで、遺伝子型と表現型との間に乖離が生じ、それゆえに利己的な遺伝子型を完全に排除することはできない、という論考も興味深い。これまで何万年にもわたってヒトが平等社会を維持し、利己的な乱暴者を排除してきたというのに、なぜ、現在に至るまで、そのような利己的な乱暴者は存在するのか？　それは、ヒトに学習能力と自制の力があるため、たとえ心の底では乱暴者として振る舞いたいと思っていたとしても、それが不利だと理解すれば、その傾向を表面的に自制することができるからだ。かくして、利己的な遺伝的傾向は存続していく。

ヒトの利他性の進化を考える上で、ヒトの内面的な認知と感情制御の能力は非常に重要である。しかし、これまでの利他行動の進化の研究では、「良心」といったような内面的な力は、ほとんど考慮されてこなかった。本書の議論は、その意味で非常に貴重な貢献である。

本書は、ヒトの良心や道徳的性質の「起源」を歴史的にたどろうとしているので、おのずと、ヒトの進化の原点である狩猟採集社会に焦点を当てている。それは当然のことであり、その分析からは多くが学べるのであるが、ヒトの進化の最後の一万年で農耕と牧畜が始まり、定住生活が始まった。そのとき、狩猟採集民の社会的葛藤解決の大きな手段の一つである、「嫌な奴とは別れてどこかに行ってしまう」、という選択肢がなくなった。また、直接的に当事者で裏切り者を排除できる範囲を超えて、集団サイズが大きくなった。そのとき、何が起こったのだろう？　さらに、現在の国民国家と経済活動の中で、人々は決して平等ではないが、だからといって、私たちが格別に不幸というわけではない。この最近の一万年に起こった変化について、もう少し分析が聞きたいところである。しかし、それはまた別の機会に、ということだろう。

cial evolution. In *The evolution of human behavior: Primate models*, ed. W. G. Kinzey. Albany: State University of New York Press.

——. 1999. The evolution of coalitionary killing: The imbalance-ofpower hypothesis. *Yearbook of Physical Anthropology* 42:1–30.

——. 2001. The evolution of cooking: A talk with Richard Wrangham. Interview on J. Brockman's website, Edge. www.edge.org/3rd_culture/wrangham/wrangham_index.html (2014年5月確認).

Wrangham, R. W., and Peterson, D. 1996. *Demonic males: Apes and the origins of human violence.* New York: Houghton Mifflin. [『男の凶暴性はどこからきたか』(山下篤子訳、三田出版会)]

Wright, R. 1994. *The moral animal: Why we are the way we are — The new science of evolutionary psychology.* New York: Vintage. [『モラル・アニマル』(小川敏子訳、講談社)]

Zahavi, A. 1995. Altruism as a handicap: The limitations of kin selection and reciprocity. *Journal of Avian Biology* 26:1–3.

versity Press.
——. 1996. Leveling the hunter: Constraints on the status quest in foraging societies. In *Food and the status quest: An interdisciplinary perspective*, eds. P. Wiessner and W. Schiefenhövel. Oxford: Berghahn Books.
——. 2002. Hunting, healing, and hxaro exchange: A long-term perspective on !Kung Ju/'hoansi large-game hunting. *Evolution and Human Behavior* 23:407–436.
——. 2005a. Norm enforcement among the Ju/'hoansi bushmen: A case of strong reciprocity? *Human Nature* 16:115–145.
——. 2005b. Verbal criticism: Ju/'hoansi style punishment. www.peacefulsocieties.org/nar06/060105juho.html（2014年5月確認できず）.
Williams, G. C. 1966. *Adaptation and natural selection: A critique of some current evolutionary thought*. Princeton, NJ: Princeton University Press.
Wilson, D. S. 1999. A critique of R. D. Alexander's views on group selection. *Biology and Philosophy* 14:431–449.
Wilson, D. S., and Dugatkin, L. A. 1997. Group selection and assortative interactions. *The American Naturalist* 149:336–351.
Wilson, D. S., and Sober, E. 1994. Reintroducing group selection to the human behavioral sciences. *Behavioral and Brain Sciences* 17:585–654.
Wilson, D. S., and Wilson, E. O. 2007. Rethinking the theoretical foundation of sociobiology. *Quarterly Review of Biology* 82:327–348.
Wilson, E. O. 1975. *Sociobiology: The new synthesis*. Cambridge, MA: Harvard University Press. [『社会生物学』（伊藤嘉昭監修、坂上昭一ほか訳、新思索社）]
——. 1978. *On human nature*. Cambridge, MA: Harvard University Press. [『人間の本性について』（岸由二訳、筑摩書房）]
Wilson, J. Q. 1993. *The moral sense*. New York: Free Press.
Winterhalder, B. 2001. Intragroup resource transfers: Comparative evidence, models, and implications for human evolution. In *Meat-eating and human evolution*, eds. C. B. Stanford and H. T. Bunn. New York: Oxford University Press.
Winterhalder, B., and Smith, E. A., eds. 1981. *Hunter-gatherer foraging strategies: Ethnographic and archeological analyses*. Chicago: University of Chicago Press.
Wolf, A. P., and Durham, W. H., eds. 2004. *Inbreeding, incest, and the incest taboo: The state of knowledge at the turn of the century*. Stanford, CA: Stanford University Press.
Wolf, J. B., Brodie, E. D., and Moore, A. J. 1999. Interacting phenotypes and the evolutionary process II: Selection resulting from social interactions. *American Naturalist* 153:254–266.
Woodburn, J. C. 1979. Minimal politics: The political organization of the Hadza of North Tanzania. In *Politics in leadership: A comparative perspective*, eds. W. A. Shack and P. S. Cohen. Oxford: Clarendon Press.
——. 1982. Egalitarian societies. *Man* 17:431–451.
Wrangham, R. W. 1987. African apes: The significance of African apes for reconstructing so-

利貞・藤井留美訳、草思社)]
——. 2008. Putting the altruism back into altruism: The evolution of empathy. *Annual Review of Psychology* 59:279–300.
——. 2009. *The age of empathy: Nature's lessons for a kinder society*. New York: Harmony Books. [『共感の時代へ』(柴田裕之訳、紀伊國屋書店)]
de Waal, F. B. M., and Lanting, F. 1997. *Bonobo: The forgotten ape*. Berkeley and Los Angeles: University of California Press. [『ヒトに最も近い類人猿ボノボ』(藤井留美訳、TBSブリタニカ)]
Waddington, C. H. 1960. *The ethical animal*. Chicago: University of Chicago Press. [『エチカル・アニマル——危機を超える生命の倫理』(内田美恵訳、工作舎)]
Wade, M. J. 1978. A critical review of the models of group selection. *Quarterly Review of Biology* 53:101–114.
Wade, N. 2009. *The faith instinct: How religion evolved and why it endures*. New York: Penguin. [『宗教を生みだす本能——進化論からみたヒトと信仰』(依田卓巳訳、NTT出版)]
Warneken, F., Hare, B., Melis, A. P., Hanus, D., and Tomasello, M. 2007. Spontaneous altruism by chimpanzees and young children. *PLoS Biol* 5:e184.
Watson, J. D., and Crick, F. H. C. 1953. A structure for deoxyribose nucleic acid. *Nature* 171:737–738.
Watts, D. P., and Mitani, J. C. 2002. Hunting and meat sharing by chimpanzees at Ngogo, Kibale national park, Uganda. In *Behavioral diversity in chimpanzees and bonobos*, eds. C. Boesch, G. Hohmann, and L. Marchant. Cambridge: Cambridge University Press.
West, S. A., Griffin, A. S., and Gardner, A. 2007. Social semantics: Altruism, cooperation, mutualism, strong reciprocity, and group selection. *Journal of Evolutionary Biology* 20:415–432.
West-Eberhard, M. J. 1979. Sexual selection, social competition, and evolution. *Proceedings of the American Philosophical Society* 123:222–234.
——. 1983. Sexual selection, social competition, and speciation. *Quarterly Review of Biology* 58:155–183.
Westermarck, E. 1906. *The origin and development of the moral ideas*. London: Macmillan.
Whallon, R. 1989. Elements of cultural change in the later Paleolithic. In *The human revolution: Behavioral and biological perspectives on the origins of modern humans*, vol. 1, eds. P. Mellars and C. Stringer. Edinburgh: Edinburgh University Press.
Whiten, A., and Byrne, R. 1988. Tactical deception in primates. *Behavioural and Brain Sciences* 11:233–244.
Whiting, B. B., and Whiting, J. W. M. 1975. *Children of six cultures: A psychocultural analysis*. Cambridge, MA: Harvard University Press. [『六つの文化の子供たち——心理−文化的分析』(名和敏子訳、誠信書房)]
Wiessner, P. 1982. Risk, reciprocity, and social influences on !Kung San economics. In *Politics and history in band societies*, eds. E. Leacock and R. B. Lee. Cambridge: Cambridge Uni-

Stiner, M. C., Barkai, R., and Gopher, A. 2009. Cooperative hunting and meat sharing 400–200 kya at Qesem cave, Israel. *Proceedings of the National Academy of Sciences* 106:13207–13212.
Sullivan, R. J. 1989. *Immanuel Kant's moral theory*. Cambridge: Cambridge University Press.
Temerlin, M. K. 1975. *Lucy: Growing up human: A chimpanzee daughter in a psychotherapist's family*. Palo Alto, CA: Science and Behavior Books.
Testart, A. 1982. The significance of food storage among hunter-gatherers: Residence patterns, population densities, and social inequalities. *Current Anthropology* 23:523–537.
Thieme, H. 1997. Lower Paleolithic hunting spears from Germany. *Nature* 385:807.
Thomas, E. M. 1989. *The harmless people*. New York: Vintage. [『ハームレス・ピープル——原始に生きるブッシュマン』（荒井喬・辻井忠男訳、海鳴社）]
Tiger, L. 1979. *Optimism: The biology of hope*. New York: Simon and Schuster.
Trivers, R. L. 1971. The evolution of reciprocal altruism. *Quarterly Review of Biology* 46:35–57.
——. 1972. Parental investment and sexual selection. In *Sexual selection and the descent of man, 1871–1971,* ed. B. G. Campbell. Chicago: Aldine.
Trut, L., Oskina, I., and Kharlamova, A. 2009. Animal evolution during domestication: The domesticated fox as a model. *BioEssays* 31:349–360.
Turiel, Eliot 2006. The development of morality. In *Handbook of child psychology*, Volume 3: *Social, personal, and personality development*, ed. N. Eisenberg, New York: Wiley.
Turnbull, C. M. 1961. *The forest people*. Garden City, NY: Natural History Press. [『森の民』（藤川玄人訳、筑摩書房）]
——. 1972. *The mountain people*. New York: Simon and Schuster. [『ブリンジ・ヌガグ——食うものをくれ』（幾野宏訳、筑摩書房）]
van den Steenhoven, G. 1957. *Research report on Caribou Eskimo law*. The Hague, the Netherlands: G. van den Steenhoven.
——. 1959. Legal concepts among the Netsilik Eskimos of Pelly Bay, Northwest Territories. NCRC Report 59–3. Ottawa, ON: Canada Department of Northern Affairs.
——. 1962. *Leadership and law among the Eskimos of the Keewatin district, Northwest Territories*. Rijswijk, the Netherlands: Excelsior.
Voland, E., and Voland, R. 1995. Parent-offspring conflict, the extended phenotype, and the evolution of conscience. *Journal of Social and Evolutionary Systems* 18:397–412.
von Furer-Haimendorf, C. 1967. *Morals and merit: A study of values and social controls in South Asian societies*. Chicago: University of Chicago Press.
de Waal, F. B. M. 1982. *Chimpanzee politics: Power and sex among apes*. New York: Harper and Row. [『チンパンジーの政治学』（西田利貞訳、産経新聞出版）など]
——. 1986. The brutal elimination of a rival among captive male chimpanzees. *Ethology and Sociobiology* 7:237–251.
——. 1996. *Good natured: The origins of right and wrong in humans and other animals*. Cambridge, MA: Harvard University Press. [『利己的なサル、他人を思いやるサル』（西田

versity Press. [『ニサ——カラハリの女の物語り』(麻生九美訳、リブロポート)]

Silberbauer, G. B. 1981. *Hunter and habitat in the central Kalahari desert*. Cambridge: Cambridge University Press.

Simon, H. A. 1990. A mechanism for social selection and successful altruism. *Science* 250:1665–1668.

Skyrms, B. 2000. Game theory, rationality, and evolution of the social contract. In *Evolutionary origins of morality: Cross-disciplinary perspectives*, ed. L. D. Katz. Bowling Green, OH: Imprint Academic.

Smith, E. A. 2004. Why do good hunters have higher reproductive success? *Human Nature* 15:343–364.

Smith, E. A., and Boyd, R. 1990. Risk and reciprocity: Hunter-gatherer socioecology and the problem of collective action. In *Risk and uncertainty in tribal and peasant economies*, ed. E. A. Cashdan. Boulder, CO: Westview Press.

Sober, E., and Wilson, D. S. 1998. *Unto others: The evolution and psychology of unselfish behavior*. Cambridge, MA: Harvard University Press.

——. 2000. Summary of *Unto others: The evolution and psychology of unselfish behavior.* In *Evolutionary origins of morality: Cross-disciplinary perspectives*, ed. L. D. Katz. Bowling Green, OH: Imprint Academic.

Spencer, H. 1851. *Social statics; or the conditions essential to human happiness specified, and the first of them developed*. London: John Chapman. [『社会平権論』(松島剛訳、報告社)]

Speth, J. D. 1989. Early hominid hunting and scavenging: The role of meat as an energy source. *Journal of Human Evolution* 18:329–343.

Sprengel, K. P. 1839. *Die lehre vom dünger oder beschreibung aller bei der landwirthschaft gebräuchlicher vegetabilischer, animalischer und mineralischer düngermaterialien, nebst erklärung ihrer wirkungsart* (Principles of fertilization in a description of the vegetable, animal, and mineral fertilizers employed in agriculture with an explanation of their mode of action). Leipzig, Germany: Verlag.

Stanford, C. B. 1999. *The hunting apes: Meat eating and the origins of human behavior*. Princeton, NJ: Princeton University Press. [『狩りをするサル——肉食行動からヒト化を考える』(瀬戸口美恵子・瀬戸口烈司訳、青土社)]

Stephenson, J. 2000. *The language of the land: Living among the Hadzabe in Africa*. New York: St. Martin's Press.

Stevens, J. R., Cushman, F. A., and Hauser, M. D. 2005. Evolving the psychological mechanisms for cooperation. *Annual Review of Ecology, Evolution, and Systematics* 36:499–518.

Steward, J. H. 1938. Basin-plateau Aboriginal sociopolitical groups. Smithsonian Institution Bureau of American Ethnology Bulletin 120. Washington, DC: GPO.

——. 1955. *Theory of culture change*. Urbana: University of Illinois Press. [『文化変化の理論——多系進化の方法論』(米山俊直・石田紝子訳、弘文堂)]

Stiner, M. C. 2002. Carnivory, coevolution, and the geographic spread of the genus *homo*. *Journal of Archaeological Research* 10:1–63.

Social life of early man, ed. S. L. Washburn. Chicago: Aldine.
Peterson, N. 1993. Demand sharing: Reciprocity and the pressure for generosity among foragers. *American Anthropologist* 95:860–874.
Piers, G., and Singer, M. B. 1971. *Shame and guilt: A psychoanalytic and a cultural study*. New York: Norton.
Pinker, S. 2011. *The better angels of our nature: Why violence has declined*. New York: Viking.
Popper, K. 1978. Natural selection and the emergence of mind. *Dialectica* 32:339–355.
Potts, R. 1996. *Humanity's descent: The consequences of ecological instability*. New York: Aldine de Gruyter.
Preston, S. D., and de Waal, F. B. M. 2002. Empathy: Its ultimate and proximate bases. *Behavioral and Brain Sciences* 25:1–72.
Price, M. E., Cosmides, L., and Tooby, J. 2002. Punitive sentiment as an anti–free rider psychological device. *Evolution and Human Behavior* 23:203–231.
Rapoport, A., and Chammah, A. 1965. *Prisoner's dilemma*. Ann Arbor: University of Michigan Press. [『囚人のジレンマ――紛争と協力に関する心理学的研究』（廣松毅ほか訳、啓明社）]
Rasmussen, K. 1931. *The Netsilik Eskimos: Social life and spiritual culture. Report of the fifth Thule Expedition 1921–24*, Vol. VIII, No. 1–2. Copenhagen: Gyldendalske Boghandel.
Richards, R. J. 1989. *Darwin and the emergence of evolutionary theories of mind and behavior*. Chicago: University of Chicago Press.
Richerson, P. J., and Boyd, R. 1999. Complex societies: The evolutionary origins of a crude superorganism. *Human Nature* 10:253–289.
Riches, D. 1974. The Netsilik Eskimo: A special case of selective female infanticide. *Ethnology* 13:351–361.
Ridley, M. 1996. *The origins of virtue: Human instincts and the evolution of cooperation*. New York: Penguin. [『徳の起源――他人をおもいやる遺伝子』（古川奈々子訳、翔泳社）]
Ruvolo, M., Disotell, T. R., Allard, M. W., Brown, W. M., and Honeycutt, R. L. 1991. Resolution of the African hominoid trichotomy by use of a mitochondrial gene sequence. *Proceedings of the National Academy of Science* 88:1570–1574.
Savage-Rumbaugh, S., and Lewin, R. 1994. *Kanzi: The ape at the brink of the human mind*. New York: Wiley. [『人と話すサル「カンジ」』（石館康平訳、講談社）]
Savage-Rumbaugh, S., Shanker, S. G., and Taylor, T. J. 1998. *Apes, languages, and the human mind*. New York: Oxford University Press.
Service, E. R. 1975. *Origin of the state and civilization: The process of cultural evolution*. New York: Norton.
Sherman, P. W., Alexander, R. D., and Jarvis, J. U. 1991. *The biology of the naked mole rat*. Princeton, NJ: Princeton University Press.
Shermer, M. 2004. *The science of good and evil: Why people cheat, gossip, care, share, and follow the golden rule*. New York: Henry Holt.
Shostak, M. 1981. *Nisa: The life and words of a !Kung woman*. Cambridge, MA: Harvard Uni-

man primates. Vol. 5, eds. A. M. Shrier and F. Stollnitz. New York: Academic Press.
Midgley, M. 1994. *The ethical primate: Humans, freedom, and morality*. London: Routledge.
Mirsky, J. 1937. The Eskimo of Greenland. In *Cooperation and competition among primitive peoples*, ed. M. Mead. New York: McGraw-Hill.
Mithen, S. J. 1990. *Thoughtful foragers: A study of prehistoric decision making*. Cambridge: Cambridge University Press.
Myers, F. R. 1988. Burning the truck and holding the country: Property, time, and the negotiation of identity among Pintupi Aborigines. In *Hunters and gatherers*, vol. 2: *Property, power, and ideology*, eds. T. Ingold, D. Riches, and J. Woodburn. Oxford: Berg.
Nesse, R. M. 2000. How selfish genes shape moral passions. *Journal of Consciousness Studies* 7:227–231.
——. 2007. Runaway social selection for displays of partner value and altruism. *Biological Theory* 2:143–155.
——. 2010. Social selection and the origins of culture. In *Evolution, culture, and the human mind*, eds. M. Schaller, A. Norenzayan, S. J. Heine, T. Yamagishi, and T. Kameda. Philadelphia: Erlbaum.
Neusner, J., and Chilton, B., eds. 2009. *The golden rule: Analytical perspectives*. Lanham, MD: University Press of America.
Nietzsche, F. 1887. *Zur genealogie der moral: Eine streitschrift* (On the genealogy of morals: A polemical tract). Leipzig, Germany: Verlag von C. G. Naumann. [『道徳の系譜』(木場深定訳、岩波書店ほか)]
Nishida, T. 1996. The death of *Ntologi*, the unparalleled leader of M group. *Pan Africa News* 3:4.
Noss, A. J., and Hewlett, B. S. 2001. The contexts of female hunting in central Africa. *American Anthropologist* 103:1024–1040.
Nowak, M. A., and Sigmund, K. 2005. Evolution of indirect reciprocity. *Nature* 437:1291–1298.
Nowak, M. A., Tarnita, C. E., and Wilson, E. O. 2010. The evolution of eusociality. *Nature* 466:1057–1062.
Otterbein, K. F. 1988. Capital punishment: A selection mechanism. Commentary on Robert K. Dentan, On Semai homicide. *Current Anthropology* 29:633–636.
Panchanathan, K., and Boyd, R. 2004. Indirect reciprocity can stabilize cooperation without the second-order free rider problem. *Nature* 432:499–502.
Parker, I. 2007. Swingers: Bonobos are celebrated as peace-loving, matriarchal, and sexually liberated. Are they? *New Yorker*, July, 48–61.
Parsons, T., and Shils, E., eds. 1952. *Toward a general theory of action*. Cambridge, MA: Harvard University Press. [『行為の総合理論をめざして』(永井道雄・作田啓一・橋本真訳、日本評論新社)]
Patterson, F., and Linden, E. 1981. *The education of Koko*. New York: Holt, Reinhart and Winston. [『ココ、お話しよう』(都守淳夫訳、どうぶつ社)]
Pericot, L. 1961. The social life of Spanish Paleolithic hunters as shown by Levantine art. In

LeVine, R. A., and Campbell, D. T. 1972. *Ethnocentrism: Theories of conflict, ethnic attitudes, and group behavior.* New York: Wiley.

Lewontin, R. C. 1970. The units of selection. *Annual Review of Ecology and Systematics* 1:1–18.

Lindsay, S. 2000. *Handbook of applied dog behavior and training,* vol. 1: *Adaptation and learning.* Ames: Iowa State University Press.

Lore, R., Nikoletseas, M., and Takahashi, L. 1984. Colony aggression in laboratory rats: A review and some recommendations. *Aggressive Behavior* 10:59–71.

Lorenz, K. 1966. *On aggression*. New York: Bantam. [『攻撃――悪の自然誌』(日高敏隆・久保和彦訳、みすず書房)]

Lyell, C. 1833. *Principles of geology, being an attempt to explain the former changes of the Earth's surface, by reference to causes now in operation*. Vol. 3. London: John Murray. [『ライエル地質学原理』(河内洋佑訳、朝倉書店)]

Malinowski, B. 1922. *Argonauts of the western Pacific: An account of native enterprise and adventure in the archipelagoes of Melanesian New Guinea*. New York: Dutton. [『西太平洋の遠洋航海者』(増田義郎訳、講談社)]

――. 1929. *The sexual life of savages in northwestern Melanesia*. London: George Routledge. [『未開人の性生活』(泉靖一・蒲生正男・島澄訳、新泉社) など]

Malthus, T. R. 1985 (1798). *An essay on the principle of population*. New York: Penguin. [『人口論』(斉藤悦則訳、光文社) など]

Marlowe, F. W. 2004. Mate preferences among Hadza hunter-gatherers. *Human Nature* 15:365–376.

――. 2005. Hunter-gatherers and human evolution. *Evolutionary Anthropology* 14:54–67.

――. 2010. *The Hadza hunter-gatherers of Tanzania*. Berkeley and Los Angeles: University of California Press.

Mayr, E. 1983. How to carry out the adaptationist program? *American Naturalist* 121:324–334.

――. 1988. The multiple meanings of teleological. In *Towards a new philosophy of biology*, ed. E. Mayr. Cambridge, MA: Harvard University Press. [『進化論と生物哲学』(八杉貞雄・新妻昭夫訳、東京化学同人)]

――. 1997. *This is biology*. Cambridge, MA: Harvard University Press. [『これが生物学だ――マイアから21世紀の生物学者へ』(八杉貞雄・松田学訳、丸善出版)]

――. 2001. *What evolution is*. New York: Basic Books.

McBrearty, S., and Brooks, A. 2000. The revolution that wasn't: A new interpretation of the origin of modern human behavior. *Journal of Human Evolution* 39:453–563.

McCullough, M. E., Kimeldorf, M. B., and Cohen, A. D. 2008. An adaptation for altruism? The social causes, social effects, and social evolution of gratitude. *Current Directions in Psychological Science* 17:281–285.

Mead, G. H. 1934. *Mind, self, and society*. Chicago: University of Chicago Press. [『精神・自我・社会』(稲葉三千男・滝沢正樹・中野収訳、青木書店)]

Menzel, E. W. 1974. A group of young chimpanzees in a one acre field. In *Behavior of non-hu-*

cultural analysis. *Journal of Anthropological Archaeology* 7:373–411.
——. 1996. *War before civilization*. New York: Oxford University Press.
Keenan, J. P., Gallup Jr., G. G., and Falk, D. 2003. *The face in the mirror: The search for the origins of consciousness*. New York: HarperCollins.［『うぬぼれる脳』（山下篤子訳、日本放送出版協会）］
Kelly, R. C. 2000. *Warless societies and the evolution of war*. Ann Arbor: University of Michigan Press.
——. 2005. The evolution of lethal intergroup violence. *Proceedings of the National Academy of Sciences* 102:15294–15298.
Kelly, R. L. 1995. *The foraging spectrum: Diversity in hunter-gatherer lifeways*. Washington, DC: Smithsonian Institution Press.
Kiehl, K. A. 2008. Without morals: The cognitive neuroscience of criminal psychopaths. In *Moral psychology*, vol. 1: *The evolution of morality: Adaptations and innateness*, ed. W. Sinnott-Armstrong. Cambridge, MA: MIT Press.
Kiehl, K. A., Bates, A. T., Laurens, K. R., Hare, R. D., and Liddle, P. F. 2006. Brain potentials implicate temporal lobe abnormalities in criminal psychopaths. *Journal of Abnormal Psychology* 115:443–453.
Klein, R. G. 1999. *The human career: Human biological and cultural origins*. Chicago: University of Chicago Press.
Knauft, B. M. 1991. Violence and sociality in human evolution. *Current Anthropology* 32:391–428.
Kollock, P. 1998. Social dilemmas: The anatomy of cooperation. *Annual Review of Sociology* 24:183–214.
Konner, M. 2010. *The evolution of childhood: Relationships, emotion, mind*. Cambridge, MA: Harvard University Press.
Krebs, D. L. 2000. The evolution of moral dispositions in the human species. *Annals of the New York Academy of Sciences* 907:132–148.
Ladd, C., and Maloney, K. 2011. Chimp murder at Mahale. http://www.nomad-tanzania.com/blogs/greystoke-mahale/murder-in-mahale（2014年5月確認）.
Laland, K. N., Odling-Smee, J., and Feldman, M. W. 2000. Niche construction, biological evolution, and cultural change. *Behavioral and Brain Sciences* 23:131–175.
Laland, K. N., Odling-Smee, J., and Myles, S. 2010. How culture shaped the human genome: Bringing genetics and the human sciences together. *Nature Reviews Genetics* 11:137–148.
Laughlin, C. D., and Brady, I. A., eds. 1978. *Extinction and survival in human populations*. New York: Columbia University Press.
Leacock, E. 1969. The Montagnais-Naskapi band. In *Contributions to anthropology: Band societies*, ed. D. Damas. Bulletin 228. Ottawa, ON: National Museum of Canada.
Lee, R. B. 1979. *The !Kung San: Men, women, and work in a foraging society*. Cambridge: Cambridge University Press.

Hawks, J., Hunley, K., Lee, S.-H., and Wolpoff, M. 2000. Population bottlenecks and Pleistocene human evolution. *Molecular Biology and Evolution* 17:2–22.

Heinz, H. J. 1994. *Social organization of the !Ko Bushmen*. Cologne, Germany: Rüdiger Köppe Verlag.

Henrich, J., Boyd, R., Bowles, S., Camerer, C., Fehr, E., Gintis, H., McElreath, R., Alvard, M., Barr, A., Ensminger, J., Hill, K., Gil-White, F., Gurven, M., Marlowe, F., Patton, J. Q., Smith, N., and Tracer, D. 2005. "Economic man" in cross-cultural perspective: Behavioral experiments in 15 small-scale societies. *Behavioral and Brain Sciences* 28:795–855.

Hewlett, B. S., and Lamb, M. E., eds. 2006. *Hunter-gatherer childhoods: Evolutionary, developmental, and cultural perspectives*. New Brunswick, NJ: Transaction.

Hill, K. R., Walker, R., Boievi, M., Eder, J., Headland, T., Hewlett, B., Hurtado, A. M., Marlowe, F., Wiessner, P., and Wood, B. 2011. Coresidence patterns in hunter-gatherer societies show unique human social structure. *Science* 331:1286–1289.

Hohmann, G., and Fruth, B. 1993. Field observations on meat sharing among bonobos. *Folia Primatologica* 60:225–229.

Hrdy, S. B. 2009. *Mothers and others: The evolutionary origins of mutual understanding*. Cambridge, MA: Belknap Press.

Huxley, T. H. 1894. *Evolution and ethics*. New York: Appleton.［『進化と倫理』（上野景福訳、育生社）］

Irons, W. 1991. How did morality evolve? *Zygon* 26:49–89.

Johnson, D. D. P., and Krüger, O. 2004. The good of wrath: Supernatural punishment and the evolution of cooperation. *Political Theology* 5:159–176.

Jones, D. M. 1969. A study of social and economic problems in Unalaska, an Aleut village. PhD diss., University of California Berkeley. University microfilms, publications 70–6048.

Kagan, J. 1981. *The second year: The emergence of self-awareness*. Cambridge, MA: Harvard University Press.

Kagan, J., and Lamb, S., eds. 1987. *The emergence of morality in young children*. Chicago: University of Chicago Press.

Kano, T. 1992. *The last ape: Pygmy chimpanzee behavior and ecology*. Stanford, CA: Stanford University Press.［『最後の類人猿』（加納隆至著、どうぶつ社）］

Kaplan, H., and Gurven, M. 2005. The natural history of human food sharing and cooperation: A review and a new multi-individual approach to the negotiation of norms. In *Moral sentiments and material interests: On the foundations of cooperation in economic life*, eds. H. Gintis, S. Bowles, R. Boyd, and E. Fehr. Cambridge, MA: MIT Press.

Kaplan, H., and Hill, K. 1985. Food sharing among Aché foragers: Tests of explanatory hypotheses. *Current Anthropology* 26:223–246.

Katz, L. D., ed. 2000. *Evolutionary origins of morality: Cross-disciplinary perspectives*. Bowling Green, OH: Imprint Academic.

Keeley, L. 1988. Hunter-gatherer economic complexity and "population pressure": A cross-

liams and E. S. Hunn. Boulder, CO: Westview Press.
Greene, J. D. 2003. From neural "is" to moral "ought": What are the moral implications of neuroscientific moral psychology? *Nature Reviews Neuroscience* 4:847–850.
——. 2007. The secret joke of Kant's soul. In *Moral psychology*, vol. 3: *The neuroscience of morality*, ed. W. Sinnott-Armstrong. Cambridge, MA: MIT Press.
Guala, F. In press. Reciprocity: Weak or strong? What punishment experiments do and do not demonstrate. *Behavioral and Brain Sciences*.
Gurven, M. 2004. To give and give not: The behavioral ecology of human food transfers. *Behavioral and Brain Sciences* 27:543–583.
Gurven, M., Allen-Arave, W., Hill, K., and Hurtado, A. M. 2000. "It's a wonderful life": Signaling generosity among the Ache of Paraguay. *Evolution and Human Behavior* 21:263–282.
——. 2001. Reservation food sharing among the Ache of Paraguay. *Human Nature* 12:273–297.
Gurven, M., and Hill, K. 2010. Moving beyond stereotypes of men's foraging goals. *Current Anthropology* 51:265–267.
Haidt, J. 2003. The moral emotions. In *Handbook of affective sciences*, eds. R. J. Davidson, K. R. Scherer, and H. H. Goldsmith. New York: Oxford University Press.
——. 2007. The new synthesis in moral psychology. *Science* 18:998–1002.
Haile, B. 1978. *Love-magic and the butterfly people: The Slim Curly version of the Ajiłee and Mothway myths*. Flagstaff: Museum of Arizona Press.
Hamilton, W. D. 1964. The genetical evolution of social behavior I, II. *Journal of Theoretical Biology* 7:1–52.
——. 1975. Innate social aptitudes in man: An approach from evolutionary genetics. In *Biosocial anthropology*, ed. R. Fox. London: Malaby.
Hammerstein, P., and Hagen, E. H. 2004. The second wave of evolutionary economics in biology. *Trends in Ecology and Evolution* 20:604–609.
Hammerstein, P., and Hoekstra, R. F. 2002. Mutualism on the move. *Nature* 376:121–122.
Hare, R. 1993. *Without conscience: The disturbing world of the psychopaths among us*. New York: Guilford Press. [『診断名サイコパス』(小林宏明訳、早川書房)]
Harpending, H., and Rogers, A. 2000. Genetic perspectives on human origins and differentiation. *Annual Review of Genomics and Human Genetics* 1:361–385.
Hauser, M. D. 2006. *Moral minds: How nature designed our universal sense of right and wrong*. New York: HarperCollins.
Haviland, J. B. 1977. *Gossip, reputation, and knowledge in Zinacantan*. Chicago: University of Chicago Press.
Hawkes, K. 1991. Showing off: Tests of an hypothesis about men's foraging goals. *Ethology and Sociobiology* 12:29–54.
——. 2001. Is meat the hunter's property? Big game, ownership, and explanations of hunting and sharing. In *Meat-eating and human evolution*, eds. C. B. Stanford and H. T. Bunn. New York: Oxford University Press.

Fehr, E., and Gächter, S. 2002. Altruistic punishment in humans. *Nature* 415:137–140.
——. 2004. Reply to Fowler et al.: Egalitarian motive and altruistic punishment. *Nature* 433:E1–E2.
Fisher, R. A. 1930. *The genetical theory of natural selection*. New York: Dover.
Flack, J. C., and de Waal, F. B. M. 2000. "Any animal whatever": Darwinian building blocks of morality in monkeys and apes. *Journal of Consciousness Studies* 7:1–29.
Fleagle, J. G., and Gilbert, C. C. 2008. Modern human origins in Africa. *Evolutionary Anthropology* 17:1–2.
Fouts, R., with Mills, S. T. 1997. *Next of kin: My conversations with chimpanzees*. New York: Avon. [『限りなく人類に近い隣人が教えてくれたこと』（高崎浩幸・高崎和美訳、角川書店）]
Frank, R. H. 1988. *Passions within reason: The strategic role of the emotions*. New York: Norton. [『オデッセウスの鎖』（大坪庸介・山岸俊男訳、サイエンス社）]
Frank, S. A. 1995. Mutual policing and repression of competition in the evolution of cooperative groups. *Nature* 377:520–522.
Freud, S. 1918. *Totem and taboo: Resemblances between the psychic lives of savages and neurotics*. Trans. A. A. Brill. New York: Random House. [『フロイト全集 12　1912–13年　トーテムとタブー』（須藤訓任・門脇健訳、岩波書店）ほか]
Fry, D. P. 2000. Conflict management in cross-cultural perspective. In *Natural conflict resolution*, eds. F. Aureli and F. B. M. de Waal. Berkeley and Los Angeles: University of California Press.
Furuichi, Takeshi 2011. Female contributions to the peaceful nature of bonobo society. *Evolutionary Anthropology* 20:131–142.
Gallup, G. G. J., Anderson, J. R., and Shillito, D. J. 2002. The mirror test. In *The cognitive animal: Empirical and theoretical perspectives on animal cognition*, eds. M. Bekoff, C. Allen, and G. Burghardt. Cambridge, MA: MIT Press.
Gardner, B. T., and Gardner, R. A. 1994. Development of phrases in the utterances of children and cross-fostered chimpanzees. In *The ethological roots of culture*, eds. R. A. Gardner, B. T. Gardner, B. Chiarelli, and F. X. Plooj. London: Kluwer Academic.
Ghiselin, M. T. 1974. *The economy of nature and the evolution of sex*. Berkeley and Los Angeles: University of California Press.
Gintis, H. 2003. The hitchhiker's guide to altruism: Gene-culture coevolution and the internalization of norms. *Journal of Theoretical Biology* 220:407–418.
Goodall, J. 1986. *The chimpanzees of Gombe: Patterns of behavior*. Cambridge, MA: Belknap Press. [『野生チンパンジーの世界』（杉山幸丸・松沢哲郎監訳、ミネルヴァ書房）]
——. 1992. Unusual violence in the overthrow of an alpha male chimpanzee at Gombe. In *Topics in primatology*, vol. 1: *Human origins*, eds. T. Nishida, W. C. McGrew, P. Marler, M. Pickford, and F. B. M. de Waal. Tokyo: University of Tokyo Press.
Gould, R. A. 1982. To have and have not: The ecology of sharing among hunter-gatherers. In *Resource managers: North American and Australian hunter-gatherers*, eds. N. M. Wil-

——. 1982 (1871). *The descent of man, and selection in relation to sex*. Princeton, NJ: Princeton University Press. [『人間の進化と性淘汰』(長谷川眞理子訳、文一総合出版)]
Dawkins, R. 1976. *The selfish gene*. New York: Oxford University Press. [『利己的な遺伝子』(日高敏隆ほか訳、紀伊國屋書店)]
Dewey, J. 1934. *Art as experience*. New York: Minton, Balch. [『デューイ＝ミード著作集12 経験としての芸術』(河村望訳、人間の科学新社)]
Diamond, J. 1992. *The third chimpanzee: The evolution and future of the human animal*. New York: Harper Perennial. [『人間はどこまでチンパンジーか?』(長谷川眞理子・長谷川寿一訳、新曜社)]
Draper, P. 1978. The learning environment for aggression and anti-social behavior among the !Kung. In *Learning non-aggression: The experience of nonliterate societies*, ed. A. Montagu. New York: Oxford University Press.
Dubreuil, B. 2010. Paleolithic public goods games: Why human culture and cooperation did not evolve in one step. *Biology and Philosophy* 25:53–73.
Dunbar, R. I. M. 1996. *Grooming, gossip, and the evolution of language*. London: Faber and Faber. [『ことばの起源』(松浦俊輔・服部清美訳、青土社)]
Durham, W. H. 1991. *Coevolution: Genes, culture, and human diversity*. Stanford, CA: Stanford University Press.
Durkheim, É. 1933. *The division of labor in society*. New York: Free Press. [『社会分業論』(田原音和訳、青木書店)など]
Dyson-Hudson, R., and Smith, E. A. 1978. Human territoriality: An ecological reassessment. *American Anthropologist* 80:21–41.
Eibl-Eibesfeldt, I. 1982. Warfare, man's indoctrinability, and group selection. *Zeitschrift für Tierpsychologie* 60:177–198.
Eisenberg, N., Fabes, R. A. and Spinrad, T. L. 2006. Prosocial development. In *Handbook of child psychology,* Volume 3: *Social, personal, and personality development*, ed. N. Eisenberg, New York: Wiley.
Eldredge, N. 1971. The allopatric model and phylogeny in Paleozoic invertebrates. *Evolution* 25:156–167.
Elkin, A. P. 1994. *Aboriginal men of high degree: Initiation and sorcery in the world's oldest tradition*. Rochester, VT: Inner Traditions.
Ellis, L. 1995. Dominance and reproductive success among nonhuman animals: A cross-species comparison. *Ethology and Sociobiology* 16:257–333.
Erdal, D., and Whiten, A. 1994. On human egalitarianism: An evolutionary product of Machiavellian status escalation? *Current Anthropology* 35:175–184.
Faulkner, W. 1954. *A fable*. New York: Random House. [『寓話』(阿部知二訳、岩波書店)など]
Fehr, E. 2004. Don't lose your reputation. *Nature* 432:449–450.
Fehr, E., Bernhard, H. and Rockenbach, B. 2008. Egalitarianism in young children. *Nature* 454:1079–1084.

University of Nebraska Press.
Burroughs, W. J. 2005. *Climate change in prehistory: The end of the reign of chaos*. Cambridge: Cambridge University Press.
Byrne, R. W. 1993. Empathy in primate social manipulation and communication: A precursor to ethical behaviour. In *Biological evolution and the emergence of ethical conduct*, ed. G. Thines, Bruxelles: Académie Royale de Belgique.
Byrne, R. W., and J. M. Byrne 1988. Leopard killers of Mahale. *Natural History* 97:22–26.
Campbell, D. T. 1965. Variation and selective retention in socio-cultural evolution. In *Social change in developing areas*, eds. H. R. Barringer, B. I. Blanksten, and R. W. Mack. Cambridge, MA: Schenkman.
——. 1972. On the genetics of altruism and the counter-hedonic component of human culture. *Journal of Social Issues* 28:21–37.
——. 1975. On the conflicts between biological and social evolution and between psychology and moral tradition. *American Psychologist* 30:1103–1126.
Cantrell, P. J. 1994. Family violence and incest in Appalachia. *Journal of the Appalachian Studies Association* 6:39–47.
Casimir, M. J., and Schnegg, M. 2002. Shame across cultures: The evolution, ontogeny, and function of a "moral emotion." In *Between culture and biology: Perspectives on ontogenetic development*, eds. H. Keller, Y. H. Poortinga, and A. Scholmerich. Cambridge: Cambridge University Press.
Cavalli-Sforza, L. L., and Edwards, A. W. F. 1967. Phylogenetic analysis: Models and estimation procedures. *Evolution* 32:550–570.
Choi, J.-K., and Bowles, S. 2007. The coevolution of parochial altruism and war. *Science* 26:636–640.
Coser, L. 1956. *The functions of social conflict*. New York: Free Press. [『社会闘争の機能』（新睦人訳、新曜社）]
Cosmides, L., Tooby, J., Fiddick, L., and Bryant, G. A. 2005. Detecting cheaters. *Trends in Cognitive Sciences* 9:505–506.
Cummins, D. D. 1999. Cheater detection is modified by social rank: The impact of dominance on the evolution of cognitive functions. *Evolution and Human Behavior* 20:229–248.
Damasio, A. R. 2002. The neural basis of social behavior: Ethical implications. Paper presented at the conference Neuroethics: Mapping the Field, San Francisco, California, May 13–14.
Damasio, H., Grabowski, T., Frank, R., Galaburda, A. M., and Damasio, A. R. 1994. The return of Phineas Gage: Clues about the brain from the skull of a famous patient. *Science* 264:1102–1105.
Darwin, C. 1859. *On the origin of species*. London: John Murray. [『種の起源』（渡辺政隆訳、光文社）など]
——. 1865. *The expression of the emotions in man and animals*. Chicago: University of Chicago Press. [『人及び動物の表情について』（浜中浜太郎訳、岩波書店）]

9:50–56.
——. 2000. *The chimpanzees of the Taï forest: Behavioural ecology and evolution.* New York: Oxford University Press.
Bogardus, E. S. 1933. A social distance scale. *Sociology and Social Research* 17:265–271.
Bowles, S. 2006. Group competition, reproductive leveling, and the evolution of human altruism. *Science* 314:1569–1572.
——. Did warfare among ancestral hunter-gatherers affect the evolution of human social behaviors? *Science* 324:1293–1298.
Bowles, S., and Gintis, H. 2004. The evolution of strong reciprocity: Cooperation in heterogeneous populations. *Theoretical Population Biology* 65:17–28.
——. 2011. *A cooperative species: Human reciprocity and its evolution.* Princeton, NJ: Princeton University Press.
Boyd, R., Gintis, H., Bowles, S., and Richerson, P. J. 2003. The evolution of altruistic punishment. *Proceedings of the National Academy of Sciences* 100:3531–3535.
Boyd, R., and Richerson, P. J. 1985. *Culture and the evolutionary process.* Chicago: University of Chicago Press.
——. 1992. Punishment allows the evolution of cooperation or anything else in sizable groups. *Ethology and Sociobiology* 13:171–195.
Breasted, J. H. 1933. *The dawn of conscience.* New York: Scribner's.
Briggs, J. L. 1970. *Never in anger: Portrait of an Eskimo family.* Cambridge, MA: Harvard University Press.
——. 1982. Living dangerously: The contradictory foundations of value in Canadian Inuit society. In *Politics and history in band societies,* eds. E. Leacock and R. Lee. Cambridge: Cambridge University Press.
——. 1994. "Why don't you kill your baby brother?" The dynamics of peace in Canadian Inuit camps. In *The anthropology of peace and nonviolence,* eds. L. E. Sponsel and T. Gregor. Boulder, CO: Lynne Rienner.
——. 1998. *Inuit morality play: The emotional education of a three-year-old.* New Haven, CT: Yale University Press.
Brosnan, S. F. 2006. Nonhuman species' reactions to inequity and their implications for fairness. *Social Justice Research* 19:153–185.
Brown, D. 1991. *Human universals.* New York: McGraw-Hill. [『ヒューマン・ユニヴァーサルズ——文化相対主義から普遍性の認識へ』(鈴木光太郎・中村潔訳、新曜社)]
Brown, S. L., Nesse, R. M., Vinokur, A. D., and Smith, D. M. 2003. Providing social support may be more beneficial than receiving it: Results from a prospective study of mortality. *Psychological Science* 14:320–327.
Bunn, H. T., and Ezzo, J. A. 1993. Hunting and scavenging by Plio -Pleistocene hominids: Nutritional constraints, archaeological patterns, and behavioural implications. *Journal of Archaeological Science* 20:365–398.
Burch Jr., E. S. 2005. *Alliance and conflict: The world system of the Iñupiaq Eskimos.* Lincoln:

——. 1999. *Hierarchy in the forest: The evolution of egalitarian behavior*. Cambridge, MA: Harvard University Press.
——. 2000. Conflict and the evolution of social control. *Journal of Consciousness Studies*, Special Issue on Evolutionary Origins of Morality. L. Katz, ed. 7:79–183.
——. 2002. Variance reduction and the evolution of social control. Paper presented at Santa Fe Institute, Fifth Annual Workshop on the Co–evolution of Behaviors and Institutions, Santa Fe, New Mexico. www.santafe.edu/files/gems/behavioralsciences/variance.pdf (2014年5月確認できず).
——. 2003. Global conflict resolution: An anthropological diagnosis of problems with world governance. In *Evolutionary psychology and violence: A primer for policymakers and public policy advocates*, eds. R. W. Bloom and N. Dess. London: Praeger.
——. 2004a. Explaining the prosocial side of moral communities. In *Evolution and ethics: Human morality in biological and religious perspective*, eds. P. Clayton and J. Schloss. New York: Eerdmans.
——. 2004b. What makes humans economically distinctive? A three-species evolutionary comparison and historical analysis. *Journal of Bioeconomics* 6:109–135.
——. 2007. The natural history of blood revenge. In *Feud in medieval and early modern Europe*, eds. B. Poulsen and J. B. Netterström. Aarhus, Denmark: Aarhus University Press.
——. 2008a. A biocultural evolutionary exploration of supernatural sanctioning. In *Evolution of religion: Studies, theories, and critiques*, eds. J. Bulbulia, R. Sosis, R. Genet, E. Harris, K. Wyman, and C. Genet. Santa Margarita, CA: Collins Family Foundation.
——. 2008b. Purposive social selection and the evolution of human altruism. *Cross-Cultural Research* 42:319–352.
——. 2009. How the golden rule can lead to reproductive success: A new selection basis for Alexander's "indirect reciprocity." In *The golden rule: Analytical perspectives,* eds. J. Neusner and B. Chilton. Lanham, MD: University Press of America.
——. 2011. Retaliatory violence in human prehistory. *British Journal of Criminology* 51:518–534.
Boehm, C. 2012. Variance reduction and the evolution of social control: A methodology for the reconstruction of ancestral social behavior from evidence on ethnographic foragers. Working papers, Santa Fe Institute.
Boehm, C. In press. Costs and benefits in hunter-gatherer punishment. Commentary on Francisco Guala, Reciprocity: Weak or strong? What punishment experiments do and do not demonstrate. *Behavioral and Brain Sciences*.
Boehm, C., and Flack, J. 2010. The emergence of simple and complex power structures through social niche construction. In *The social psychology of power*, ed. A. Guinote. New York: Guilford Press.
Boesch, C. 1991. The effects of leopard predation on grouping patterns in forest chimpanzees. *Behaviour* 117:220–241.
Boesch, C., and Boesch-Achermann, H. 1991. Dim forest, bright chimps. *Natural History*

Bird, R. B., Smith, E. A., and Bird, D. W. 2001. The hunting handicap: Costly signaling in human foraging strategies. *Behavioral Ecology and Sociobiology* 50:9–19.

Bird-David, N. 1992. Beyond "The original affluent society": A culturalist reformation. *Current Anthropology* 33:25–48.

Black, D. 2011. *Moral time*. New York: Oxford University Press.

Blurton Jones, N. G. 1991. Tolerated theft: Suggestions about the ecology and evolution of sharing, hoarding, and scrounging. In *Primate politics*, eds. G. Schubert and R. D. Masters. Carbondale: Southern Illinois University Press.

Boehm, C. 1972. Montenegrin ethical values: An experiment in anthropological method. PhD diss., Harvard University.

——. 1976. Biological versus social evolution. *American Psychologist* 31:348–351.

——. 1978. Rational pre-selection from Hamadryas to *Homo sapiens*: The place of decisions in adaptive process. *American Anthropologist* 80:265–296.

——. 1979. Some problems with "altruism" in the search for moral universals. *Behavioral Science* 24:15–24.

——. 1980. Exposing the moral self in Montenegro: The use of natural definitions in keeping ethnography descriptive. *American Ethnologist* 7:1–26.

——. 1981. Parasitic selection and group selection: A study of conflict interference in Rhesus and Japanese Macaque monkeys. In *Primate behavior and sociobiology: Proceedings of the international congress of primatology*, eds. A. B. Chiarelli and R. S. Corruccini. Heidelberg, Germany: Springer.

——. 1982. The evolutionary development of morality as an effect of dominance behavior and conflict interference. *Journal of Social and Biological Sciences* 5:413–422.

——. 1983. *Montenegrin social organization and values*. New York: AMS Press.

——. 1985. Execution within the clan as an extreme form of ostracism. *Social Science Information* 24:309–321.

——. 1986. *Blood revenge: The enactment and management of conflict in Montenegro and other tribal societies*. Philadelphia: University of Pennsylvania Press.

——. 1989. Ambivalence and compromise in human nature. *American Anthropologist* 91:921–939.

——. 1991a. Lower–level teleology in biological evolution: Decision behavior and reproductive success in two species. *Cultural Dynamics* 4:115–134.

——. 1991b. Response to Knauft, violence and sociality in human evolution. *Current Anthropology* 32:411–412.

——. 1993. Egalitarian behavior and reverse dominance hierarchy. *Current Anthropology* 34:227–254.

——. 1996. Emergency decisions, cultural selection mechanics, and group selection. *Current Anthropology* 37:763–793.

——. 1997. Impact of the human egalitarian syndrome on Darwinian selection mechanics. *American Naturalist* 150:100–121.

参考文献

Aberle, D. F., Cohen, A. K., Davis, A. K., Levy, M. J., and Sutton Jr., F. X. 1950. The functional prerequisites of a society. *Ethics* 60:100–111.

Alexander, R. D. 1974. The evolution of social behavior. *Annual Review of Ecology and Systematics* 5:325–384.

——. 1979. *Darwinism and human affairs*. Seattle: University of Washington Press. [『ダーウィニズムと人間の諸問題』(山根正気・牧野俊一訳、思索社)]

——. 1987. *The biology of moral systems*. New York: Aldine de Gruyter.

——. 2005. Evolutionary selection and the nature of humanity. In *Darwinism and philosophy*, eds. V. Hosle and C. Illies. Notre Dame, IN: University of Notre Dame Press.

——. 2006. The challenge of human social behavior: Review of Hammerstein, genetic and cultural evolution of cooperation. *Evolutionary Psychology* 4:1–32.

Allen-Arave, W., Gurven, M., and Hill, K. 2008. Reciprocal altruism, rather than kin selection, maintains nepotistic food transfers on an Aché reservation. *Evolution and Human Behavior* 29:305–318.

Balikci, A. 1970. *The Netsilik Eskimo*. Prospect Heights, IL: Waveland Press.

Barnett, S. A. 1958. An analysis of social behavior in wild rats. *Proceedings of the Zoological Society of London* 130:107–151.

Batson, C. D. 2009. These things called empathy: Eight related but distinct phenomena. In *The social neuroscience of empathy*, eds. J. Decety and W. Ickes. Cambridge, MA: MIT Press.

——. 2011. *Altruism in humans*. New York: Oxford University Press. [『利他性の人間学』(菊池章夫・二宮克美訳、新曜社)]

Bearzi, M., and Stanford, C. B. 2008. *Beautiful minds: The parallel lives of great apes and dolphins*. Cambridge, MA: Harvard University Press.

Betzig, L. L. 1986. *Despotism and differential reproduction: A Darwinian view of history*. New York: Aldine.

Beyene, Y. 2010. Herto brains and minds: Behaviour of early *Homo sapiens* from the middle awash, Ethiopia. In *Social brain, distributed mind*, eds. R. Dunbar, C. Gamble, and J. Gowlett. New York: Oxford University Press.

Binford, L. 1978. *Nunamiut ethnoarchaeology*. New York: Academic Press.

——. 2001. *Constructing frames of reference: An analytical method for archaeological theory building using hunter–gatherer and environmental data sets*. Berkeley and Los Angeles: University of California Press.

36. Campbell 1975.
37. フッター派のコミュニティについてはSober and Wilson 1998.
38. Hrdy 2009.
39. チンパンジーはヒョウに群がって襲いかかる。Boesch 1991, Byrne and Byrne 1988. 私は5メートル近いニシキヘビがゴンベのチンパンジーに攻撃されている様子の映ったビデオテープももっている。ボノボも同様の攻撃をする能力をもっていそうだが、野外調査がはるかに少ないので、これまでに目撃されていない。
40. Alexander 1987.
41. 同上。
42. Sober and Wilson 1998. Boehm 2008b およびBoehm 2009も参照。
43. Boehm 1976, Boehm 1991a, Boehm 2008b.
44. Wilson 1975.
45. たとえばHarpending and Rogers 2000, Hawks et al. 2000.
46. Burroughs 2005.
47. Popper 1978.

エピローグ　人類の道徳の未来

1. Boehm 2003.
2. Pinker 2011.
3. Boehm 2003.
4. Pinker 2011.
5. Wrangham 1999.
6. Woodburn 1982.

らの関心は、同類選好はグループ間の格差を広げることによってグループへの影響を強めうるか、という観点でグループ選択を見ることにあったが、ここでの私の関心は、同類選好の影響がグループ内で起こる「評判による選択」の力を強めうるかという点にある。

21. シグナルのコストが高いかどうかは関係ない。たとえば、ふたりの働き者が互いに相手を選んだ場合、このシグナルはコストでないが、遺伝子の質の良さをはっきりと示している。利他的な者同士がペアになる場合は、そのシグナルにコストはあるが、彼らの協力はけちなペアの協力に勝るので、長い目で見ればそのコストは相互に相殺される。
22. Fisher 1930. 人間の利他行動という具体的な事例でランナウェイ選択を論じ、おそらくそれが重要だと強調している Nesse 2007 および Nesse 2010 も参照。
23. Alexander 2005, 337–338.
24. Mirsky 1937.
25. Williams 1966.
26. Tiger 1979.

第12章　道徳の進化

1. Mayr 1983 および Mayr 2001.
2. Boehm and Flack 2010 および Laland et al. 2010.
3. Midgley 1994, 118–119.
4. Klein 1999. 能動的な腐肉食によって大量の肉がまるごと手に入り、あり余るほどだったこともありえたが、「食べ残し」の肉を手に入れた場合は、高い地位の個体が腹いっぱい食べたら、他の個体には行き渡らなかった可能性もあるという事実は注目に値する。
5. Campbell 1972 および Campbell 1975.
6. Huxley 1894 および Spencer 1851.
7. Nietzsche 1887.
8. Breasted 1933.
9. この時代に先がけた作品の初版は1906年。
10. 同上。
11. Wilson 1975.
12. Wilson 1978.
13. Ridley 1996.
14. Wright 1994.
15. Wilson 1993.
16. Shermer 2004.
17. Mayr 1988, Mayr 1997. Wilson and Sober 1994 および Sober and Wilson 1998 も参照。
18. Hauser 2006.
19. Katz 2000.
20. Flack and de Waal 2000. Preston and de Waal 2002 も参照。
21. Boehm 2000.
22. Sober and Wilson 1998.
23. Sober and Wilson 2000.
24. Skyrms 2000.
25. だが Dubreuil 2010 を参照。
26. Krebs 2000.
27. Rapoport and Chammah 1965.
28. Frank 1988.
29. Fehr and Gächter 2004. Fehr et al. 2008 も参照。
30. Bowles and Gintis 2004.
31. Bowles 2006, Bowles and Gintis 2011.
32. Bowles 2009. Keely 1996 および Kelly 2000 も参照。
33. たとえば Mithen 1990.
34. この問題の議論では Frans de Waal に感謝する。
35. たとえば Nowak et al. 2010 および Wilson and Wilson 2007.

は水になる）が種の成功の制約となるという考えを思いついたのだ。Sprengel 1839.
18. Hawks et al. 2000.
19. Bowles 2006.
20. Burroughs 2005.
21. Balikci 1970.
22. 同上。
23. 同上。
24. Gould 1982.
25. Keeley 1988.
26. Potts 1996.
27. Boehm 1996.
28. Balikci 1970.
29. Peterson 1993.
30. Shostak 1981, 44.
31. 同上。
32. 以下の引用はShostak 1981, 46–54より。
33. Shostak 1981, 323.
34. Wiessner 1982.
35. Lorenz 1966.

第11章 「評判による選択」説を検証する

1. de Waal 2008およびde Waal 2009も参照。
2. Gurven et al. 2000, 266. Gurven 2004も参照。
3. Gurven et al. 2000.
4. Woodburn 1982.
5. Bird et al. 2001. Hawkes 1991およびSmith 2004も参照。
6. たとえばHawkes 1991は、狩りの成果の評価に際してこれを強調している。
7. Kelly 1995, 164–165. Bird-David 1992およびMyers 1988も参照。
8. Marlowe 2004.
9. Woodburn 1979.
10. ハザァベ族については前掲書参照。
11. Shostak 1981, 116.
12. Sober and Wilson 1998.
13. Hill et al. 2011. 実際には全部で32の狩猟採集社会を標本としており、そのおよそ三分の一が本書で用いた「更新世後期タイプ（LPA）」の専門的な基準を満たしていた。
14. 同上。
15. 例外として、現在の定義によれば血縁選択とグループ選択は重複して適用できるように見える。血縁のグループ内で見られるコストの高い寛大な行為は、どちらのモデルでも説明できるからだ。血縁の一団のなかでグループレベルの選択が起こるというアレグザンダーの考えは、このあいまいさを反映している。たとえばWilson and Sober 1994およびSober and Wilson 1998. グループ選択のひとつのタイプで、社会的行動への影響によって結果的に遺伝子への影響も考えられるのは、文化にもとづくグループ選択である。Richerson and Boyd 1999.
16. 平等主義社会でリーダーに選ばれる条件を明らかにする研究についてはBoehm 1993.
17. Alexander 1987. Marlowe 2010, Figure 7.4も参照。
18. Wiessner 1982およびWiessner 2002.
19. Wilson and Dugatkin 1997.
20. 同類交配は、個体が身体的・行動的に似た個体を配偶の相手に選ぶという概念で、ヒトやほかの種の研究でひとつの大きな分野になっている。これに関連して、Wilson and Dugatkin 1997は、利他的な者が利他的な他者を選ぼうとする可能性を検討している（Hamilton 1975も参照）。彼

第9章　道徳的多数派《モラル・マジョリティ》の働き

1. Haviland 1977.
2. Wiessner 2005a, Wiessner 2005b.
3. アレウト族は、ひどくうわさ好きでコミュニティに危害を及ぼすことを語る者を死刑にした。Jones 1969.
4. Boehm 1986.
5. Bogardus 1933, Boehm 1985.
6. Lee 1979.
7. Briggs 1970.
8. 同上。
9. Boehm 1999, 57–58.
10. この極端な形の仲間外れについては表Ⅳに記載。
11. Boehm 1985.
12. Durham 1991.
13. Haidt 2007.
14. Westermarck 1906.
15. Wolf and Durham 2004.
16. Goodall 1986.
17. Cantrell 1994.
18. Balikci 1970, 191.
19. Thomas 1989.
20. Knauft 1991.
21. Lee 1979.
22. 同書, 372-373.
23. Boehm 2011, Knauft 1991.
24. Fry 2000. von Furer-Haimendorf 1967 および Knauft 1991 も参照。
25. Lee 1979.
26. Boehm 2004b. のちに Polly Wiessner は、ブッシュマンにおいてこれがどのように機能しているのかを詳しく説明している。
27. Lee 1979.
28. Draper 1978, 46.
29. van den Steenhoven 1957, van den Steenhoven 1959, van den Steenhoven 1962.
30. Balikci 1970, 195–196.
31. 同上。
32. Lee 1979.
33. Balikci 1970.
34. Knauft 1991.
35. Boehm 2007, Boehm 2011.
36. Lee 1979.
37. 同書, 394–395.

第10章　更新世の「良い時期」と「悪い時期」と「危機」

1. Balikci 1970.
2. 実際には、このように交換できる部位は14あるが、長期的なパートナーシップにかかわるのは、そのうちの7部位だけである。同上。
3. 同上。
4. たとえばBinford 1978.
5. Balikci 1970.
6. Lee 1979.
7. Briggs 1970.
8. Peterson 1993.
9. この重要な現象の議論については、再び Sober and Wilson 1998. Boehm 2004a も参照。
10. Peterson 1993.
11. Keely 1988.
12. Gould 1982.
13. たとえばBalikci 1970.
14. Laughlin and Brady 1978.
15. Testart 1982.
16. たとえばBalikci 1970.
17. リービッヒの「最少量の法則」は、もととなったものを示すことなくしばしば引き合いに出される。実を言うとユストゥス・フォン・リービッヒ男爵は、ドイツの農学者カール・フィリップ・シュプレンゲルの考えを広めたにすぎない。シュプレンゲルが、環境で最も乏しい要素（たとえばひどい干ばつのときには、それ

45. Zahavi 1995, Bird et al. 2001.
46. Hrdy 2009.
47. Boehm 2004a.

第8章　世代を越えた道徳を身につける

1. Turnbull 1961.
2. Durkheim 1933.
3. たとえばElkin 1994.
4. Coser 1956.
5. Boehm 1999.
6. Boehm 1983およびBoehm 1986.
7. ブッシュマンについては、たとえばLee 1979, Heinz 1994, Silberbauer 1981. イヌイットについては、たとえばBalikci 1970, Briggs 1970.
8. Thomas 1989, Lee 1979, Wiessner 1982, Wiessner 2002, Draper 1978.
9. Shostak 1981.
10. Rasmussen 1931およびBalikci 1970.
11. Briggs 1970.
12. Briggs 1998.
13. Parsons and Shils 1952.
14. Simon 1990.
15. Gintis 2003.
16. Waddington 1960およびCampbell 1975.
17. たとえばEisenberg 2006およびTuriel 2005. Konner 2010も参照。
18. Kagan 1981.Kagan and Lamb 1987も参照。
19. Campbell 1975.
20. Robert Kellyは狩猟採集民について総合的に論じた著書（1995）で、この事例を公表している。Leacock 1969も参照。
21. Leacock 1969, 13–14.
22. Stephenson 2000.
23. Westermarck 1906.
24. 同書, 118.
25. Draper 1978, 42. イタリックは筆者による（邦訳では傍点)。
26. Whiting and Whiting 1975.
27. Boehm 1972. Boehm 1980も参照。
28. Gallup et al. 2002.
29. 同書およびKagan and Lamb 1987.
30. たとえばWarneken et al. 2007. 人間の子どもとチンパンジーの子どもに見られる、自然発生的な利他行動を比較している。
31. Greene 2007. さらに説明すると、この実験で被験者は、暴走トロッコに乗った5人を見殺しにするか、5人を助けるために6人目をわざと殺すかの選択をしなければならない。ひとつの仮想的なシナリオでは、被験者はただ転轍機を切り換え、するとトロッコが切り換えた先の線路上にいる人にぶつかり、乗っている5人の命は助かる。もうひとつのシナリオでは、被験者の関与がはるかに積極的で、太った男を橋からトロッコの進路上に突き落としてトロッコを止める。
32. Briggs 1994.
33. Briggs 1982, 118–119.
34. 同書, 120–121.
35. 同書, 121.
36. Boehm 1989, Boehm 1999.
37. Briggs 1998.
38. Hewlett and Lamb 2006.
39. Konner 2010.
40. 同上。
41. 以下の引用文は、Shostak 1981, 46–57から引用。
42. 同書, 56.
43. Durham 1991.
44. たとえばFreud 1918.
45. たとえばWilson 1975.
46. Konner 2010.

行かせてくれた。
87. Haile 1978.
88. Haidt 2007.
89. Haidt 2003.
90. Greene 2003.
91. Alexander 1987.

第7章　社会選択のポジティブな面

1. Alexander 1979, Alexander 1987.
2. Trivers 1972.
3. Campbell 1975. Neusner and Chilton 2009も参照。
4. Sullivan 1989.
5. Campbell 1975.
6. Alexander 1987.
7. Boehm 1986.
8. Durkheim 1933.
9. Gurven et al. 2000.
10. de Waal 2009. Flack and de Waal 2000およびHrdy 2009も参照。
11. Kelly 1995.
12. Balikci 1970.
13. Wilson 1999.
14. Zahavi 1995.
15. 同上。
16. Darwin 1982 (1871). Zahavi 1995も参照。
17. たとえばLee 1979.
18. Keeley 1988. Kelly 1995も参照。
19. イギリスのケンブリッジ大学のフランク・マーロウは、すでにそうした論文を公表している。Marlowe 2005参照。テンピにあるアリゾナ州立大学のキム・ヒルも、かなり大きなデータベースの構築に取り組んでいる。Hill et al. 2011. これらのデータベースは、自給自足の技術と社会組織の主な特徴を重点的に扱っている。
20. Campbell 1972およびCampbell 1975. Brown 1991も参照。
21. Campbell 1975.
22. Sober and Wilson 1998.
23. Boehm 2008b.
24. Alexander 1987.
25. 同上。
26. Marlowe 2005.
27. Balikci 1970.
28. このたとえが思い浮かんだのは、私がホピ族のスネークダンスを見たことがあるからだ。そのとき踊り手が咥えていた小さなガラガラヘビは、ひそかに毒牙を抜かれていた。そのことを当時の私は知らず、そして知らなかったせいで、極端なカルチャーショックを受けた。若い踊り手は何度も頬を「咬まれて」いるのに、ほかの踊り手はただ当たり前のように見ていたからだ。
29. Wrangham and Peterson 1996.
30. Johnson and Krüger 2004. Wade 2009も参照。
31. Johnson and Krüger 2004.
32. Dawkins 1976, Ridley 1996, Wright 1994.
33. Ghiselin 1974.
34. Boehm 1999.
35. Ghiselin 1974, 247.
36. Panchanathan and Boyd 2004.
37. たとえばFehr and Gächter 2002.
38. Henrich et al. 2005.
39. Boyd et al. 2003. Fehr 2004, Fehr and Gächter 2002, Kollock 1998, Panchanathan and Boyd 2004, Price et al. 2002も参照。
40. Guala in press（印刷中）。Boehm in press（印刷中）も参照。
41. Lee 1979.
42. Boehm 2011.
43. West-Eberhard 1979.
44. Boehm 1982, Alexander 1987.

36. Kaplan and Hill 1985.
37. Boehm 1982.
38. Boehm and Flack 2010.
39. Beyene 2010.
40. Klein 1999.
41. 同上。
42. 同上。
43. 同上。
44. Thieme 1997.
45. Stiner 2002.
46. Boehm 1999.
47. Ellis 1995.
48. Nishida 1996.
49. Goodall 1992.
50. Parker 2007.
51. Kano 1992.
52. 哲学者のカール・ポパーは「反証可能性」によって理論を評価している。つまり、理論は検証のできる言葉で表現されていなければならないということだ。そうしながら、彼はダーウィンの説明の特異性をある程度特別に考慮に入れている。ダーウィンの説明は、より広い視野から、主にほかの説明と比べての一般的な妥当性によって検証できるのだ。Popper 1978.
53. Campbell 1975.
54. Whallon 1989.
55. Wrangham and Peterson 1996.
56. Stiner 2002.
57. Hawks et al. 2000.
58. Bunn and Ezzo 1993. Speth 1989 も参照。
59. Boehm 2004b. Hawkes 2001 も参照。
60. Whallon 1989. Knauft 1991 も参照。
61. Pericot 1961.
62. Kelly 2000.
63. Lee 1979. Kelly 2005 も参照。
64. Knauft 1991.
65. Stiner et al. 2009.
66. Klein 1999.
67. Boehm 2004b. Boehm 1982 および Boehm 2000 も参照。
68. Kelly 1995.
69. Eldredge 1971.
70. Boehm and Flack 2010.
71. 問題解決についての幅広い進化論的な見方は Dewey 1934. 進化に対する John Dewey の見方は、まだその価値に見合うほど注目されていない。
72. Wilson 1978.
73. West-Eberhard 1983.
74. Darwin 1982(1871).
75. Fisher 1930. Nesse 2000 および Nesse 2007 も参照。
76. Campbell 1965. Campbell 1975 も参照。
77. Trivers 1971. この独創的な論文で、社会生物学者のロバート・トリヴァースは、いち早く道義的な攻撃性を人類の遺伝子プールに影響する要因と見なしただけでなく、遺伝学的・心理学的な観点からペアでの協力を分析した。
78. Alexander 1979 および Alexander 1987.
79. West-Eberhard 1979 および West-Eberhard 1983.
80. クン族のセーフティーネットにかんする最新の論述については、たとえば Wiessner 1996.
81. Alexander 1987, 94.
82. Otterbein 1988.
83. Wrangham 2001, Wrangham and Peterson 1996.
84. Boehm 1999, 253–254.
85. Voland and Voland 1995.
86. 私の母はユニテリアン派で、私に宗教を自分で決めてほしいと思っていたので、私をいろいろな日曜学校に

36. Durkheim 1933.
37. de Waal and Lanting 1997.
38. Lee 1979.
39. Kano 1992.
40. Parker 2007.
41. de Waal 1982.
42. Goodall 1986.
43. Goodall 1992 および Nishida 1996. de Waal 1986 および Ladd and Mahoney 2011 も参照。
44. de Waal 1996 および Flack and de Waal 2000. McCullough et al. 2008 も参照。
45. de Waal 1996, 91–92.
46. たとえば Gardner and Gardner 1994. Savage-Rumbaugh and Lewin 1994 も参照。
47. Goodall 1986.
48. 類人猿によるアメリカ手話言語の習得にかんしては Gardner and Gardner 1994 および Patterson and Linden 1981.
49. Savage-Rumbaugh and Lewin 1994.
50. Temerlin 1975, 120–121.
51. Boehm 1980.
52. de Waal 1982.
53. de Waal 1996.
54. Fouts 1997, 156.
55. Whiten and Byrne 1988.
56. Savage-Rumbaugh et al. 1998, 52.
57. 同書, 52–53.
58. Fouts 1997, 151–152.
59. Patterson and Linden 1981.
60. 同書, 39.
61. Flack and de Waal 2000. さまざまなタイプの共感の議論については Preston and de Waal 2002.

第6章　自然界のエデンの園

1. Cavalli-Sforza and Edwards 1967.
2. Wrangham and Peterson 1996.
3. Pinker 2011.
4. Bowles and Gintis 2011.
5. たとえば Goodall 1986.
6. たとえば Burch 2005.
7. Kano 1992.
8. 同上。
9. Furuichi 2011 および de Waal and Lanting 1997.
10. Bowles 2006 および Bowles 2009.
11. Sober and Wilson 1998.
12. LeVine and Campbell 1972.
13. 同上。
14. Keeley 1996.
15. Bowles 2006.
16. 同上。
17. Noss and Hewlett 2001 および Mirsky 1937.
18. Burroughs 2005.
19. Stanford 1999.
20. Boesch and Boesch-Achermann 1991.
21. Blurton Jones 1991.
22. Boehm and Flack 2010.
23. Wrangham 1999.
24. Watts and Mitani 2002.
25. Boesch and Boesch-Achermann 1991 および Boesch and Boesch-Achermann 2000.
26. ほかの霊長類における同情の評価については Byrne 1993.
27. Stanford 1999.
28. Hohmann and Fruth 1993.
29. Hrdy 2009.
30. Kelly 1995.
31. Peterson 1993.
32. 同上。
33. Winterhalder 2001.
34. Winterhalder and Smith 1981. Winterhalder 2001 も参照。
35. Winterhalder and Smith 1981.

11. たとえばKelly 1995参照。Service 1975も参照。Lawrence Keeley（1988）は例外。彼は、人口圧力や社会経済的複雑さにかんする先史時代の行動のバリエーションを調べるべく、94の経済的に独立した狩猟採集民のリストをまとめている。
12. Steward 1955.
13. Boehm 2002およびBoehm 2012.
14. Binford 2001.
15. Keeley 1988も参照。
16. Boehm 2012.
17. Klein 1999.
18. 同上。
19. ここで引き合いに出した情報の一部はMarlowe 2005参照。
20. Klein 1999.
21. Hill et al. 2011.
22. Kelly 1995.
23. Potts 1996.
24. Gould 1982. Steward 1938も参照。
25. McBrearty and Brooks 2000.
26. Fleagle and Gilbert 2008.
27. Boehm 1999.
28. Lee 1979.
29. Boehm 2008b. West-Eberhard 1979およびWest-Eberhard 1983も参照。
30. たとえばWilson 1978.

第5章　太古の祖先をいくつか再現する

1. Flack and de Waal 2000.
2. Watson and Crick 1953.
3. Ruvolo et al. 1991.
4. Boehm 2004b.
5. Wrangham 1987.
6. Brosnan 2006.
7. Wrangham 1987.
8. 相同性とはたとえば、ふたつの種が、遺伝子構成が同種のために同種の行動を示すということで、するとさらに、その行動は同種の心理的メカニズムにもとづいているということになる。
9. Wrangham and Peterson 1996.
10. その前にまず、私の同僚のMartin Mullerがこの言葉を使っていた。彼は現在、ニューメキシコ大学で霊長類学者となっている。
11. Barnett 1958およびLore et al. 1984.
12. Wrangham and Peterson 1996.
13. Boehm 1999.
14. Boehm 1993.
15. 「支配への対抗（counterdomination）」という言葉の起源についてはErdal and Whiten 1994.
16. Hrdy 2009.
17. Klein 1999.
18. Keenan et al. 2003. Kagan and Lamb 1987も参照。
19. Malinowski 1929.
20. Boehm 2000.
21. Boehm 1999.
22. 文化の伝達はBoyd and Richerson 1985で論じられている一方、遺伝子による文化の進化はDurham 1991によって、詳細な民族誌的例証とともに探られている。
23. Darwin 1982（1871）.
24. Damasio 2002.
25. Gallup et al. 2002.
26. Bearzi and Stanford 2008.
27. Mead 1934.
28. Gallup et al. 2002.
29. たとえばBearzi and Stanford 2008.
30. Gardner and Gardner 1994.
31. Menzel 1974.
32. de Waal 1982.
33. Goodall 1986.
34. Whiten and Byrne 1988.
35. Diamond 1992.

は、アレグザンダーが最初に考えた「評判による選択」の概念——うわさ話にもとづき、狩猟の腕前以外にはるかに多くの能力が関係し、適応度の指標とならないシグナルをも含まれる——より狭く考えられている。

51. Gurven et al. 2000. Henrich et al. 2005, Kaplan and Hill 1985, Nowak and Sigmund 2005, Wiessner 1982, Wiessner 2002も参照。
52. Alexander 1987.
53. Boehm 1997およびBoehm 2000.
54. Williams 1966. Trivers 1971も参照。
55. Wilson and Wilson 2007.
56. Alexander 1987.
57. Cosmides et al. 2005. Trivers 1971, Williams 1966, Wilson 1975も参照。
58. Boehm 1997およびCummins 1999.
59. Ellis 1995. Betzig 1986も参照。
60. Boehm 1999およびBoehm 2004a参照。
61. Boehm 1999. Erdal and Whiten 1994も参照。
62. Cosmides et al. 2005.
63. Boehm 1993. Erdal and Whiten 1994も参照。
64. Boehm 1997.
65. Frank 1995.
66. Fehr et al. 2008.
67. Boehm 1999.
68. Williams 1966.
69. Boyd and Richerson 1992.
70. Boehm 1993.
71. Wiessner 2005aおよび2005b. Lee 1979も参照。
72. Briggs 1970, 44.
73. 同書, 47.
74. 同上。
75. 同上。
76. Boehm 1993.
77. Bowles 2006も参照。
78. Hill et al. 2011.
79. Bowles 2006およびBowles 2009. Choi and Bowles 2007も参照。
80. 過去にそうした理論が今よりはるかに物議を醸していたころ、私はグループ選択を有利に解釈しようとした。たとえばBoehm 1993, Boehm 1996, Boehm 1997, Boehm 1999参照。本書で強調するフリーライダーの抑圧は、グループ選択のモデルにかんする大きな問題に対処する。そのようなモデルはもともとWilliams（1966）によって批判されたが、グループ選択理論が人間に当てはまる可能性を増してくれるはずだ。
81. より幅広い見方についてはWest-Eberhard 1979, West-Eberhard 1983, Wolf et al. 1999参照。
82. 単独のメカニズムではどれも人間の利他行動を完全には説明できそうにないとの提言をしてくれたRandolph Nesseに感謝したい。Gurven and Hill 2010も参照。

第4章　われわれの直前の祖先を知る

1. Klein 1999.
2. Kelly 1995. Service 1975も参照。
3. Burroughs 2005.
4. Gould 1982.
5. Dyson-Hudson and Smith 1978.
6. Kelly 2000.
7. Bowles 2006.
8. 残念ながら、最も詳細な調査（Turnbull 1972）は移住した狩猟採集民のものだが、基準となる調査が存在しない。
9. Balikci 1970. Mirsky 1937およびRiches 1974も参照。
10. Lee 1979.

18. Darwin 1982(1871).
19. Williams 1966.
20. Sherman et al. 1991.
21. Wilson 1975.
22. この疑問に対するひとつの答えについてはIrons 1991. Lewontin 1970も参照。
23. Alexander 1987. Black 2011, Boehm 2000, Boehm 2008b, Boyd and Richerson 1992, Simon 1990も参照。
24. たとえばPreston and de Waal 2002. Flack and de Waal 2000も参照。
25. すでに日常の語彙になっている「共感」をもっと注意深く定義した科学用語として用いる、人間の同情に対する専門的な扱い方については、Batson 2009およびde Waal2009参照。
26. Darwin 1982(1871).
27. 私はこの用語を利他行動にかんするDonald T. Campbellの著作から拝借している。Campbell 1975.
28. Williams 1966, 205.
29. 同書, 203–204.
30. 同上。この理論が利用されている一例についてはBoehm 1981. その例にはマカク属のサルが含まれ、仮説の内容は、成体同士の喧嘩に対し（雄の）アルファが犠牲を払って介入しなだめるのは利他行動であり、そうした介入は、血縁選択ゆえにうまくいくような、雌が子ども同士の喧嘩を止める行為の延長だということである。この理論によれば、アルファによる介入――血縁関係にない成体を守る介入――は、子どもを守る母親による介入に遺伝的に便乗している。
31. 利他行動に対する見方はたくさんあり（West et al. 2007)、本書で私は、そうした試みを一般読者にとって明白かつ理解しやすいはずの言葉でまとめた。またその際、私は利他行動の意味を、血縁以外に犠牲を払う寛大さに限定している。
32. Hill et al. 2011.
33. たとえばGintis 2003およびSimon 1990. Alexander 2006も参照。
34. 生物学では、多面発現性とは、同じ遺伝子がふたつ以上の結果をもたらしうるという意味。
35. 便乗とは、多面発現性の一例として、有用な形質が同じ遺伝子によって生じるやや有害な形質を「乗せている」ことがあるという話だ。これは、有用な形質が強く選択され、便乗する形質があまり犠牲を払うものでないかぎり、うまくいく。Gintis 2003.
36. Bowles 2006. Sober and Wilson 1998も参照。
37. Mayr 2001.
38. Wilson 1975. 前掲書も参照。
39. Alexander 1979. Wilson 1975およびTrivers 1971も参照。
40. Bowles 2006およびBowles 2009.
41. Trivers 1971.
42. たとえばAllen-Arave et al. 2008.
43. Stevens et al. 2005.
44. Alexander 1987.
45. Kaplan and Hill 1985. 身内びいきの食料の提供にかかわる例についてはAllen-Arave et al. 2008を、概説についてはKaplan and Gurven 2005を参照。
46. たとえばAlexander 2006, Brown et al. 2003, Hammerstein and Hoekstra 2002.
47. Marlowe 2010.
48. Alexander 1987.
49. 同上。
50. たとえばBird et al. 2001. Zahavi 1995も参照。コストリー・シグナリング

——同情——を使いつづけることにする。

第2章　高潔に生きる

1. 羞恥心と罪悪感にかんする人類学研究を興味深く取り上げたものは、Piers and Singer 1971 参照。
2. Casimir and Schnegg 2002.
3. Darwin 1982(1871).
4. シベリアのキツネ飼育場でおこなわれた興味深い研究があり、それはこの見方を裏づけている。Trut et al. 2009.
5. Lindsay 2000.
6. Damasio 2002.
7. Damasio et al. 1994. フィニアス・ゲージの事例報告はとくに私の胸に響く。私の母方の祖父、アースキン一族のウィリアム・アスキーは、父親の代にスコットランドから渡ってきた移民の子孫で、メリーランド州西部のボルティモア・アンド・オハイオ鉄道の現場監督だったからだ。彼は、フィニアス・ゲージと似てはいるがもっと傷の浅い事故で失った眼の代わりにガラスの義眼をつけていた。
8. Damasio 2002.
9. Hare 1993.
10. Parsons and Shils 1952. Gintis 2003 も参照。
11. Darwin 1982(1871).
12. Kiehl 2008. Kiehl et al. 2006 も参照。
13. Freud 1918.
14. Frank 1988.
15. Alexander 1979, 102.
16. Faulkner 1954.
17. Batson 2009.
18. Dunbar 1996.
19. Boehm 1993.
20. Turnbull 1961.
21. Boehm 2004b.
22. Turnbull 1961. 長々と引き合いに出されているのは、その本の第5章 “The Crime of Cephu, the Bad Hunter,” 94–108 からである。
23. Lee 1979, 244.
24. 同書, 246.
25. Durham 1991.
26. Wiessner 2002.

第3章　利他行動とただ乗りについて

1. Campbell 1975. Boehm 2009 も参照。
2. Campbell 1972. 利他行動が社会的にどう「増幅される」可能性があるかについてはSober and Wilson 1998, 142–149, Boehm 2004a.
3. Fehr and Gächter 2002. Henrich et al. 2005 およびHammerstein and Hagan 2004 も参照。実験でおこなったゲームでは、献身的な手を繰り出すと、本質的に互恵性がもたらされる。
4. Boehm 2008b.
5. Polly Wiessner によれば、これはクン族でも言える事実らしい（私信）。
6. Gurven et al. 2001.
7. 同上。Alexander 1987 も参照。
8. Smith and Boyd 1990, Wiessner 1982.
9. Malinowski 1922.
10. Gurven et al. 2001.
11. Service 1975.
12. Campbell 1975.
13. Sober and Wilson 1998.
14. Campbell 1972, 1975.
15. 社会を維持するのに何が必要かにかんする学術的な見方については、たとえばAberle et al. 1950.
16. Eibl-Eibesfeldt 1982. Gintis 2003 および Simon 1990 も参照。
17. Boehm 2009.

註

第１章　ダーウィンの内なる声

1. Richards 1989.
2. Darwin 1859.
3. 同上。
4. 同上。
5. 同上。
6. Campbell 1975.
7. Campbell 1965.
8. Malthus 1985(1798).
9. Spencer 1851.
10. Lyell 1833.
11. Flack and de Waal 2000.
12. Darwin 1982(1871), 71–72.
13. Campbell 1975. Alexander 1974, Wilson 1975 も参照。
14. Hamilton 1964.
15. Darwin 1982(1871).
16. Williams 1966.
17. Wilson 1975.
18. West et al. 2007.
19. 遺伝子の調合がいかにしてある種の行動をとても身につけやすくし、遺伝子の束縛がどのように表現型のレベルで行動に制約を与えているかの評価については、Wilson 1975.
20. 同上。
21. Boehm and Flack 2010.
22. Boehm 1979. Boehm 2009 および Sober and Wilson 1998 も参照。
23. Boehm 2004a および Boehm 2008a.
24. Kelly 1995.
25. Alexander 1987.
26. Boehm 2008b.
27. Wilson and Wilson 2007.
28. Darwin 1982(1871), 98.
29. Wilson and Wilson 2007.
30. Darwin 1865 および Darwin 1982 (1871).
31. Alexander 1987.
32. Boehm 1997.
33. West-Eberhard 1983. Nesse 2007, Bowles and Gintis 2011, Boehm 1978, Boehm 1991a, Boehm 2008b も参照。
34. Boehm 1991b.
35. Campbell 1965.
36. Mayr 1988.
37. この意味で、人間は自分たちが適応する環境の一部を実際に作り出したのである。たとえばBoehm and Flack 2010. Laland et al. 2000 も参照。
38. ダーウィンは、人間やほかの社会性動物が、血縁でも、そうでなくても、あるいは別の種のメンバーでさえあっても、他者を助けるために自分の利益を犠牲にすることの根拠として、「同情《シンパシー》」について語った。今では多数の研究者が、他者を思いやって助けたいという気持ちにさせる共感《エンパシー》について、感情や認知を理解する一手として探究している。共感にはいろいろなタイプがあるようで、学術的な定義も定まっていないようなので(たとえばBatson 2011, Flack and de Waal 2000, Preston and de Waal 2002, de Waal 2009)、基本的に私はダーウィンが用いたもっと普遍的な言葉

クリストファー・ボーム（Christopher Boehm）
南カリフォルニア大学人類学・生物科学教授、ジェーン・グドール研究センター長。その研究は「ニューサイエンティスト」「ニューヨークタイムズ」などの出版物や、「ナショナルジオグラフィック」「ディスカバリーチャンネル」などの映像メディアで取り上げられている。著書に『森のなかの序列（*Hierarchy in the Forest*）』（未訳）などがある。ロサンゼルスとサンタフェに在住。

斉藤　隆央（さいとう　たかお）
翻訳者。1967年生まれ。東京大学工学部工業化学科卒業。化学メーカー勤務を経て、現在は翻訳業に専念。訳書にカク『人類、宇宙に住む』（ＮＨＫ出版）、リドレー『やわらかな遺伝子』（共訳、早川書房）、ノール『生命　最初の30億年』（紀伊國屋書店）、シャーロット『脳は楽観的に考える』（柏書房）、レーン『ミトコンドリアが進化を決めた』『生命の跳躍』『生命、エネルギー、進化』、スタインハート『「第二の不可能」を追え！』（以上、みすず書房）、ウィルソン『人類はどこから来て、どこへ行くのか』（化学同人）、ロバーツ『飼いならす』（明石書店）他多数。
【翻訳協力　安部恵子、市川美佐子、片神貴子】

長谷川　眞理子（はせがわ　まりこ）
総合研究大学院大学先導科学研究科教授。1952年生まれ。東京大学理学部卒業、同大学院理学系研究科博士課程修了、理学博士。著書に『クジャクの雄はなぜ美しい？』（紀伊國屋書店）、『ヒトの心はどこから生まれるのか』（ウェッジ）、訳書にダーウィン『人間の進化と性淘汰』（文一総合出版）、ジンマー『進化』（共訳、岩波書店）他多数。

ISBN 978-4-8269-0176-5

モラルの起《き》源《げん》

二〇一四年一一月二五日　第一版第一刷発行
二〇二一年四月二六日　第一版第四刷発行

著者　クリストファー・ボーム
訳者　斉《さい》藤《とう》隆《たか》央《お》
解説　長《は》谷《せ》川《がわ》眞《ま》理《り》子《こ》

発行者　中村幸慈
発行所　株式会社　白揚社　©2014 in Japan by Hakuyosha
〒101-0062　東京都千代田区神田駿河台1-7
電話　03-5281-9772　振替　00130-1-25400

装幀　高麗隆彦

印刷・製本　中央精版印刷株式会社

デイヴィッド・デステノ著　寺町朋子訳

信頼はなぜ裏切られるのか

無意識の科学が明かす真実

〈信頼〉に関する私たちの常識は間違いだらけ。どうすれば裏切られないようになるのだろうか？　どうすれば信頼できるか否かを予測できるか？　誰もが頭を悩ますこれらの疑問に、信頼研究の第一人者が答える。　四六判　３０２ページ　本体価格２４００円

ターリ・シャーロット著　上原直子訳

事実はなぜ人の意見を変えられないのか

説得力と影響力の科学

人はいかにして他者に影響を与え、影響を受けるのか？　客観的事実や数字は他人の考えを変えないという驚くべき研究結果を示し、他人を説得するときに陥りがちな落とし穴を避ける方法を紹介する。　四六判　２８８ページ　本体価格２５００円

ダニエル・ネトル著　竹内和世訳

パーソナリティを科学する

特性5因子であなたがわかる

簡単な質問表で特性5因子（外向性、神経質傾向、誠実性、調和性、開放性）を計り、パーソナリティを読み解くビッグファイブ理論。その画期的な新理論を科学的に検証する決定版。パーソナリティ評定尺度表付き。　四六判　２８０ページ　本体価格２８００円

サム・キーン著　寒川均訳

空気と人類

いかに〈気体〉を発見し、手なずけてきたか

あなたが吐いた息から、大気の誕生、気体の科学がもたらした気球や蒸気機関、麻酔や毒ガス、ダイナマイトなど農業・産業・医療・戦争の革命まで、科学界きってのストーリーテラーが、空気に隠された秘密を解読する。　四六判　４５９ページ　本体価格２８００円

アナスタシア・マークス・デ・サルセド著　田沢恭子訳

戦争がつくった現代の食卓

軍と加工食品の知られざる関係

プロセスチーズ、パン、成型肉、レトルト食品、シリアルバー、さらには食品用ラップやプラスチック容器…身近な食品がどのように開発され、軍と科学技術がどんな役割を果たしてきたかを探る刺激的なノンフィクション。　四六判　３８４ページ　本体価格２６００円

リチャード・O・プラム著　黒沢令子訳

美の進化

性選択は人間と動物をどう変えたか

メスが美的感覚をもとに配偶者を選び、オスを改造していく――世界的鳥類学者が、華麗な鳥の羽から人間の同性愛やオーガズム、性的自律性の進化まで、従来の進化論では解き明かせない美と性の謎に斬り込む野心作。　四六判　480ページ　本体価格3400円

リチャード・C・フランシス著　西尾香苗訳

家畜化という進化

人間はいかに動物を変えたか

オオカミをイヌに、イノシシをブタに変えた「家畜化」。人間の作った世界で、動物は野生の祖先からどのように変わったのか？　ゲノム解析など最新の科学知見を駆使し、家畜化という壮大な進化実験の全貌を読み解く。　四六判　560ページ　本体価格3500円

ロブ・ダン著　今西康子訳

家は生態系

あなたは20万種の生き物と暮らしている

玄関は「草原」、冷凍庫は「ツンドラ」、シャワーヘッドは「川」…家には実は様々な環境の生物がすみつき、複雑な生態系をつくりあげていた。「家の生態学」研究からわかった、屋内生物の役割とその上手な付き合い方とは？　四六判　422ページ　本体価格2700円

パトリック・E・マクガヴァン著　藤原多伽夫訳

酒の起源

最古のワイン、ビール、アルコール飲料を探す旅

9000年前の酒はどんな味だったのか？　トウモロコシのビールやバナナのワイン、大麻入りの酒、神話や伝説の飲み物など、世界中の摩訶不思議な先史の飲料を再現してきた考古学者が語る、酒と人類の壮大な物語。　四六判　480ページ　本体価格3500円

ソーア・ハンソン著　黒沢令子訳

ハナバチがつくった美味しい食卓

食と生命を支えるハチの進化と現在

花粉を運んで受粉させ、様々な作物を実らせてくれるハナバチ。特定の花と共進化した驚きの生態、古代人類との深い関係、世界各地でハナバチが突然消える現在の危機まで、今こそ知っておきたいハナバチのすべて。　四六判　328ページ　本体価格2700円

経済情勢により、価格に多少の変更があることもありますのでご了承ください。
表示の価格に別途消費税がかかります。